法庭科学印章印文鉴定理论与新技术

韩 伟 著

（公安机关内部发行）

中国人民公安大学出版社

·北 京·

图书在版编目（CIP）数据

法庭科学印章印文鉴定理论与新技术 / 韩伟著 .—北京：中国人民公安大学出版社，2017. 10

ISBN 978-7-5653-3070-4

Ⅰ.①法… Ⅱ.①韩… Ⅲ.①印章—文件检验—研究—中国 Ⅳ.①D918.92

中国版本图书馆 CIP 数据核字（2017）第 244825 号

法庭科学印章印文鉴定理论与新技术

韩 伟 著

出版发行：中国人民公安大学出版社
地　　址：北京市西城区木樨地南里
邮政编码：100038
印　　刷：中国电影出版社印刷厂

版　　次：2018 年 3 月第 1 版
印　　次：2018 年 3 月第 1 次
印　　张：19
开　　本：787 毫米×1092 毫米　1/16
字　　数：357 千字

书　　号：ISBN 978-7-5653-3070-4
定　　价：76. 00 元（**公安机关内部发行**）

网　　址：www. cppsup. com. cn　www.porclub.com.cn
电子邮箱：zbs@ cppsup.com　zbs@ cppsu.edu.cn

营销中心电话：010-83903254
读者服务部电话（门市）：010-83903257
警官读者俱乐部电话（网购、邮购）：010-83903253
综合分社电话：010-83901870

本社图书出现印装质量问题，由本社负责退换

序 一

当今时代，经济社会飞速发展、科学技术突飞猛进，要推动公安工作改革创新、与时俱进，唯有依靠创新引领、科技支撑、人才保障，唯有主动拥抱先进科技，大力建设现代警务，才能满足人民群众对平安建设的新需求、新期待。实现这一目标，关键在于我们一代代公安人对经验的一点点积累、对未来的一步步探索、对想法的一次次实践。

韩伟同志的新书《法庭科学印章印文鉴定理论与新技术》，是其从事刑事技术工作二十年的心血结晶，是一次运用现代科学技术、挖掘物证核心价值的创新实践。书中的研究成果，给印章印文检验鉴定提供了一种带有标准性、变革性的新技术、新方法，对刑事、民事领域中案件的办理、纠纷的解决都有着十分重要的现实意义。在成书过程中，韩伟同志勤学不倦、孜孜以求，从前期课题立项、资料整理、样本搜集，到项目成形、验证完善、推广应用，前后历时四年，先后查阅国内外专业资料近千份，分析各类印文样本近万个，在专业期刊发表论文十余篇，凭着精益求精的“工匠精神”、从严从实的“铁匠作风”，将印章印文检验鉴定提高到一个新境界、新水平，也有力推进了现代刑事技术工作发展进步。

创新驱动发展，创新引领未来。在为烟台公安能够涌现出韩伟同志这样一名“科研警星”感到骄傲自豪的同时，我也由衷希望，本书的出版能够启迪激励更多的公安民警立足岗位、刻苦钻研，让创新精神薪火相传、创新力量不断汇聚、创新人才不断涌现，在顺应时代发展、建设现代警务的浪潮中大显身手、大有作为。

聂作坤

2017 年 12 月 20 日

序　二

我国的印章印文检验，历史悠久。据史料记载，公元前700年，我国东周时期有了印章，秦代就发生了盗用印章和伪造印章的案件，并成功进行了鉴别。新中国成立后，印章印文检验技术在继承前人经验和学习借鉴前苏联文检技术体系的基础上迅速发展起来。在近七十年的应用实践中创新丰富了印章同一认定、朱墨时序检验、印文形成时间鉴别等专项疑难鉴定方法，使印章印文的鉴定理论和检验技术在深度和广度方面都得到了很大的发展。

现代社会，印章和印文作为自然人或法人身份、价值、权利及诚信的标志，在社会政治和经济活动中对确认法律行为、识别行为主体、区别主体身份起着重要作用。随着我国经济的飞速发展，以合同、凭条及票据等形式为载体的涉及印章印文的文件剧增，不法分子利用伪造或变造印章印文牟取暴利的活动十分猖獗，成为扰乱经济秩序、影响政府信誉、破坏诚信环境、侵犯法律尊严的一大隐患。同时，也导致涉及印章印文的民事纠纷案件越来越多。法庭科学印章印文鉴定的目的是研究印章印文及其相关问题，为侦查提供线索和范围，为刑事和民事等案件诉讼提供证据。因此，运用相关技术手段准确、高效地识别印章印文文件的真伪，是有效澄清案（事）件事实的必然要求。

20世纪90年代以后，随着现代科学技术的发展，制章业工艺和水平的不断提高，机械制章逐步取代手工制章。最先出现原子印章，之后是激光雕刻印章、光敏印章，从而使印章印文鉴定工作面临新的挑战。由于新型伪造方法制成的印章和印文的仿真性很强，差异特征反映很不明显，使得传统的印章印文检验鉴定方法已不能完全适应实践检验的需要。同时，印文色料成分的改变和更新也使朱墨时序检验和印文形成时间检验呈现出新的特点。在此情况下，新技术和新方法的研发和应用成为解决印章印文鉴定疑难问题的关键。

韩伟博士在读博之初就确定了以印章印文鉴定问题为其研究方向，并在三年的博士学习研究期间付诸了艰辛与努力。他本科毕业于中国刑事警察学院文件检验专业，接受过文件鉴定最为基础、系统的专业训练，获得理学学士学位；硕士研究生学习法律，汲取了物证及其相关法学理论知识，并对我国司法鉴定制度进行了深入了解。在中国人民公安大学刑事科学技术学院读博期间，完全参与到文检专业的科研、教学和办案之中，发表论文十余篇、参与和主持科研课题 5 项，参与编写著书 3 部，成为我国公安技术一级学科成立以来的首位文件检验学研究方向的工学博士。

韩伟博士从本科毕业就在山东烟台市公安局从事文件检验工作，具有二十多年的文检实际工作经验，对印章印文鉴定有着深入的研究和理解。他的专著《法庭科学印章印文鉴定理论与新技术》一书基于印章和印文的物证属性，从刑事科学技术和法庭科学司法鉴定的角度，对印章印文鉴定理论和检验技术两个方面进行了系统深入的研究。该书在全面梳理印章制作工艺和印文检验技术发展的基础上，运用印刷网点技术研究印章印文形成方式鉴别问题、利用电阻测量技术研究含碳笔朱墨时序检验问题、采用拉曼光谱技术研究印文形成时间鉴定问题，并从系统鉴定应用的角度提出印章印文检验的梯度设计，意在从理论源头解决鉴定实务中的技术难题，并借助鉴定实践佐证理论的适用。该书在写作过程中立足印章印文鉴定实务，进行大量的实验设计，获得了翔实的检验图谱，积累了丰富的案例资料，在教学、科研和办案中均取得了满意的效果。我作为韩伟博士的博士生导师，对他在博士毕业后实务工作十分繁忙的情况下抽出时间写出这么有价值有水平的专著感到十分高兴和祝贺。我相信该书的出版会起到抛砖引玉的作用，对教学、科研和实务工作起到一定的借鉴和促进作用，也会吸引更多的专家学者探讨印章印文鉴定的理论和实践问题，从而推动印章印文鉴定技术不断创新、发展和完善。

黄建同

2017 年 10 月 18 日

前 言

印章印文鉴定是文件检验技术的一项重要分支，同时也是法庭科学司法鉴定领域的一项重要内容，其目的是研究印章印文及其相关问题，为侦查提供线索和范围，为司法诉讼以及行政执法提供证据。现阶段，在信息技术和材料学快速发展及广泛应用的背景下，印章制作技术由传统的手工雕刻、数控机雕已经发展到激光雕刻、感光成型技术及热压成型技术，印章制作材料已突破木料、金属、玻璃等客体，发展为树脂、聚酯超微泡材料及激光聚合物等。伴随制章工艺科技化变革所带给人们精致、便捷的印章图文的同时，也使犯罪分子伪造和变造印文的方式呈现出多样性和复杂性，致使大量疑难案（事）件无法得到澄清。与之相适应，检验鉴定的技术和方法也呈现出从经验判断到数据归纳、从常量到微量、从定性到定量的发展趋势，鉴定的内容也由同一认定、朱墨时序检验发展到印文形成时间鉴定，使印章印文检验技术的内涵和外延不断拓展。因此，基于法庭科学构架模式下的印章印文鉴定不仅需要运用技术学科的独特性范畴来厘清技术思维的框架，而且更需要凭借相关成熟学科的丰富理论来架构理论与实践融合的平台。

本书旨在探讨印章印文检验的新技术和新方法，在厘析印章和印文发展层面相关问题的基础上，依据印文印迹在平面、立体和时间三个维度中所表现的微观形态和理化特性，主要研究印文形成方式、印文与文字的交叉时序（朱墨时序）和印文形成时间的鉴别问题，并从系统鉴定应用的角度提出印章印文检验的梯度设计。具体研究内容如下：

（一）从印章和印文演变发展的角度，运用比较学的研究方法，系统研究印章制作工艺与检验鉴定的应用联系。通过梳理印章的历史与发展现状，着重探讨印章的形制、材质及盖印方式等方面的发展特点及其演变的阶段性时间标志。分析总结印文特征与印章制作工艺特点的对应关系，绘制形成翔实的印章制作工艺发展脉络图表，并提出印章和印文系统分类的新标准，为鉴别印章的制作工艺和印文形成时间检验提供依据。

（二）利用印刷印文平面网点的微观特征，采用形态学研究方法，研究印文形成方式的鉴别问题。网点是构成印刷图像的最小单元。通过对盖印、非制版印刷（打印、复印、数码印刷）墨迹（点）特征和制版印刷印文网点特征的比较研究发现：网点与墨迹（点）所呈现的显微特征的种类差异，能够显著区分制版印刷与盖印、非制版印刷印文；印刷印文中网点的类型、结构、密度及排布等特征，能够有效区分四大印刷版型（凸、平、凹、孔版）的种类，并能够进一步细化版型中的具体制版方式；印版网点在制作过程中某些带有个人工艺特色或缺损特征，可以为认定某块版是某个人或某台机具制作提供依据。基于网点的形状、面积、分布及其在承印物表面的渗透和扩散等属性所反映的微观形态特征能够构成印文同一认定和种属认定的基础，为鉴别印文形成方式提供依据。

（三）利用电阻测量技术，研究印文和字迹交叠所构成的立体结构反映出的电阻特性，为解决含碳笔朱墨时序难题提供依据。通过考察签字笔种类、印文色料种类、印文色料浓淡、纸张种类及样本形成时间五方面影响因素，结合 VB 语言编程对电阻数据进行统计分析后发现：在不同朱墨时序条件下，电阻数据的变化和分布具有规律性，即当签字笔笔画的平均电阻值小于 1500 MΩ 时，先朱后墨比先墨后朱时的电阻值增大，且数据在不同区间的分布率呈现显著差异。依据所建立的数据库并结合专家意见，选择统计数据中的电阻数据区间分布阈值 K 作为判断标准，对 100 份实验样本进行盲测，确定结论率 86%、正确率 96%。电阻测量技术能够有效区分朱墨形成时序，为定性的鉴定意见提供定量化的判断依据。

（四）利用印泥（油）中挥发性物质相对含量随时间变化规律，运用拉曼光谱技术，研究印文形成时间鉴别问题。在考察仪器条件和印泥（油）样本因素影响、优选实验条件，确定拉曼光谱技术能够对 56 种印泥（油）种类及次种类属性的细化区分的基础上，筛选拉曼谱图中 $1089cm^{-1}$ 和 $1235cm^{-1}$ 处特征峰的峰面积相对强度的比值（I）作为印文形成时间的判断依据。通过纸张、温度、人为老化的实验研究发现：I 值随印文形成时间的延长而减弱且至 12 个月趋于平缓，不同阶段的变化速率不同，不同印泥（油）的变化规律差异，依据 I 值变化规律能够鉴别近期盖印形成印文；温度是影响印泥（油）中挥发性物质含量的关键因素，在 90℃ 下加热 90min，加热前后挥发性物质含量的差值变化显著，利用这一时间节点的特性，可以作为判断印文相对形成时间的依据。

（五）从检验技术系统应用的层面，研究构建印章印文的梯度设计。运用系统论的方法，分析印章印文检验内容的层次、结构以及技术应用的层面、条件和思路。提出从构架印文“三元化”信息体系着手，以真伪性（同一认定）为逻辑起点，融合空间性（朱墨时序）和时间性（盖印时间）双重属性，凭借三者的互动关系，以检验思维方式与技术方法的合理配置为主线，建立各层次检验技术递进思维的梯度设计方案。目的在于推进检验的线索和层次，增强检验效果的加和效应和增值效应，确保鉴定意见的客观性、证明性和准确性，为印文检验标准化建设提供参考。

本书围绕印章印文检验，针对当前印章印文检验中需要迫切解决的问题，在多维度视角下，综合利用印文微观形态和理化特性，建立和提出了检验鉴定的新方法和新思路。与现有的印章印文检验技术方法相比，研究内容贴近实战且具有创新性，并在公安部能力验证和实际案件中得到应用。本书的研究成果，难免存在瑕疵与遗漏，但其目的在于力求开拓印章印文检验的新途径，以期为文检案（事）件的司法鉴定提供有效手段。

本书的付梓出版得到了山东省2017年重点研发计划项目（项目编号：2017GSF20110）的支持。

目 录

第一章　绪　　论

20 世纪 90 年代以来，信息技术日新月异，信息产业持续发展，信息网络广泛普及，信息化成为全球经济社会发展的显著特征。[①] 随着物联网、移动互联网、大数据、云计算等新一代信息技术的快速发展，一个以海量信息和数据为特征的大数据时代已经到来，正在引发一场由工业社会向信息社会的全方位的经济转型和社会转型。现代社会中，印章印文作为自然人或法人的身份、价值、权利及诚信的象征，在社会政治和经济活动中发挥着重要作用。在信息技术快速发展及广泛应用的背景下，伴随制章工艺科技化变革带给人们精致、便捷的印章图文的同时，也使利用伪造、变造印章和印文的手段和方法进行不法活动的现象层出不穷，已成为扰乱经济秩序、影响政府信誉、破坏诚信环境、侵犯法律尊严的一大公害。

印章印文鉴定是物证鉴定中的文书物证鉴定项目之一，[②] 目的在于确定文件的真伪性，为澄清案（事）件事实提供依据。印章印文鉴定意见是印章印文鉴定的重要过程和产物，是鉴定人运用印章印文鉴定技术和专门知识，就诉讼中涉及的有关印章印文的专门问题，通过分析、判断等方法所形成的一种专业意见，其主旨在于挖掘物证的证据价值。印章印文鉴定理念的转变与检验方

---

① 1997 年召开的首届全国信息化工作会议，将信息化和国家信息化定义为：“信息化是指培育、发展以智能化工具为代表的新的生产力并使之造福于社会的历史过程。国家信息化就是在国家统一规划和组织下，在农业、工业、科学技术、国防及社会生活各个方面应用现代信息技术，深入开发广泛利用信息资源，加速实现国家现代化进程。”根据 2006—2020 国家信息化发展战略，信息化是指充分利用信息技术，开发利用信息资源，促进信息交流和知识共享，提高经济增长质量，推动经济社会发展转型的历史进程。

② 2005 年 2 月 28 日，第十届全国人民代表大会常务委员会第十四次会议通过的《全国人民代表大会常务委员会关于司法鉴定管理问题的决定》中第二条规定：“国家对从事下列司法鉴定业务的鉴定人和鉴定机构实行登记管理制度：（一）法医类鉴定；（二）物证类鉴定；（三）声像资料鉴定；（四）根据诉讼需要由国务院司法行政部门商最高人民法院、最高人民检察院确定的其他应当对鉴定人和鉴定机构实行登记管理的鉴定事项。法律对前款规定事项的鉴定人和鉴定机构的管理另有规定的，从其规定。”

法的突破已经成为新形势下技术应用和发展的战略选择和时代潮流。

第一节 研究背景

印章印文检验（stamp and seal examination）是文件检验（documents examination）领域的一项重要分支，同时也是当前刑事科学、犯罪调查技术（criminal investigation technology）部门和法庭科学（forensic science）领域的一项重要内容。文件检验所隶属的法庭科学是一门应用性学科，它是以自然科学和社会科学为基础，以特征识别理论和属性鉴别理论为核心理论，强调多种知识、操作技能与鉴定技术相结合。法庭科学的定位及其运行环境，要求印章印文鉴定应当遵循理论与实践相结合的发展方向。同时，我国印章和印文的本土性、特殊化的表现特点决定了只有根据本学科技术知识生产和发展的逻辑，通过适当的、可行的、有效的实际方法和研究途径，在引进和吸收量化的理论积累的基础上，创新和重构质化的具有中国特色的印章印文鉴定理论是未来发展的最大挑战。鉴于以上原因，从法学和技术两个维度思考印章印文鉴定意见的法律问题和技术问题是法庭科学技术理论研究的理念和背景。

一、法治建设的必然要求

现代社会中，印章印文作为个人、企事业单位、社会团体、政府部门乃至一个国家的一种具有法律意义的标志和证据，在社会政治和经济活动中起着确认法律行为、识别行为主体、区别主体身份的作用，特别是在我国和日、韩等亚洲国家和地区的社会各领域发挥着重要的作用①。

在我国，几乎所有的重要文件上都以盖章作为单位或个人的法律重要保证，国家党政机关在发布公文时加盖印文以证明其权威性和有效性，企事业单位将印章印文作为其参与社会、经济活动的有效凭证。鉴于印章印文的重要性，印章印文的权威性和有效性一直受到法律的确认和保护。1993 年颁布的《国务院关于国家行政机关和企业、事业单位印章的规定》，明确规定了印文的图文规范。1995 年颁布的《中华人民共和国票据法》，立法确认了印文是构成票据有效性的重要元素之一。中国人民银行在其发布的《银行账户管理办法》中也明确规定，存款人申请开立存款账户时，应送交盖有存款人印章的

① Brault J J, Plamondon R.. Segmentation handweitten signature at their percetually important point[J]. IEEE Trans.Pattern.Anal.Mach.Intel, 1993, 15(9): 953-957.

印鉴卡片。[①] 2000 年 3 月 18 日公安部发布的《中华人民共和国公共安全行业标准》（《印章治安管理信息系统》）把印章和印文的管理上升到涉及国家公共安全的高度。2004 年 8 月 28 日我国通过《电子签名法》，标志着电子印章被正式采纳与应用，电子印章管理成为印章管理领域的新问题。2013 年实施的《中华人民共和国刑事诉讼法》，强调证据的标准化建设，突出程序的合法性、证明的客观性、能力的相关性等指标的考量，对包括印章印文鉴定意见在内的法定证据的使用提出了更高标准和更严要求。随着法庭科学实验室质量监控体系的推进，司法部、公安部分别制定《印章印文检验方法和程序规范》，要求印章印文的检验鉴定更加规范和标准。

二、澄清案（事）件的有效手段

我国印章和印文的使用已经绵延数千年，具有艺术和实用的双重价值。正是因为其地位的重要性，导致不法分子利用伪造或变造的海关、税务、银行、保险、党政机关及企事业单位及个人的印文从事各种犯罪活动，给国家、集体和个人造成严重的经济损失。据不完全统计，自 2000 年至 2010 年的十年间，全国涉及印章印文的案件数量占全年诈骗案总量的百分比从 3.2% 上升至 32.8%，增长了十倍[②]，对经济秩序和诚信环境产生极为不利的影响，严重破坏了和谐社会的建设目标。截至 2010 年，在我国各种正规的印章制作单位有 19300 余所，每个省平均有 600 多所[③]。而隐蔽的民间制章作坊则不计其数，并且不法分子的伪造手段也日趋高科技化，伪造相似度越来越高。因此，运用相关技术手段准确、高效地识别印文真伪，是有效打击犯罪的必然要求。

"人类的司法证明活动已经进入了以物证为主要载体的'科学证据'时代。"[④]现代社会，运用先进的科学技术手段，挖掘物证的核心证据价值，已经成为案件侦查和诉讼的关键之所在。印章制作技术由传统的手工雕刻、数控机雕已经发展到激光雕刻、感光成型技术及热压成型技术。印章制作材料已突破木头、金属、玻璃等客体，树脂、聚酯超微泡材料及激光聚合物等已成为重要的制作材料。不法分子利用科技成果进行伪造或变造的行为所表现出的多样性和复杂性，使一些涉及疑难印章印文检验鉴定的案（事）件无法得到澄清。

---

① 2016 年《银行账户管理办法》是由中国人民银行颁布的行政条例条令，其中第二十一条和第二十二条，明确存款人使用印鉴的规定。

② 邓集杰．支票印鉴快速检测方法中的关键技术研究［D］：［博士学位论文］．天津：天津大学，2010.

③ 高森．防伪印鉴的自动生成与识别系统研究［D］：［硕士学位论文］．合肥：合肥工业大学，2010.

④ 何家弘．神证·人证 ·物证［M］．北京：大众文艺出版社，2003：169.

与之相适应，检验鉴定的技术和方法也呈现出经验判断到数据归纳、常量到微量、定性到定量的发展趋势。鉴定的内容也由同一认定、朱墨时序检验发展到印文形成时间鉴定，使印章印文检验的内涵和外延不断拓展。因此，基于物证技术构架模式下的印章印文鉴定不仅需要运用技术学科的独特性范畴来厘清技术思维的框架，而且更需要凭借相关成熟学科的丰富理论来架构理论与实践融合的平台。

第二节 研究现状

印章印文的检验技术依据检验内容的特点呈现出繁杂的种类表现。本书分别从印迹平面形态特征、印迹立体分布特征和印迹时间序列特征三个维度，主要研究和建立判断印文形成方式、鉴别印文与文字的交叉时序（朱墨时序）和检验印文的形成时间的技术方法。

一、印文形成方式的检验鉴定

现阶段，印文的形成方式主要包括盖印、打印、复印和制版印刷。印文形成方式的判断是印文鉴定检验的首要步骤，其主旨是根据直接盖印印文与其他印刷印文的特征区别，确定文件上的印文是何种方式形成的，为印文的种属认定和同一认定提供依据，如图 1-2-1 所示。

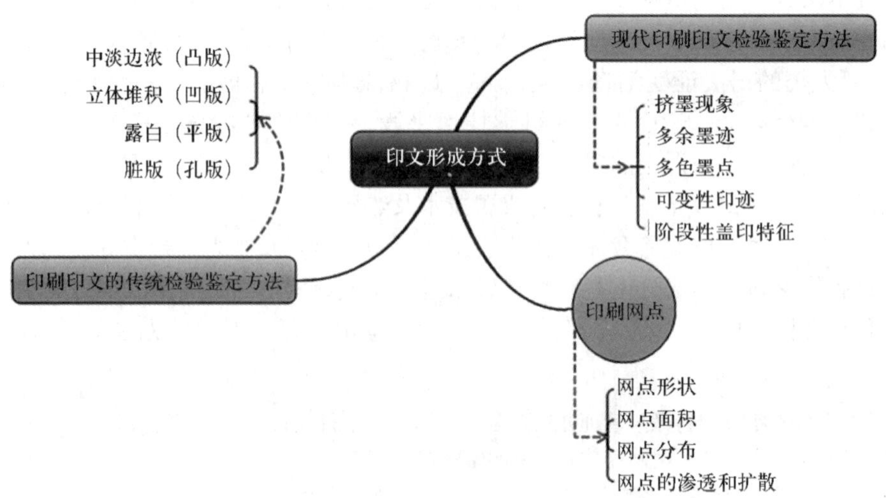

图 1-2-1 印文形成方式检验方法思维导图

（一）印刷印文的传统检验鉴定方法

印刷印文的检验鉴定作为印刷文件检验的分支检验项目，一直以形态学的真伪性鉴别为主要目的。印刷印文的检验鉴定与印刷文件检验一脉相承，运用印刷技术知识，通过对印刷文件所反映出的特征进行分析或与样本材料进行比较，判定印文的形成方式和印刷方法。

在印刷印文检验鉴定中，零星的研究成果较多关注的是彩色打印（复印）印文及平版印刷印文①的分析和鉴别。北京市公安局②借鉴仪器分析的优势，使用红外光谱仪与拉曼光谱仪联用技术检验彩色打印机油墨，为彩色打印印文检验提供了一条途径。武峰③运用印文边框洇散及图文色泽等形态学特征研究打印印文与印章盖印印文的区别。罗顿④等通过彩色喷墨打印印文与真实盖印印文的比对研究，指出两者在印文规格特征、图文清晰度、色料成分、底纹种类、荧光暗记及散粉颗粒等方面存在差异，可以作为印文伪制的依据。崔岚⑤等通过对打印法伪造印文方法的剖析，指出检验鉴定伪造印文可以从印迹的总观特征和细节特征（挤墨现象、多余墨迹、多色墨点、可变性印迹）方面进行鉴别。

在印刷印文的研究中，我们较少涉及其他版型⑥印刷形成印文的检验鉴定，仅有崔岚⑦曾对丝网印刷印文的特征及检验要点进行过总结。这种现象符合物以致用的实用主义观点，能够有针对性地解决现实面临的鉴定难题。但从印刷印文检验鉴定的系统操作角度，无疑会出现实践困惑，这种现象导致检验人员对印刷网点的认识长期停留于平版印刷品的鉴别思维之中，没有形成在网点基础之上的各类版型鉴别特征的综合认知。

（二）现代印刷印文的检验鉴定方法

现代印刷复制的目的就是将各种模拟的或数字化原稿，通过各种技术手段和工艺复制成批量的印刷品。印刷复制技术一般指以原稿为依据，利用直接或间接的方法制成印版，将黏附性的色料敷于印版之上，在机械压力的作用下，

---

① 2013 年全国刑事科学技术实验室能力验证中印章印文盲测题目即为平版印刷印文的检验鉴定。

② 北京市公安局．公安部科技成果推广项目［J］．Police Technology，2008（3）：18.

③ 武峰，孔新华．彩色打印机打印印文的检验［J］．刑事技术，2003（4）：49-54.

④ 罗顿，贾晓光，郭海萍．彩色喷墨打印印文的检验鉴定［J］．政法学刊，2005，22（2）：57-58.

⑤ 崔岚，林红，张晶．打印伪造印章印文的手段及检验［J］．广东公安科技，2003（3）：37-38.

⑥ 在传统印刷行业中，文件的制版印刷方法主要有凸版印刷、平版印刷、凹版印刷和孔板印刷四种。不同的印刷方法其印刷版型、原理不同，在文件上形成的特征存在差异，可以为鉴别印刷文件真伪，确定印刷文件来源提供依据。

⑦ 崔岚．丝网版印章印文辨析［J］．中国司法鉴定，2011（5）：57-61.

使印版上的色料转移到承印物表面上，从而得到批量印刷品的复制技术。根据传统印刷的定义，原稿、印版、油墨、承印物和印刷机械是印刷工艺的五大要素。现代印刷技术的发展使印刷的含义发生了较大变化，诸如无须接触压力的静电印刷方式，无须刻制印版的喷墨印刷方式，能够将原稿中的文字、符号和图像等信息准确地表现在承印载体之上，极大地拓展了传统印刷方式的内涵和外延。

网点是现代印刷品信息表达的基本单元。国外相关文献中，Murray-Davies [①]建立了印刷网点面积率与反射配比的计算模型，Yule-Nielsen [②]构架了网点面积与光谱反射之间的关系模型，Neugebauer [③]则建立了多原色网点面积率与印刷色关系模型，确立了网点与印刷品复制之间的量化关系。以上研究，虽然从图像信息传递载体的角度表达了复制质量的再现和优化，但均未从印刷文件检验的角度系统地将网点形态学特征作为印刷版型鉴别的依据应用于司法鉴定之中。2002 年，美国文检专家 Linton A[④] 以个案的形式，指出在无法利用传统的印版瑕疵特征鉴别印刷文件真伪的情况下，通过选择网点特征，从鉴别数份文件制作方式异同的角度达到检验目的，但其研究仅停留于连续调和网目调图像中有无网点的宏观特征区别，并未对网点的微观形态应用进行深入阐释。

国内印刷版型鉴别的理论与实践主要见于不同版本的文检教材中[⑤]，其特征识别主要集中于墨迹附着和分布的形态学观察描述，诸如凸版的中淡变浓的挤墨、凹版的墨粉的立体堆积、平版的露白和孔版的脏版痕迹分布等特征表现。这种版型鉴别方法和思路开始于 20 世纪五六十年代并延续至今。[⑥] 其中，

---

① Arney J S, Engeldrum P G, Zeng H. An Expanded Murray - Davies Model of tonereproduction in halftone Imaging [J]. Journal of Imaging Science and Technology, 1995, 36(6): 502-508.

② Rogers G L. Neugebauer revisited: random dots in halftone screening[J]. Color Research & Application, 1998, 23(2): 104-113.

③ Amidror I, Hersch R D. Neugebauer and Demichel: dependence and independence in screen superpositions for colour printing[J]. Color Research & Application, 2000, 25(4): 267-277.

④ Linton A. Association of counterfeit documents to a printing plate by means of halftone dots [J]. Journal of The American Society of Questioned Document Examination, 2002(2): 11-18.

⑤ 文件检验教科书是文检专业发展历程和技术水平的标志，1958 年编印了我国第一本文件检验教材。之后，1965 年和 1985 年的教材影响较大。1990 年开始陆续编写出版了适应高等教育的文件检验系列教材。2002 年集全国文检专家编写出版的《中国刑事科学技术大全·文件检验》，已成为文检同行的工作参考书。

⑥ 贾玉文，邹明理．中国刑事科学技术大全·文件检验 [M]．北京：中国人民公安大学出版社，2003：188-189.

对网点特征的认识和利用始终停留于平版印刷中三原色的套印文件的检验鉴定，一直未将网点微观结构形态作为各类版型的区别依据应用于检验鉴定层面。2013 年，黄建同教授[①]首次利用网点理论对我国三轮龙年邮票的版型进行了区别性检验，之后开创性地提出网点特征可以作为印刷品的“指纹”[②]，为印刷品的版型鉴别提供了依据。网点特征在版型鉴别中的应用理论模型为广泛的印刷印文的检验鉴定提供了实践的可行性。

二、印文与文字交叉顺序（朱墨时序）的检验鉴定

朱墨时序中的“朱”指红色印泥或印油盖印的印迹，“墨”指黑色或蓝色油墨书写的字迹。朱墨时序鉴定是通过字迹与印文色料相互交叉、重叠的立体空间层次判断朱墨物质存在的先后顺序。朱墨时序鉴别中所强调的“空间性”实际上是文件各要素时空有序性的反映，空间立体层次中的叠加、渗透、交融、结膜和拖带等特征能够反映出不同色料在纸张上附着的上下位置秩序，其实质上解决的是不同色料附着在纸张上的时间先后的属性问题，而随着时间轨迹的推移所引起的物质空间形态及属性本质的变化必然反映出时间轨迹的推移。因此，对以文件为载体的物质和痕迹的层次、关系和性状的分析、判断，与文件形成时间的属性探讨和研究是相互映射的。从这个意义上来讲，以证明案件事实为目的的朱墨时序鉴别和物质成分分析等检验内容所体现的内涵充分反映了文件形成时间外延的拓展。

目前，关于朱墨时序的分析方法层出不穷，但主要围绕朱墨交叉部位的典型特征的光学、形态学、化学特征展开。朱墨时序的检验方法可分为有损检验和无损检验两类，其中有损检验因有损于检材而不常被采用，传统的无损检验方法主要是利用光学设备的显微与立体成像技术展开[③]，从形态学的角度来分析和判断，现代光谱技术和物理测量技术为朱墨时序的量化检验开辟了新的途径，如图 1-2-2 所示。

（一）有损检验方法

1. 剥离法

剥离法是在显微镜下用尖锐的利器剥离交叉部位的色料层，凭借底层色料

---

① 黄建同，韩星周，赵顺义，等．从三轮龙年邮票看票面印刷特点及检验［J］．中国人民公安大学学报（自然科学版），2013（3）：11-15.

② 黄建同，韩伟，赵顺义，等．鉴别印刷版型的新视角“网点”——印刷品的“指纹”［J］．中国人民公安大学学报（自然科学版），2014（3）：1-5.

③ Vastrick T W. The Examination of Notary Seals[J]. Journal of Forensic Sciences,1982,27(4):899-911.

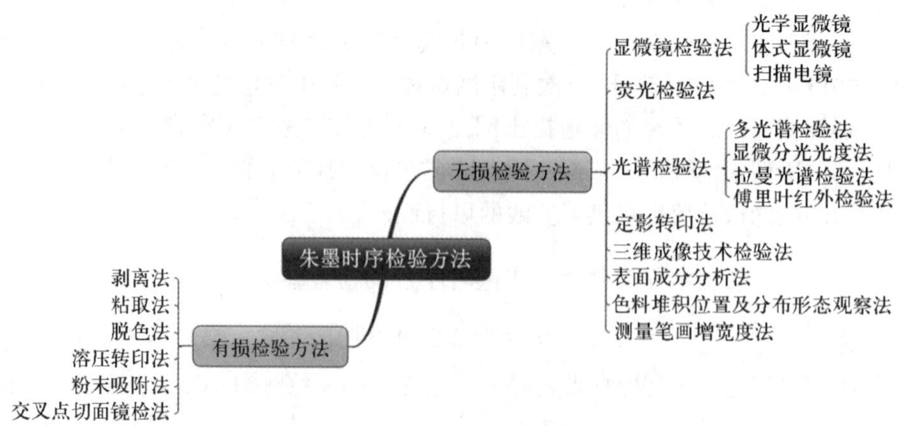

图 1-2-2　朱墨时序检验方法思维导图

种类的残留状态来判断朱墨时序。该方法主要适用于激光打印、复印字迹与印章印文形成的朱墨时序文件的检验鉴定。1992 年，方健和许耀明①利用该方法剥离检材并根据物质所呈现的颜色判断朱墨时序。2003 年，娄凤鸣、苏祥②利用单刃剃须刀片倾斜 15°，将交叉点表层纤维剥开，借助剥里后的色料残留判断朱墨时序，并系统介绍了书写工具种类、印文种类、纸张种类对此方法的影响，并提出了此方法的局限性和注意要点。

2. 粘取法

粘取法是利用墨迹和印迹色料的黏着性质，用胶带粘取交叉部位的表层色料，根据字迹笔画或印文印迹是否完整，来判断交叉部位的先后顺序。此方法适用黏着度差异较大的不同种类色料相互交叉的情况。

3. 脱色法

李彪等③研究指出，在不同时序形成条件下，墨迹印迹形成的朱文交叉部位，其色料褪色时间长短呈现出明显区别，并分别以蓝黑墨水、碳素墨水、中性笔墨水及复写色料与印泥印文形成的时序样本为研究对象进行了总结。实验显示，该检验结果易受纸张的厚薄、书写与盖印的时间间隔、色料浓淡、书写和盖印压力等因素的影响，具有一定的局限性。

---

① 方健，许耀明．检验印文与签名字迹先后顺序的简易方法［J］．刑事技术，1992（4）：27.

② 娄凤鸣，苏祥．浅谈采用剥层检验法鉴定朱墨时序［C］．见：第一届全国法院文件检验学术研讨会论文集．北京：人民法院出版社，2005. 366-376.

③ 李彪，谢鹏，吕陆兵．脱色法判定书写色料与印泥印文的朱墨时序［J］．广东公安科技，2003（4）：10-12.

4. 溶压转印法

溶压转印法是根据盖印色料和书写色料的极性和溶解性差异，通过转印色料多少和图文笔画的连断等现象，确定印文与书写字迹形成的先后次序。徐平等[①]针对各种常见书写工具，打印、复印文件与印泥（油）形成的不同朱墨时序的样本进行比对检验。此方法适用于书写与盖印压力均较大，并且朱墨形成后的较短时间内即进行检验的文件。

5. 粉末吸附法

谢鹏等[②]研究认为，黏稠状、油溶性的印泥和水溶性或干性的书写、打印色料，对粉末状物质的黏附力存在差异。利用特定荧光粉末的吸附作用，通过观察粉末的附着状态，可有效鉴别印泥印文与水溶性色料字迹形成的朱墨时序。

6. 交叉点切面镜检法

交叉点切面镜检法[③]是通过显微放大观察印文与字迹交叉重叠部位横切面色料层次、结构及渗透情况，判断印文与字迹的形成顺序。1978 年，黄金铎、陈志卿[④]提出用断层镜检法进行朱墨时序检验。陶克明等[⑤]在实验中针对圆珠笔、钢笔墨水与印文的朱墨时序样本，用刀片将印文与文字重叠的部位进行剖切，对交叉处的横切面进行显微观察并判断时序关系。结果表明，该方法适用于纸张较厚、墨迹和印迹色料分层比较明显的朱墨时序鉴别。

（二）无损检验方法

1. 显微镜检验法

（1）利用高倍体式显微镜鉴别朱墨时序。主要观察印字交叉部位印文和字迹的色料分布、显微结构、形态、颜色和光泽等特性来判断印文与字迹形成的先后顺序。这种传统的技术方法，国内外已有大量基于规律总结后成功鉴定的实案。王文新[⑥]对复写字迹与印文的时序中字迹变淡或断裂且有溶解等表观

---

① 徐平，李德营．溶解转移法判定朱墨交叉时序的研究［J］．科技资讯，2009（11）：239-240.

② 谢朋，李彪．粉末吸附法检验朱墨先后顺序初探［J］．中国人民公安大学学报（自然科学版），2003（2）：36-37.

③ 黄建同主编. 文件检验学［M］．北京：中国人民公安大学出版社，2013：310.

④ 胡爽，邹积鑫．文件朱墨时序的检验方法及其比较分析［J］．刑事技术，2007（3）：30-33.

⑤ 陶克明，阎育化．光学显微镜检验印章与字迹的先后顺序［J］．刑事技术，1989（4）：13.

⑥ 王文新．印章印文与复写字迹先后顺序的检验［J］．刑事技术，1997（1）：37.

特征进行了总结。李志红等①对指纹与签名文字的朱墨时序的特征进行了分析。沈策等②研究打印、复印文字时序的显微特征，指出印文色料的种类影响朱墨时序的特征表现。黄远③基于带照相系统的 M10 连续变倍显微镜，利用其高倍的消色差功能，指出朱墨交叉点的形态和颜色方面的明显差异特征。胡向阳、姚慧芳④运用高倍显微镜总结了五种显微形态特征来判断朱墨时序。尹石山⑤通过交叉处的形态和颜色变化来判断朱墨时序。长期以来，显微镜检验法是朱墨鉴别技术研究的重点，但其致命的弊病在于对鉴定人员经验的依赖，特征的表现缺乏普适性，如图 1-2-3 所示。

（2）利用三维立体显微镜鉴别朱墨时序。主要分析交叉部位的不同物质成分的立体痕迹，成为当今最重要的一种朱墨时序的检验技术⑥。石沫、于化民⑦提出利用笔画油墨“镜面”反射形成的视觉连续性来鉴别圆珠笔和激光打印字迹与印文形成时序的可行性。金毅华⑧认为，交叉点的墨粉光泽度和印油积聚等现象是不同时序形成的本质区别，适用于打印、复印字迹与印油印文时序的判断。崔岚⑨、程光⑩等立足朱墨叠加原理，注重层次关系的分析，从立体形态的角度识别特征。

（3）利用扫描电镜鉴别朱墨时序。扫描电子显微镜（SEM）的倍率和景

---

① 李志红，郭会影，陈相忠．利用体视显微镜检验指纹与签名文字的朱墨时序［J］．刑警 & 科技，2004（3）：357-358.

② 沈策，宋歌丽，张爽．印文与打印、复印文字的时序鉴定［J］．刑警 & 科技，2004（3）：355-357.

③ 黄远．印文与书写字迹交叉笔画先后顺序的消色差显微检验法［J］．刑事技术，1993（6）：7-9.

④ 胡向阳，姚慧芳．运用高倍显微镜判断朱墨时序的方法［J］．刑事技术，2008（3）：29-31.

⑤ 尹石山．论印章印文与书写文字先后顺序的鉴别［J］．企业家天地，2008（11）：194-195.

⑥ 胡祖平，姜裕峰．三维立体显微镜在文件检验中的应用［J］．刑事技术，2002（4）：16-17.

⑦ 石沫，于化民．印文与文字交叠时序的无损鉴定［J］．贵州警官职业学院学报，2004（1）：29-30.

⑧ 金毅华，陈晓红．打印复印文件朱墨时序表观特征初探［J］．中国司法鉴，2007（5）：40-43.

⑨ 崔岚，陈强，秦书泉．利用三维立体显微镜确定印文与打印字迹形成次序［J］．中国人民公安大学学报，2004（4）：20-21.

⑩ 程光，谢维军，张靖．三维立体显微图像系统及其在文件朱墨时序检验中的应用［C］．第八届全国物证鉴定技术破案研讨会论文选．北京：科学出版社，2006：365-367.

深优势是鉴别朱墨时序的关键技术要素。张星等①利用 SEM 仅对打印字迹与印泥印文交叉先后顺序进行了初步研究，描述了不同时序条件下字迹与印文的显微立体形态，未对其他种类色料做进一步探讨。Tollkamp Schierjot② 以案例形式报道了一起伪造文件的案件，鉴定人员利用 SEM 技术对指纹和字迹交叉顺序进行了鉴别。国外文检专家主要将 SEM 应用于字迹笔画之间先后顺序的分析和判断③④，而且方法成熟，报道颇多⑤⑥。本方法由于设备昂贵，不宜普及。

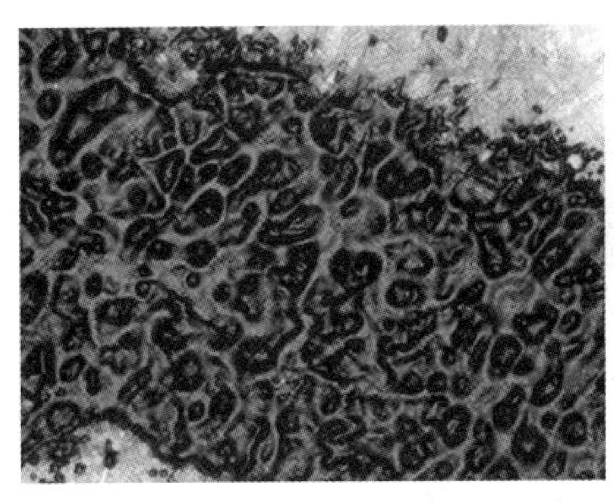

先朱后墨

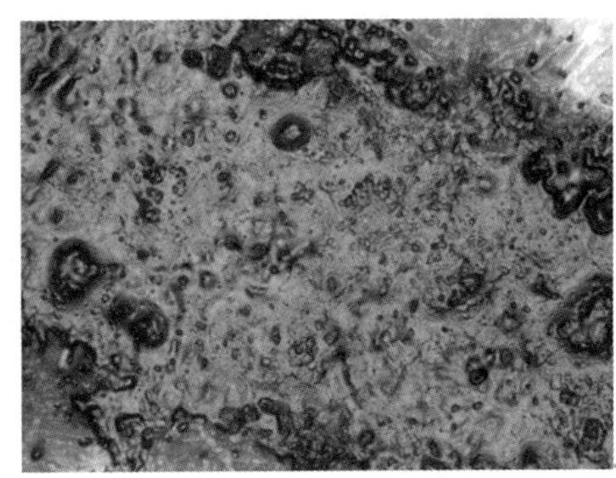

先墨后朱

图 1-2-3 高倍体式显微镜下印油与激光打印墨粉的朱墨时序特征对比

2. 荧光检验法

荧光检验法利用光致荧光原理，依据印文色料被激发荧光的强度变化来判

---

① 张星，陶旭，马子宁，等．计算机打印机字迹与印泥印文交叉先后顺序的鉴别［J］．广东公安科技，1996（1）：22-24.

② Tollkamp Schierjot, Fackler H G. Use of low voltage SEM in the detection of forgeries examination of questioned documents in order to determine which of two in-tersecting impressions was produced first[J]. International Journal of Forensic Document Examiners, 1996, 2(4): 333-341.

③ Nolan P J, Davies C. The examination of documents by SEM and X-ray spectrometry[J]. Scanning Electron Microscopy, 1982, 2: 599-610.

④ Koons R D. Sequencing of intersecting lines by combined lifting process and scanning electron microscopy[J]. Forensic Science International, 1985, 24 (2): 261-276.

⑤ Oehmichen M. SEM demnstration of mixed script[J]. Journal of Legal Medicine, 1989, 102(4): 219-230.

⑥ Tollkamp Schierjot, Fackler H G. Use of low voltage SEM in the detection of forgeries examination of questioned documents in order to determine which of two in-tersecting impressions was produced first[J]. International Journal of Forensic Document Examiners, 1996, 2(4): 333-341.

定朱墨时序。1998 年，楼良其等[①]选择蓝光激发光源、红外胶片、特定波长的滤光片，拍摄出反映交叉处时序特征的照片。之后，林祥[②]、夏玉[③]分别运用紫外线摄影技术鉴别朱墨时序，指出该方法仅限于水溶性墨迹在书写压力较轻或印文颜色浅淡的条件下检验效果明显。董军[④]运用 Leica Fluo ⅢTM 荧光立体显微镜，对激光打印字迹与印泥（油）印文先后顺序进行研究，指出该方法的判断结果与印泥（油）种类、激光打印墨粉种类、印文浓淡以及形成时间存在密切关系，如图 1-2-4 所示。

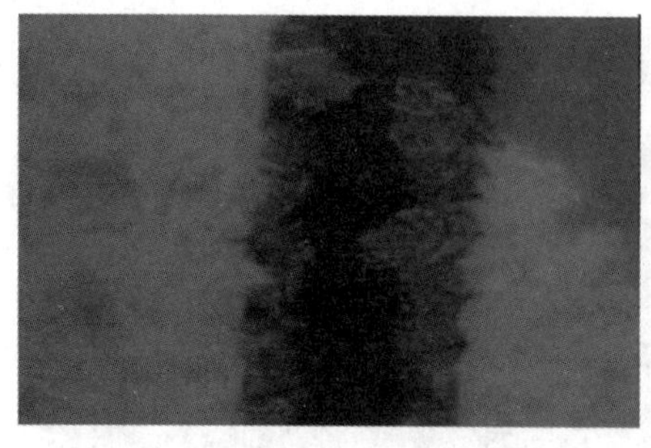

先朱后墨

先墨后朱

图 1-2-4　荧光显微镜下印油与签字笔字迹的朱墨时序特征对比

3. 光谱分析法

（1）傅立叶红外检验法。杨胜军等[⑤]利用傅立叶红外显微化学图像系统结合面扫描和发射模式，分析不同时序条件下的红外图谱特征峰吸收差异性鉴别朱墨时序。黄红娟等[⑥]运用傅立叶显微红外化学成像技术，根据印文及油墨的红外特征峰成像图谱的差异判断朱墨时序。

---

① 楼良其，陈立明，楼立军．应用红外发光拍摄法揭示印文与书写字迹的先后顺序［J］．刑事技术，1998（3）：37.

② 林祥．应用荧光显微镜检验印泥印文与常见书写和打印字迹形成先后顺序的研究［J］．中国人民公安大学学报（自然科学版），1998（4）：38-41.

③ 夏玉．运用紫外线摄影技术鉴定字迹与盖章的先后顺序［J］．刑事技术，2001（4）：39-40.

④ 董军．利用 IDMH-Z880 荧光检验法对激光打印字迹与印章印文先后顺序的研究［D］：［硕士学位论文］．北京：中国人民公安大学，2011.

⑤ 杨胜军，邹多生，石琳等．利用傅里叶红外显微化学图像系统鉴定书写与盖章的先后顺序［J］．光谱学与光谱分析，2006（8）：1460-1463.

⑥ 黄红娟，郑一平，楼寿松．傅立叶显微红外化学成像在朱墨时序鉴定中的应用研究［J］．刑事技术，2010（4）：29-32.

（2）光谱成像检验法。暴仁①利用光谱成像技术（Spectral Imaging），通过一定光谱范围内采集的反射光亮度分布或荧光亮度分布，即“光谱影像立方体”（Spectral Image Cube），根据纯墨迹处与交叉处光亮度谱线的高低来判断朱墨时序。该方法受到影响的因素较多，如测量点的色料均匀度、纸张种类等，而且印油种类和签字笔油墨种类对检验的影响没有得到深入的研究探讨，如图 1-2-5 所示。

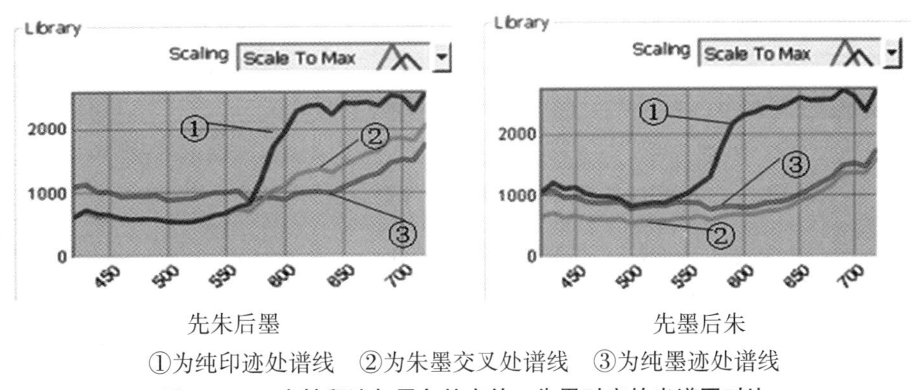

先朱后墨　　　　先墨后朱

①为纯印迹处谱线　②为朱墨交叉处谱线　③为纯墨迹处谱线

图 1-2-5　光敏印油与黑色签字笔，朱墨时序的光谱图对比

（3）拉曼光谱检验法。拉曼光谱成像技术可以显示表层物质的分布情况，基于这一原理的设想，国外学者 Sarah②、Berx 和 Kinder③ 从可行性角度对该技术在字迹交叉笔画时序鉴别方面的应用进行理论探讨。Raza 和 Saha④ 对圆珠笔油墨（红色和黑色），铅笔和激光打印机墨粉与蓝色印油的形成时序判别进行实验研究⑤。国内学者利用显示交叉点处文字字迹和印文的分布情况的拉曼

---

① 暴仁，张淙溪．光谱成像检验法在朱墨时序鉴定中的应用［J］．中国司法鉴定，2008（4）：36.

② Sarah S，Danilo B，Lottici，et al. Examination of line crossings by micro－Raman spectroscopy[J]. PEAFS,2003,136(1):475-480.

③ Berx V,Kinder De. The application of 3D－profilometry in the analysis of the“Crossing Lines”problem within document examination[C]. PA60(Proceedings of American Society of Questioned Documents Examiners 60th Annual Conference). ATLANTA:Charle.C.Thomas Press,2013,717-719.

④ Raza A,Saha B. Application of Raman spectroscopy in forensic investigation of questioned documents involving stamp inks［J］. Science & Justice，2012，22:18-22.

⑤ 韩伟，黄建同，陈维娜．拉曼光谱在司法文书鉴定中的应用［J］．理化检验（化学分成），2015，51（12）：1753-1759.

特性，探讨和判断朱墨时序。连园园等①采用拉曼技术，通过图像拟合和处理，利用伪彩色图，判断蓝色签字笔与印泥的先后顺序，如图 1-2-6 所示。

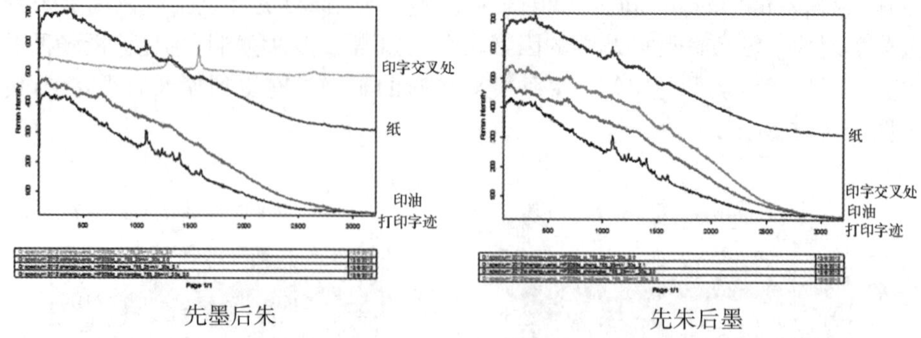

图 1-2-6　印油与 HP 黑白打印机，朱墨时序的拉曼光谱图对比

（4）显微分光光度法。李彪②利用显微分光光度法对朱墨交叉部位和非交叉部位获得的反射光谱曲线进行分析，发现在 600nm 处，印泥和印油的光谱曲线易出现“拐点”，而字迹油墨无此现象。该特征差异可作为考察朱墨色料先后次序的依据。

4. 定影转印法

石沫等③提出，红色印文的有机色料在经过激光打印机定影辊时，在高温和压力作用下，部分红色印文色料被热黏附在定影辊表面，并可能被转印并固定在纸张表面，被转印的红色印文点在纸张上的前后直线距离就是定影辊的周长，此特征可以作为先朱后墨的判断依据。王晓光等④利用定影转印理论，从实验的角度验证并正式提出将定影转印法作为判定印文与激光打印字迹时序的方法。

5. 三维成像技术检验法

三维成像技术检验法是运用软件技术对交叠点信息的统计运算，将视觉图形转换为三维几何线性关系，分析和鉴别不同文件材料形成的微痕迹三维差

---

① 连园园，李伟，梁鲁宁等．拉曼光谱面扫描成像判断黑色圆珠笔交叉笔画书写先后顺序［J］．刑事技术，2009（3）：14-17.

② 李彪．显微分光光度法判定朱墨时序的初步研究［J］．中国公共安全（学术版），2012（1）：103-105.

③ 石沫，于化明，王炜．一种判断朱墨时序的新方法［C］．第五届文检学理论与实践研讨会论文集．北京：中国人民公安大学出版社，2006：234-236.

④ 王晓光，郝红光，王锦生，等．利用定影转印法判定印文与激光打印字迹时序的实验研究［J］．中国人民公安大学学报（自然科学版），2011（2）：5-8.

异。王连昭[①]利用基恩士（KEYENCE）“超景深三维显微系统”对圆珠笔、打印和复印字迹的朱墨时序所表现的显微特征进行了描述。武磊、王桂森[②]利用德国 KAPPA“DVI-300 微痕迹色差分析系”对激光打印文字与印章印文进行实体观察，并对微痕迹色差模型图进行特征分析。武磊等[③]又利用 IDM H-Z780 系统对碳素钢笔水的朱墨时序问题进行研究，依据等高线的相关指标，总结微观特征的三维规律性。

6. 表面成分分析法

表面成分分析法[④]是利用电子探针（EPMA）和能谱仪（EDAX），对字迹和印文不同区域的成分分析，依据微量元素的种类和含量的差异来判断朱墨时序。由于水溶性色料间易发生渗透作用，所以该方法只适用于相互交叠的两种非水溶性色料，而不适用于水溶性墨迹与印文形成的朱墨时序文件的检验。

7. 色料堆积位置及分布形态观察法

黄建同[⑤]基于朱墨交叉部位书写色料的堆积位置、形态及笔画的粗细、均匀程度的特征表现，提出了利用一种新颖的立体形态特征鉴别朱墨时序的方法。该方法通过比较观察印文与字迹交叉点与非交叉点处字迹色料堆积、形态位置、分布规律等特征是否一致，来判断印文与字迹的先后顺序。

8. 测量笔画增宽度法

测量笔画增宽度法[⑥]是通过测量比较先朱后墨与先墨后朱两种时序下交叉笔画宽度差异判断朱墨时序的一种方法。该方法主要适用于 15~20 天由激光打印形成的朱墨时序文件的检验。

（三）发展趋势和展望

在朱墨时序的检验方法中，朱墨交叉点处的特征表现是该项检验的关键判断依据。由于有损检验在利用物理或化学方法对待检部位处理时，将会对检材

---

① 王连昭．超景深三维显微系统在印章印文检验中的应用［J］．江西警察学院学报，2012（2）：23-25.

② 武磊，王桂森．DVI-300 微痕迹色差分析系统对激光打印文字与印章印文交叉时序检验的方法研究［J］．刑事技术，2011（3）：34-36.

③ 武磊，张云，余静．利用 IDM H-Z780 系统对碳素钢笔水书写字迹与印章印文交叉时序的无损检验研究［J］．刑事技术，2010（5）：26-28.

④ 贾玉文，邹明理．中国刑事科学技术大全文件检验［M］．北京：中国人民公安大学出版社，2002：1240.

⑤ 黄建同．一种检验印文与签字先后顺序的新方法——色料堆积位置及分布形态观察法［J］．警察技术，2004（6）：32-33.

⑥ 冯超，刘坤明，李静．测量笔画增宽度判断激光打印文件朱墨时序初探［J］．刑事技术，2012（2）：35-38.

造成一定范围和程度的破坏，不利于重复检验的要求。检案实践中，秉承“无损至尊”思想（Non-destructive techniques are preferable）是该项技术实践应用的重要原则，即采用无损检验是朱墨时序鉴别的首选方法，慎重使用易对检材造成破坏的有损检验方法，无法用无损检验的文件，检验人员应当得到送检方的同意后再用有损检验方法检验。

朱墨时序的量化检验和多种方法综合的系统化检验思路是此项技术手段的发展趋势。朱墨时序检验是文书鉴定领域难度较高的项目，鉴定人的技术水平和经验是影响检验质量的关键因素，而仅凭经验判断的表观性特征描述，易受主观感知的局限而使结论产生偏差。因此，将经验判断概念型向统计数据归纳型转变，在特征量化的基础上强调数据的重复性才具有科学证据的证伪性。另外，朱墨时序鉴定的每一种方法的适用条件、适用对象都有其优势和不足。利用多种方法从不同角度、不同层面剖析特征表现，相互印证、综合评断是确保结论准确性的重要保障。

中西方印章使用习惯的差异，造成了国内外研究重点的偏差。国外对时序的鉴别主要集中于字迹笔画间先后的分析和判断，因此一些新的技术元素的原理共通，可以作为国内朱墨时序鉴别方法的可行性探讨。Liu K 等[①][②]采用 MCPD-100 专用仪器测算笔画色度指标，凭借物理数据提供定量信息，结合群集技术分析确定笔画书写的先后顺序。Cheng K C 等[③]利用激光扫描共焦显微镜（Laser Scanning Confocal Microscope，LSCM），通过滤光镜激发荧光后所呈现的 3D 图谱判断不同颜色笔画先后顺序。Spagnolo G S [④]利用三维微观地形学技术结合激光全息成像，确定同种颜色的墨水字迹的先后顺序。Allen 和 Giles

---

① Liu K, Cheng K C, Shieh T M, et al. The determination of the order of writing of crossed strokes by chromaticity measurements and clustering techniques [J]. International Journal of Forensic Document Examiners, 1997, 3(2): 138-145.

② Cheng K C, Liu K, Lee S T, et al. Determination of the writing sequence of crossing strokes by cielab color system and sample duplication[J]. International Journal of Forensic Document Examiners, 1998, 4(1): 12-21.

③ Cheng K C, Chao C H, Jeng B S, et al. A new method of identifying writing sequence with the laser scanning confocal microscope[J]. Forensic Sci, 1998, 43(2): 348-352.

④ Spagnolo G S. Potentiality of 3D laser profilometry to determine the sequence of homogenous crossing lines on questioned documents[J]. Forensic Science International, 2006, 164: 102-109.

利用静电检测仪（Elec-trostatic Detection Apparatus，ESDA）鉴别字迹笔画顺序[①②]，具有较好的效果。此外，国外专家认为，照相方法和图像增强技术[③]的使用，同样可以解决笔画时序问题。

三、印文形成时间的检验鉴定

（一）种属鉴别

印泥（油）的种属鉴别是时间性检验的前提。在司法鉴定中，对印泥（油）种类鉴别的目的主要是基于可疑文件上盖印的印文具有真实性的前提下，辨明印章是否存在蘸取其他印文色料进行盖印的事实，从而识别文件的伪造或变造[④]。目前，对印油、印泥成分的研究主要集中于光谱分析法与色谱分析法。

光谱分析法适用于样品主要成分间存在较大差别的分类分析，不适用于进一步细化鉴定，具有操作简便、分析迅速的优势。主要采用傅立叶变换红外光谱法[⑤]、共焦显微拉曼光谱法[⑥]、红外及红外导数光谱法[⑦]、飞行时间二次离子质谱法[⑧]等方法和技术。

色谱分析法适合分析印油、印泥中有机的颜料和染料物质。主要采用紫

① Allen M J. Using ESDA to sequence highlighter ink and impressions a simple method for determining the sequence in which impressions and highlighter ink were placed on a sheet of paper [J]. International Journal of Forensic Document Examiners,1997,3(1):49-51.

② Giles A. Extending ESDA's Capability: the determination of the order of writing and impressions using the technique of electrostatic detection[J]. Forensic Science International,1993,59:163-168.

③ Schuetzner E M. Examination of sequence of strokes with an image enhancement system [J]. Journal of Forensic Sciences. 1998,33(1):244-248.

④ 韩伟，黄建同，陈维娜．拉曼光谱在司法文书鉴定中的应用［J］．理化检验（化学分成），2015，51（12）：1755.

⑤ 崔连义，张金庄，李国平．谈傅里叶红外图像系统法鉴别红色印油的种类［J］．辽宁警专学报，2010（4）：65-67.

⑥ 籍康，赵杰，高蓉，衡航．共焦显微拉曼在司法鉴定中甄别印章的应用［J］．南京师大学报（自然科学版），2009，32（3）：56-60.

⑦ 姚丽娟，黄树先．红外及红外导数光谱法鉴别原子印章油［J］，广东公安科技，1997（3）：30-35.

⑧ Jiliye Lee, Chiwoo Lee, Kangdong Lee, et, al. TOF-SIMS study of red sealing-nks on paper and its forensic applications[J]. Applied Surfaee Seience, 2008, 255(4):1523-1526.

外—可见光谱法[①]、荧光光谱法[②]、薄层色谱法[③]、高效液相色谱法[④]、气相色谱—质谱联用法[⑤]等。将高效液相色谱与质谱进行联机检测将是未来分析印油、印泥色料的理想方法与发展趋势。气相色谱质谱联用技术是检测印迹中挥发性物质的首选方法[⑥]，如图 1-2-7 所示。

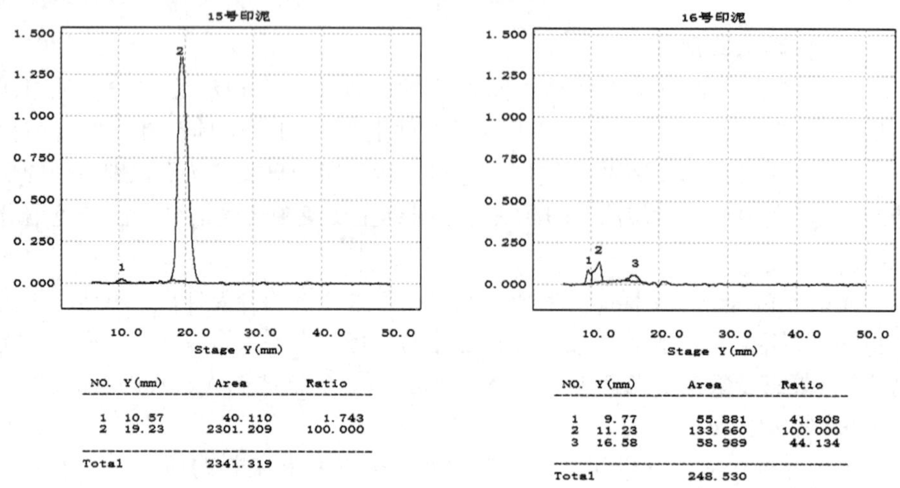

图 1-2-7　得力快干印台 NO.9870（油性颜料）和得力快干印台 NO.9868（水性颜料）的薄层色谱展开斑点扫描图

（二）印文形成时间的检验

在法庭科学中，印文的盖印时间鉴定一直是文件检验领域的热点和难点问题。印文盖印时间鉴别包括绝对盖印时间鉴别和相对盖印时间鉴别，鉴定实务

---

① 宋庆芳，张振宇，刑丽梅，朱显．同步扫描荧光光谱法鉴别原子印油［J］．刑事技术，1999（2）：34-35.

② 杨梦兰，姚丽娟，李卓，邹宁．红色原子印章油的薄层色谱法的条件选择［J］．广东公安科技，1997（1）：26-29.

③ Ya-TongYao, JiaSong, JingYu, Xiang-FengWang, et, al. Differeniiation and dating of red ink entries of seals on Documents by HPLC and GC/MS[J], Journal of separation Science, 2009, 32 (17): 2919-2927.

④ 王淳浩，张振宇，朱显，等．高效液相色谱法鉴别红色原子印油种类实验条件的选择［J］，刑事技术，2006（3）：8-10.

⑤ 王淳浩，王彦吉，张振宇，等．高效液相色谱法鉴别红色原子印油的种类及主要成分的确认［J］．中国人民公安大学学报（自然科学版），2006（1）：1-4.

⑥ 章晴．水性印油印迹的主要成分分析与稳定性研究［D］：［硕士学位论文］．北京：北京化工大学，2011.

中主要涉及的是印文形成的相对时间判断。相对形成时间是指印文形成时间未知的检材与印文形成时间已知的样本相对应的时间，即将可疑印文与同一印章盖印的已知形成时间的印文进行比对检验，确定可疑印文形成时间与标称时间是否相同、可疑印文盖印的大致时间范围、可疑印文是否近期盖印、多枚可疑印文盖印时间是否接近或是否为一次或同时形成的等问题，如图 1-2-8 所示。

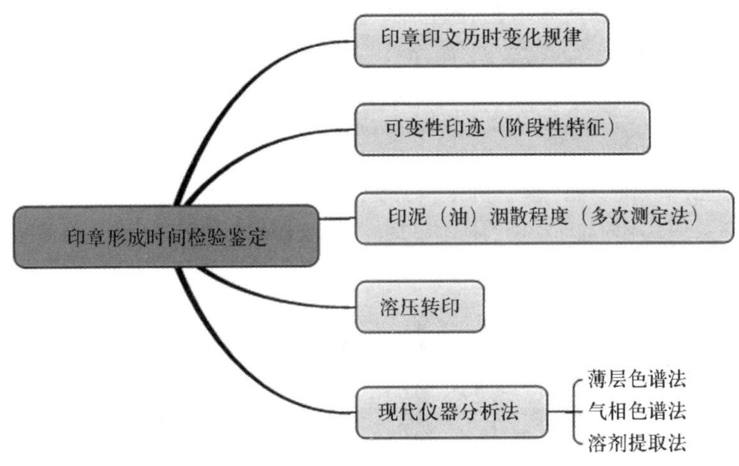

图 1-2-8　朱墨时序检验方法思维导图

由于印章使用习惯的差异，国外对印章使用的普遍性不及国内，对印文鉴定方面的研究极少，主要集中于印文成分的种类分析。我国在鉴定实践中，对印文鉴定的研究内容丰富，就针对印文形成时间的鉴别方法主要有依据印文阶段性盖印特征进行形态学层面的检验（如图 1-2-9 所示），依据印文色料洇散[①][②]、渗透[③]特征进行测量和转印（如图 1-2-10 所示），利用薄层色谱法[④]、

① 方郁．多次测定法检验文件的制成时间［J］．刑警 & 科技，2004（3）：344-345.

② 梁鲁宁，杨爱东，田丽丽．多次测定法确定蓝色圆珠笔字迹形成时间［J］．中国司法鉴定，2009（2）：26-29.

③ 李彪，王相臣，谢朋．根据转移率判定印泥印文的形成时间［J］．中国刑警学院学报，2008（3）：46-48.

④ 李彪，谢朋，孙添铖．薄层扫描法判定印泥印文形成时间实验条件的确定［J］．中国人民公安大学学报（自然科学版），2008（2）：41-44.

气相色谱法①和溶剂提取法②等仪器检验等。上述方法或受主观经验判断的限制性较强，或易于损坏检材而不利于证据的保全，因此，寻找一种快速、准确、无损的检验方法显得尤为重要。

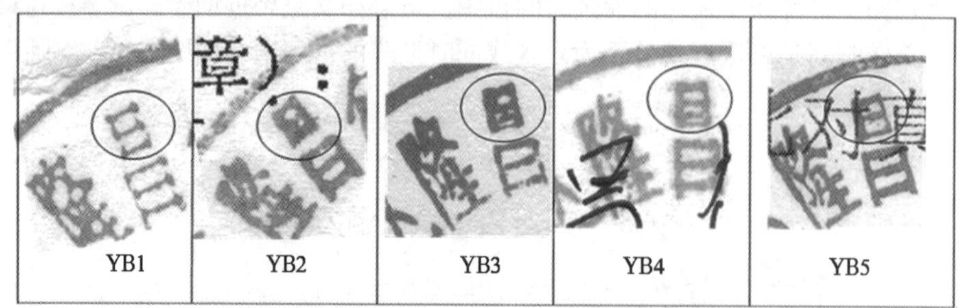

图 1-2-9　不同盖印时间的样本印文，印面上附着物的历时性变化特征图示

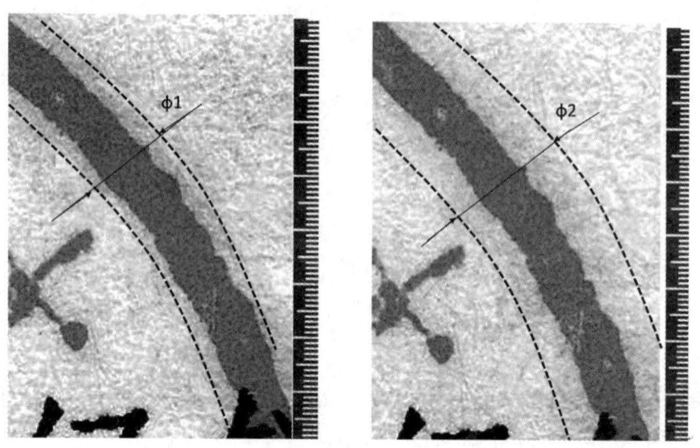

图 1-2-10　同一印文（相隔 1.5 月）印迹油痕扩散图示

第三节　研究意义

一、理论意义

印章印文的物证属性及其相关问题的复杂性及变化性，仅从单一学科的知

① 谢朋，冯超，李彪等．气相色谱法测定自含墨印章印文的盖印时间［J］．中国人民公安大学学报（自然科学版），2013（2）：19-23.

② 李彪，王相臣，谢朋等．双溶剂提取法判定印泥印文形成时间的初探［J］．中国司法鉴定，2010（2）：23-26.

识点出发进行研究往往是以偏概全，迫切需要多学科的综合发展。从理论研究的视角出发，印章印文的检验主要构建三方面的体系结构：

第一，印章印文检验技术的研究体系必须具有严密的变量说明功能，能够正确阐释事实型判断中经验的本质属性，即必须对印章印文所反映的多样性征象的本质作出系统的逻辑性回归分析。当印章印文纳入我们理论研究视野时，必须将其作为一个动态系统，对其保存环境、承载客体、物质材料等变量因素进行归纳和分析，探究各变量子系统的动态运行规律及其相互之间所依存的辩证关系。

第二，印章印文检验技术的理论和学说应建立在严谨的实验论证和熟练的技术操作基础之上。无论是形态学的判断（如朱墨时序鉴别），还是理化性的证明（如印文形成时间检验），其结果都必须具有证伪性与重复性。理论体系能够提供物证演变规律的机理性论证，阐明和验证事件的发生或发展过程或某种物证形成的可能性和合理性，遵循和采纳自然科学研究的基本原理和方法。

第三，印章印文检验技术的思维科学本质体现了物证本质开放性探索的思维诉求，即印章印文的各层面和诸要素的归纳和演绎必须基于思维深度和广度的挖掘。在“系统论”的思维模式下，印章印文检验技术不仅涉及“硬科学”（传统比对检验技术）与“软科学”（现代计算机系统）相关知识的综合应用，而且更要涉及不同知识要素之间、同一知识要素不同实施过程的综合性应用，这种“非线性”交叉必须符合思维科学研究的基本方法。

本书立足于上述印章印文理论研究的实质，融合形态学、物理测量学、化学分析的理论和方法，为印章印文检验的新手段和新方法提供基础和数据支持，以期对丰富文件检验学科体系方面具有理论价值。

二、实践意义

本书的研究思路源于印章印文疑难案件的日益增加的现状，尤其印文形成方式判断、朱墨时序鉴别和印文盖印时间鉴定是当前文件检验的难点问题。经过查阅物证鉴定技术相关文献，特别是国际专业期刊 Forensic Science、Science & Justice、Forensic Science International，国际专业会议国际刑警组织的法国里昂年会（International Forensic Science Symposium）、The Annual ASQDE Meeting（American Society of Questioned Document Examiners）、The Triennial IAFS Conference（International Association of Forensic Science），运用先进的科学技术手段，挖掘物证的核心证据价值，是印章印文检验模式转变的主流理念。随着材料技术、信息技术和纳米技术所形成的全新应用平台的建立，物证技术领域的不同研究对象相互贯穿形成的横断领域及相互交叉形成的交叉领域，成为物证检验面临的新课题，使其具有复杂性、综合性、整体性，极大地拓宽了印章印文检验技术理论和实践研究的内涵和外延。新的科学理论为印章印文检验技术提供了新的思维方法，可以有效地将经验科学化并使其具有良好的固化和成长的特性。一方面，传统形态学与专业仪器设备的融合，促使鉴定意见由经验判断概念型向统计数据归纳型转变；另一方面，体现微量和痕量关键技术的分子化分析技术，已将传统的宏观物证和常态物证向微量物证（微观物证）的研究领域扩展①。因此，我们有必要对印章印文进行系统研究，并以检验鉴定新技术为突破口，增强服务实践的能力。

第四节　研究框架和内容

一、研究框架体系

印章印文鉴定的思路和流程应遵循事物发展的逻辑构造。在实际鉴定中，首先，应确定检材印文是否是印章直接盖印形成的，只有检材和样本盖印印文中存在足够数量和质量的特征反映，才能作出是否同一的鉴定意见。其次，在检材印文真实的基础上，并且具备一定的客观条件时，印文与字迹交叉时序判断和印文盖印时间检验才具有鉴定价值和意义。印文同一认定、朱墨时序鉴别和印章盖印时间检验组成了印章印文鉴定的全部内容，即印章印文鉴定的主体框架。

印章印文在平面结构、立体层次和时间维度方面的特征反映构成了印文的表现体系。平面结构包括印文规格类特征和印文细节特征，是印文同一认定的主要依据，其中形成方式的判断是印文同一认定的前提和基础。立体层次是印迹和墨迹附着于载体上所形成的相互叠加、渗透、交融、结膜等形态特征，主要解决墨迹和印迹形成的先后顺序（朱墨时序）问题。印文的时间维度是指印文形成后随时间推移所形成的特征能够反映盖印时间序列，从而鉴别印文形成时间问题。对印文体系中各元素的分析和研究是印章印文检验鉴定的实质，其终极目的在于解决文件的真伪性问题。

本书在厘析印章印文发展层面的相关问题基础上，依据印章印文在三个维度中所表现的微观形态和理化特性，主要研究印文的制作方式、印文与文字的交叉时序（朱墨时序）、印文的形成时间问题，并在系统鉴定的层面进行印章印文梯度设计，如图 1-4-1 所示。

---

① 蒋占卿，韩伟．刑事科学技术基本原理探究［J］．中国人民公安大学学报（自然科学版），2014（4）：18.

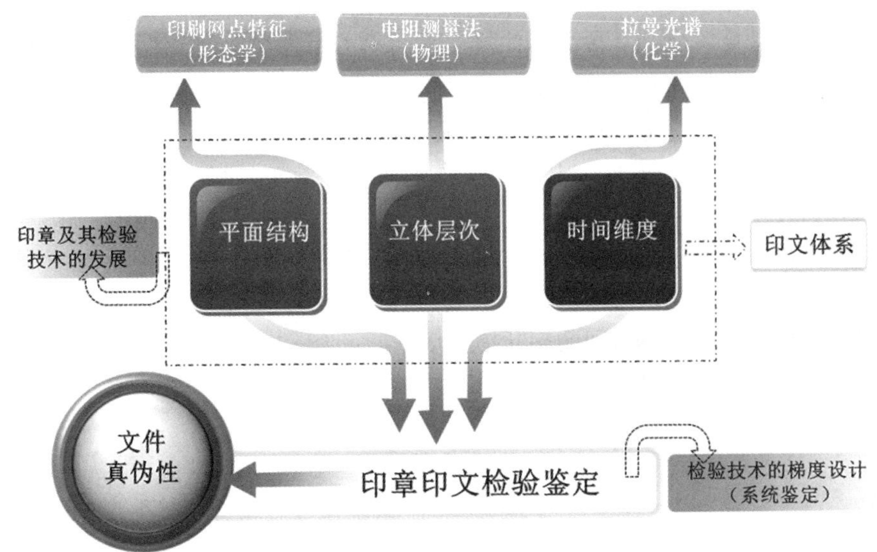

图 1-4-1　研究框架

二、研究方法和内容

（一）研究印章印文检验技术的发展及其系统检验的问题

第一，从印章和印文演变发展的角度，运用比较学的研究方法，系统研究印章制作工艺与检验鉴定的联系。围绕印章印文检验的本质，运用技术应用的思维，对印章印文的制作工艺和检验技术的发展进行历史梳理、理论分析及实验对比。着重总结具有鉴定依据意义的印章制作工艺发展脉络规律，为鉴别印章的制作工艺和印文形成时间检验提供依据。

第二，从检验技术系统应用的角度，研究构建印章印文的梯度设计。运用系统论的方法，分析印章印文检验的梯度层次、结构及梯度设计应用的层面、条件和思路，提出从构架印文“三元化”信息体系着手，以真伪性（同一认定）为逻辑起点，融合空间性（朱墨时序）和时间性（盖印时间）双重属性，凭借三者的互动关系，以检验思维方式与技术方法的合理配置为主线，建立各层次检验技术递进思维的梯度设计方案。目的在于推进检验的线索和层次，增强检验效果的加和效应和增值效应，确保鉴定意见的客观性、证明性和准确性，为印文检验标准化建设提供参考。

（二）研究印章印文检验鉴定的理论与新技术

第一，利用印刷印文平面网点的微观特征，采用形态学研究方法，系统研究印文形成方式的鉴别问题。基于网点的形状、面积、分布及其在承印物表面的渗透和扩散等属性所反映的微观形态特征为印文形成方式的鉴别提供依据。

第二，利用印文和字迹所构成的立体结构的电阻特性，运用电阻测量技术，研究含碳签字笔的朱墨时序问题。通过考察签字笔种类、印文色料种类、印文色料浓淡、纸张种类及样本形成时间等多方面影响因素，结合数据统计分析，为定性的鉴定意见提供定量化的判断依据。

第三，利用印泥（油）中挥发性物质相对含量随时间的变化规律，运用拉曼光谱技术，研究印文形成的时间鉴别问题。考察仪器条件和印泥（油）样本因素影响、优选实验条件，在确定拉曼光谱技术能够对印泥（油）种类及次种类属性的细化区分的基础上，利用印泥（油）中物质成分的拉曼特征规律性表现为印文形成时间的判断提供依据。

第二章　印章制作工艺和检验技术的发展

印章印文检验技术的发展与印章制作工艺的进步相伴而行。现代社会，印章的主要用途是用来表达权威的象征和鉴定文件的价值或重要性，对印章和印文的理解主要包括艺术价值和权威认可两个方面。前者体现的是对“质纯材美”印章工艺之美的鉴赏，作为篆刻艺术载体的印章以方寸之物，彰显艺术家的工艺理解与处理技巧，并以其所构成的印刷图形的偶然性，呈现工艺美感的特殊效果；后者反映的是对印章印文物证价值的检验和鉴定，就诉讼中涉及的有关印章印文问题，鉴定人运用印章印文鉴定技术的专门知识，通过分析、判断等方法形成的一种专业意见（鉴定意见），达到对案（事）件事实的重现与认定。本书所研究的印章印文检验技术是基于其物证属性的价值探讨。

在印章和印文检验的研究中，专家、学者多以甄别伪造为视角，利用印章和印文的特征表现，探讨具体的检验方法和检验技术的应用，以期达到同一认定或种属鉴别的目的。而对印章和印文检验发展方面的研究一直是文检领域的薄弱环节，鲜有人涉及。究其原因，一方面，文检主流观念一直将检验和鉴定的实践应用功能作为文检技术研究的重点和热点，而较少关心技术或方法本身发展的历程演变，造成了“就案件而案件，就检验而检验”的简单（技术与案件之间）映射关系的运用，忽视了技术思维脉络沿承的思考，极大地影响了检验技术的深度和广度的发展。另一方面，重视定量和定性研究的文检工作者普遍认为理化技术的创新是文检发展的难点，而专项发展问题的研究应隶属于历史和哲学的研究范畴，同时，未曾深谙文检工作的历史哲学者却对文检特殊的研究对象及其技术方法充满迷惑和盲目，不足以承担对检验技术发展脉络的梳理和分析而达到对实践工作促进的作用。在这种情况下，文检技术自身的发展问题的整理、分析和研究必须依靠文检工作者自身的努力和担当。

印章和印文检验中相关技术和方法的发展和联系，是印章印文系统检验的基础，其经历了从零碎到系统、从单一到多项、从简单认识到复杂应用的发展过程。因此，围绕印章印文检验的本质，运用技术的思维，针对检验鉴定中现实问题的思考，进行印章制作工艺和检验技术发展的历史梳理和理论分析，将对实践应用具有积极的促进作用。

第一节 印章的起源与发展

一、中国印章的起源与发展

印章作为中国历史文化的一种特有的符号表达元素，其产生与使用是社会经济和政治生活发展到一定阶段的产物，并与社会伪诈现象的萌生和泛化密切相关。印章的图文内涵各异，材质和形式种类繁多，无论在古代的文牍、典籍、信札、书画，还是在现代的契约、合同、票证、公文等记录载体上被广泛应用，在呈现个性象征的同时也承载着丰富的历史与文化意蕴。

（一）中国印信思想的启蒙和实质

中国古籍对“印”的诠释为：“印，信也”、“执政所持信也”和“王者信也”[①]。数千年来，由于天赋的权信功能，印信成为我国各朝代政治、经济、军事和日常生活中诚信文化的物化表象。关于印信思想的起源，可以追溯到《春秋合诚图》中的记载：尧坐船中，有凤凰背着图纸献给尧，图纸上盖有印章，印文为“天赤帝符玺”；《春秋斗运枢》中记载：黄帝时，有黄色的龙背着图纸，其中有玺印，印文为“天王符玺”。以上文字虽无实物可据，却反映了“印信法统”的特殊功用，具有国之法器的重要地位。南北朝范晔《后汉书·祭祀志》中记载“自五帝始有书契，至于三王，俗化雕文，诈伪渐兴，始有印玺以检奸萌”，指出在夏禹、商汤、周文王的“三王”时期，随着私有制出现，“诈伪”、“奸萌”等不正当的行为盛行，在器物上戳压记号，以证明物品的归属，将“求真取信”的印信思想根植于民族意识和文化内涵之中并保留至今。

（二）中国印章的起源

中国古代玺印的发明与陶器表面的印纹有关[②]。从现存的印章实物来看，新石器中、晚期时代制陶过程中所使用的陶拍与戳子（如图 2-1-1 所示），具备印章形成所必备的印版、转印材料和承印物的三要素内容，可视作印章的原始雏形[③]。但是陶拍作为一种由印柄和印面组成的劳动工具，仅供人们使用其在半干的陶坯或陶范上拍印出凹凸有致的图形，用于复制饰纹并表达自己的审美愉悦，并不是有意地表达某种特殊内容的象征符号，因此，从严格意义上评

---

① 沈国文，徐同祥．中国指纹史［M］．北京：中国人民公安大学出版社，2015：72.

② 那志良．玺印通释［M］．台湾：台湾商务印书馆，1970：6.

③ 仲星明．中国古代印刷图形探源［D］：［博士学位论文］．南京：南京艺术学院，2006.

价其不具有印章的表意功能[1]。

图 2-1-1　新石器时代的陶拍

在原始部落、氏族乃至民族的发展历程中，图腾作为一种精神纽带，鲜明而突出地将信仰模式统一于大众利益之中，使利益共同体有意识地把自己或部族的独特符号（如族徽、名字、职官等）刻制成戳子印在陶器等器物上，以示征信，形成印章的初始形态。随着商品交换的频繁，民间工匠以其所掌握的技艺换取生活必需品，并在器皿上钤印记以确保信誉而形成的“物勒工名”现象，促进了印章表意功能的实现[2]。具有信用功能的中国印章起源的标志则是商三玺的出现，商代已有玺印的史实与出土商玺遗物交相印证，坐实了商玺当是我国印章的滥觞[3]（如图 2-1-2 所示）。殷商的玺印是将戳印打在陶器上，表示器物的铸造者或所有者的氏族族称，具备“信物”的功能，同时商玺的方形体小和雕刻文字元素所显示出的稳固特征，确定了中国印章的传承模式，奠定了后世印章艺术璀璨发展的基础。

图 2-1-2　商代三印

（三）中国印章的发展

印章的方寸渐变演绎了社会政治、经济和文化的历史发展历程，其承载的

---

① 王延治．中国印章史［M］．上海：华东师范大学出版社，1996：16.

② 陈松长．玺印鉴赏［M］．南宁：漓江出版社，1993：3.

③ 罗福颐，王人聪．印章概述［M］．北京：三联书店，1963：3.

功能、形式、技术、材质等诸多元素鲜明地折射出中国印信思想与科技运用的相互融合和合理配置。本书意图在鉴定之平面维度上，探讨我国印章发展的相关问题，以期在检验鉴定中提供佐证，如图 2-1-3 所示。

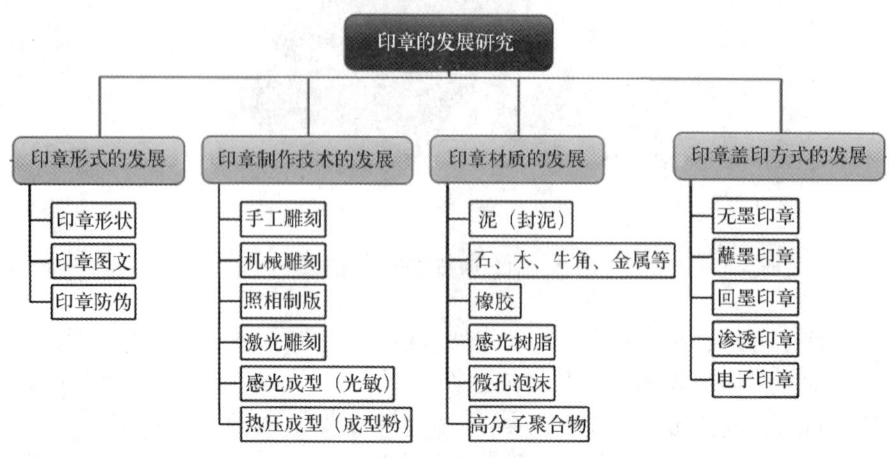

图 2-1-3　印章发展研究的思维导图

从印章的应用发展的角度考察，自殷商时期，具有示信功能的印章已经起源，著名的商三玺为学界所公认。春秋战国时期，印章已经广泛而普遍地应用在经济生活和政治生活的各个方面，如器物记名、标准量器专用等[①]，并且印章已经成为一种个人身份和地位的象征。秦统一中国后，对印章的制度、文化、印风和官名等均有一定规范，其中严格规定只有帝王的印章才能称为“玺”，百官和百姓的仅能称为“印”，而且印章内必须加“界格”。秦汉之后治印多以阳文为主，反映出古人对反文印刷的原理知之甚谙[②]。至今普遍使用的“印章”之名源自汉代用印封检奏章[③]。这个时期纸张替代简牍、水色色料取代封泥，文图的复本通过刻和印两个程序实现，且形制多样，镌刻风格各异。魏晋南北朝时期，为防止公文抽换作伪，在首尾的接缝处加盖印章，形成押缝（骑缝）制度即“简牍封检制度”，沿袭流传并普遍应用于卷宗、档案等文件的防伪管理之中。自隋唐宋元以后，官印形制增大，但在印刷形式和印文篆书为体等方面一直受汉的影响[④]。之后，印章的发展特征集中表现在篆法、章法、刀法等方面。辽、金、元、明的官印风格没有多大的变化。清代官印的

① 张亚初，刘雨．西周金文官制研究［M］．北京：中华书局，1986.

② 韩天衡．历代印学论文选［M］．杭州：西泠印社，1999.

③ 亓浩．汉代印章研究［D］:［硕士学位论文］济南：山东大学，2009.

④ 沈国文，徐同祥．中国指纹史［M］．北京：中国人民公安大学出版社，2015：72-92.

篆刻以标准的小篆为主，工整、均衡，刻制得十分精良，犹如机器制造。民国时期的篆刻，保持和继承了明清特点，使近现代篆刻在此时发展到最辉煌的阶段①。现代印章的发展主要集中于材质和制作技术的创新，突出便捷和实用的商业化需求。

从印章的名称和形制发展角度来考察，印章在我国古代，有过众多别称，如印、玺（鉨、鉢、壐）、章、印章、印信、记、朱记、合同、关防、图章、符、掣、押、戳子等②，不同的称谓具有各自特定历史时期的特点。秦以前皆称为玺，到了汉朝才称为印章和章。中国官印形制普遍使用方形，圆形的邮政印章（邮戳）是一种例外情况。中国最早的圆形官印是 20 世纪 30 年代的“中华苏维埃共和国中央执行委员会”，如图 2-1-4 所示。新中国成立后，新政权各级机关和地方政府所使用的印章都是方印，1955 年国务院颁发《中华人民共和国国务院关于国家机关印章的规定》，规定国家机关公章改为圆形，并且规定了各级印章的尺寸③。

图 2-1-4　1931 年我国最早的圆形官印图示

从印文的结构发展角度考察，印文的表现形式经历了立体化、平面化和数字化三个发展阶段。第一阶段是立体化印文的发展阶段。最早的印文是通过压凸的作用形式，使印面在二维的平面上反映三维的立体效果。如封泥、火漆印等。新石器时代的陶拍经拍打或压印，形成立体花纹。春秋战国以后，封泥用来封瓶口、信件等，表现出阳文（凸起状）的效果。之后，为达防伪效果，解决密封问题，人们又发明了用松脂和石蜡加颜料制成的“火漆制”，类似的还有铅封、邮封、面封等密封保存方法（如图 2-1-5 所示）。钢印则是现代立

---

① 仲星明．中国古代印刷图形探源［D］：［博士学位论文］：南京：南京艺术学院，2006.

② 都海英，马晓芳．从玺到原子印章［J］．兰台世界，2002（8）：42.

③ 公章为什么是圆的？［EB/OL］.http://daxianggonghui. baijia. baidu. com/article,2013-8-7.

体印文的一种特殊表现形式（如图 2-1-5 所示）。第二阶段是平面化印文发展阶段，如蘸墨盖印印文、制版印刷印文。印文平面化的转变是伴随东汉造纸术的发展而产生的，印章承印客体的变化使印文呈现平面化，并延续至今形成了独特而丰富的印文文化内涵。第三阶段是印文的数字信息发展阶段，如电子印章。印文数字化发展是现代光、电和计算机技术发展的产物，印文的设计、制作及应用依赖于数字化平台模式，使印文脱离了对印章实体的依附而独立表现，随着 2004 年 8 月我国《电子签名法》的出台，安全电子印章也应运而生。

图 2-1-5　火漆印图示

图 2-1-6　钢印图示

从印章材质的发展角度来考察，传统的印章材料包括金属（金、铜、铁等）、石料（玉、石、水晶等）、木材、兽骨（犀角、象牙、玳瑁）、陶瓷（泥、瓷、陶等）。宋代以前多用铜章，也有象牙或牛角章，明代开始用石头刻章。明中期以后就出现了“青天石”、“寿山石”、“昌化石”等不同石质的印章。铜章、石章盖出来的效果不一样，可以区分出铜印与石印。现代印章材

料主要以高分子材料为基础的橡胶、塑料、有机玻璃、树脂和高分子复合材料等。不同用途、不同着墨方式的印章，其材质用料的选用具有规律性，如公章一般用铜或弹性高分子材料；私章多用塑料、石料、贵金属材料；自含墨印章使用光敏聚酯材料、微孔橡胶材料等。

从印章盖印色料的发展角度来考察，古人封缄用泥，泥上盖印，故叫印泥①。形成的“封泥”或“泥封”硬化带有印痕也称为“印泥”。随着纸帛盛行，替代了竹木简札，至唐宋时期已经普遍使用印色直接钤盖在承印物上。最初采用朱砂调水的水印，后又用朱砂调蜂蜜形成蜜印，主要有黑、红、青等几种颜色。为了提高印色的牢固性、耐久性及清晰度，元代开始使用油印即朱砂印泥，主要采用朱砂或银朱（主要成分为硫化汞）调蓖麻油制成。目前所使用的印泥是仿朱砂印泥，其中并无朱砂成分，而是以红粉和黄粉为颜料制成。20 世纪 80 年代中期，美、日等国相继研制出与原子印章配套使用的原子印油。随着翻转印章以及光敏印章等渗透印章的研发，环保水性印油作为一类新型印油得到普遍应用。

二、国外印章的起源与发展

“印”，英文称作“Seal”，拉丁文称作“Sigiltum”。印章在世界上的绝大多数国家与地区都有应用，尤其在古巴比伦、埃及、印度和中国四大文明古国中都具有使用印章的悠久历史。然而，唯有中国印章绵延不绝始终见证着华夏文明发展的痕迹②，在数千年的时间里已经成为中国人经久不衰的收藏喜好，衍化为实用和艺术的合体。

（一）国外印章的起源

印章在西方也被视为王权和主权的标志之一。“历史上，皇室、牧师、国家和当地政府机构和军官甚至连普通公民也持有印章。当美国成立的时候，一个官方的政府印章就变成了必需品。按照惯例，在 1776 年 7 月 4 日《独立宣言》被采纳的几个小时后，大陆会议就会指定一个委员会为美国设计印章。”③纵观世界历史的进程，在大多数的文明区域出现过印章的早期产品、模型和方式，因此，印章也一直被视为古文明考古的重要发掘物证之一。

---

① 所桂平．印泥演变探究［J］．档案，2001（2）：19-20.

② 金钟淳．中国印章的特征和艺术性［D］：［博士学位论文］：北京：中央美术学院，2009.

③ Jan Seaman Kelly. Forensic examination of rubber stamps : a practical guide [M]. Charles. C. Thomas, 2002: 96-112.

世界上最早的印章要追溯到公元前4000年的美索不达米亚①。古代两河流域的文明是在城市文明和商业文明中建立起来的，著名的“楔形文字”体系的建立为印章的产生创造了文化背景。圆筒印章就是这种远古而又流行的印章之一，它是一种典型的泥土应用型印章。圆筒印章大部分原料是石头，有时用金、银或釉陶雕刻，是由皮鞭或细绳捆扎而成的，呈现出手表带或项链状，其主要目的是保护和辨认财物或商品。（如图2-1-7所示，美索不达米亚“圆筒印章”）

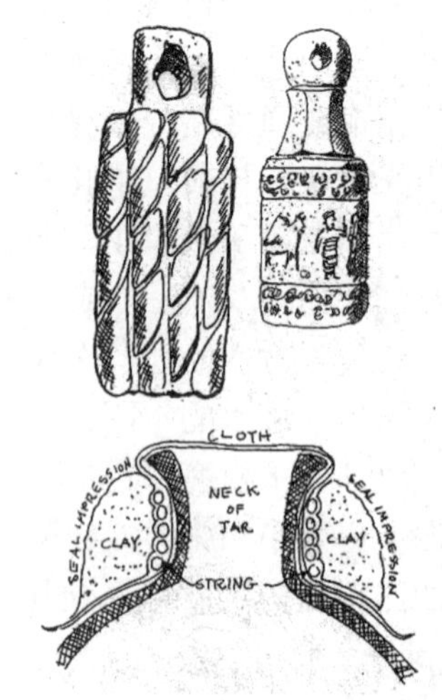

图2-1-7 美索不达米亚“圆筒印章”图示

古印度河流域的印章是方形滑石印章。滑石经过雕刻、打磨，进一步在窑里烧制，使之表面具有一层薄且亮的釉。每个印章上方都有纽孔，以便于穿插条链挂于腰间或者脖子上，而大的印章装于袋子中。金属印章十分少见。

尼罗河流域的古埃及文明中出现最早的印章是一种可怕的甲虫形式。这种被称为圣甲虫的印章是由片岩、皂石或其他软材料做成的，上面刻有象形文字，加工之后呈现出绿色或黄色调。圣甲虫印章表面有合适的刺毛或金属线，可以戴在手指或手腕上。在圆筒印章出现之前，圣甲虫印章在其他的远古社会中一直作为印章设计的典型。它也是希腊和罗马的图章戒指的雏形。第一批完全属于希腊的图章戒指是公元前400年制成的。这些图章上面通常都刻有物主的肖像。由于这些图章戒指是由宝石雕成的，所以现在它们变成了收藏家追逐的对象②。（见图2-1-8，埃及“圣甲虫”印章图示）

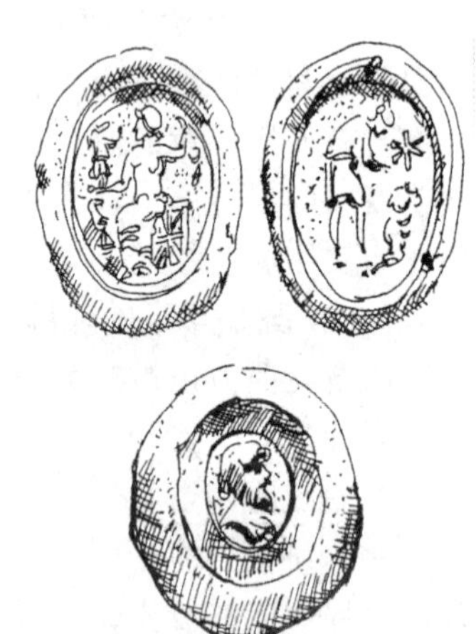
图2-1-8 埃及“圣甲虫”印章图示

约公元前350年，铅、金或银制成的图章占

① Hessler R W. Identification of rubber stamp impressions[C]. R.C.M.P.Gazette,1984,46(1):11-16.

② Kreeger,Cindy. More pre-inked stamp history[J]. Marking Industry Magazine,1995(4):20. 18-19.

有重要的地位。铅图章的引进创造了由两部分组成的矩阵来制造印鉴。术语“皇谕令”指的是几百年来被教皇所使用的铅图章。封蜡在17世纪变得很受欢迎，每个写信的人都会用它来盖私人印章①。大约公元前1730年，新型的雕刻方法开始出现，各种尺寸的弓钻镗床被用来执行手工雕刻中的复杂动作，然而工具的创新却导致雕刻质量的下降②。

在英美法系国家，个人签名被视为具有完全的法律效力，但在中欧和东欧国家，在签署文件、合约时，印章的法律效力仍然高于签名，或者至少与其平等，这与今天中、日、韩等国情况相似，特别是在日本，印文被认为是比签名更重要的证明银行票据有效性的凭证③。由于西方国家官印除文字外，通常还包含徽记，为便于图文的布局，故其印章多呈圆形，这种圆形印章的布局结构影响了今日世界大多数国家，而日本、韩国和我国台湾地区等则成为少数例外④。

（二）国外印章的发展

国外学者认为，印章是用雕刻的或凸起的标记、符号、话语在柔软的黏着力强的物质，如黏土、蜡或纸上压印图案的一种印痕、标记或设备，用来保证签名或鉴定文件⑤。历史上印章是在笔迹之前发明的，并且曾经代替签名作为标准。印章最重要的用途就是辨认物主、记录与事物相关联的性质、防止无根据地接近有关容器或文件。西方印章的发展主要体现在形式和材质方面的更新和创新。

1. 印章形式的发展

国外印章的发展主要经历了形式上的变化，分为手持式蘸墨印章、回墨印章和渗透印章三个阶段。

手持式蘸墨印章是西方印章中最古老的代表，印章中的印面和底座为分体设计，用来制造手持式印章底座的材料是木头，把印面和印章底座连接起来的唯一办法就是把印面粘到木质底座上。20世纪70年代中期以前，硫化橡胶是

---

① Herkt, Rubber A. stamps: manufacture and identification[J]. Journal of the 5: Forensic Science Society, 1985, 25: 23-38.

② Lindblom, Brian, Handout. Examination Techniques in Rubber Stamp Cases[C]. In: ABFDE Workshop. American: University of Strathclyde Press, 1998: 115-117.

③ Ueda K, Matsuo K. Automatic seal imprint verification system for bankcheck processing[C]. In: 3rd International Conference on Information Technoligy Applications, Sydney, Australia, IEEE Computer Soc, 2005.

④ 公章为什么是圆的？[EB/OL]. http://daxianggonghui. baijia. baidu. com/article, 2013: 8-7.

⑤ Trubshoe T, McGinn J. Forgery/Counterfeits[J]. Encyclopedia of Forensic Sciences, 2013: 360-366.

制作手持式印章印面的主要材料。20 世纪 70 年代后期，激光雕刻橡胶和光敏聚合物作为可接受的印面材料开始被引入，美国华盛顿州塔科马市的印章制作者 Jeff Lovely 首次引入塑料材质作为印面镶嵌底座的设计理念。1988 年，Gregory Mfg. Co 公司的 Gene Gtiffiths 和 M & R Marking Device Systems 公司的 Len Sculler 在蒙特利尔标记设备交易会上介绍了各自成熟的塑料底座产品。

回墨印章，也称翻转印章，是一种在同一外壳内包含了印面和墨源的印章。19 世纪初，钢架结构的金属翻转印章已经存在，20 世纪 70 年代 Trodat 公司设计采用塑料翻转印章，使大部分硫化橡胶或光敏聚合物材质的印面都被内置于塑料翻转印章之中，如图 2-1-9 所示。

图 2-1-9 翻转印章图示

渗透印章是唯一把印油浸润于印面从而不需要印台的印章。20 世纪 60 年代早期，由 S. C. Johnson Wax Company 公司推出的 PermaStamp 印章是第一款凝胶印章。20 世纪 70 年代，渗透印章受到市场认可并普遍销售。20 世纪 90 年代的渗透印章印面受所使用材料的影响，带有明显的凹凸浮雕。印面起伏轻微或没有起伏的渗透印章首次出现于 20 世纪 90 年代中期。

2. 印章制作材质的发展

随着材料科学的发展，多样性材料被用于印章制作。制作材料的特性决定了生产过程的技术选择，某些材料只适用于一种制作技术的应用，而另外一些材料能够适用于两种或更多种的技术制作。金属材料、硫化橡胶、感光树脂和激光雕刻聚合物是现代印章制作材质发展的四个阶段①。

① Jan Seaman Kelly. Forensic examination of rubber stamps: a practical guide [M]. American: Charles C Thomas Press, 2002: 96-112.

使用金属材料刻制印章印文一直是印章制作的主流。1864 年发明硫化橡胶印章。之后，1964 年旗牌公司利用盐萃取过程制作储墨印章。20 世纪 70 年代中期，Wilsolite 有限公司开发了使用合成橡胶和盐来制作储墨印章的系统。将腈基丁二烯（NBR，丁腈橡胶）泡沫和粉末结合用作储墨印章的冲模材料始于 1980 年，该材料的硫化工序包括预制印版的使用和该印版材料粉末倒转；1989 年，大卫·赫奇科特发现了储墨凝胶自我稳定的方法，使得全凝胶材料能够在 15 分钟之内自我稳定。

感光树脂发明于 1960 年，并于 20 世纪 70 年代早期进入印章产业用于印章的制造工艺。20 世纪 80 年代早期，感光树脂机器的制作过程被改进，使感光树脂印章的制作更加便捷。从 1985 年起，随着扫描仪和桌面印刷系统的出现，计算机被引入感光树脂印章的生产中，照相排版机器多半被淘汰，所有的印章公司，无论大小，都能够制作任何设计风格的感光树脂印章和高质量的复制签名印章。到了 1999 年，美国半数的印章都是感光树脂印章。

20 世纪 90 年代中期，随着激光雕刻的引进而流行盐萃取橡胶。盐萃取橡胶也叫作盐萃取泡沫塑料，是把盐均匀散布于天然橡胶之中。在经过萃取的橡胶板上直接进行激光雕刻制作印章。完成激光雕刻之后，把橡胶板置于真空环境中，使油墨通过真空吸附均匀地分布在材料中完成注墨过程。1998 年，斯图尔特高级公司推出 merigraph 激光聚合物，使用 25 瓦或以上的激光雕刻机雕刻聚合物，形成的聚合物印面被装配成手持式印章或回墨印章。

第二节　印章制作工艺的发展

一、印章制作工艺

我国印章的使用已有两千多年的历史，早期的传统印章都是手工雕刻的，随着 20 世纪初机械雕刻机和 70 年代末电子雕刻机的引进，印章的制作开始进入机械化时代。70 年代中期，美国出现了只有热压法制作的一次性使用的原子印章，80 年代以后才出现可以反复注油的原子印章。80 年代中期，原子印章引入我国，由于其印文变形问题难以解决，1988 年开始我国银行系统禁止使用。20 世纪 90 年代，随着计算机先进软、硬件技术和相关辅助设备进入中国市场，树脂版印章作为现代印章制作的代表被普遍应用。1995 年，华中科技大学研发激光雕刻技术获得成功，其独特的优势迅速占领了中国的印章制作市场，几乎所有的非金属材料都可用于激光雕刻印章。1998 年，光敏印章（又称平面橡胶印章）从日本引进我国大陆，引发了印章制作技术领域新的变革，已经成为印章行业升级换代的产品。20 世纪 90 年代末期有人发明了三维防伪自动印章，使防伪印章的防伪功能更强。2005 年，国内首套防伪电子印章系统研制成功，基于数字水印的电子印章在法院、交通运输管理、各种证明管理、集团企业印章使用管理等方面得到广泛应用，大大提高了工作效率，是印章的重大变革。印章的制作工艺由传统的手工刻印、机械雕刻、照相制版到激光雕刻、光敏技术的发展和运用呈现出现代科技制印技术的不断递进更新。

（一）手工雕刻

手工雕刻，又称手工冲压、手工描绘或者刻模，是用刀具直接在章体表面雕刻或冲压的一种传统的制章工艺。中国传统上讲求“篆刻三法”，即字法、章法、刀法。每枚印章的时代特点、个人风格、印文字体、章法布局以及运刀手法的轻重、屈伸、疏密、增减、挪让，尤其是刀笔的情境和意趣，雕刻者都要有深刻的领悟。

印章材质多选用木材、石料、牛角等。篆刻刀具为平口直柄，刀口两侧斜度对称，其夹角为 30°~55°，刻刀常用中碳钢、高碳钢制成，刀头经淬火处理后硬度增强①。印文个性特征明显，具有一定的艺术性，防伪性能较好。国外这项技术在 19 世纪中后期变得很受欢迎并一直持续至今，通常选用黄铜或白色金属，利用表面硬化的约 4 英寸钢凿徒手冲压、刻制、凿刻印章模具，钢凿尖端阳面形状呈星形或三角形，字体类型呈哥特式或罗马式。在刻制过程中，一些元素的标准化缺失，如模具的中心和边缘的字符定位、字符间的不规则间距、字符间的错位以及每个字符的深度等，使印章的独特性能够得到充分体现。

（二）机械雕刻

20 世纪 50 年代中期，机械雕刻被应用于印章的制作。其主要改进在于将手工刻刀替换为半自动或程控雕刻机器，加快了雕刻工艺的进程，但在某种程度上，它仍是一种手工操作，类似于将弓钻镗床等机械工具应用于印章刻制中。随着计算机技术的发展，到 20 世纪 80 年代早期，美国达尔格伦制造了第一台电脑雕刻机器。因为这个程序只刻制直线条的仿制品，所以其应用具有局限性。此后不久，M&R 标识系统和达尔格伦一起创造出“弧形雕刻”组件，这项技术允许雕刻任何尺寸的字符和图案，钢或碳化物制成的雕刻头由计算机控制运行。目前，普遍采用数控机械雕刻印章。其通过计算机专用软件制成印章印面信息，然后将其传送至雕刻机控制器中，接着再由控制器把这些信息转化成有功率的信号去控制雕刻机生成 X、Y、Z 轴三维雕刻走刀路径而完成雕刻。数控机械雕刻适用于铜印、钢印等硬质金属材料印章的制作，如图 2-2-1 所示。

---

① 赵熊．刻刀与印泥［N］．中国艺术报，2005-05-06（T00）．

图 2-2-1　数控精雕机器及雕刻头图片

（三）腐蚀制版

腐蚀制章技术包括照相或图像扫描腐蚀金属版和翻晒树脂版，其中翻晒树脂版最常用。感光树脂是一种黏稠的光敏可溶性液态物质，在紫外光下会发生聚合反应而变硬。利用感光树脂特性，采用曝光技术使感光区域固化成型，非感光区化学溶解，即形成印章图文，印面空白处或图文边缘会存在腐蚀遗留痕迹。由于金属或固体硬化型树脂材料的硬度较高，成型后平整度好、收缩性小、尺寸稳定，但弹性和柔韧性差，所形成的印面亲油性较差，印泥（油）易于聚集，着墨不均匀，使盖印出的印文整体表现粗糙和脏版，露白或墨点特征明显，笔画和边框线条易出现断续变形的腐蚀痕迹。

（四）激光雕刻

激光雕刻印章主要利用高效激光对材料进行雕刻和切割而形成，激光器种类包括 YAG 激光器和 CO2 激光器。1993 年，美国首先将激光技术应用于印章制作。经过计算机设计和输出图文信息，操纵激光雕刻头逐行扫描。激光束蒸发或烧掉背景（非图文区域），形成印面立体图文。被烧蚀部位分布着间距、深浅一致的细沟纹，沟纹代表激光束烧蚀的路径。激光烧制每英寸的尺寸、数量和次数被称为“脉冲每英寸”（PPI），可由操作者设置。由驱动程序设置的像素决定烧蚀线条的平滑度和深度。雕刻机程序设置的能量高低与雕刻速度相关，即能量高就速度快、能量低则速度慢。印文中斜度和坡度的形成是激光束到达字符边缘的时候降低激光能量的结果，此因素可能影响底纹的平滑度，但雕刻的深度保持不变，如图 2-2-2 所示。

激光雕刻方式可以形成手工盖印的橡皮印章和激光雕刻渗透印章。在刻制橡胶、塑料及高聚物等易熔化材质时，由于部分激光束会照射到图文线条的纵面上，使印面图文边缘的加工材料因烧熔而堆积凸起，印面上呈现清晰的线条纹路且易留有烧灼痕迹。印文的边角锐利、笔画细腻，细节特征规整，但受激光束的光斑直径影响，笔画易出现粘连和断续现象，如图 2-2-3 所示。

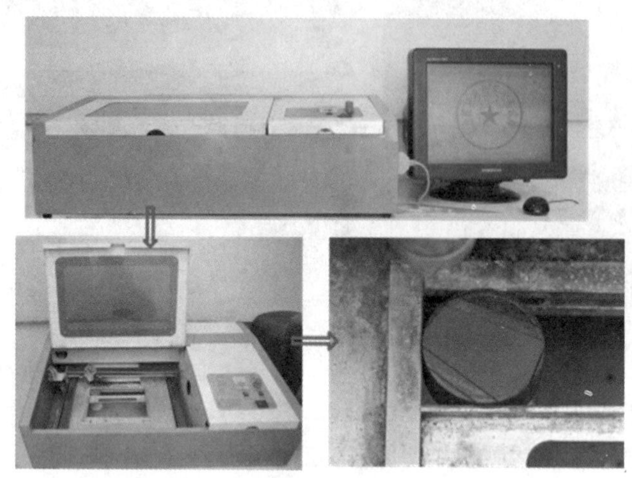

图 2-2-2　激光雕刻机相关部件示意图

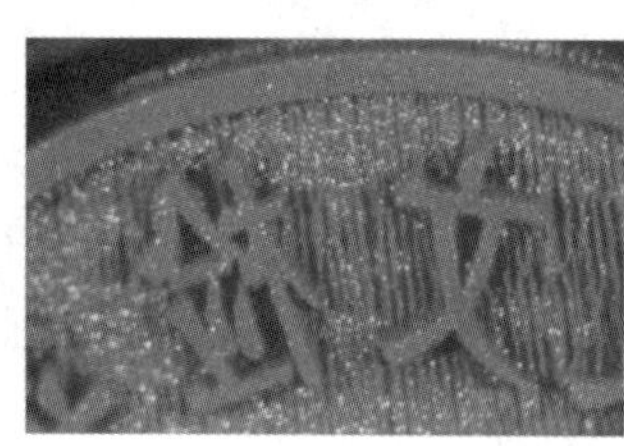

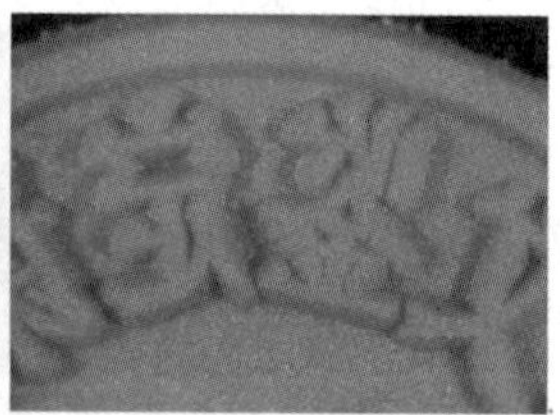

（从左至右依次为：激光雕刻印章、光敏印章、热压成型印章）

图 2-2-3　三种现代渗透印章印面对比图

（五）热压成型技术

热压成型法主要用于热压渗透印章、回墨印章和部分原子印章等章墨一体印章的制作。热压渗透印章的工艺流程主要包括制版、涂料、热压和浸油等程序。首先利用机械雕刻机在树脂版上雕刻印章图文，在图文凹处覆盖粉末状泡沫成型材料，其主要成分为腈基丁二烯。之后，将树脂版置于热压机中加热，使成型粉聚集成型，树脂版上的图文被固化的成型材料镜像复制，形成印章印面。再经修切和注油，加装印柄后形成自含墨印章。原子印章的制作工艺相对热压渗透印章要复杂一些，一般用特殊海绵体材料热压而制成印面。这一类印章自含印油，即印即干，造价低廉，颜色多样，但章面材料有热胀冷缩的特性，不适宜银行印鉴等重要印章的制作，如图 2-2-4 所示。

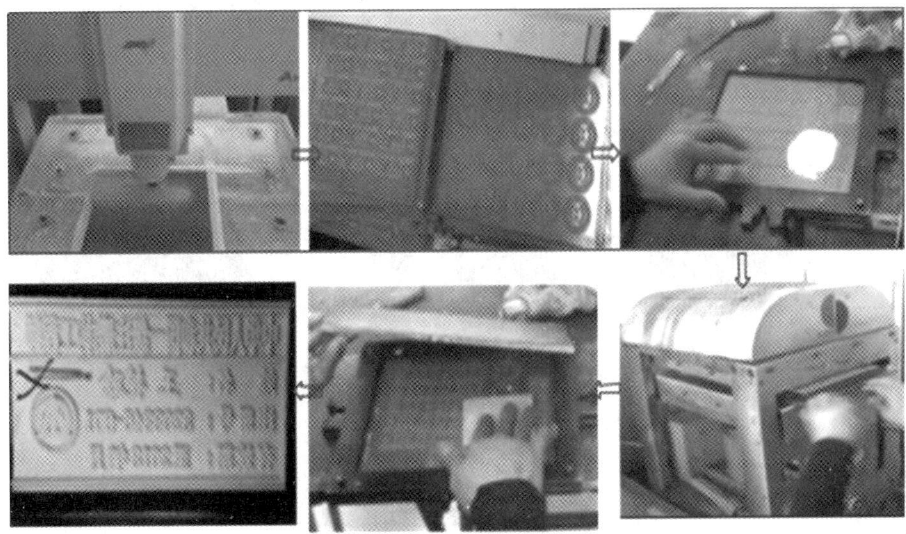

图 2-2-4　热压成型法制章流程示意图

（六）光爆技术（光敏技术）

氙闪光灯的光猝发技术是一种应用到印章制造业的最新技术，其实质是利用光敏聚酯超微泡材料的感光特性、储油渗油及光闪熔特性。这种方法在 1996 年被 Unigraphics 引入欧洲，1997 年由美国印章和标记公司引进美国。1998 年 11 月，兄弟国际公司发布的消息，SC-2000 Stampcreator ProTM 开始采用光爆技术。1999 年 11 月，千禧标记公司通过发布光敏最大化宣布进入了光爆技术印章市场。

制作光敏印章，首先利用打印或手绘的方式在透明胶片上设计图文，将设计好的胶片紧贴于光敏印垫表面，放入光敏机中曝光。经强光照射的胶片在印垫上形成不同曝光区域，透光部分使光敏材料中超微孔结构经氧化及热交联作用而闭合，形成不渗油的印章空白部分，而不透光部分保持微孔结构，形成可渗油的图文部分。由于高精度的激光打印和超微孔结构特性的结合，使光敏印章印文比其他技术方法制作的印章印文精度高出许多且操作简单、设备小巧，成为印章市场的普遍选择。光敏印章属于章墨一体的渗透型印章，其印文的版面干净、图文清晰、颜色均匀，但常由于微孔堵塞或印油混用导致在印文中形成露白特征，成为光敏印文的突出特点，如图 2-2-5 所示、图 2-2-6、表 2-2-1 所示。

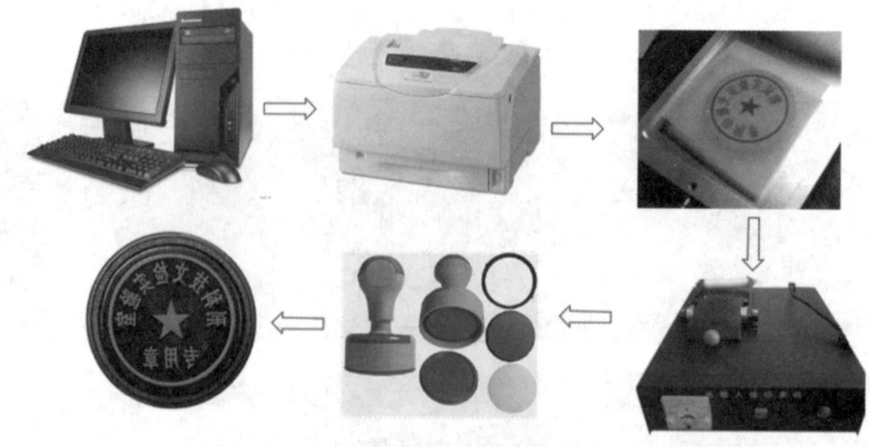

图 2-2-5　光敏印章制作流程示意图

图 2-2-6　不同制章工艺的印章类型图示

表 2-2-1 不同制章工艺的印章和印文特征对比表

种类＼特征	刻制印章图文的“刀”具	印章印面颜色	印章印版特征	印文特征
手工雕刻	刀口两侧斜度夹角为 30°～55° 的平口直柄篆刻刀	印面凸出部分着墨为红色图文，凹入部分为空白印文	字体风格不规范，字的大小和间距不匀称，直线不直，弧线不圆滑，转折生硬	笔画和线条有间断或交叉连接的“过刀”现象
机械雕刻	半自动或程控雕刻机器	印面为铜印、钢印等硬质金属材料	图文线条深浅一致、边缘圆润	抑压力明显，线条边缘溢墨现象明显，图文着墨不均
腐蚀制版	感光树脂在紫外光下发生聚合反应	印面为透明树脂，亲油性较差	印面空白处或图文边缘会存在腐蚀遗留痕迹	印迹边缘不清晰，图文斑驳露白，文字线条棱角圆钝
光敏技术	高能量脉冲强光辐射“雕刻”	文字处红色，空白处黑色	图文和空白处均在同一个平面，图文处有微孔，类似孔版	文字笔画边缘齐整
激光雕刻	激光烧蚀切割“雕刻”	文字和空白处均有烧蚀变黑的颜色	空白处沟痕图文边缘锯齿，外表类似于“凸版”	文字笔画边缘有细小毛刺
热压成型技术	“合金刀头”雕、成型粉热压两次制版	整个印面均为一致的红色	字迹笔画没有棱角、圆润、平滑外表类似于“凸版”	边缘不清晰，混拙，没有尖锐的棱角

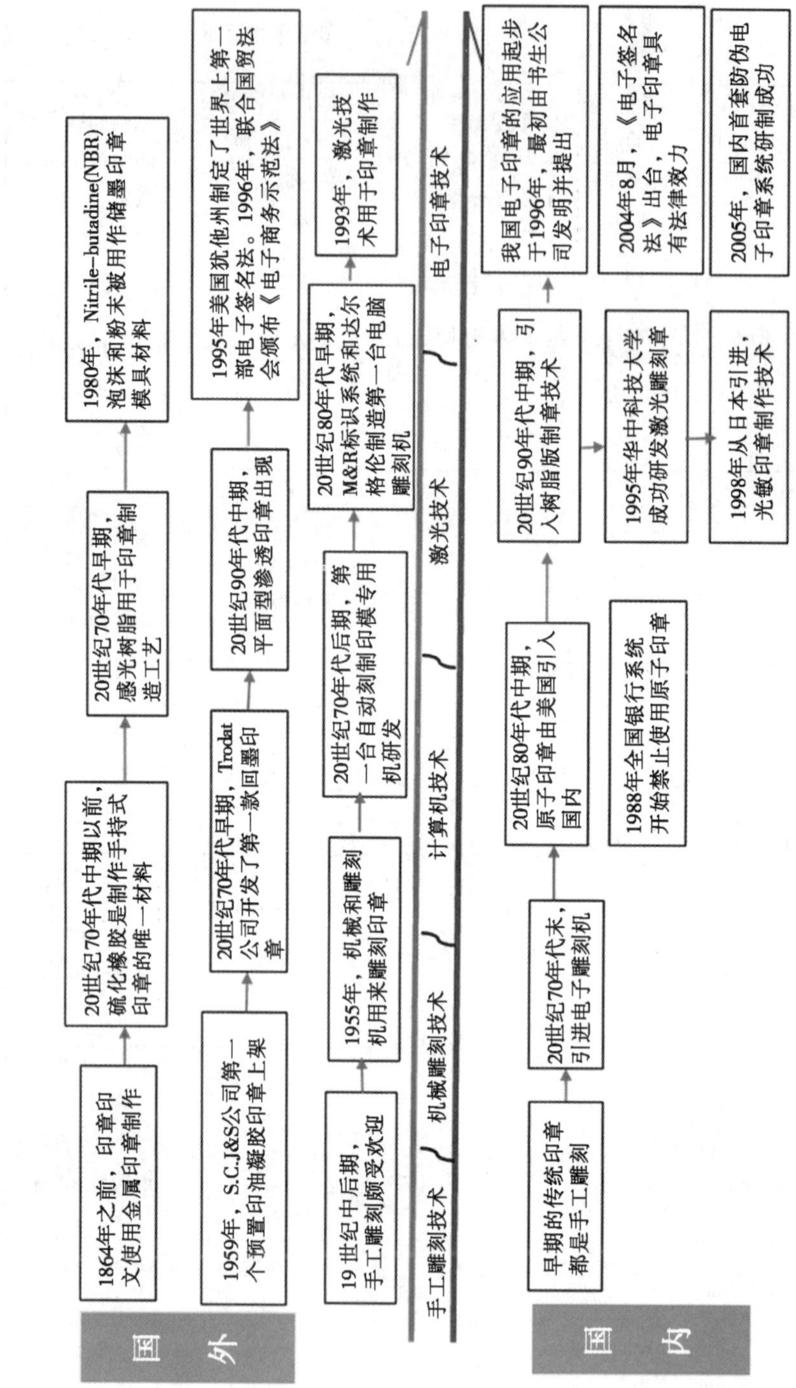

国外

1864年之前，印章印文使用金属印章制作

20世纪70年代中期以前，硫化橡胶是制作手持式印章的唯一材料

20世纪70年代早期，感光树脂用于印章制造工艺

1980年，Nitrile–butadine(NBR)泡沫和粉末被用作储墨印章模具材料

1959年，S.C.J&S公司第一个预置印油凝胶印章上架

20世纪70年代早期，Trodat公司开发了第一款回墨印章

20世纪90年代中期，平面型渗透印章出现

1995年美国犹他州制定了世界上第一部电子签名法。1996年，联合国贸法会颁布《电子商务示范法》

19 世纪中后期，手工雕刻颇受欢迎

1955年，机械和雕刻机用来雕刻印章

20世纪70年代后期，第一台自动刻制印模专用机研发

20世纪80年代早期，M&R标识系统和达尔格伦制造第一台电脑雕刻机

1993年，激光技术用于印章制作

手工雕刻技术　机械雕刻技术　计算机技术　激光技术　电子印章技术

国内

早期的传统印章都是手工雕刻

20世纪70年代末，引进电子雕刻机

20世纪80年代中期，原子印章由美国引入国内

1988年全国银行系统开始禁止使用原子印章

20世纪90年代中期，引入树脂版制章技术

1995年华中科技大学成功研发激光雕刻章

1998年从日本引进，光敏印章制作技术

我国电子印章的应用起步于1996年，最初由书生公司发明并提出

2004年8月，《电子签名法》出台，电子印章具有法律效力

2005年，国内首套防伪电子印章系统研制成功

图 2-2-7　国内外印章制作工艺发展脉络图

二、印章和印文的分类

（一）印章的分类

印章的种类繁多，针对印章特点予以分析的角度不同，则印章被归入的类别也就各不相同。综合学界的观点及实践中的通行做法，对印章可做以下分类，如图 2-2-8 所示。

按照制作工艺可分为手工雕刻印章、机械雕刻印章、激光雕刻印章、原子印章、光敏印章、成型粉热压印章、化学腐蚀印章。

按照着墨方式可分为自含墨印章（又称渗透印章）、蘸印泥（油）印章、无墨印章三类。其中，自含墨印章包括原子印章、激光雕刻渗透印章、成型粉热压渗透印章和光敏印章；蘸印泥（油）印章包括直接手工蘸泥（油）印章和回墨印章；无墨印章包括钢印和火漆印。

按照印章性质可分为公章、专用章、私章。

按照材质可分为金属印章、橡胶印章、木质印章、角质印章、石料印章等。

按照采用的防伪方式可分为印痕防伪印章、印油防伪印章、影印防伪印章、数字防伪印章、多色防伪印章等。

按照印章的时代特点可分为传统印章和现代印章。

其他印章种类包括数字印章、滚珠章、电子印章等。

（二）印文的分类

印文是印章在抑压力的作用下与另一客体接触后在该客体表面上形成并能反映该印章接触面结构特征的形象痕迹。根据印文存在的真实性和合法性，可将其分为正常印文和伪造印章印文，如图 2-2-9 所示。

正常印文：根据印文的盖印方式，包括盖印印文、压凸印文和制版印刷印文。其中，盖印印文包括自含墨印章盖印印文、蘸印泥（油）盖印印文；压凸印文包括钢印印文、火漆印印文；制版印刷印文包括平版胶印印文、凸版印刷印文和凹版印刷印文。

伪造印章印文：根据伪造印文的方式，包括伪造印章再盖印印文、直接伪造形成的印文、变造印章或印文形成的印文。伪造印章再盖印印文包括手工雕刻伪造印章印文、照相制版伪造印章印文、图像扫描制版伪造印章印文；直接伪造形成的印文包括彩色复印伪造印文、彩色打印伪造印文、手绘伪造印文以及拼凑盖印伪造印文；变造印章或印文形成的印文包括拼接法伪造印文、遮挡盖印伪造印文。

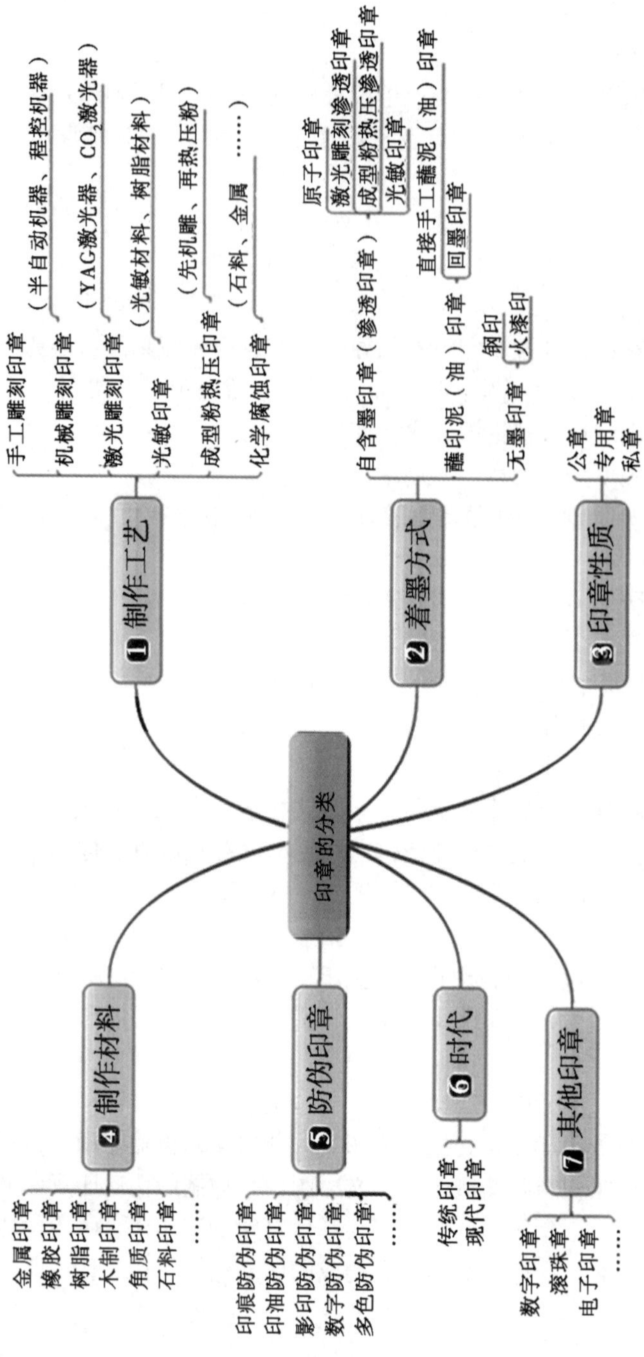

- 印章的分类
  - ❶ 制作工艺
    - 手工雕刻印章
    - 机械雕刻印章（半自动机器、程控机器）
    - 激光雕刻印章（YAG激光器、CO_2激光器）
    - 光敏印章（光敏材料、树脂材料）
    - 成型粉热压印章（先机雕、再热压粉）
    - 化学腐蚀印章（石料、金属 ……）
  - ❷ 着墨方式
    - 自含墨印章（渗透印章）
      - 原子印章
      - 激光雕刻渗透印章
      - 成型粉热压渗透印章
      - 光敏印章
    - 蘸印泥（油）印章
      - 直接手工蘸泥（油）印章
      - 回墨印章
    - 无墨印章
      - 钢印
      - 火漆印
  - ❸ 印章性质
    - 公章
    - 专用章
    - 私章
  - ❹ 制作材料
    - 金属印章
    - 橡胶印章
    - 树脂印章
    - 木制印章
    - 角质印章
    - 石料印章
    - ……
  - ❺ 防伪印章
    - 印痕防伪印章
    - 印油防伪印章
    - 影印防伪印章
    - 数字防伪印章
    - 多色防伪印章
    - ……
  - ❻ 时代
    - 传统印章
    - 现代印章
  - ❼ 其他印章
    - 数字印章
    - 滚珠章
    - 电子印章
    - ……

图 2-2-8　印章分类思维导图

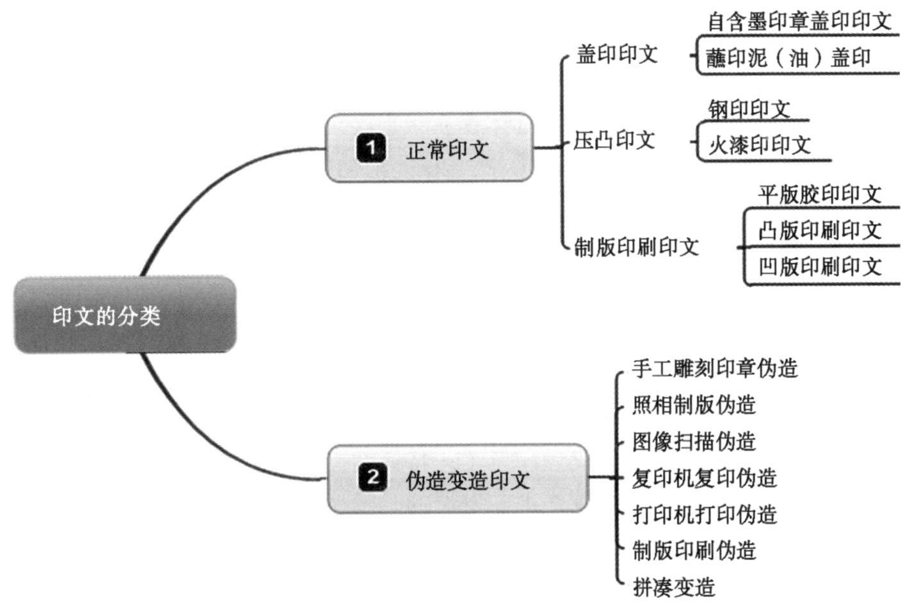

图 2-2-9　印文分类思维导图

三、印章制作工艺及其发展特征的鉴定价值

印文形象痕迹是由平面几何特征与制作信息共同合成的，并通过线条与墨迹形态表达出各自规律的特殊性。依据印文特征鉴别印章的制作方法是印文个体溯源的过程。印章制作工艺及其材质特点决定了章体存在的形式和印文的痕迹特征，为判断印章的制作工艺提供了可行性依据。

（一）印章制作工艺的发展特征为同一认定提供基础依据

印章制作工艺所涉及的材料、方法及盖印方式的发展和演变是科技创新的成果转化，在印文中体现出独特的个性特征。就制章材料而言，木质印章的涨缩特征、感光树脂印章的腐蚀特征、聚合物印章的孔隙渗油特征等都与材质本身的性能和特质息息相关；就制章技术而言，手工雕刻的过刀痕迹、激光雕刻的光蚀痕迹、成型粉压印的渗散痕迹等特征均与制章个人和机具的特点密不可分；就盖印方式而言，蘸墨印章和自含墨印章的墨迹形态和边框印迹等特征则与印章结构一脉相承。不同材质、结构的印章具有各自不同的宏观和微观特征，并在印文中明显反映且差异突出。在检验鉴定中，利用印文所表现出的材质、方法和盖印方式等方面的特征信息，对检材和样本中同名印文进行分析鉴别，可依据制章工艺的种属差异，否定印文的同一；而制章工艺相同时，可依据制章个人或机具的特征，为同一认定提供基础依据。例如，本章的案例应用即为一起利用印章制作工艺特点进行印文同一认定的典型范例。

(二)印章制作工艺的发展特征为印文形成时间鉴别提供判断标准

印章发展的时代“大”阶段与印章盖印的具体“小”时段构成了印文形成时间的面和点的关系，印文的具体存在状态必须符合时代大环境的规律。例如，我国的印章长期以手工雕刻为主，20 世纪初引进机械雕刻机，70 年代末电子雕刻机被引进，80 年代中期出现原子印章，感光树脂版雕刻印章出现于 90 年代中期，1995 年激光雕刻印章逐渐使用，1998 年光敏印章才开始出现。不同时代印章的时间性标志，决定了印章的使用不可能跨越时代逆向存在。在鉴定实务中，造假者往往重视印文内容的吻合和形态的逼真，却经常忽略印章制作工艺的时代差异，因而形成虚假印文的张冠李戴。比如，在一起遗嘱纠纷案件中，造假者利用激光雕刻印章伪造 20 世纪 80 年代的文件，鉴定人员无须采用烦琐的理化检验方法，仅凭印章工艺特征的反映即可解决印文形成的时间问题。因此，不同时期印章制作工艺发展的时间性阶段标志，能够将印章发展的时间特征与印文形成时间检验相联系，对于拓展印文形成时间检验的技术内涵具有较强的理论意义和实践价值。本章中所总结的印章制作工艺的脉络发展图正是满足鉴定实用性要求的有益探讨。

第三节　印章印文检验技术的发展

印章印文检验技术是印章应用的衍生物，伴随着印章的产生而出现。20 世纪以来，科学技术的发展与运用，在人类历史上掀起了前所未有的技术革命。印章印文鉴定在科学技术大发展的背景下，充分吸收这些日新月异的新理论、新技术，为己所用，在实践中进一步充实和完善，形成了自身技术的发展方向和特色方法。本节着重从印章印文检验基本原理的厘析、印章印文检验技术的现状以及印章印文检验技术的发展趋势三方面进行探讨，如图 2-3-1 所示。

一、印章印文检验基本原理的厘析

印章印文检验的目的是研究印章印文及其相关问题，为侦查提供线索和范围，为诉讼提供证据。基于对其应用和规律的认识，印章印文检验归属于物证检验的范畴，其基本原理应当包括两个层次：一是物质性原理，包括物质可分性、物质转移性；二是认识性原理，包括同一认定和种属鉴别。前者为印章印文检验提供了认识的媒介，后者为印章印文检验提供了认识程度和标准。[①]

---

① 蒋占卿，韩伟．刑事科学技术基本原理探究［J］．中国人民公安大学学报（自然科学版），2014（4）：20.

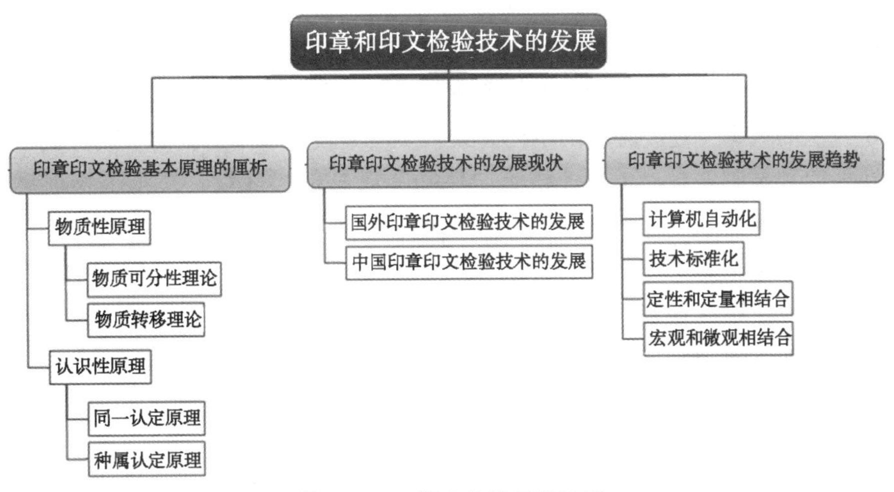

图 2-3-1　印文分类思维导图

（一）物质性原理

1. 物质可分性理论

物质可分性理论作为刑事技术学的基本原理，是美国物证技术学家凯思·英曼（Keith Inman）先生和诺拉·路丁（Norah Rudin）女士于 2001 年，在其合著的《物证技术学的原理和实务：法庭科学业》一书中首次提出的，原文表述为“The principle of divisible matter”①。可以说，物质的可分性是以物质转移性为切入点，溯源物证产生的源头，探究物质转移之前的现象、过程，分析和解释这些现象和过程所产生的结果和影响。印章与印文的关系构成了物质分离的表观现象。物质的可分性是在外力作用下的物质运动形式，该理论所强调的三要素包括物质或客体的性质、力的作用形式以及分离体的性状，体现了印文特征与印章性状的密切联系，揭示了印章盖印形成的印文在后续的时空内将持续保持变化，使原本明显的性状可能发生“循序渐进”的改变，直至原有的性状荡然无存的本质，突出了印章印文疑难案件的形成机理②。

2. 物质转移理论

物质转移理论是法国物证技术专家埃德蒙·洛卡德（Edmund Locard）于 1920 年首次提出的，原文表述为“Every contact leaves a trace”。传统的实物型物质（如毒物毒品、爆炸物、泥土、纤维等）和痕迹型物质（如印文、笔迹、

---

① Keith Inman, Norah Rudin. Principles and Practice of Criminalistic: the Profession of Forensic Science[M]. Baca Raton: CRC Press, 2001:15.

② 李学军．物证论——从物证技术学层面及诉讼法学的角度［M］．北京：中国人民大学出版社，2010.

足迹、指纹等）所产生的物质转移现象形成了人们习以为常的“人”和“物”，两者自身和相互之间的物质交流，为刑事技术鉴定中的“人”、“物”的认定提供了宏观和微观物质性之可能。物质转移原理是确定鉴定要求和选用鉴定方法的根据，物质转移的不同方式，实质上就是鉴定材料的形成方式。物质转移原理深刻地指出了各种物质“伴随”转移的可能性，扩张了物证运用的机会。构成印文的印泥（油）与印章的空间性状一并转移至承受体，这就为我们提供了双重分析的可能性。既可以对印文的形象痕迹进行检验，又可以对中介物质印泥（油）进行成分检验，使印章印文的检验内涵和外延有了坚实的物质论之基础。

（二）认识性原理

1. 同一认定原理

印文形象痕迹是由平面几何特征与制作信息共同合成的，并通过线条与墨迹形态表达出各自规律的特殊性。印章印文的形成是一个动态过程，受印面结构、盖印条件、时空环境等诸多因素的影响，印文特征相应地发生不同程度的变化。印文具有的特殊性、反映性及稳定性构成了同一认定的科学依据。在印文形成过程中，印章的清洗、涨缩、老化、磨损和附着物变化，印文色料种类、浓淡变化，盖印方向、压力变化和承印物种类变化等因素构成了印文非本质特征的表现，同时，稳定的本质特征的反映为同一认定提供了客观依据。

2. 种属认定原理

种属鉴别是一种分类方法，就是对具有相同的普遍特征的事物进行分类。印章印文的种属认定包括两个方面：一是印章和印文种类的鉴别。按照制作工艺、材质、形制及用途等标准可以将印章和印文划分为不同类别，依据印章印文特征的系统（一般特征和细节特征），可以对种类属性进行区分。诸如，鉴别印章是激光雕刻章还是光敏章，判断印文是盖印印文还是打印印文等。二是印泥（油）的种类鉴别。印泥（油）为不同物质的混合物，不同品牌或型号的印泥（油）的物质成分组成可能不同，因此依据其中理化性质的差异达到印文色料种类的区分。印章图文内容的检验通常采取形态比较检验的方法针对可疑印章（文）与样本印章（文）的特征异同，鉴别可疑印章的真伪。印泥（油）的检验则是采取化学分析的方法鉴别印泥（油）成分的异同或其成分随时间变化而老化程度的异同，辨别可疑印迹的真伪。

（三）印章印文鉴定不确定性探析

1. 印章印文鉴定意见

印章印文鉴定意见是鉴定人运用印章印文鉴定技术和专门知识，就诉讼中涉及的有关印章印文专门性问题，通过分析、判断等方法所形成的一种专业意见。

中华人民共和国司法部司法鉴定管理局发布的《司法鉴定技术规范（SF/Z JD0201003—2010）》中将印章印文的鉴定结论分为确定性结论、非确定性结论和无法作出鉴定结论。确定性结论包括肯定同一、否定同一，非确定性结论包括极可能同一、极可能非同一、很可能同一（倾向肯定同一）、很可能非同一（倾向否定同一）、可能同一、可能非同一。无法作出鉴定结论，包括检材印文不具备鉴定条件、样本印文不具备比对条件、根据检材印文与样本印文的具体情况，经综合评断既不能作出确定性结论也不能作出非确定性结论。

公安部物证鉴定中心印章印文检验（Identification of Impression Stamps）（方法编号：IFSC 09-03-04-2006）中将鉴定结论分为确定性结论和非确定性结论。确定性结论包括肯定结论和否定结论，非确定性结论包括倾向肯定同一、倾向否定同一和无法作出结论。

2012 年新修订的《中华人民共和国刑事诉讼法》第四十八条中将“鉴定结论”的表述改为“鉴定意见”。《中华人民共和国公共安全行业标准法庭科学印章印文鉴定意见规范（GA/T 1311—2016）》（Specifications for conclusion of seal stamp examination in forensics）将印章印文鉴定意见种类分为认定、倾向认定、无明确意见（无法判断）、倾向否定、否定、其他鉴定意见。

从理论上讲，鉴定意见应当是确定性的，要么肯定，要么否定。但在印章印文鉴定实践中，确实存在由于检材印文的质量或样本印文的数量或质量等客观原因，其印文特征总和的价值尚不能充分反映出是或不是同一枚印章印文的特点的情况。在此种情况下，根据司法实践的需要，鉴定人可依据印文特征反映的客观情况，运用所掌握的专业知识和积累的实践经验，对反映出的印文特征进行综合评断作出不同程度的非确定性结论（即推断性结论）。为了较准确、客观地反映鉴定人对其所作判断的确信程度，印文鉴定中非确定性意见包括倾向性认定或否定、无明确意见（无法判断）。

2. 印章印文鉴定的不确定性

（1）确定性与不确定性。确定性是关于事物的状态、过程、结构、功能、规律等在一定条件下的唯一性。唯一性是确定性的本质特征。有时在放宽的情形下也可以把稳定性、规则性看作确定性。对于不确定性，一般界定为“通常我们是指该现象（事件或实验）的结果是不能确切预言的，”① 或者称为“缺乏原因和结果之间的一一对应关系。”② 数学中的随机性概念及其概率计算方法，经济学中的风险概念及其计算方法等都属于不确定问题的解决途径。

---

① ［美］S. J. 普雷斯．贝叶斯统计学［M］．北京：中国统计出版社，1992：3.

② ［美］C.R. 劳．统计与真理——怎样运用偶然性［M］．北京：科学出版社，2004：34.

不确定性与确定性交织在一起密不可分，彼此之间相互否定，各自分别从相反的维度揭示着客观世界的根本性质和特征。确定性是人类认识和追求的目标，但“确定性寻求”的结果使人们深入世界的深层并发现不确定性比确定性更为基本和普遍，在确定性岛屿的周围存在广阔无垠的不确定性海洋①。

（2）印章印文鉴定不确定性的实质。按照信息论解释，不确定性实质上表征着信宿在接收信息之前对于信源客体实际状态空间的认识扩大或难以准确预言，或者说它表征着认识主体（信息接收者、认识者）对信源客体（原形、原象）的认识是一种非唯一性、非全同性反映——信息客体的实际状况在认识者那里是不完善、不完全反映，实际状态空间被人为放大了。②

印章印文鉴定不确定性是检验主体对检材和样本上印文的特征认识不完全，实际状态模糊化的结果。一种情形是印文的信息表现是完整、充足的，具有唯一性的特征标识，但由于鉴定人的能力限制而导致对特征认识产生偏差或模糊而造成结论的不确定性，称为主观不确定性或主观随机性。另一种情形则是印文的信息在形成过程中受客观条件影响而使特征的表现不完善或失真，这种客观状态本身就具有了不确定性，鉴定人对这种客体实际状态的反映自然也是不确定的，可将其称为客观不确定性或客观随机性。

（3）影响印章印文鉴定不确定性的因素。印文鉴定的主观不确定性主要受鉴定人的知识、经验、认识等主体综合素质的影响，体现鉴定人业务能力和水平的高低。“鉴定结论是鉴定人接受委托或聘请，运用自己的专门知识或技能，借助一定的方法和仪器，对与案件有关的专门性问题进行研究、检验、分析后给出的判断性意见。”③由于印文鉴定结论的形成要基于对特定实体的检验、分析，且期间还要借助相应的科学知识、方法和仪器设备，因而可以说，鉴定本身具有科学性。但因鉴定要由人来完成，且鉴定结论是鉴定人认识活动的结果，所以鉴定人的主观认识能力将直接影响到鉴定结论的作出。从这个意义而言，鉴定结论并不必然是科学、正确的意见。那么我们就能够明了，为什么不同的鉴定人员就同一个印文的专门性问题有可能得出完全不同的结论。在明确了这一点之后，反观法律的规定——鉴定结论是证据的一种，必须查证属

---

① 李坚．不确定性问题初探［D］：［博士学位论文］．北京：中国社会科学院，2006.

② 信源、信宿和信道是信息传播的三大要素。信源是信息的发源地，是产生各类信息的实体。信宿是传输信息的归宿，其作用是将复原（解码）的原始信号转换成相应的消息。信道是传递信息带的通道，是信源和信宿指教连理的纽带。

③ 李学军，陈霞．鉴定结论的证据地位及其质证、认证［J］．中国人民公安大学学报，2002（4）：15.

实才能作为认定事实的根据，才会深刻体会其立法之用意。[①]

印文鉴定的客观不确定性主要受客观认识条件的限制而对特征认识缺乏充分、真实，鉴定人对确定性结论的不自信和无把握。印章印文的客观条件包括印章自身变化因素和印文形成因素两方面。前者包括印章受环境影响产生的胀缩、使用过程中的印章磨损和异物黏附、印章部分毁损以及人为因素作用（标记、磕碰、清洗）等原因造成的印文特征变化，后者包括印章在盖印过程中印泥（油）的种类和浓淡、衬垫物的平整度、盖印压力大小、承印物种类等因素造成的印文特征变化。

从澄清案（事）件的角度来看，印文鉴定的“确定性寻求”是认识的追求目标，因为它是消除案（事）件认识心理焦虑的坚固磐石。只有追溯到事物的确定性之基，人们才能心安理得地进行逻辑推演和预测。只有在确定性的基石上，我们才会对相关行为及其实现目标得到完全的确认。但是，由于影响印文特征表现和认识的因素众多，印文鉴定的不确定性是必然的和普遍的。值得重视的是，可能性实质上就是不确定性，概率则是不确定性中之确定性的数学表达。印文单一特征的“内在随机性”具有强烈的不确定性，但多个随机特征的非线性相互作用机制对特征系统初始条件的微小变化加以放大将导致结局的巨大变化，形成由相对简单的不确定元素相互作用生成“整体大于部分之和”的效果。对于不确定解决的理念，我们只能在今天与未来的交界之处不断锻造更加符合复杂事物系统变化规律的方法之梯，从而将研究视野尽可能地伸向相对确定的区域。

二、印章印文检验技术的发展

（一）国外印章印文检验技术的发展

印章和印文是古代历史遗迹和生活记录的浓缩。Kan Frad 和 Toms H Bliman[②] 追溯到西方最早的印章是公元前4000 年的美索不达米亚圆筒印章，早于中国印章的诞生。但直到 19 世纪，印章才引起了西方学者注意，成为西方研究古代历史的重要资料。西方文书司法鉴定的发展与商品经济的发展有着极为密切的关系。早期欧洲并未有从事鉴定的专职人员，司法机关往往聘请印刷技师、书法爱好者以及雕刻工匠等人员，采用当时流行的笔迹特征描述法（笔迹测量法）进行印章印文鉴定，注重主观经验型的认知和判断。

---

① 李学军．物证论——从物证技术学层面及诉讼法学的角度［M］．北京：中国人民大学出版社，2010.

② Kan Frad，Toms H. Bliman. The Marking Story［M］. American：Charles C Thomas Press，1998：32-74.

随着印章制作技术的发展，工艺特征在印章印文中的表现得到充分重视。David Ellen① 以可疑文件检验为视角，介绍了印章的制作与种类识别，并运用图像比对技术，从形态学的角度探讨特定印章与印文特征的关联性，将经验型的认识进一步理论化。20 世纪，随着商品经济的繁荣，印章印文检验逐渐成为法庭科学的一项重要检验内容，Jan Seaman Kelly② 指出，“印章的历史对于法庭文件检验员来说意义重大，因为它不仅阐明了其重要性的影响力，也阐明了基于许多文明的各种典型印章的影响力。在这样的历史背景下，法庭文件检验员获得的不仅是现如今的知识储备，更是一种深度理解，否则会让人觉得毫无意义。”突出印章印文检验技术是突破传统经验认识达到规律性总结的必然性。

西方国家基于英美法系和大陆法系的证据规则的运用，重视具体技术的量化分析，不断催生各类新兴学科、交叉学科以及边缘学科与法庭科学的联系，以理化分析、计算机识别等为代表的高新技术手段应用于常规检验手段无法实现的专门问题，使印章印文的鉴定意见更具有可靠性与客观性，强化了庭审过程中应用的证明力。2009 年，美国国家科学院在 Strengthening Forensic Science in the UNITED STATES：a Path Forward《美国法庭科学的加强之路》中认为“除 DNA 技术外，法庭科学其他学科都存在着基础研究的缺失”，并指出“确定文件的来源、历史……是文件检验的任务之一”，明确了印章印文检验技术与高新技术结合的现实性和紧迫性。

印章自汉唐由我国传入日本、韩国等地，至今普遍使用。因此，日韩及东南亚等国对印章印文检验的研究与我国一脉相承。日本的吉田公一《笔迹印文鉴定参考手册》中详细介绍了常见印章的制作方法，剖析了伪造印文犯罪实况，并以形态学和理化分析方法阐述印文检验技术，突出技术应用的实践价值。日本的石原正忠③在《有关印章鉴定之基础研究》一书中，有针对性地对日本印章的材质发展做了详细研究，提出了利用印文特征溯源印章制作工艺和材质的方法。韩国的金钟淳在《中国印章的特征和艺术性》中则利用比较学的方法，从艺术的角度对中西印章的起源和功能、印章的名称与分类、印章材质和印文形态演变等方面进行研究。

---

① David Ellen. Scientific examination of documents：methods and techniques（thirs edition）[M]. USA：CRC Press，2006：263-268.

② Jan Seaman Kelly. Forensic examination of rubber stamps：a practical guide [M]. USA：Charles. C. Thomas，2002：96-112.

③ Ueda K，Mutoh T，Matsuo K. Automatic verification system for seal imprints on Japanese bank checks[C]. In：Proc. ICPR 14th Int. Conf. on Pattern Recognition，vol. 1，1998：629-632.

（二）中国印章印文检验技术的发展

我国的印章印文检验，历史悠久。据史料记载，公元前700年，我国东周时期就有了印章，秦代就发生过盗用印章和伪造印章的案件，并成功进行了鉴别。南宋《名公书判清明集》中有多份判例提及了朱墨时序的检验，虽然未表述是如何检验的，也未记述认定的依据，但是朱墨时序判断文书伪造的思想至少在宋代就已经达成了共识，并积累了一些朴素的检验经验。古人检验实物、发现特征主要集中在内容、布局、形状等方面，对于文字、线条、图案等数量特征难以发现，但比对检验、透光检验、拼接检验的意识已经确立。由于历史与技术的局限性，我国古代并未形成完整、系统的鉴定理论，主要凭借阅历和经验。

近代时期，受西学东渐影响，西方有关司法鉴定的理论和先进检验方法传入我国，出现对印章印文鉴定的专门知识与介绍，开始注重鉴定中数量特征的对比，并且引入了物理、化学等近代前沿科学和技术。1938年，冯文尧编著的《刑事警察科学知识全书》第六部“笔迹鉴定与匿名信”中第三章专论“伪造护照与伪造印章”，内容包括全部伪造、局部变造之护照与印章及其鉴定。其后，陈友钦编著的《刑事理化鉴识》第八章“文书之鉴识”中第二节专论“印模之鉴识”。1943年，徐圣熙编著的《笔迹学》第二十章专论“印鉴之比对”，内容包括印章种类与印文、印鉴比对方法、印鉴比对之要领等①。

新中国的成立，为我国印章印文检验技术的发展创造了良好的条件。当时的检验技术是在继承前人经验，学习和借鉴苏联文检技术体系的基础上迅速发展起来的。1958年公安部三局编印的我国第一本《文件检验教材》和1959年司法部司法鉴定科学研究所汇编的《跃进文集》，是我国第一代文检专家的首批科研成果，标志着新中国的文检技术专业队伍的成长和专业技术的发展。其中，贾玉文教授撰写的《印模及印文可变性的初步研究》② 和《变形印章的鉴定》③ 两篇文章，通过对印章印文可变性的研究和变形印章鉴定的实践，突破了印章印文检验的形而上学观点和机械比对方法，使印章印文检验技术有了明显的提高。

---

① 贾玉文，邹明理．文件检验［M］．北京：中国人民公安大学出版社，2002：84-176，249-256.

② 作者以辩证唯物主义原理，首次系统探讨了印章受时间、作用力、清洗、印文色料、承受客体等因素影响所造成的可变性特征的表现和原因，将特征变化因素归纳为印章的固有变化和印文的固有变化两种类型。

③ 作者通过三起变形印章的鉴定，验证了利用印文可变性特征检验的思路，对印章和印文中差异点评断提供一定的根据。首次提出了客体可变性问题，是同一鉴定理论与实践中很值得研究的基本问题之一。

就目前而言，我们所能见到的著作和教材，没有一部是专门探讨印章印文检验发展研究的。长期以来，印章印文检验的发展隶属于文件检验的发展。在一些书籍中，只有某些章节涉及这方面的内容，如1985年中国刑警学院教材《文件检验》[①]中“文件检验概述：第六节文件检验的历史沿革”，撰写者贾玉文教授集多年文件检验研究的深厚功底，对古代文件检验、近代文件检验、现代文件检验进行了精彩的论述，其中对印章印文的检验也有所涉及。之后，许多公安院校编著和讲授这一方面内容时多有借鉴。

进入新时期，文检工作者开始关注这一主题，注重印章印文检验理论和实践的研究，何义成[②]探讨了我国印章的历史沿革、古代印章的演变规律及古印章的作用、古代伪造印章印文的犯罪、古代伪造印章印文的检验方法等问题。20世纪90年代以后，随着现代科学技术的发展，制章业工艺和水平的不断提高，机械制章逐步取代手工制章。先后出现原子印章、激光雕刻印章、光敏印章，从而使印章印文检验工作面临着新的挑战。由于此类伪造方法形成的印章和印文，仿真度高，差异特征反映性差，传统的印章印文检验鉴定方法已不能完全适应实践检验的需要。在此情况下，学者、专家和文检工作者所关注的是特定种类印章和制章技术的特点研究和实践经验总结。从新方法、新技术应用的角度可以窥见印章印文检验技术的发展潮流。

2010年，贾玉文在《文检一甲子——中国文件检验事业发展回顾及展望》[③]中对印文检验的发展进行了总结。2013年，崔军民在《文件检验研究——文件检验的历史、发展与现状》[④]中对印章印文检验的历史及检验技术进行了梳理。之后，中国刑事警察学院的张书杰主编的《刑事科学技术发展简史》[⑤]中在文件检验技术发展简史部分涉及少量关于印章和印文检验技术的发展。

综上所述，印章印文检验技术是在与违法犯罪作斗争的现实需要中产生和发展起来的，并随着现实斗争的发展需要及实践工作的重心转移而逐步提高和完善。我们不仅应该以发展的眼光审视过去，更应该总结经验、探讨规律，重视创新技术手段的实践应用。

---

① 文件检验（内部教材）[M]．沈阳：中国刑事警察学院，1985：35-51.

② 何义成．古代的印章与印章印文检验[J]．公安论坛，1987(4)：17-21.

③ 贾玉文，陆卫东．文检一甲子——中国文件检验事业发展回顾及展望[C]．第六届全国文检学理论与实践研讨会论文集．北京：中国人民公安大学出版社，2010.

④ 崔军民．文件检验研究——文件检验的历史、发展与现状[M]．北京：中央编译出版社，2012.

⑤ 张书杰，王震，刘代富．刑事科学技术发展简史[M]．北京：中国人民公安大学出版社，2013.

（三）印章印文检验技术的发展趋势

1. 检验技术计算机自动化的发展模式

计算机技术的成熟和发展，引领和启发了印章印文检验的自动化识别技术的应用。尤其是西方国家注重计算机数据库管理系统以及英文字迹模式识别系统的研发，使计算机处理化技术在文书鉴定领域已占有一席之地。目前，印章检验系统已将烦琐的图像处理、特征标识和计算测量等功能便捷化，减轻了鉴定人员的工作负担。但计算机在文件鉴定中的定位只能是进行概率分析给出倾向性建议，因此基于自动识别功能的特征选取的准确性和数据库比对的快速性是未来的研究发展趋势。

2. 检验技术标准化的发展趋势

国外文书司法鉴定在发展过程中，除重视鉴定技术的研究与探索之外，还十分关注司法鉴定质量控制。为了有效地保证文书司法鉴定意见的质量，强化检验、鉴定过程中规范化、标准化的运用，相继在法庭科学实验室实行了质量监控体系或采取了文书司法将定专家职业资格认证制度。在这一发展趋势的推动下，相关质量监控、质量保证以及可靠性检验的实施准则已引入文书鉴定领域。我国法庭科学实验室实施的认证和认可活动，以及能力验证、实验室间比对等措施，都是与国际标准化接轨的努力。印章印文的检验必将纳入现代规范化管理的范畴，运用标准化体系评定鉴定意见的可靠性。

3. 定性与定量检验相结合的发展方向

传统的印章印文检验较多注重定性检验，对于定量分析的研究则相对匮乏，因此造成了印章印文检验技术呈现主体经验论认识的流弊。专家经验的传承并非易事，对于一些具体问题的认识和把握是个人长期鉴定经历形成的一种“直觉”，难以表述和传达。“从科学根据的角度看，以分析为基础的学科通常显然优于以专家解释为科学的学科。”① 国外文书鉴定常借鉴数学定量方法来揭示特征价值，通过公理、定理等方式来表述鉴定中的基本原理与规则，将检验过程中的定性与定量分析有机地衔接在一起，从而赋予传统定性分析为主的检验方法以全新的内容，成为印章印文检验定量化发展的重要指导思想。

4. 宏观和微观领域的相得益彰

宏观痕迹是传统印章印文检验技术研究的重点，而微观领域的探索是显微技术成熟的结果。高倍显微镜与专业软件的结合，使肉眼不能直接观察到的痕迹呈现出鲜明的显微形态特征，如打印印文的彩色墨点痕迹、印刷印文的网点特征等，这些微观痕迹具有种类多、隐蔽性强、不易被破坏等特点，是微观领

① 王进喜，等．美国法庭科学的加强之路（Strengthening Forensic Science in the United States a Path Forward）［M］．北京：中国人民大学出版社，2012：8-9.

域下印文及其相关介质的特定性和稳定性特征的充分表现。同时，结合印章印文疑难元素的表现特征和种类，在鉴定平面维度上通过对纳米材料特性的研究，探讨纳米科技在解决印章印文检验疑难问题中的应用，寻求符合检验鉴定标准的新设计原理和分析方法，制造具有特殊辨别能力的新型装备、仪器模型和实验工具，无疑是印章印文检验技术发展的契机。

第四节 案例应用

案例 1：在一起伪造档案的违纪案件中，经检验所提供的五份检材中的同名印文在印文几何规格、图文布局、相对位置关系等宏观特征方面表现一致，但在单字的搭配比例、运笔及笔画间的粘连等细节特征反映差异。综合评断认为差异特征是本质的差异，是由制作工艺不同的多个印章盖印形成，其中检材 1（JC1）是手工雕刻印章，检材 2（JC2）是热压成型印章，检材 3（JC3）至检材 5（JC5）是激光雕刻印章。印章制作工艺的差异通过印文特征充分表现出来，反映出五枚同名印文的非同一性，为印章的同一认定提供了证据，如图 2-4-1 所示。

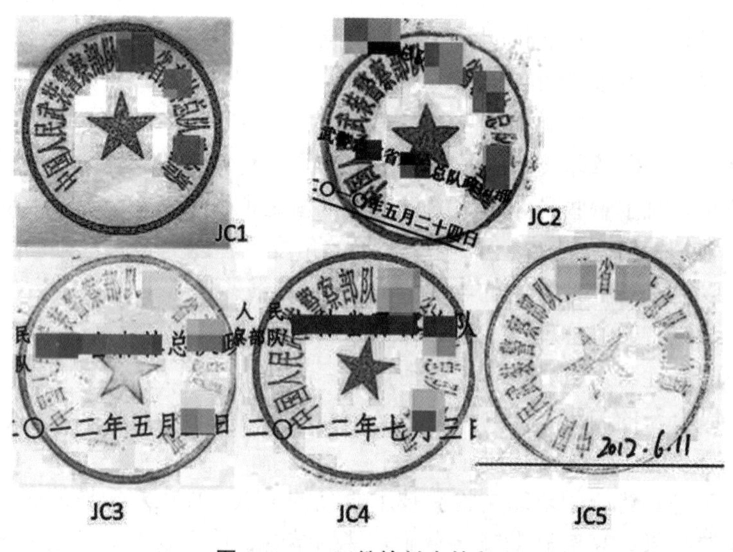

图 2-4-1　五份检材中的印文

案例 2：在一起借款经济纠纷案件中，诉讼当事人双方对二审中被告提交的一份标称年份为 1995 年的“银行存款日记账”的真实性存在争议，法庭要求鉴定该涉案文件物证的形成时间。

经检验，检材系一张印刷制式表格，其上字迹是蓝色墨水书写并盖印一枚

“××市××顺丰木材经销部财务专用章”印文，如图 2-4-2 所示。按照系统检验思路，该文件物证的组成元素包括纸张、印刷图文、字迹和印文。初步检验，纸张和印刷图文未反映出年代特征和其他反常现象；字迹中的蓝色墨迹色泽浓重，显微镜下观察笔画洇散严重，驻墨点暗黑；盖印印文为红色、圆形，印文清晰，特征明显。深入检验，主要对印文特征进行分析和判断，发现检材印文边角锐利、笔画细腻，细节特征规整，判断为激光雕刻印章盖印形成。

综合评断，文件标称时间为 1995 年 4 月，而我国的激光雕刻印章技术于 1995 年首次研发成功，之后才逐渐推广。案件中印文标称的形成时间与客观上此类印章制作工艺的出现时间存在矛盾，可以认定该印文不是标称时间盖印形成。本案的技术运用省略了烦琐的理化检验，直接利用印章制作工艺时代特征成功鉴别文件制成时间。

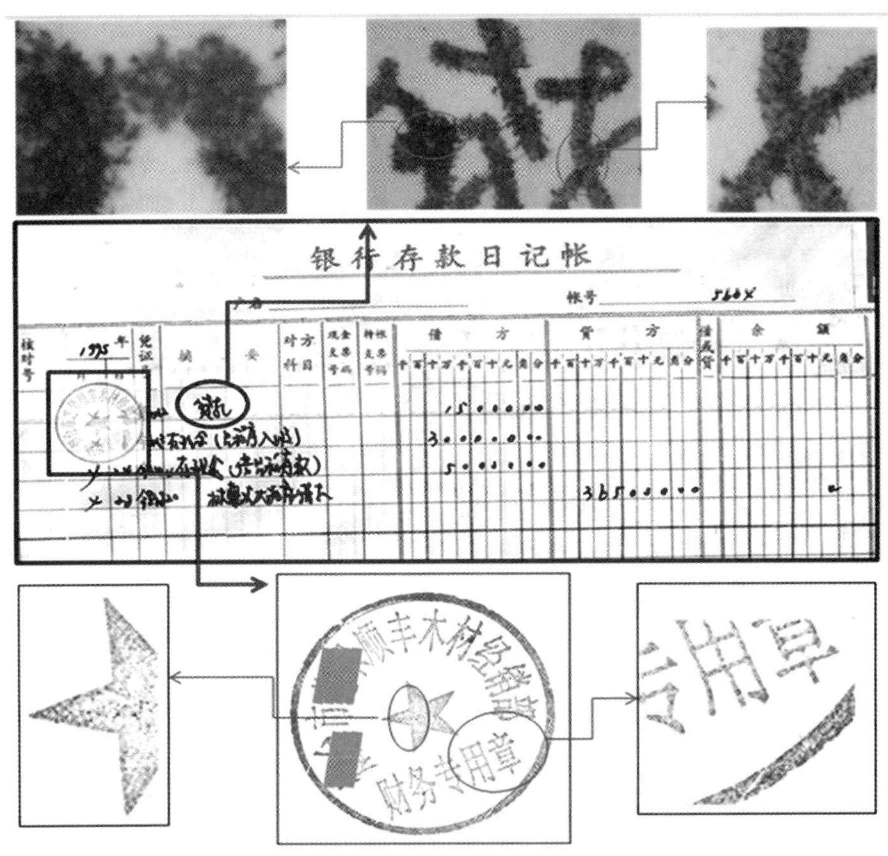

图 2-4-2　检验图片

本章小结

印章印文的检验技术与印章的制作工艺密切相关。本章着重研究了以下内容：

第一，以印章的起源和发展为逻辑起点，沿着国内外印章发展的脉络，梳理和总结印章的历史与发展现状，并对印章和印文进行系统分类。

第二，从印文鉴定的层面，研究印章制作工艺的发展，将印章形制、材质及盖印方式等特征所对应的制作工艺特点相联系，特别提炼印章制作工艺发展中的时间性阶段标志，绘制形成系统的印章制作工艺发展脉络图表，为鉴别印文的制作工艺和印文形成时间检验提供依据。

第三，厘析印章印文检验的基本原理，梳理和总结国内外检验技术的发展，提出印章检验技术自动化、标准化、定量化和微观性的发展趋势。

第三章　基于印刷网点特征鉴别印章印文形成方式的研究

第一节　概　　述

印刷作为一项历史悠久的传统工艺，肩负着信息传播的重要使命。图像印刷以其直观形象的表达手段和丰富的色彩表现力，将印刷从手艺过渡到技术、艺术直至产业，完成了从传统到现代、从模拟到数字的华丽转身①。在文件检验领域，印章印文检验隶属于印刷文件检验。印刷术的“印”字，本身就含有印章和印刷两种意思。从印刷术的命名中已经透露出它跟印章的血缘关系，印章是活字印刷术兴起的渊源之一②。

从我国历史来看，自从有了印刷文件就出现了印刷文件检验的实例。有了印章就有了印章鉴别。自20世纪40年代开始，印章鉴定、打字机鉴定、伪造文件的鉴定等内容的充实，形成了文件检验技术的传统内容③。手工盖印形成的印文作为社会普遍认可和信赖的印文形成方式一直存在于社会活动之中。随着印刷技术电子化、自动化和信息化的发展，彩色印刷的工艺、技术、设备和材料都在不断变化，我们正面临着一场风靡全球印刷业的“彩色革命”④。印刷印文作为现代社会合法性标示应用于商业社会之中，呈现出多样性的表现形式，诸如证书、票据、证券、报刊、宣传品以及包装物等载体上都出现了以印

① 王琪．基于网点结构形态的图像信息印刷复制研究［D］：［博士学位论文］．南京：南京林业大学，2013.

② 周文．古代印刷术的演变和发展［N］．中国审计报，2006-05-24（7）．

③ 贾玉文，邹明理．中国刑事科学技术大全·文件检验［M］．北京：中国人民公安大学出版社，2003：188.

④ 王卫东．印刷色彩［M］．北京：印刷工业出版社，1998：3.

文为标识的合法性图案形象。高质量印刷方式对原稿信息的完美再现和精彩还原，较好地满足了消费者对信息质量不断提升的要求，但同时也为假冒伪劣行为提供了便利条件。近年来，利用印刷方式伪造印文或以印刷印文为原稿仿制印文的案例层出不穷，使印文真伪性鉴别呈现出新的内涵和外延。鉴定实务中，涉及印刷印文检验鉴定的案件特点突出，主要以经济案件为主、以国家行政机关印文为对象、案件呈系列型和团伙型，造成的社会危害性较大，成为司法鉴定领域亟待解决的现实问题。

一、理论依据

在现代印刷技术中，凸版印刷（柔性凸版为主）、平版印刷、凹版印刷（激光雕刻凹版、电子凹版等）普遍采用了加网印刷技术。网点是印刷品再现的基础，是构成印刷图像的基本单元。在宏观层面上，网点将可视化的连续调的原稿离散为网点群的组合，以网点大小为度量衡控制单位面积内油墨量的分布，表现图像阶调层次，发挥着色彩视觉的印刷效果。在微观层面上，网点作为色料堆积组色形成的微小色点，其状态（大小和形状）及传递特征表现了印刷技术的合成应用，透射出印刷制版的种属特性。现代印刷技术的应用赋予了“网点”丰富的内涵，其形态各异、极具特色的表现犹如人之指纹一般标注印刷版型的个性特征，在印刷文件检验鉴定中具有重要的鉴定价值。

现阶段，在鉴定实务中，虽然印刷印文版型种类具有局限性，但在市场化环境下，流通商品的包装物、标签、刊物以及纺织品上具有印文构型形象的印刷技术应用颇丰。因此，借鉴已有商品中印刷图文的网点特征，探索和构建印刷印文的特征系统，对未来案件中可能出现的印刷印文进行特征总结和描述是本研究所要解决的主要问题。

二、问题提出

网点是网目调印刷复制中印刷图像构成的基础，是表现连续调图像层次与色彩变化的基本单元，起着传递层次的作用①。印刷图像的颜色和层次变化是不连续的，网点作为表现色彩浓淡变化的载体，是图像复制所依赖的最小基础单元，印刷品质量取决于网点基本结构特性及网点在复制过程中的传递质量。在印刷复制过程中，不同结构形态的网点传递行为特征各不相同，会导致图像复制效果及印刷质量的差异。因此，不同图像复制方式的网点结

---

① 刘全香，刘浩学．印刷图文复制原理与工艺［M］．北京：印刷工业出版社，2008：215.

构形态是否能反映出特殊性和稳定性，对印刷文件的种属鉴别和同一认定具有重要意义。

基于网点独特的微观结构，借助形态学的研究方法，探讨不同印刷方式形成印文的特征表现，是研究复制性印刷印文检验鉴定技术新方法的切入点。通过网点微观结构特征在图像信息印刷复制中的显著性，从微观元素这一基础层面为鉴别印刷印文的制版类型提供理论依据，对于丰富印刷印文的研究内涵，探索辨识印文的制作方式的新方法具有重要意义，在司法鉴定中可以有效地应用。

三、研究内容

采用形态学研究方法，对网点形状、面积、立体形态、分布、在承印物表面的渗透和扩散等属性①所构成的网点微观结构的探讨是本章研究的重点。研究的主要目的，是利用网点的微观表现形式，判断印刷印文与蘸墨印文或打印（复印）印文的区别；通过网点的形态学特征，鉴别印刷印文的制作版型。

第一，研究非制版印刷印文的墨迹（点）特征。蘸墨盖印印文墨迹分布形态特征；激光和喷墨彩色打印印文中墨点的形态特征；数码印刷印文中墨点的形态特征。

第二，研究制版印刷印文的网点特征。凸、平、凹、孔版型印刷印文的网点特征。凹版印刷中五种版型（手工雕刻版、机械雕刻版、影写版、激光雕刻版、电子雕刻版）的网点形态特征。

第三，构建基于网点鉴别印章印文的检验体系。从基本理论、鉴定方法、检验步骤和综合评判等方面，建立利用网点检验鉴定印刷印文的操作系统。

---

① 李艳云，钱军浩．基于墨点保真度的喷墨印刷质量分析与评价［J］．包装工程，2010，31（19）：25-26.

四、研究框架

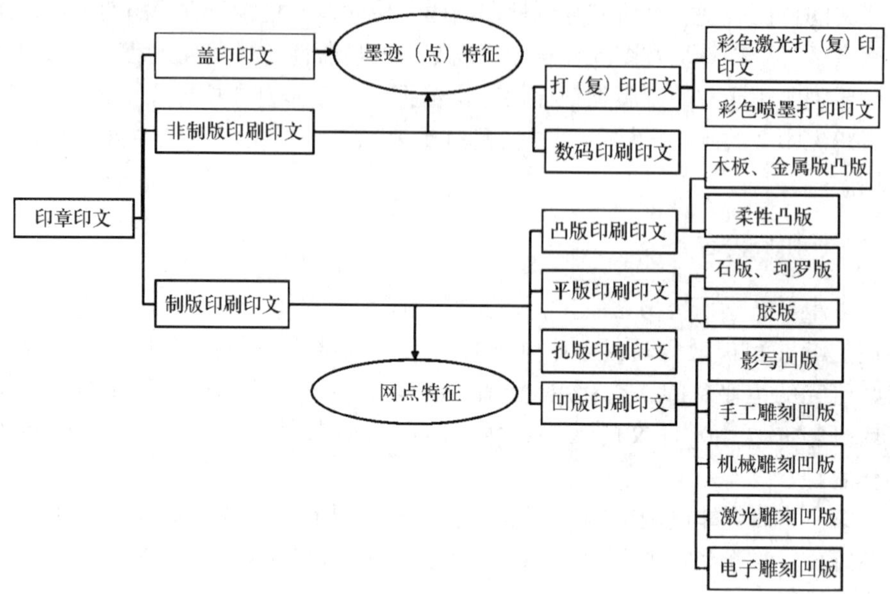

图 3-1-1　本章的研究框架图

五、本章相关术语

（一）印刷加网工艺

印刷①工艺（Printing Technics）按工序可分为印前（Pre-press）、印中（Printing）和印后加工（Post-press）三部分，如图 3-1-2 所示。

印刷图像加网工艺是印前图文信息处理中对原稿进行色彩分解的过程，其实质就是利用归纳法将色彩繁杂的原稿图像的颜色熟练减至几种或几十种的分色处理程序。在传统模拟印刷中，印版上的图文部分和非图文部分（空白部分）两大元素各自在微观上通常没有显著的层次变化，其印刷品呈现的只有

① 百度词条．印刷［EB/OL］．http：//baike. baidu. com/view/18955. html，2013-5-23. 在国家标准 GB9851. 1—1990《印刷技术术语》中，印刷的定义是："印刷是使用印版或其他方式将原稿上的图文信息转移到承印物上的工艺技术"；最新的国家标准 GB/T9851. 1—2008 中将印刷定义为："使用模拟或数字的图像载体将呈色剂/色料（如油墨）转移到承印物上的复制过程"。

两个层次——黑与白两种颜色，即使四色印刷，颜色最多也只有8种①，很难满足原稿上丰富的阶调层次和多种颜色。应用加网技术将印版上的图文部分分割成无数面积大小不同的小点、不同面积大小的点着墨，在视觉效果上可以表现出不同的阶调层次，同时，着墨的多少可以反映出色彩的千变万化，所以加网技术是印刷过程必须采用的印刷工艺。

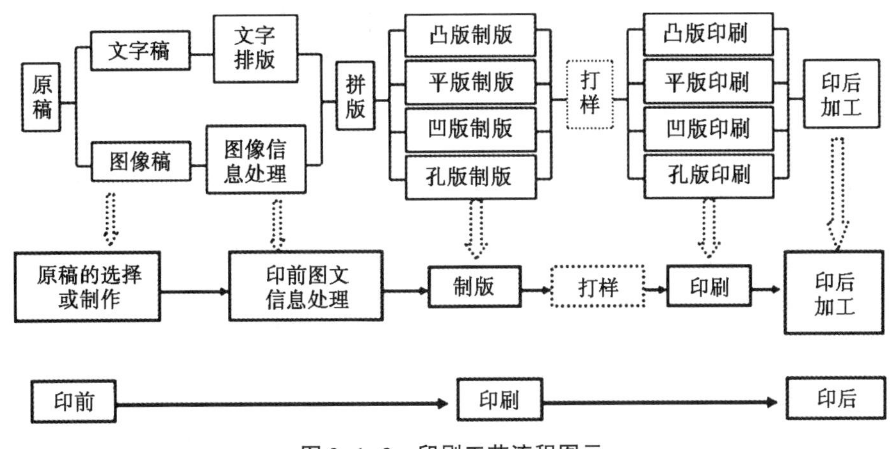

图3-1-2　印刷工艺流程图示

（二）网点

网点（Dot），按我国GB9851.6—1990《图像制版术语》的解释为组成网点图像的像素，通过面积和（或）墨量变化再现原稿浓淡效果②。网点通过接受和转移油墨的单元的大小调节油墨量多少而再现原稿上的浓淡变化。加网的实质是使连续图像某一小区域的平均亮度转化为一个网点，而大小不同的网点构成了加网图像，使连续调的图像离散为网点群的组合，起着表现原稿明暗阶调的作用。

印刷印文在放大镜下观察，就会发现图像是由无数个大小不等的黄、品红、青和黑色四色网点组成，如图3-1-3所示。网点是极小的，当用150lpi印刷时，一个100%的网点的直径约为0.17mm，50%的网点为0.085mm，人眼在正常视觉和光照条件下无法分辨。网点的色彩合成作用，使加网后的图像呈现出视觉极限可以接受的连续性和色彩化。

① 杨中华．印刷工艺［M］．重庆：重庆大学出版社，2009：32.

② 谢待棋．基于模拟印刷理念的加网误差分析研究［D］：［硕士学位论文］．西安：西安理工大学，2010.

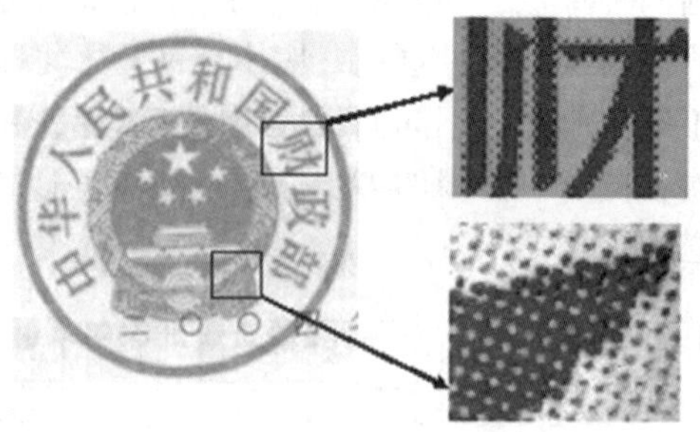

图 3-1-3　印刷印文的网点图示

（三）连续调和网目调

1. 连续调（continuous tone）

连续调是指图像由细小密集的色料颗粒组成，颜色呈连续渐变状态。图像的色彩种类取决于不同色料的参与比例，而颜色深浅由色料颗粒密度分布来表现。蘸墨盖印印文和打印（复印）印文是连续调图像。

2. 网目调（halftone，screen tone）

网目调，凭借网点大小表现画面的阶调，色彩变化及深浅变化实质上是非连续的。网目调印刷图像由密集排布的网点构成，在显微镜下观察，图像由一粒粒大小不同、颜色不同的色点构成，看不到连续的色彩和层次变化。但由于网点的间距小于人眼的视觉分辨力，囿于人眼的分辨极限，往往形成图像层次和色彩连续性的视觉效果。利用加网技术印刷的各种版型的印章印文是网目调图像。

（四）调频网点和调幅网点

目前，印刷行业常用的有三种不同类型的加网方式：

第一，调幅式网点（Amplitude Modulated screen，AM）。在单位面积内网点数量保持恒定，均匀分布、规则排列。图像色调深浅由网点大小幅度的变化来表现。调幅网点印刷品易产生龟纹、玫瑰斑、视觉上的撞网和细节丢失等缺陷①。

第二，调频式网点（Frequency Modulated screen，FM）。网点的大小恒定，通过控制网点数量和分布空间来反映图像密度和层次的变化。调频网点属于离散态网点样式，细节再现性好，但网点粗糙、有颗粒感、暗调层次表现力差，对印刷材料要求高。

---

① H Naik Dharavath，Ted M Bensen，Bhaskar Gaddam. Analysis of Print Attributes of Amplitude Modulated（AM）VS Frequency Modulated（FM）Screening of Multicolor Offset Printing[J]. Journal of Industrial echnology，2005，21(3)：23-26.

第三，混合加网。混合加网是调幅和调频加网技术的结合。在高光和暗调部分采用调频网点，中间调网点的位置具有随机性，兼具调频网点的分布特性和调幅网点的阶调表现方法，印品细节表现细腻、美观。

（五）网点大小

网点大小是由单位面积内网点的覆盖率决定的，也称着墨率。工艺上以“成”为单位，“一成网点”指网点的覆盖率为10%，以此类推为二成、三成……九成，而0%覆盖率称为“绝网”，100%覆盖率称为“实地”，如图3-1-4所示①。

印刷品的阶调一般划分为亮调、中间调、暗调。亮调部分的网点覆盖率为10%~30%，中间调部分的网点覆盖率为40%~60%，暗调部分的网点覆盖率则为70%~90%。

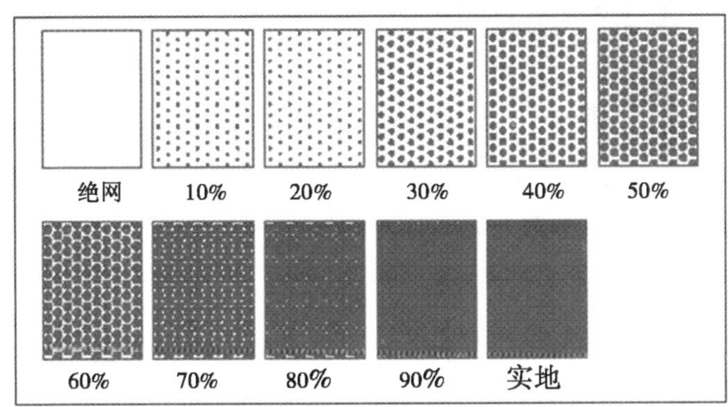

图3-1-4 网点大小图示

（六）网点排布

单色网点排布取决于加网技术的运用，具体表现为网点大小、角度和密度的分布排列，如图3-1-5所示。多色网点是三原色墨点叠印形成二次色和三次色，微观环境混合排布状态下的综合颜色效果②，如图3-1-6所示。

（七）网点结构形态

网点的结构形态包括平面特征、立体形态和内部结构三方面属性。网点的形状、排布、面积扩展等属平面形态，网点的渗透、着墨厚度、空间形状等属立体形态，而单个网点内部着墨量的分布则属于内部结构。

---

① 印刷知识——百度文库．印刷过程中如何直观判断网点大小与加网角度[EB/OL]. http://www.cmpmn.cn/news/3787,2011-8-27.

② 王琪，周小凡．基于网点排布状态的色彩再现差异性研究［J］．包装工程，2011(7)：89-92.

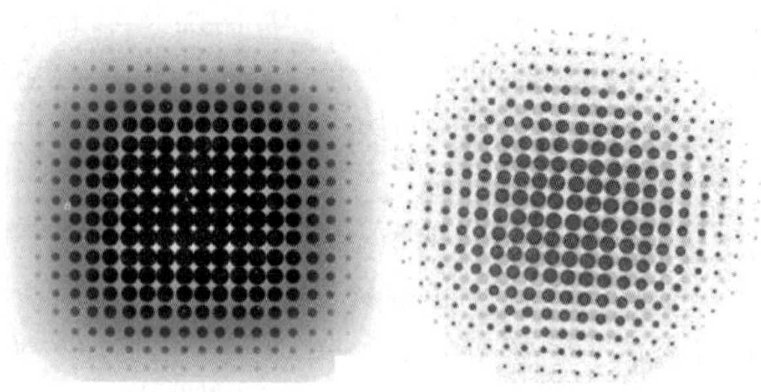

图 3-1-5　单色网点的排布状态

图 3-1-6　多色网点的排布状态

1. 网点的平面形状

网点形状是指单个网点的几何形状，即网点的边缘形态或 50% 网点所呈现的几何形态。常用的网点形状有方形、圆形、菱形和椭圆形等，同心圆网点是新型网点。网点形状不受加网线数、加网角度和网点面积率的影响。不同形状的网点在图像复制过程中表现出不同的传递规律，产生不同印刷复制效果。不同形状网点如图 3-1-7 所示。

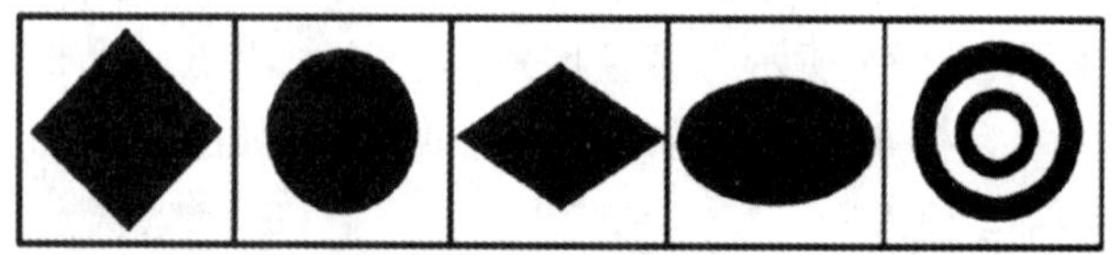

图 3-1-7　网点形状图示

2. 网点的立体形状

网点的着墨量分布均呈现特定的规律性。网点中心墨量多，四周墨量渐少，即中间密度值较大，四周密度值较小，如图 3-1-8 所示。网点在制版和印刷工艺过程中经传递后一般都会产生尺寸改变的现象，它一般会使实际产生的网点面积大于期望的网点面积，因此传递后产生的变形一般称为网点扩大。网点扩大是向网点边缘扩展，高调部位的网点扩大对视觉影响不明显，而暗调

部位同样的网点扩大对视觉更敏感。由于方形、圆形、链形网点的形状差异，其网点扩大率曲线也明显不同。

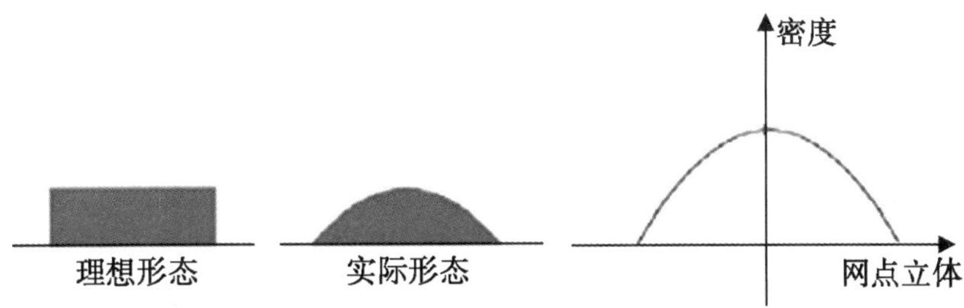

图 3-1-8　网点着墨量分布规律图示

3. 网点的内部结构

以单个网点来说，一方面，受油墨表面张力作用，网点从四周向中心收缩形成球面；另一方面，墨点在承印物表面的渗透和羽化现象，形成不同的立体形状。网点的立体形态及密度等值线如图 3-1-9 所示。

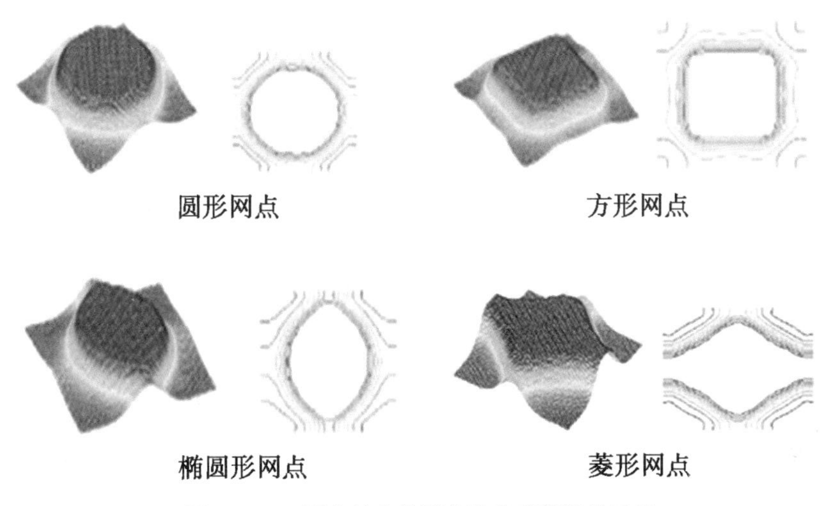

图 3-1-9　网点的立体形态及密度等值线图示

4. 网点应用规则

方形网点对于层次的表现能力很强，适合线条、图形和一些硬调图像的表现，如冷金属类、机械等工业产品。圆形网点色调柔和，适用于风景、人物等。菱形网点综合了方形网点的硬调和圆形网点的柔调特性，色彩过渡自然，图像反差小，适合较大面积渐变色彩的表现。

（八）网点线数

网点的线数是指图像输出后在单位长度内形成的网点数，反映了网屏上单位长度内平行线的数目。网点线数与网点大小成反比①。常用的网屏线数有100线/英寸、110线/英寸、120线/英寸、133线/英寸、150线/英寸、175线/英寸和200线/英寸等②。网点线数的单位为线/英寸（Line Per Inch，LPI）和线/厘米（Line/cm）。

网点线数（LPI）= 2.54/线数（Line）/长度（cm）

（九）网点角度

公共邻边的两个网格中心点的连线与网角基准线间的角度差，即为加网角度，通常把水平或垂直线定为网角基准线来度量加网角度。一般来说，对各向同性的网点（如方形、圆形），取小于90°的角度；对各向异性的网点（如菱形、椭圆形），则取其长轴同方向的网点中心连线方向③，如图3-1-10所示。常见的网点角度有90°、15°、45°、75°几种，其中45°的网点表现效果最佳④。一般来讲，在四色叠印的网点中，黑15°、红45°、蓝75°、黄90°、单色网点均呈45°，如图3-1-11所示。

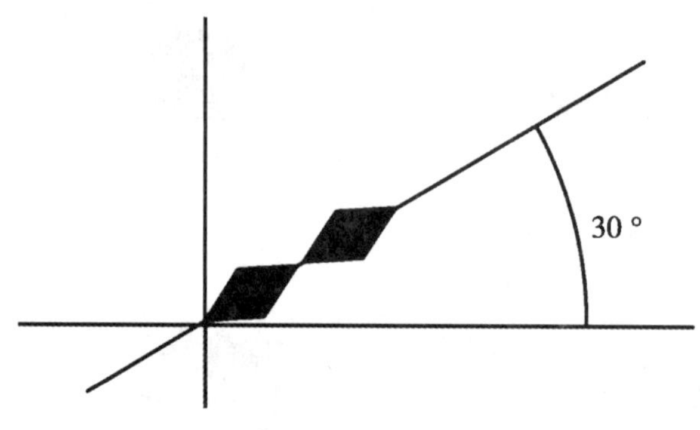

图3-1-10　网点角度图示

① 加网线数越大，网线就越细，单位面积内的网点就越小，表现的层次越丰富。采用较粗糙的纸去印刷一般产品，宜制作线数低的网纹版；而印刷精细的产品，由于纸质较好，其表面光泽度相应也好，则采用较高的网线版进行印刷，印刷效果较好。

② 康启来．网纹版印刷若干概念的理解与认识［J］．广州印刷，2014（3）：25.

③ 王永刚．彩色印刷图像网点检测与识别算法的研究［D］：［硕士学位论文］．西安：西安理工大学，2002.

④ 百度文库．平面设计之印前技术全攻略（上）［EB/OL］．http：//wenku. baidu. com，2012-11-23.

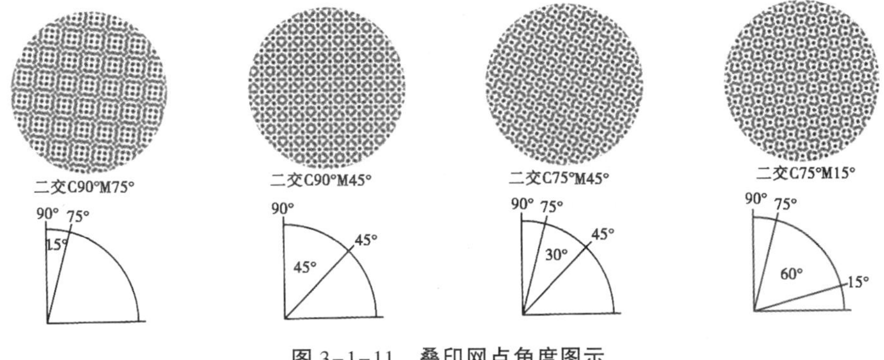

图 3-1-11　叠印网点角度图示

第二节　盖印和非制版印刷印文的墨迹（点）特征

本节研究的盖印印文特征包括蘸墨盖印和自含墨盖印印文的墨迹特征；非制版印刷印文特征包括彩色激光打印、彩色喷墨打印和彩色复印印文的墨点特征，以及数码印刷印文的墨迹特征。

一、盖印印文的墨迹特征

盖印印文的墨迹特征，主要表现为印文的颜色浓淡、堆积形态、空白分布及疵点存留等特点。由于印章的结构、章面的材质、印文色料特性的差异，以及盖印条件和印面老化等原因，印文色料与纸张等文件载体所发生的吸附、渗透、洇散等现象各异，会造成印文墨迹特征的反映差异。

盖印印文的形成是印章对承载客体的施力过程，其形态特征体现了力的作用效果。一是立体形态特征，印文载体纸张背面易出现凸出的抑压力痕迹；二是平面痕迹特征，印文的色料出现渗透、洇散的扩张力效果。立体和平面墨迹特征的表现是判断盖印印文的显著依据。同时，印文色料分布浓淡不均、印文中笔画粘连的“糊版”和中淡边浓的“挤墨”现象，以及图文边缘棱角不分明、笔画变粗或重影，印文线条的残缺或间断等特征，都是盖印印文的特征反映，如图 3-2-1 所示。

（一）蘸墨型印章印文中印台底纹形态特征

日常使用布纹印台蘸印的情况较为普遍，蘸墨型印章盖印的显著特点是需要手工蘸取印文色料。布纹印台主要是以网状纹路的细纱布为载体，将印泥和印油灌注或包裹于其中，利用纱布的吸附和渗透特性，通过印章蘸墨压力将内置的印泥（油）挤压附着在印章表面，再经过盖印方式转印至纸张等承印物上。整个盖印过程包括两次施力作用，前次是印章与印台的压力接触，后次是

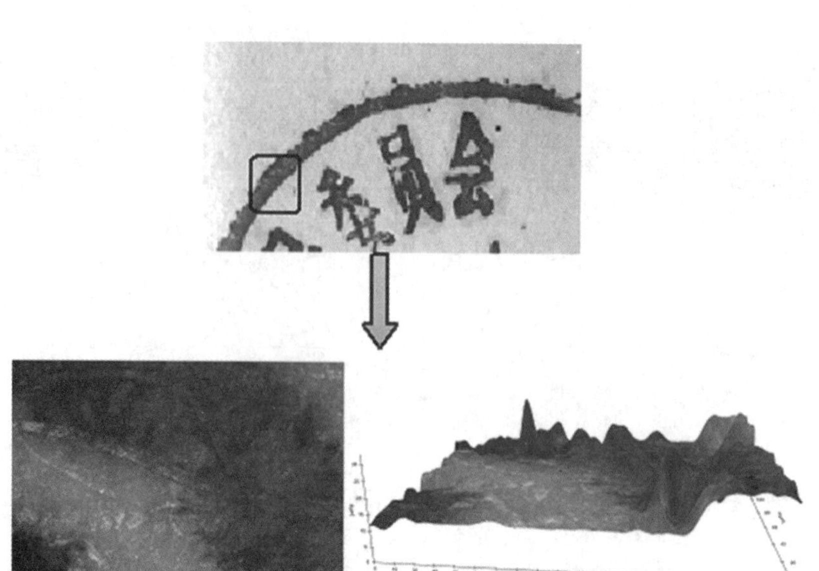

图 3-2-1　印文附着在纸面上的平面图和立体图（200 倍）

印章与承印物的压力接触。印章作为色料附着的中介将印台与印文紧密关联，因此在这一系列连贯动作下形成的印文印迹中较易带有印台的网状纹路特征，尤其在印文边框、中心五角星以及印迹浅淡处容易反映出特定印台的布纹特征，具体表现为条纹的密度、形状、宽度和方向等细节特征。

1. 不同印台的布纹特征的形态差异性反映

如图 3-2-2 所示，一枚激光刻章机制作的橡胶印章，其印面具有螺旋纹特征，分别使用两种平行线布纹台面印台和一种海绵印台着色盖印。结果显示，两种平行线布纹形态特征得到充分反映，而海绵印台仍表现出印面本身的螺旋纹特征，说明布纹印台较易掩盖印章的原始制作特征而呈现出布纹交织特征，而泡沫印台却易于保留印章的原始制作特征。

图 3-2-2　不同印台的布纹特征的形态反映

2. 同一印台的布纹特征的形态差异性反映

如图 3-2-3 所示，同一印章蘸印同一布纹印台，由于每次蘸印角度的变化，造成条纹角度的改变。这种不可避免的动态变化特征，显著区别于章面所具有的某些固定特征的表现（如制作特征、缺损特征等），在印文鉴定中对差异点的评断有较为重要的应用价值。

图 3-2-3　同一印台的布纹特征的形态反映

（二）光敏印章中印油混用形成的印文形态特征

光敏印章作为现代渗透印章的一种，与其配套使用的是专门的光敏印油。在光敏印章储墨垫中注入原子印油，两种印油混合使用时，由于原子印油中的大分子染料和颜料颗粒容易堵塞渗油孔，导致只有油状液体得以渗出，色料无法渗出，从而在印文中出现斑驳状的露白现象。在鉴定实务中，由于使用者不了解印油的种类差异，常出现往光敏印章中灌注原子印油的混用现象。探讨此特征的规律性表现，可以为混用印油的印文形成时间鉴别提供判断依据。

1. 形态特征

实验显示，光敏印油和原子印油混合使用时，由于两种印油成分差异，将会导致印文中出现露白现象，该现象会随时间推移逐渐显著。如表 3-2-1 所示，“露白”特征开始出现在中心五角星的微小区域且不明显，随着时间的推移，露白特征面积逐渐扩大，即从印文中心区域向外围扩张，造成印文残缺现象明显。

表 3-2-1　光敏印章中印油混用后的印文露白特征

a. 原始光敏印油	b. 加注原子印油后 1 小时	c. 加注原子印油后 1 天

续表

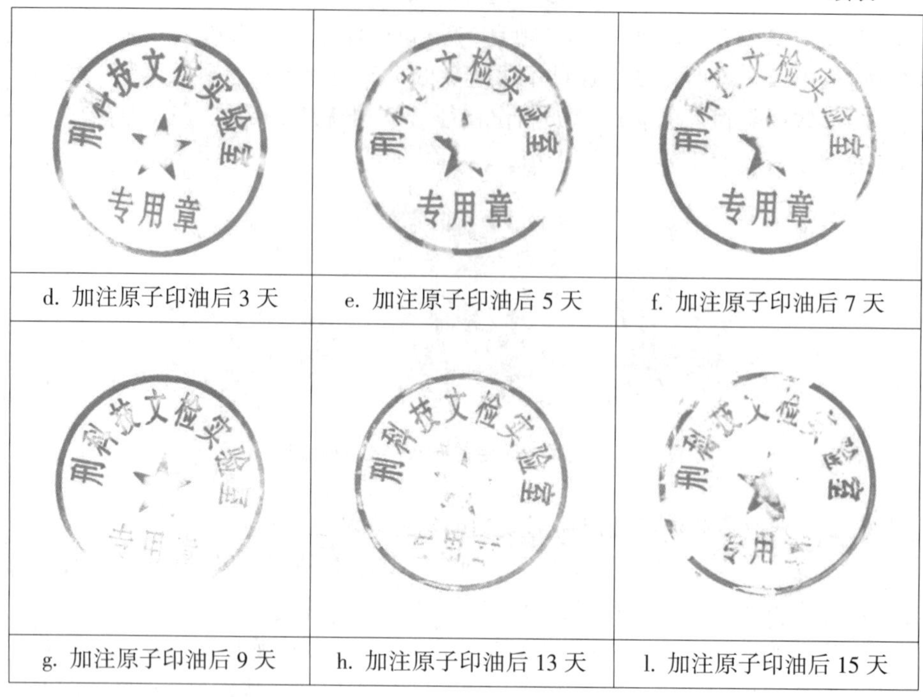

d. 加注原子印油后 3 天	e. 加注原子印油后 5 天	f. 加注原子印油后 7 天
g. 加注原子印油后 9 天	h. 加注原子印油后 13 天	l. 加注原子印油后 15 天

2. 光学特征

印油混用后光敏印章局部图文的露白现象，是由于原子印油成分中大分子物质的阻塞作用导致油性液体可以继续渗出，而色料无法渗透的效果。为证明渗油情况存在，利用 VSC-5000 文检仪对露白部位进行观察分析，如图 3-2-4 所示，可见光条件下，印文露白特征明显，而在 365nm 紫外线下，印文荧光连续，说明露白位置处留有不可见的油性物质。

3. 形态特征量化考查

印文图像的光亮度指标可以表征印文色料的数量状态。利用 Image-Pro Plus 软件①，对上述不同时间段印文的积分光强度值（Integrated light intensity）进行测算，量化反映上述印文露白特征的规律性变化（表 3-2-1 中不同时间段的 9 枚印文分别标号为 1 至 9）。

---

① Image-Pro Plus，是 Media Cybernetics 公司研发的图像处理分析软件，支持彩色图像的采集和增强处理、计数、测量、分析和标注等功能，为图像生成设备、图像分析控制和自动化提供了先进和便捷的解决方法。主要应用于病理显微图像分析、面积形态和光密度分析、免疫组化、荧光图像分析、确定凝胶 DNA 中的含量、粒子计数分析、材料检测、质量 QC、表面分析、图文资料和图谱库管理等方面。

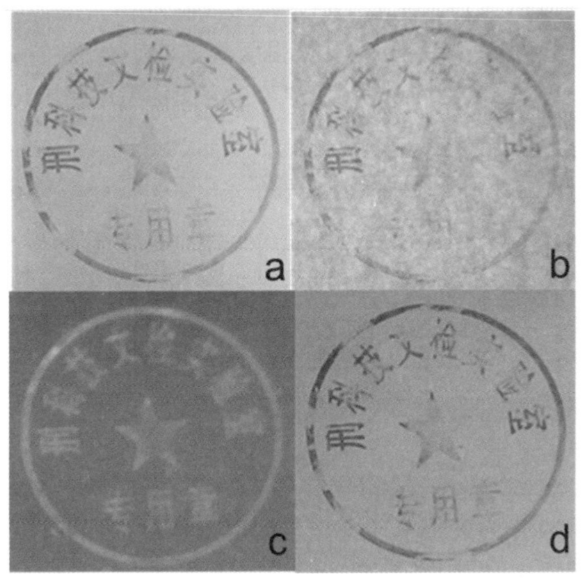

（a. 自然光检验；b. 透射光检验；c. 365nm 荧光检验；d. 586nm 可见光检验）

图 3-2-4　光学检验图片

图像积分光亮度值（I），是图像中各个像素的光亮度值的总和。印文的积分光强度值是红色印文图像中各像素的几何积累。公式表示为：

$$I=\sum_{i=1}^{n}N_i\ (i=1\cdots\cdots n,\ N_i\text{为第}\ i\ \text{个像素的光积分光强度值})$$

（公式 3-2-1）

（1）测算印文面积（S）。印文面积在图像中的百分率（A）。如图 3-2-5 所示，经过参数设定，操作界面中显示的“Area：3748”为印文面积（S），“%：15. 12754”为印文面积在图像中的百分率（A）。

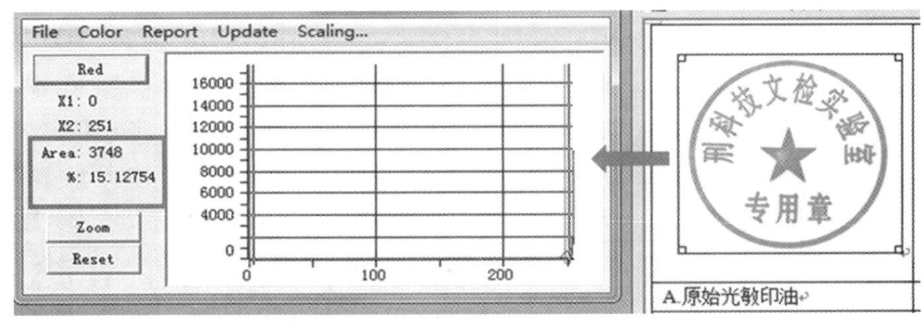

图 3-2-5　印文面积测算图示

(2) 测算区域积分光强度值 (I)。区域光强度值指图像整体的光亮度指标,包括背景光强度值 (I_1) 和印文光强度值 (I_2)。如图 3-2-6 所示,经过参数选择,界面中显示的"Sum:6285770"为图像整体区域光强度值。

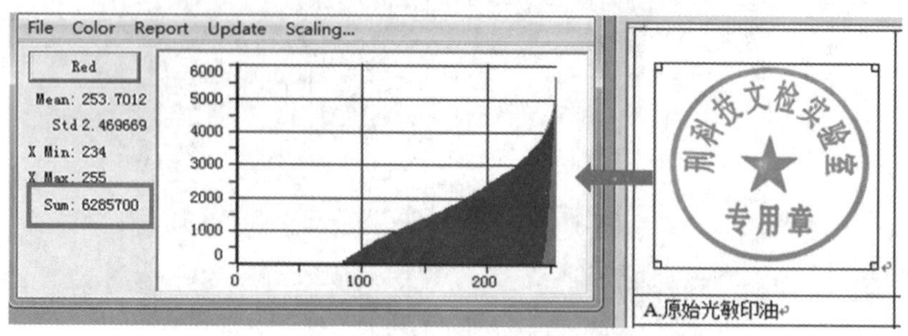

图 3-2-6 印文区域积分光强度测算图示

(3) 计算印文光强度值。印文光强度值是量化指标的核心,以此反映本实验中印文特征变化的规律性。

上述 (1) 和 (2) 中各项测算指标的相互关系,可表达为下列公式:

$$I = I_1 + I_2 \quad \text{(公式 3-2-2)}$$

$$I_1 = S*(1-A)/A*255 \quad \text{(公式 3-2-3)}$$

$$I_2 = I - I_1 = I - S*(1-A)/A*255 \quad \text{(公式 3-2-4)}$$

(4) 测算结果。按照软件测量数据和计算公式,可得结果,如表 3-2-2 所示。

表 3-2-2 印文形态特征量化数据结果

不同时间段印文编号	印文面积 (S)	印文面积百分率 (A)	区域积分光强度值 (I_1)	印文积分光强度值 (I_2)	印文积分光密度值 (D)
1	5279	21.31%	6277467	1305732.03	247.3445777
2	4896	19.76%	6280496	1211096.29	247.3644385
3	4995	20.16%	6278278	1234123.21	247.0717138
4	4383	17.69%	6282248	1080590.94	246.5413967
5	3924	15.84%	6285959	968699.94	246.8654272
6	3958	15.98%	6285118	976529.10	246.7228640
7	3431	13.85%	6288637	845662.55	246.4769904
8	3861	15.58%	6286205	952880.28	246.7962383
9	3748	15.13%	6285700	923558.84	246.4137774

（5）结果分析与讨论。光敏印章中加注原子印油后，随时间推移光敏垫中的微孔被阻塞现象呈逐渐加重状态，但这种状态并不是持续线性变化。在短时间内（15 天），微孔出油状态受阻塞颗粒分布区域及及其存在状态的影响，可能出现出油状态的不稳定变化，造成印文面积（S）和光强度值（I_2）的波动效果。

一是印文面积的变化规律。不同时间段盖印印文面积总体呈现变小趋势，但在局部变化过程表现出反复波动的现象。

二是印文积分光强度值的变化规律。随着时间推移，不同时间段盖印的印文积分光强度值总体呈现变小趋势，表现为印文露白特征逐渐明显，印文色料缺损现象加重，印文信息损失增强，如图 3-2-7 所示。

光敏印章中印油混用后产生露白现象的规律性表现可以归属于印文的阶段性盖印特征范畴，可以在鉴别印文形成时间问题方面起到辅助的作用。

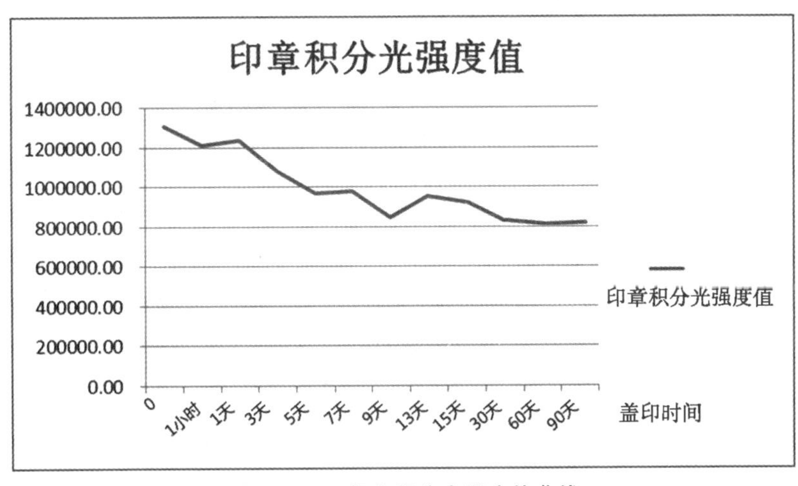

图 3-2-7　印文积分光强度值曲线

二、打印和复印印文的墨点特征

打印印文是利用照相或扫描设备，将所需要的原始印章印文进行翻拍和扫描，形成图像格式的文件输入计算机图文处理系统中，根据需要对印文图片进行背景处理，最后利用彩色打印机打印到需要的承印文件上。打印印文的墨点特征肉眼无法辨识，本部分中的打印印文局部放大图片均为 400 倍高倍显微镜下的拍摄图片。

本部分彩色打印实验样本印文均以盖印样本为原稿，扫描获得图片格式文件后打印形成。扫描条件为分辨率 600DPI，扫描倍率 100%，RGB 色彩模式。本实验选用的原始印章（光敏印章）及其盖印的样本印文，如图 3-2-8 所示。

图 3-2-8 实验印章和印文原貌

（一）彩色激光打印印文

1. 彩色激光打印印文的原理

激光打印机技术源于 20 世纪 80 年代末的激光照排技术，彩色激光打印机墨仓中内置黄、品红、青和黑四色墨粉。基于 CMYK 色系，彩色打印过程重复进行四个循环的色粉处理，机器内部将每次成像的墨粉吸附在硒鼓上或转印到转印带上，最后一次性地将四次转印的彩色潜像输出到打印纸面上，经加热固着，形成直观的彩色图像。因此，由树脂和炭黑、电荷剂、磁粉等组成的黄、品红、青、黑四色墨粉，经高温融化到纸纤维中，合成了彩色打印图像。

20 世纪 80 年代，美国、法国、荷兰等国政府与各打印机、复印机生产家之间展开了据称是为了防止彩色激光打印机被用来制造伪钞和仿造其他重要文件的防伪研究，在彩色激光打印机或复印机、彩色激光数码复合机中嵌入芯片，使输出的打印、复印文件中存在暗记特征。2004 年，荷兰警方首先发现并报道激光打印机打印文件中藏有黄点。之后，美国电子前沿基金会的研究揭露出了这些神秘小点的真正用处，并试图把黄色小点翻译成机器识别代码。目前，国内的研究成果已将部分品牌激光打印机暗码特征应用到实际工作中，黄色暗码点成为彩色激光打印和复印的独有特征，如图 3-2-9 所示。

2. 彩色激光打印印文的墨点特征

激光打印图像中固态化的彩色墨粉与纸张的附着和黏着，形成了彩色打印图像微观层面上墨点显微形态的立体层次效果。在 400 倍显微镜下观察，彩色激光打印印文由墨粉颗粒状聚集形成，墨粉颜色由黄、品红、青、黑四色构成，图文墨迹平实、色泽鲜艳，空白处有散落的墨粉颗粒。四色墨点聚集形态和分布状态是彩色激光打印印文的显著特征。在奥博 6000 显微镜下，EPSON ACU Laser C1100 打印印文局部墨粉分布形态的平面图与立体图，如图 3-2-10 所示。

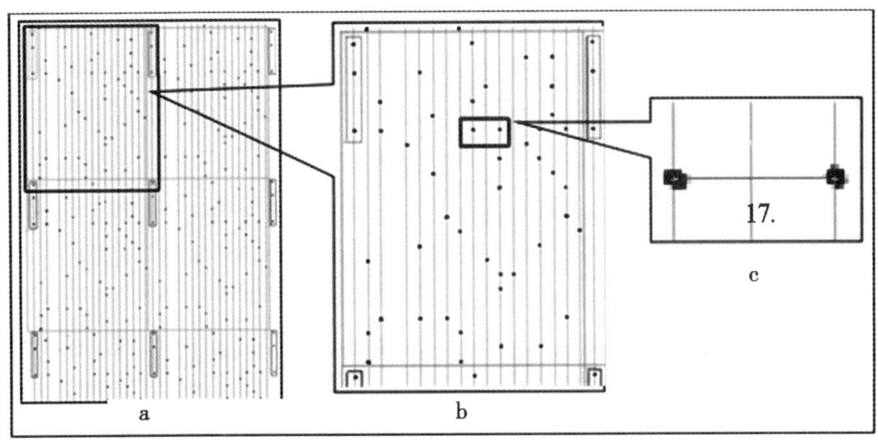

（a. 暗码在整幅 A4 纸上的分布　b. 暗码的单个点阵图　c. 暗码中单点间距）

图 3-2-9　HP Color LaserJet CP4520 打印机暗码图

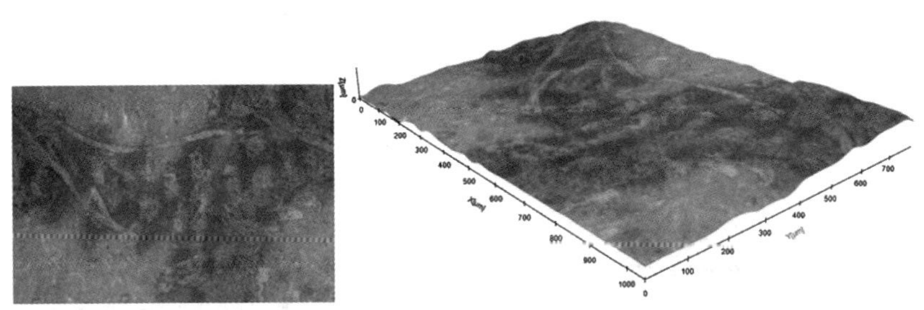

图 3-2-10　激光打印印文局部墨粉分布形态的平面图与立体图（200 倍）

（1）彩色墨点的种类形态特征。彩色激光打印图文只有黄、品红、青、黑四色墨点参与组色。由于不同品牌或型号的打印机对同一图像的色彩辨别能力的细微差异，导致四色墨点参与组色的程度不同。虽然视觉效果表现都是红色印文，但在高倍显微镜下可以观察到印文图像中四种色粉呈颗粒性点状按比例参与组色。

两种品牌的四种型号的彩色激光打印机打印同一幅印文图片，印文中五角星同一部位的显微特征表现，如图 3-2-11 所示。图中显示，同一品牌不同型号的打印机（HP 的两种型号）、不同品牌打印机（HP 和 Epson）打印的印文，四色墨点的形态和数量明显不同。说明不同打印机打印同一幅印文图片，各色墨点参与组色的比例和墨点自身的微观形态存在显著差异。

（2）彩色墨点的聚集形态特征。六种品牌打印机打印印文中各色墨点的分布、排列状态，如图 3-2-12 所示。选择印文样本中“刑”字“刂”部的竖笔画的局部显微图片，可以看出同一笔画中四色墨粉聚集的密度、排列的位置以及组成宽度呈现明显的差异特征。

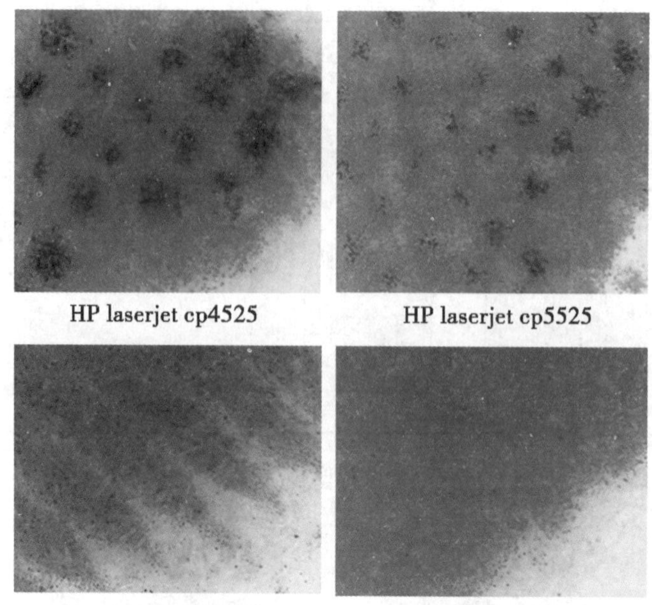

图 3-2-11　HP 和 Epson 激光打印机打印印文的显微形态对比图（400 倍）

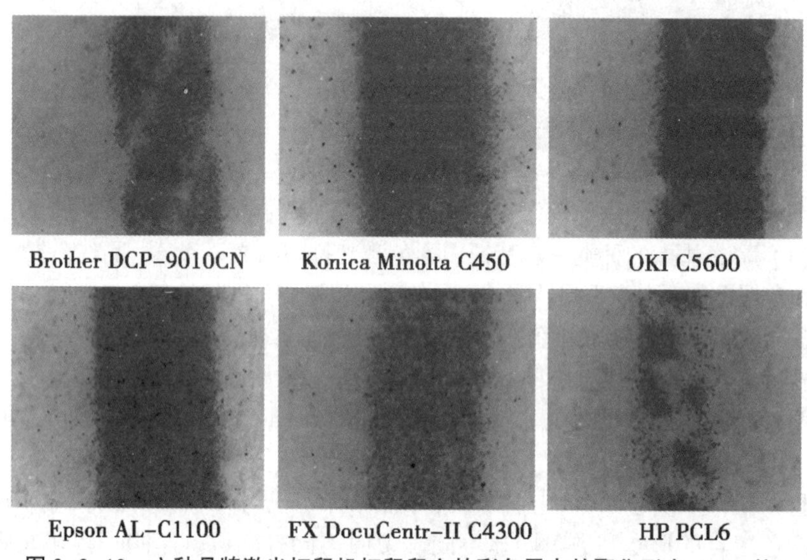

图 3-2-12　六种品牌激光打印机打印印文的彩色墨点的聚集形态（400 倍）

（3）彩色墨点的分布形态特征。印章印文的红色是彩色墨盒内的黄色与品红色两种颜色的合成色，因此打印印文的图文边缘均有不同程度的品红色点和黄点出现，不同打印机打印出印文的品红色点和黄点分布区域、数量多少均

表现不同。

本实验选择 XEROX 品牌不同型号打印机所打印的印文，观察其五角星边角的黄色和品红色墨点分布形态，如图 3-2-13、图 3-2-14 所示。实验结果表明，不同打印机打印同一幅印文图片，其中黄色和品红色墨点的分布区域和组合形态存在差异。

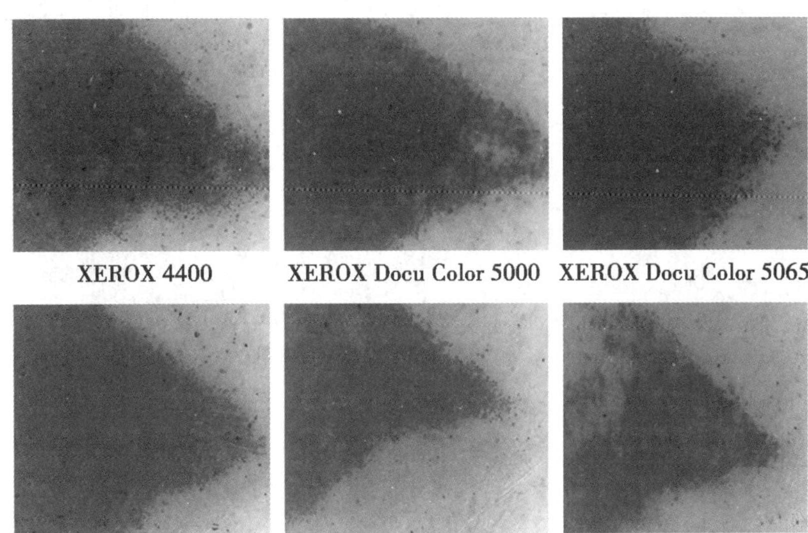

图 3-2-13　XEROX 不同型号激光打印印文中黄色墨点分布图片（400 倍）

（二）彩色喷墨打印印文

1. 彩色喷墨打印印文原理

喷墨印刷技术由来已久，但在 20 世纪 70 年代以后才正式应用于打印机，目前喷墨印刷是以打印机为主要的市场①，Epson、HP、Canon 三家公司生产的液态喷墨打印机代表了市场的主流产品②。彩色喷墨打印机基于打印头的技术设计，每个打印头内含 48 个或 48 个以上的独立喷嘴，喷嘴越多、打印速度越快。打印图文经电信号转换，控制打印头工作，喷嘴在纸面上形成墨滴，各色墨滴组成图像的像素，合成彩色图像。因此，打印出的基础颜色是在喷墨覆盖层中形成的，图像每一像素上都有 0 到 4 种墨滴覆盖于其上。在奥博 6000 显微镜下，EPSON STYLUS HHOTO R270 打印印文局部墨粉分布形态的平面图

① 瞿茹芸．喷墨印刷网点成像模型研究［D］：［硕士学位论文］．无锡：江南大学，2008.

② 杨中华．印刷工艺［M］．重庆大学出版社，2009：15.

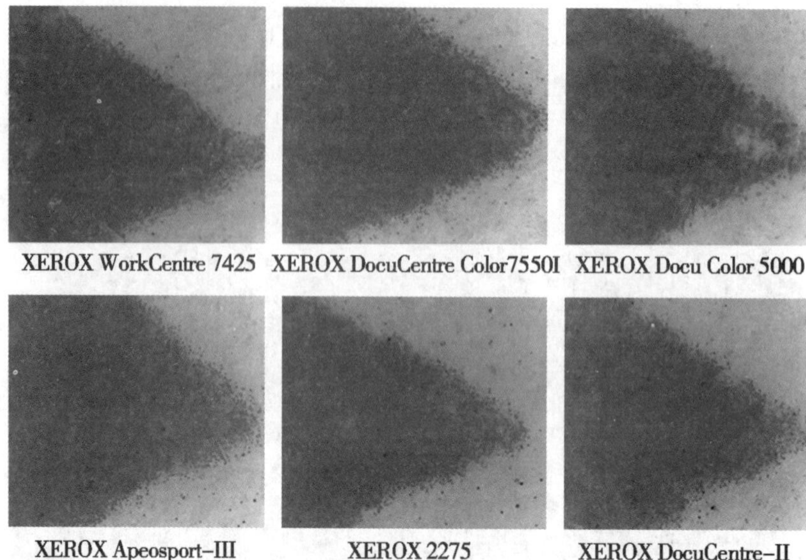

图 3-2-14　XEROX 品牌不同型号激光打印印文品红墨点分布图片（400 倍）

与立体图，如图 3-2-15 所示。

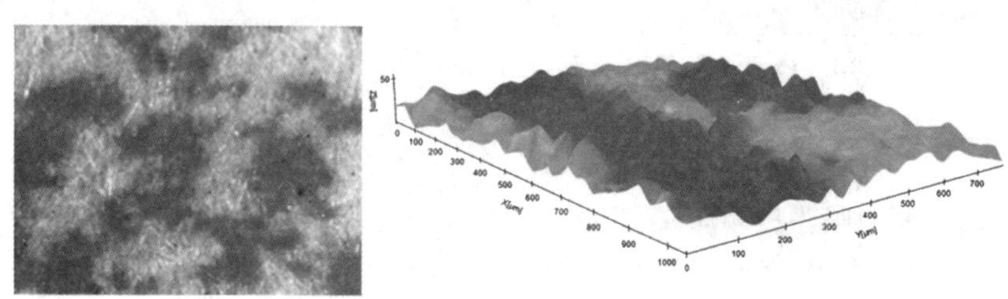

图 3-2-15　喷墨打印印文局部墨粉分布形态的平面图与立体图（200 倍）

传统的喷墨打印机，其色彩调和能力由黄、品红、青三种基本颜色加上黑色的组合来打印。由于色彩组合种类的局限性，难以满足图像色彩层次的表达需求。通过增加色彩数量，才可以使排列组合的色彩组合数得到提高，因此六色打印（蓝绿色、红紫色、黄色、浅蓝绿色、淡红紫色和黑色）被普遍使用。2003 年，HP Photosmart 7960 应用八色墨水技术的数码照片打印机，增加了深灰和浅灰两种中性墨水之后，打印得到的直接色彩种类由 120 万种激增到 7290 万种。2005 年，HP Photosmart 8758 研发出九色照片打印机，使打印色彩更加丰富，如图 3-2-16 所示。

2. 彩色喷墨打印印文的墨点特征

喷墨打印图像中液态化的彩色墨水与纸张接触，发生洇散、渗透和交连等

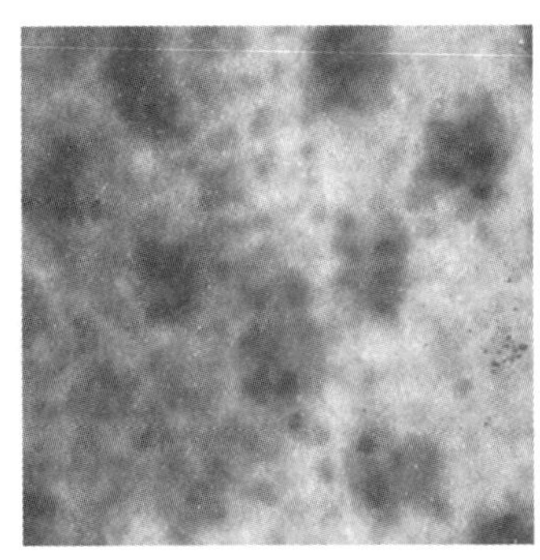
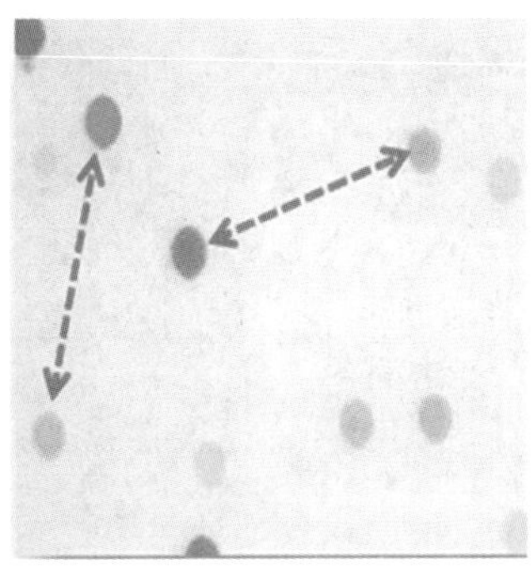

图 3-2-16 六色喷墨打印墨点示意图

现象，使图像微观结构呈现出交融混合的效果。在 400 倍显微镜下观察，彩喷图像一般墨点由蓝绿色、红紫色、黄色、浅蓝绿色、淡红紫色和黑色六色墨点组色形成，精细的彩喷打印增加了深灰和浅灰而达到八色打印，使图像色彩更加丰富。喷墨打印印文的彩色墨点呈液态状互相交融的分布，空白处喷溅的色点杂乱散落、颜色分明，呈现出彩色喷墨打印图文的显著特征。HP 六色打印机和 EPSON 八色打印机打印的印文局部对比图，如图 3-2-17 所示。

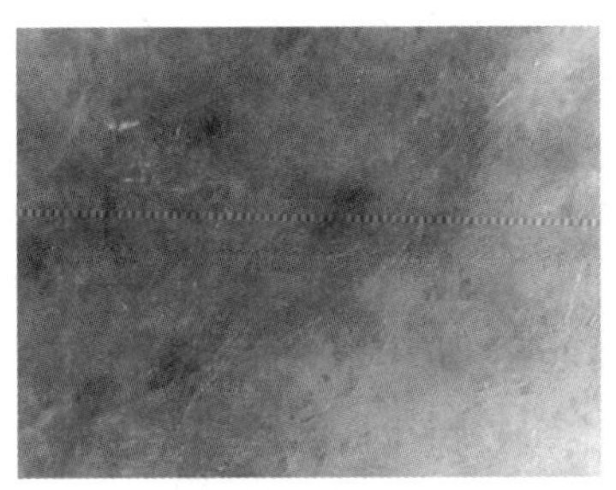

HP officejet 7000 wide format
（六色喷墨打印）

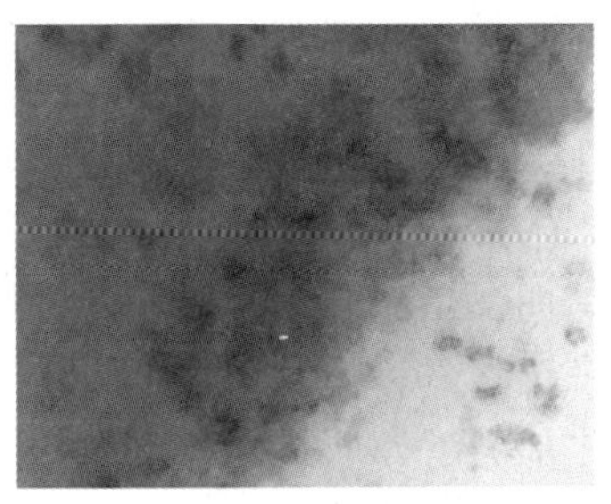

Epson stylus photo R2000
（八色喷墨打印）

图 3-2-17 六色和八色喷墨打印印文对比图（400 倍）

（1）彩色喷墨打印印文墨点的种类形态特征。理论上讲，喷墨打印机配置有六种、八种或九种墨水色料。对于不同印文图像或同一印文图像不同部位而言，由于原始盖印印文色料浓淡不均，经扫描成像后各部位的色阶和色调产生的差别，导致各部位参与组色的墨水种类迥然不同。喷墨打印根据系统程序，按照三原色原理进行色彩合成。因此，图文墨点不能涵盖所有颜色种类，可能只有个别几种颜色的参与。

就同一张图片而言，由于打印机品牌和型号对图片色彩的识别度的差别，打印出的印文图像中的彩色墨点的种类表现存在显著差异。四种品牌打印机打印印文中五角星边角的各色墨水的参与状态，如图 3-2-18 所示。

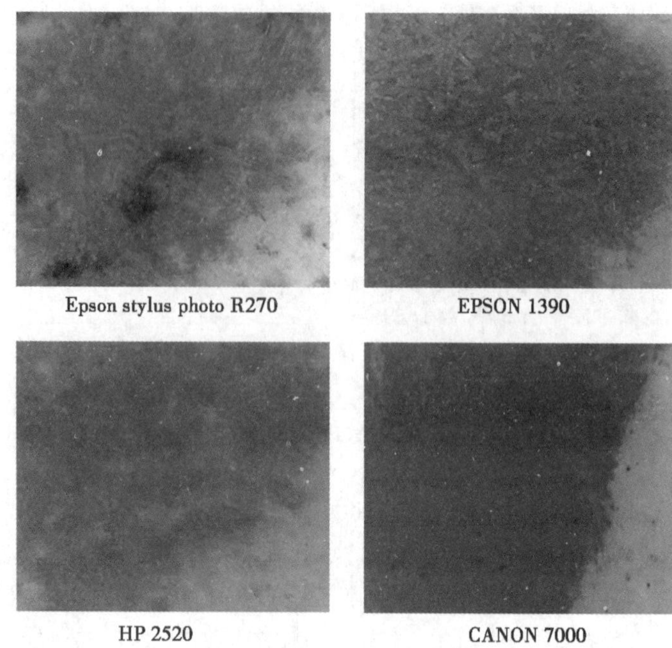

图 3-2-18　四种品牌喷墨打印印文中彩色墨点的对比图（400 倍）

（2）彩色喷墨打印印文组色墨点的种类控制。一是颜色容差值。颜色容差指可接受的标准和样品的颜色差异，主要是针对样品与已知标准颜色测量值的比较，从而衡量样品与标准的接近程度。容差越大，颜色所容许色差的范围也越大。在进行图形图像处理时，颜色模式既决定了用于显示和打印图像的颜色模型，也决定了如何描述和重现图像的色彩。由于受输出设备的物理条件限制，比如彩色显示器的性能指标和技术、打印墨水的种类和色域等，色彩范围通常都不能达到按照数据定义的理想值，打印色域比显示器的色彩范围更窄。

LAB① 色域范围大，几乎能够表现自然界中的所有颜色，涵盖了 RGB 色和 CMYK 色空间颜色区域。当用单一数值描述红/绿色及黄/蓝色特征时，L^* 表示明度值；a^* 表示红/绿；b^* 表示黄/蓝值。

---

① CIE $L^*a^*b^*$ 颜色模型（Lab）基于人对颜色的感觉，是一种与设备无关的色彩空间，也是各个色彩空间进行色彩变化和误差控制的公共空间。$L^*a^*b^*$ 颜色是由国际照明委员会（英语 International Commission on illumination，法语 Commission Internationale de l'Eclairage，采用法语简称为 CIE）创建的数种颜色模型之一，能够准确描述自然界几乎全部的色彩。

CIE LAB 色容差公式[1]，可以直接显示颜色误差原因，如表 3-2-3 所示。

$\triangle L^*$ = L^*样品-L^*标准（明度差异）

$\triangle a^*$ = a^*样品-a^*标准（红/绿差异）

$\triangle b^*$ = b^*样品-b^*标准（黄/蓝差异）

表 3-2-3　CIE LAB 色容差指标偏差结果表

指标＼偏差度	+	-
$\triangle L^*$	偏浅	偏深
$\triangle a^*$	偏红	偏绿
$\triangle b^*$	偏黄	偏蓝

二是容差值的调整及打印效果。Photoshop 图像处理软件中，颜色容差数值为 0~255。按照“选择—色彩范围—吸取底色—调整颜色容差”步骤，得到的容差值不同的印文图像，经彩色打印后的色彩效果反映不同。设置不同容差值的同一幅印文图像，经 Epson stylus photo R270 六色彩色喷墨打印机打印后的局部显微对比图，如图 3-2-19 所示。

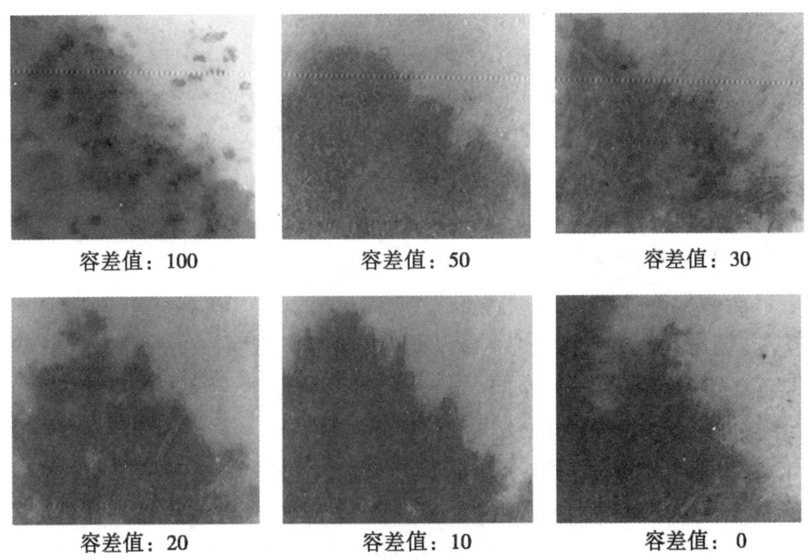

图 3-2-19　容差值与印文色彩效果的关系对比图（400 倍）

① 庞小兵．在线颜色识别传感技术的研究［D］：［硕士学位论文］．长沙：长沙理工大学，2008.

如图 3-2-19 所示，同一幅印文图像，当设置不同容差值打印成像后，参与红色印文组色的彩色墨水的种类明显不同。具体表现：当容差值为 100 时，印文中涵盖了红色、黄色、蓝色、品红色和黑色墨点；当容差值为 50 和 30 时，印文中的黑色墨点及边缘的黄色、品红色墨点均有明显表现；当容差值为 20 时，红色印文边缘有少数黄色、品红色墨点有表现；当容差值为 10 和 0 时，红色印文中只有少量品红色墨点在边缘模糊表现，基本达到纯红色系的色彩表达。

在打印印文的检验鉴定中，彩色墨点的辨别是识别打印印文的关键，尤其是在容差值较小的条件下打印的纯红色系印文，对其中黄色墨点特别是边缘的品红色墨点的清晰辨别是关键之所在。人眼的观察能力极其有限，因此配备放大倍率为 400 倍以上的高倍显微镜是检验鉴定打印印文必备的重要仪器设备，能够弥补鉴定者主观观察力不足之缺陷。

（三）彩色打印和彩色静电复印印文的墨点特征区别

激光打印和静电复印，两者都是通过静电潜影成像，四色彩色固体墨粉附着显色，形成打印或复印稿件。喷墨打印是通过打印图像的程序设定，操纵喷嘴喷溅液体墨水合成色彩稿件。前两者与后者之间在打印原理、墨粉性质、墨点附着形态等方面区分度明显，本部分主要讨论激光打印和静电复印的区别。

1. 激光打印和静电复印的原理区别

彩色激光打印和彩色静电复印的原理既有相似性，又存在明显差别性。两者打印原理显著的区别在于原稿来源的不同。静电复印利用光学系统扫描方式对已存在的图文原稿进行处理，在感光鼓上形成静电潜像，墨粉着色后输出成稿；激光打印机是将计算机中编辑的电子稿转化为数字信号输出，激光束经信号调制，扫描感光鼓而形成潜像，墨粉附着显色后成稿。两者原稿来源不同的本质差别造成了图文特征方面的差异。

2. 打印和复印印文的墨点特征区别

彩色打印和彩色复印印文中墨点特征的区别，突出表现在墨点密度、墨点种类及墨点分布等方面的形态差异。上述差异特征的直观表现反映出印文色彩浓度、色彩分布的明显差异。

（1）激光打印由电子信号控制墨点组色，印文的红色墨点相对单一，色彩浓度差异小，图文边缘墨粉集中。

（2）复印印文由于采用光学系统扫描，原稿图文中明暗、深浅以及缺漏等图像信息容易被解读为颜色的差异，致使组色墨点种类和数量发生变化，图文表面形态变化复杂，色彩浓度差异较大，图文边缘散粉较多，图文整体“斑驳”、“漏空”信息缺失。

（3）喷墨打印印文在不进行图像处理的条件下，经扫描原稿后中打印的印文中参与组色的墨点种类繁多，印文墨点密度凌乱、色泽暗淡。

同一印文模板，分别经激光打印、复印、喷墨打印的局部特征对比图（注：左图为“专”字的起笔，右图为“文”字中撇笔画的末端），如图 3-2-20 所示。

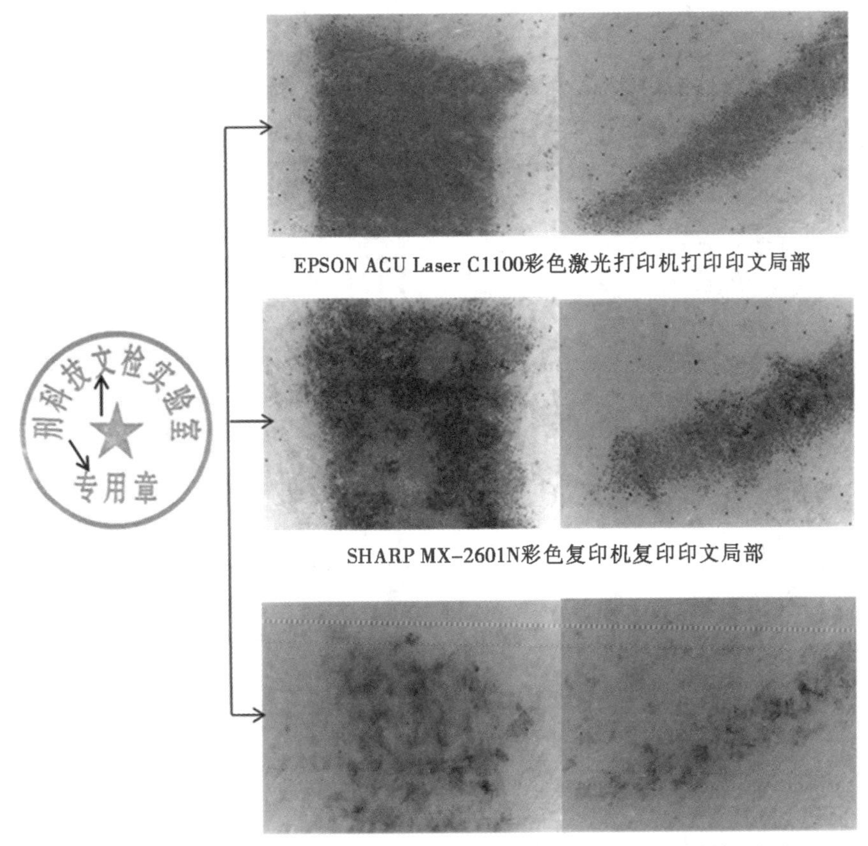

图 3-2-20　彩色打印和复印印文特征对比图

3. 打印和复印印文的重合比对

利用印文比对专用软件，将复印印文、打印印文、原稿印文三者的图像进行重合性比对，经比对实验发现：

（1）相对于原稿印文，打印印文规格尺寸缩减明显，复印印文规格尺寸无明显改变。

（2）复印印文和原稿印文的重合率较高，打印印文和原稿印文、复印印文和打印印文不能完全重合。复印印文、打印印文、原稿印文三者以五角星为基准的重合比对图，如图 3-2-21 所示。

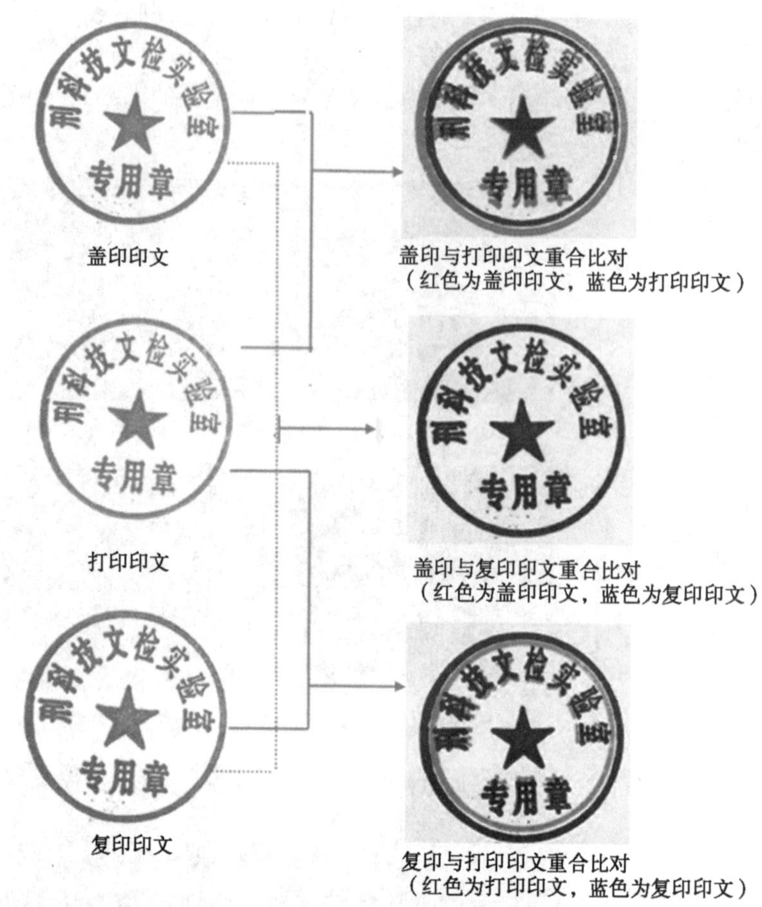

图 3-2-21　盖印、打印和复印印文重合比对图

三、数码印刷印文的墨点特征

（一）数码印刷概述

数码印刷是印刷技术的数码化，指将各种原稿图文经计算机处理后，通过高速数字式彩色硬拷贝的途径，直接将数字信息转换为印刷品的一种复制技术①。数码印刷技术省略了传统印刷中冲片、打样、晒版等工艺过程，直接进行四色印刷或分色制版，是数字化和网络化的产物。1993 年，以色列的 Indigo 公司研发了第一台数码印刷机②。数码印刷包括静电印刷和喷墨印刷两种方

① 杨中华．印刷工艺［M］．重庆：重庆大学出版社，2009：76.

② 季永芹．数码印刷及其发展［J］．印刷人，2003（9）：36-37.

式①。油墨包括水基油墨、溶剂型油墨、生态油墨、热升华油墨、UV 固化油墨等②。

（二）数码印刷印文特征

1. HPIndigo3550 数码印刷机印刷图文特征

本部分利用 HPIndigo3550 数码印刷机，对数码印刷测试样进行印刷。印刷样品设计时，将各色系的印刷着墨率定义为 12.5%、25%、37.5%、50%、62.5%、75%、87.5%、100%，使其呈现出由浅至深渐变的色彩表现。选择印文通常采用的红色系样品，在 400 倍显微镜下观察分析特征，如图 3-2-22 所示。

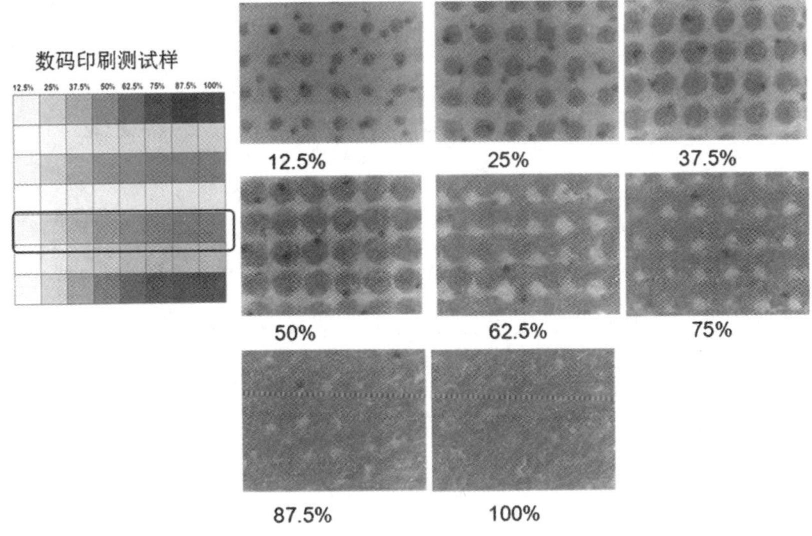

图 3-2-22　HPIndigo3550 数码印刷机印刷特征（400 倍）

（1）HPIndigo3550 数码印刷样品采用调幅（AM）式网点印刷。不同着墨率的色彩，其网点面积大小不同。着墨率为 12.5%时，网点稀疏且清晰可辨，随着着墨率的增大，网点面积逐渐增大，直至着墨率为 100%时，网点紧致密集，无法分辨单独网点。

（2）HPIndigo3550 数码印刷品的红色系由黄、品红、青三色墨点组色形成。着墨率为 12.5%时，三色墨点清晰可辨；着墨率为 100%时，三色墨点融合，红色密集突出，黄色和青色墨点难以分辨，间隙处隐约偏黄色系。因此，着墨率较大的红色印文中的彩色墨点较难区分。

① 张战超．数码印刷机全面接触［J］．今日印刷，2004（1）：20-23.

② 董炫．数字印刷机发展现状［J］．印刷杂志，2003（7）：24-26.

（3）HPIndigo3550 数码印刷品的红色墨点边缘圆润，此特征明显区别于平版印刷网点的边缘洇散状的花瓣形状态，呈现出其独有的特征属性。

2. RISO comcolour 1CT 数码印刷机印刷印文特征

本部分利用实验印章盖印的样本，经扫描成像后，选择 RISO comcolour 1CT 数码印刷机印刷，采用红色专色油墨，以喷墨印刷方式印刷。

将盖印印文样本与数码印刷样本比较检验，两者特征区别如下：

（1）光学效果。两者印文均呈现出浓淡色调变化，细节处均呈现出色料的渗透、洇散的扩张效果和“挤墨”现象。但是，数码印刷印文平实，色泽浅淡，印文无抑压力痕迹。在自然光和肉眼观察下，两者特征不易区分。

（2）显微效果。在 10 倍透光检验条件下，可观察到盖印印文图文边缘参差不齐、挤墨现象明显，数码印刷印文图文边缘仅存在油墨洇散现象，如 3-2-23a 图所示；在 64 倍放大条件下，可清晰观察到数码印刷印文空白处密集分布着细小的红色弥散点，明显区别于盖印印文特征，如图 3-2-23b 所示。

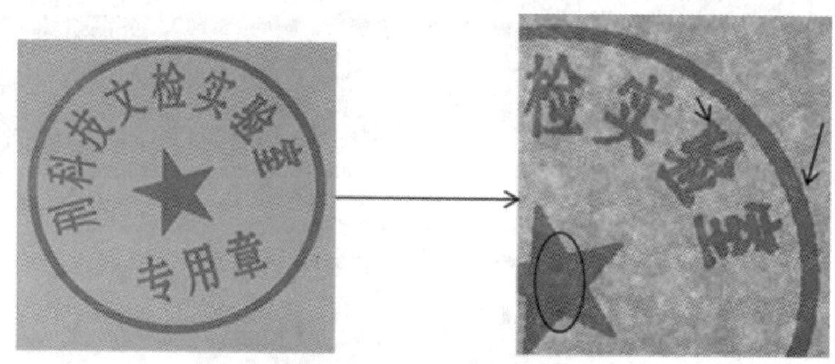

盖印印文整体及局部特征

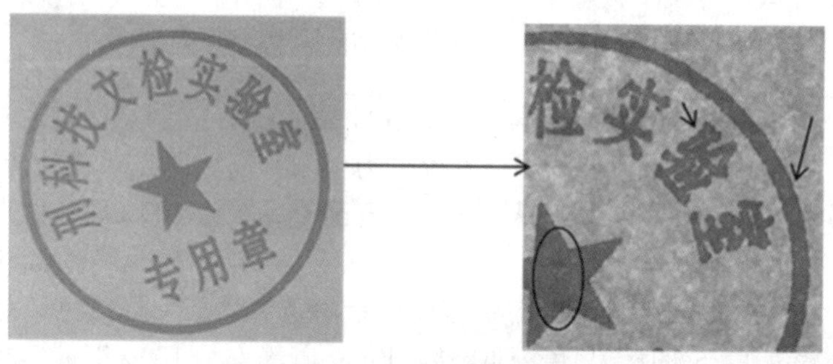

数码印刷印文整体及局部特征

a. 盖印和数码印刷印文透光检验对比图（10 倍）

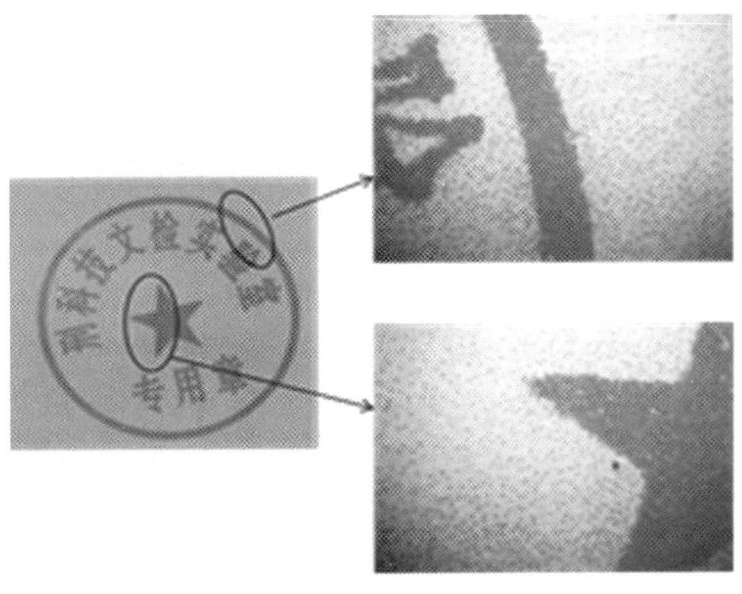

b. 数码印刷印文显微检验图（64 倍）

图 3-2-23　RISO comcolour 1CT 数码印刷印文特征图

在 400 倍放大条件下，可清晰观察到盖印印文色料密集度紧密，着色点色泽不一，浅淡处色料杂乱散布；数码印刷印文的文色料密集度疏松，着色点色泽平实一致，浅淡处色料呈点状聚集分布，两者特征明显区别。不同印泥（油）形成的浓淡度不同的盖印印文和数码印刷印文的显微特征对比图，如图 3-2-24 所示。

四、案例应用

1. 简要案情

2015 年 12 月，××市恒力通工程橡胶有限公司合同纠纷一案中，双方当事人对涉案的文件物证的真实性产生争议，其中包括一份《欠条》（检材 1）和一份《委托书》（检材 2）。要求鉴定两份检材上的内容为“××市恒力通工程橡胶有限公司”印章印文是否盖印形成。

2. 检验过程

《欠条》为一张 A4 幅双面压膜纸张，落款处有内容为“××市恒力通工程橡胶有限公司”圆形、红色印文 1 枚。《委托书》中的“授权单位”一栏中有内容为“××市恒力通工程橡胶有限公司”圆形、红色印文 1 枚。

（1）光学检验。经 VSC-5000 文检仪检验，在 785nm 红外光源下，检材 1 上“××市恒力通工程橡胶有限公司”印文均呈现完全消失状态，反映出色料

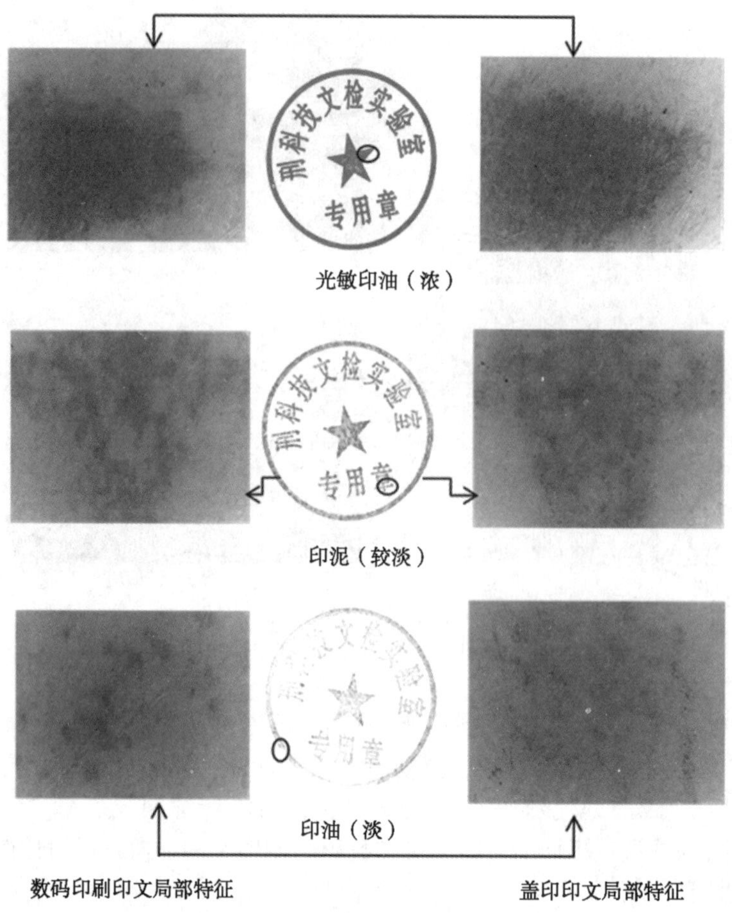

图 3-2-24 RISO comcolour 1CT 数码印刷印文显微检验特征对比图（400 倍）

对红外光完全透射的特性。检材 2 上“××市恒力通工程橡胶有限公司”印文变淡，但仍清晰可见，反映出色料对红外光部分反射的特性。

（2）显微镜检验。经 DV4 显微镜检验放大 64 倍观察发现，检材 1 上印文由黄、品红、青三色墨迹组成。检材 2 上印文由黄、品红、青、黑四色墨迹组成，整幅纸张中分布着黄色圆点形暗码，如图 3-2-25 所示。

经 ANYTY 便携式微型显微镜放大 400 倍观察，检材 1 上的印文中的黄、品红、青三色墨迹清晰地表现出色料的洇散、渗透以及彩色墨迹交融混合的微观结构效果，如图 3-2-26 所示。检材 2 上的印文中的黄、品红、青、黑四色呈颗粒状墨粉聚集形态，图文墨迹平实、色泽鲜艳，空白处有散落的墨粉颗粒，如图 3-2-27 所示。

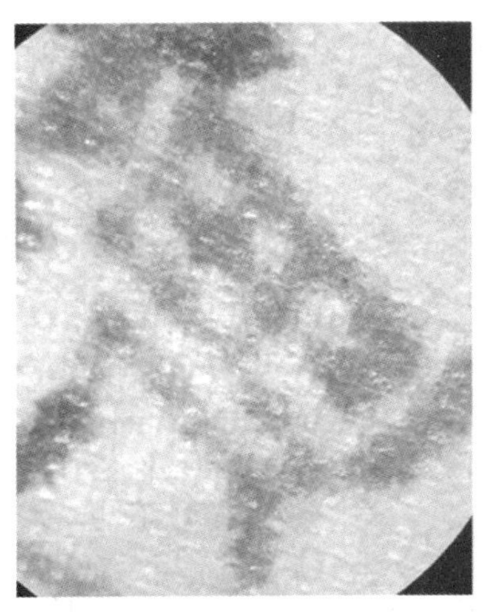

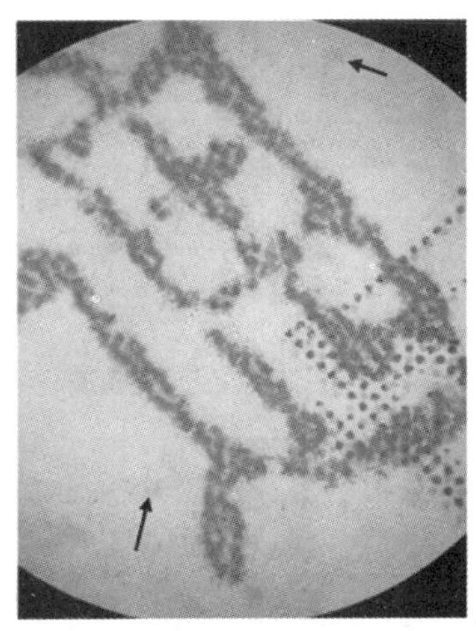

图 3-2-25　检材 1（左）和检材 2（右）上印文特征图片

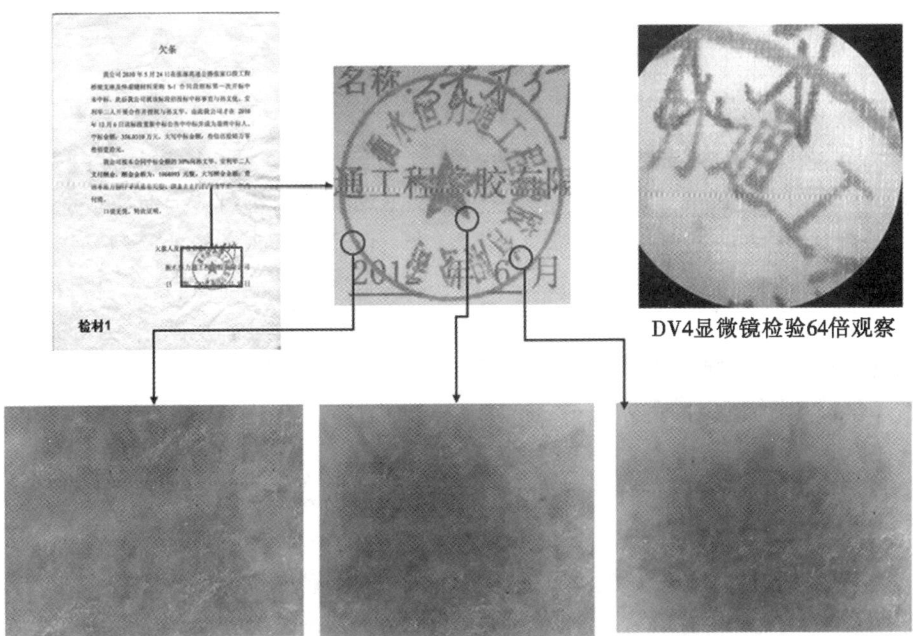

ANYTY便携式微型显微镜400倍观察

图 3-2-26　检材 1 上印文检验图片

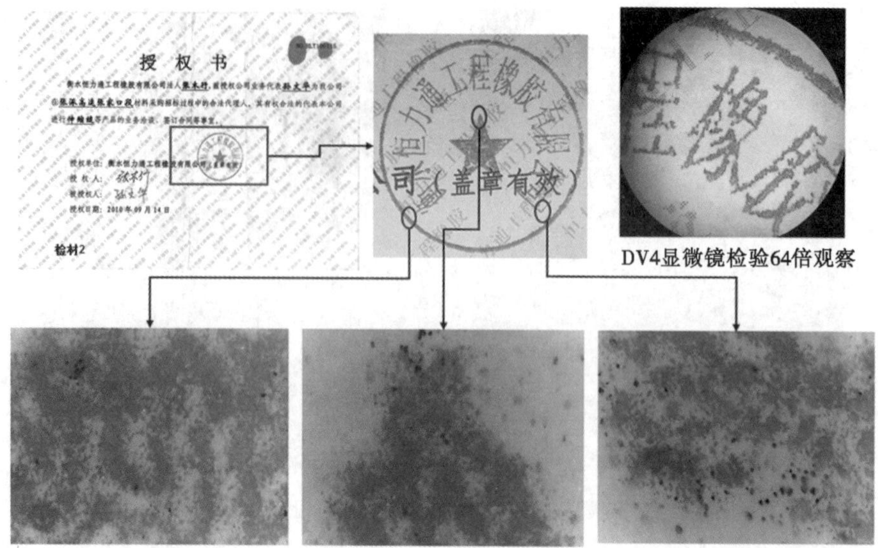

图 3-2-27　检材 2 上印文检验图片

3. 结果及论证

光学检验中，检材 1 和检材 2 上的印文对红外光透射和反射特性的差异，说明两者印文色料的成分组成不同，检材 2 上印文色料中可能含有碳成分；显微检验中，检材 1 上印文中的黄、品红、青三色墨迹所表现出的洇散、渗透以及交融混合的微观结构效果，反映出彩色喷墨打印文件的显著特征。检材 2 上印文中的黄、品红、青、黑四色颗粒状墨粉聚集形态特征，反映出彩色激光打印（复印）文件的显著特点。由此可以得出，检材 1 和检材 2 中的印文不是盖印形成，而是打印形成。

第三节　制版印刷印文的网点特征

制版印刷印文是指采用凸、平、凹、孔制版印刷方式形成的印章印文。印刷印文主要存在于票据、证件、货币和包装物等印刷品之中，其中印刷网点作为构成网目调图像的基本印刷单元，是颜色合成过程中图像色泽、层次和轮廓的重要元素，突出反映色相、明暗度及饱和度等图像传递的印刷效果。本部分所述的“网点”不一定是“点”，更强调的是显微特征。

一、实验方案

（一）实验材料

本实验材料的来源主要通过市场收集和实验制作两种方法获得。

第一，收集各类客体上承印的印章印文。纸类样本（包括货币、票证、画册、报纸、信稿纸、牛皮纸、瓦楞纸板等）；塑料类样本（包括各类食品、电子产品、日化用品等塑料包装）；纺织物样本（包括T恤、布料、布袋等）；金属样本（包括金属杯、包装盒、标牌等）；玻璃及陶瓷类样本（包括玻璃杯、玻璃板、陶瓷杯、瓷砖等），共计856种不同样本。

第二，实验制作印刷印章印文。依据单色调幅加网方式，制作平版印刷印文样本；使用专色油墨，制作数码印刷印文样本。

（二）实验方法

对实验材料上的印章印文进行显微形态学观察研究。借助显微设备，对印刷印文的网点微观形态、结构和其他特征进行分析、判断。采取从宏观到微观，变换不同倍率和多点观察的方式，优化观察效果。

（三）实验仪器

使用ANYTY便携式微型显微镜对样本印刷网点特征进行形态学观察研究。

将显微镜上的USB接口与电脑USB端口连接，启用ANYTY显微镜内置eScope软件，设置倍率校正，可选择10~500倍率。本实验主要选择400倍率进行实验观察，如图3-3-1和图3-3-2所示。

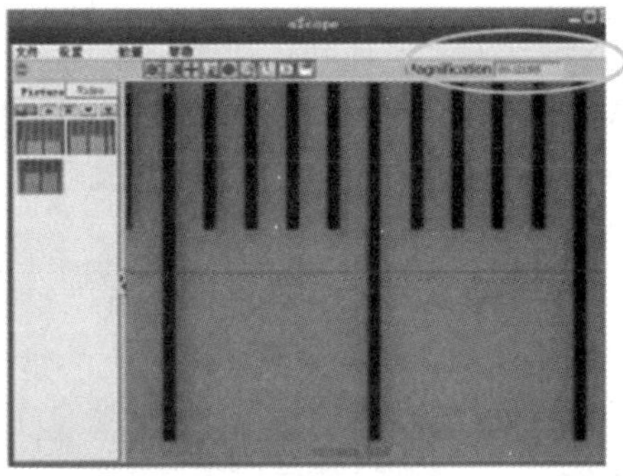

图3-3-1　ANYTY显微镜中eScope软件的倍率校正和设置图示

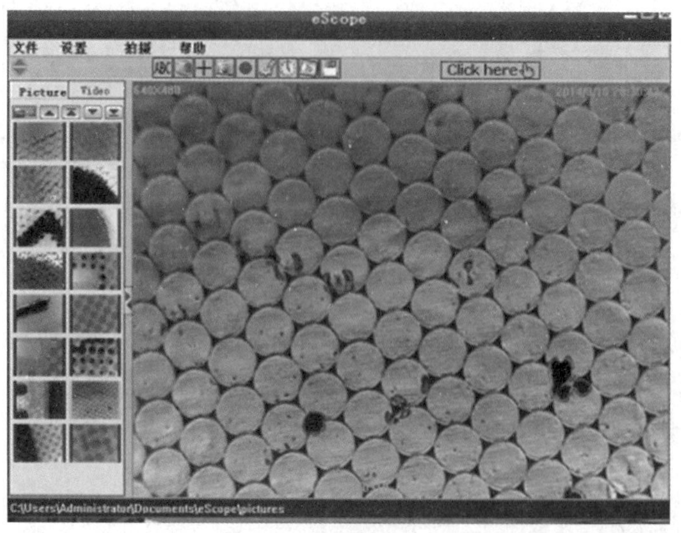

图 3-3-2　ANYTY 显微镜中网点的观察效果图

二、凸、平、凹、孔四大版型印刷印文的网点特征

（一）凸版印刷印文

1. 凸版印刷

凸版印刷（Relief Printing），其原理与印章盖印相同，使用凸版（图文部分凸起的印版）进行的印刷，将油墨从凸起的印版表面转移到承印物上的印刷方式，属于直接印刷。目前，凸版印刷行业以柔性版印刷（flexography）为主导方式[①]。柔性凸版采用具有弹性的凸起图像的印版（一般是厚度为 1~5mm 的感光树脂版），通过网纹传墨辊传递油墨施印，完成图像复制的印刷过程。

2. 凸版印刷适用范围

凸版印刷的版材种类多，其中铅活字版、铜锌版复杂烦琐，污染环境，现已逐步淘汰，目前使用量比较大的是柔性版印刷[②]。柔性印刷精度可达到 150 线/英寸，印刷品层次丰富、色彩鲜明，视觉效果好，适合纸张、塑料薄膜、铝箔、不干胶纸等包装印刷的要求。

---

① 胡腾辉．柔性印刷网点扩大规律的研究［D］：［硕士学位论文］．西安：西安理工大学，2009.

② 2012 年美国柔性印刷协会（FTA）统计，包装印刷已从凹印和胶印为主变为以柔性版印刷为主，美国约 70%包装材料使用柔性版印刷。

3. 凸版印刷印文特征

(1) 凸版印刷的墨迹特征。凸版印刷墨层厚实，图文部分纸张因受挤压而表现出明显的凸凹痕迹，手感触摸明显。图文印迹清晰，墨色饱满，墨迹较实、较重，如图 3-3-3 所示。

图 3-3-3 凸版印刷品墨迹特征

凸版印刷的字迹笔画边缘的墨色往往比中心部位深，有余墨外溢现象，中心部分有点状空白，形成“中淡边浓”的挤墨现象。金属凸版字体的印迹边缘因挤压而呈硬实棱角，柔性凸版字体的印迹边缘因挤压而呈柔和圆角，如图 3-3-4 所示。

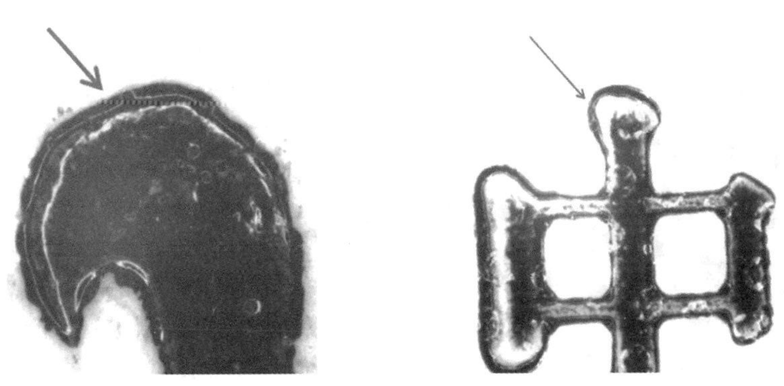

图 3-3-4 金属凸版（左）和柔性凸版（右）字体印迹的对比图

(2) 凸版印刷的网点特征。

①传统的木刻版和金属版凸印中的图文均为实地墨迹，不存在网点特征。本部分所研究的凸版印刷网点仅针对柔性版印刷而言。柔凸版印刷采用加网方式，承印物丰富，图文既具有传统凸版的“中淡变浓”的特征，又具有现代印刷方式的网点显微特征，如图 3-3-5、图 3-3-6 和图 3-3-7 所示。

印文文字（200倍）　显微图像印文（原貌）　印文网点（400倍）显微图像

图 3-3-5　塑料包装物上的柔性凸版印刷印文显微图像

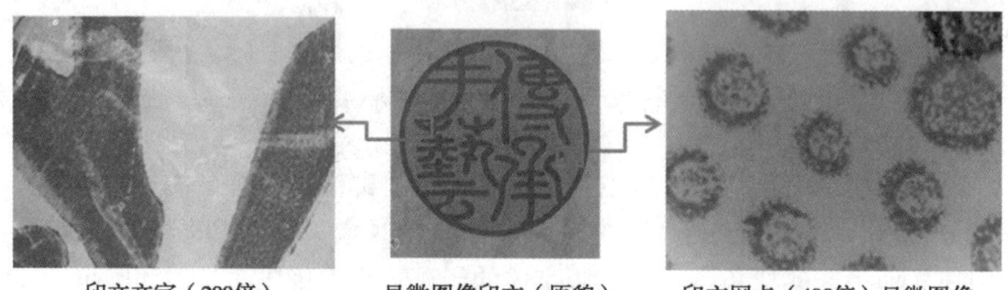

印文文字（200倍）　显微图像印文（原貌）　印文网点（400倍）显微图像

图 3-3-6　纸质包装物上的柔性凸版印刷印文显微图像

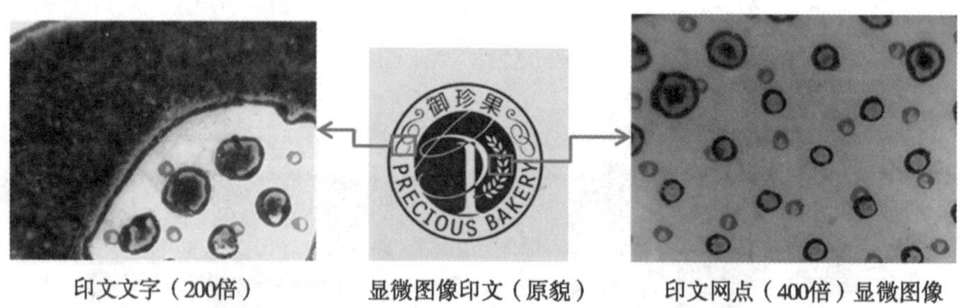

印文文字（200倍）　显微图像印文（原貌）　印文网点（400倍）显微图像

图 3-3-7　不干胶上的柔性凸版印刷印文显微图像

②凸版印刷采用各形网屏，形成的网点形状各异，方形网点居多。显微放大观察，方形网点网屏像方格盘，圆形网点网屏像放针用的针插，菱形网点网屏像链条。柔凸版网点的突出特点为网点比较敏锐，边缘容易滋墨，压印形成“空心”圆形轮廓①，如图 3-3-8 所示。

① 黄建同，韩伟，赵顺义，等．鉴别印刷版型的新视角“网点”——印刷品的“指纹”［J］．中国人民公安大学学报（自然科学版），2014（3）：1-5.

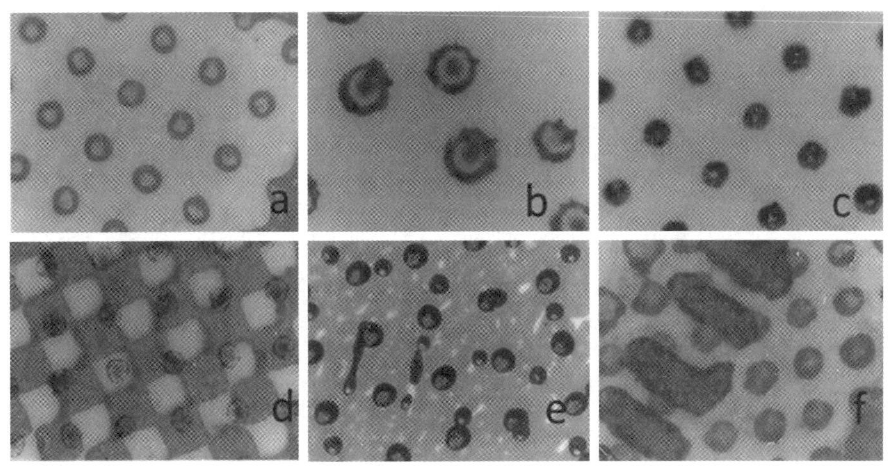

（a、b 为圆形网点；c、d 为方形网点；e 为椭圆形网点；f 为菱形网点）

图 3-3-8　柔凸版印刷品的各形网点图示

（二）平版印刷印文

1. 平版印刷

平版印刷（Planography）也称胶印，是利用油、水排斥的原理，使印版表面的图文部分形成亲油基，空白部分形成亲水基。印刷时，通过润水和给墨工序，使图文部分着墨拒水，空白部分亲水拒墨，将印版上的阳图正像转印到滚筒的橡胶布上，形成阳图反像，再将橡胶布上的阳图反像压印到纸上，从而得到印迹清晰的正像。平版印刷属于间接印刷。

2. 平版印刷适用范围

平版印刷包括胶印、石印和珂罗版印刷。平版印刷图文精细、层次丰富，图像、色彩还原性好，多用于海报、说明书、报纸、书籍、杂志、日历等有关彩色印刷及大数量的印刷物。

3. 平版印刷印文特征

（1）平版印刷墨迹特征。珂罗版和石版印品中无网点特征，凭借油墨量的多少表现连续调图像，突出地反映出传统平版印品中具有较强立体感的实地墨迹特征。平版印刷印文墨迹均匀、平淡，无凸起或溢墨现象；纸面上无印版压痕；图文上有时出现不着墨的点状或环状空白的露白现象；图文空白处常出现大小不等的弥散性油墨疵点。珂罗版的书画印品中印迹和墨迹的显微特征以及石印古籍中印迹、墨迹及底纹的显微特征，如图 3-3-9、图 3-3-10 所示。

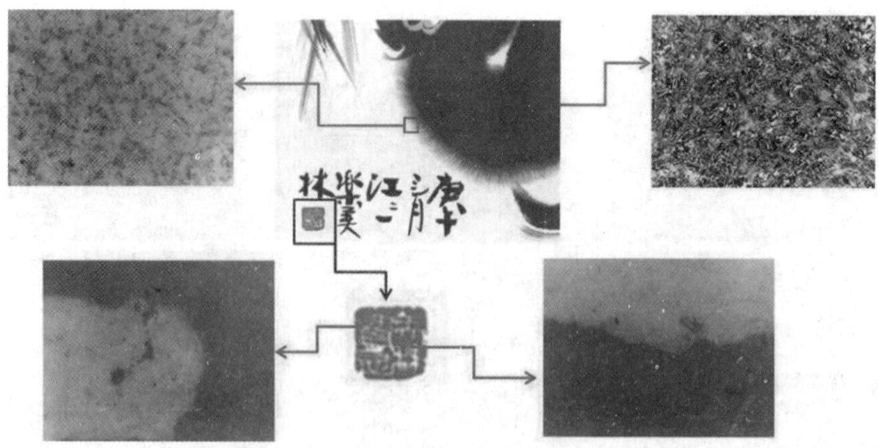

图 3-3-9　珂罗版印刷品中印文及墨迹特征图片

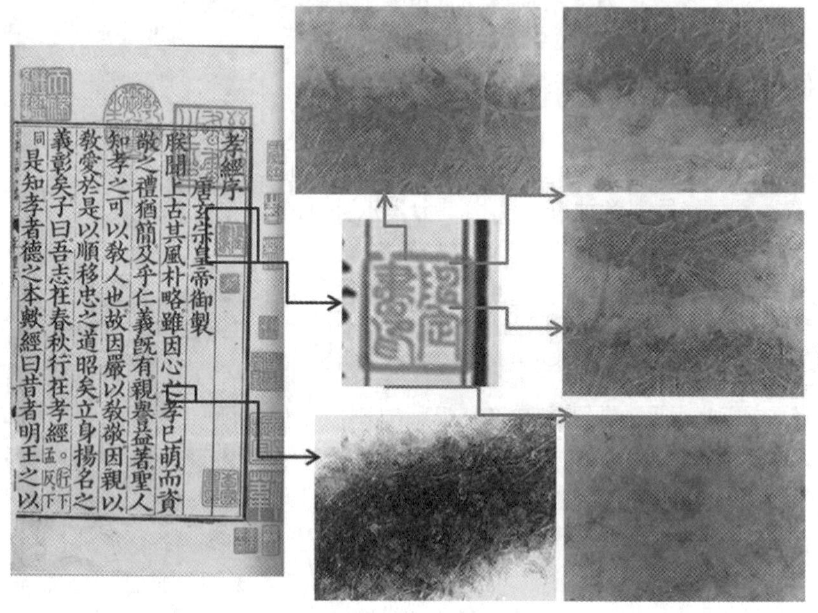

孝經序
唐玄宗皇帝御製
朕聞上古其風朴略雖因心之孝已萌而資
敬之禮猶簡及乎仁義既有親譽益著聖人
知孝之可以教人也故因嚴以教敬因親以
教愛於是以順移忠之道昭矣立身揚名之
義彰矣子曰吾志在春秋行在孝經
是知孝者德之本歟經曰昔者明王之以

图 3-3-10　石版印刷品中印文及底纹特征图片

（2）平版印刷的网点特征。现代胶印加网技术主要利用网点功能来实现分色和套印效果。印刷图文组色由单色或多色墨点构成。

①网点形态。网点的中心部分墨色较浓，边缘毛刺状洇散现象明显。在印品阶调层次变化（连续调）的部位，显微观察可见其网点形态呈现不规则状，网点边缘呈现“花瓣”形态，如图 3-3-11 所示。

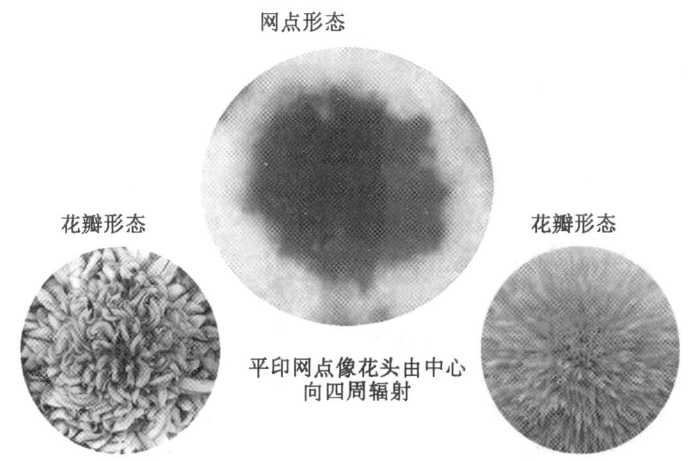

图 3-3-11　平版印刷网点中单个网点的“花瓣”形态特征（放大 1000 倍）

②网点大小。平版印刷印文的暗调细微层次再现性好，网点增大值小（3%以内），印刷质量可达 200~600LPI 的精细度，网点特征清晰、明显，如图 3-3-12、图 3-3-13 所示。

图 3-3-12　杂志上的平版印刷印文网点图片

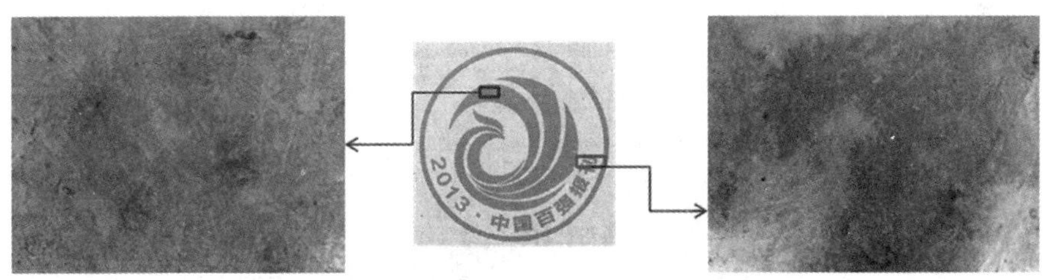

图 3-3-13　报纸上的平版印刷印文网点图片

③网点种类。平版印刷通常呈现方、圆、菱形等网点。其突出特点是网点中间易出现白色斑点，平淡不实，网点呈“花瓣”状连线排列，如图 3-3-14 所示。

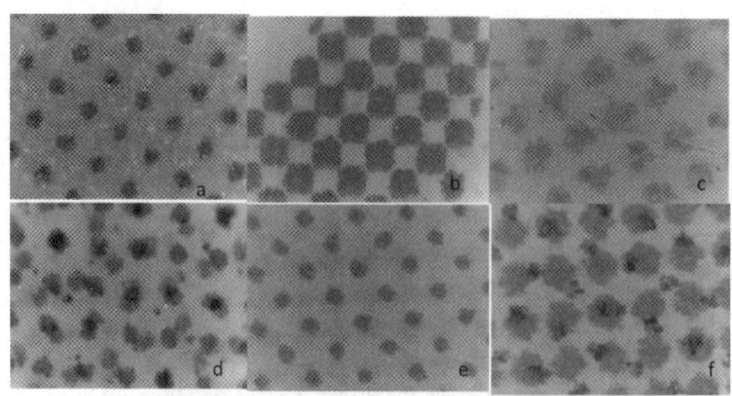

(a、b、c为平版单色网点；d、e、f为平版多色网点)

图 3-3-14 平版印刷品的各形网点图示

④单色网点的特点。平版印刷印文网点的覆盖度取决于网点面积的大小（调幅网点）或单位面积内网点数量多少（调频网点）。在显微放大条件下，如果网点面积小或单位面积内网点数量少，则单个网点表现相对独立、易于分辨；反之，如果网点面积大或单位面积内网点数量多，则网点相互融合，不易分辨。在调幅加网方式下，同一模板印刷的 6 枚印文的同一部位的网点显微图像，如图 3-3-15 所示。

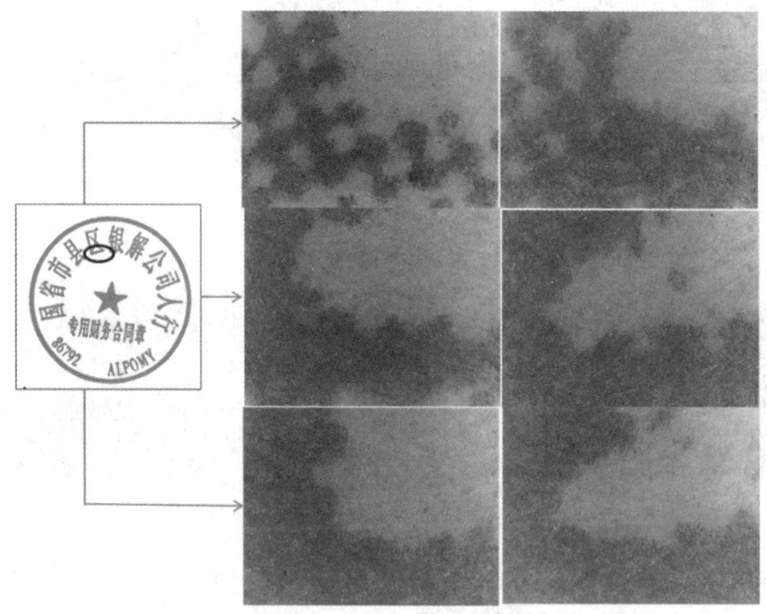

图 3-3-15 平版调幅加网印刷印文网点特征图片

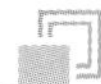

（三）凹版印刷印文

凹版印刷（Intaglio Printing），印版上的图文区域凹入版面，凹陷程度随图文的深浅不同而变化。印刷过程中经过上墨、擦墨、印刷等程序将凹槽内的油墨转印至纸张表面形成印刷图文，属直接印刷方式。在印刷环节，强大的压力将凹陷的油墨拉出，使线条边缘存在力学上的拉力作用，产生外缘带（Marginal Zone）现象，即“毛毛边缘”特征，这是鉴别凹版印刷最重要的特点，如图 3-3-16 所示。

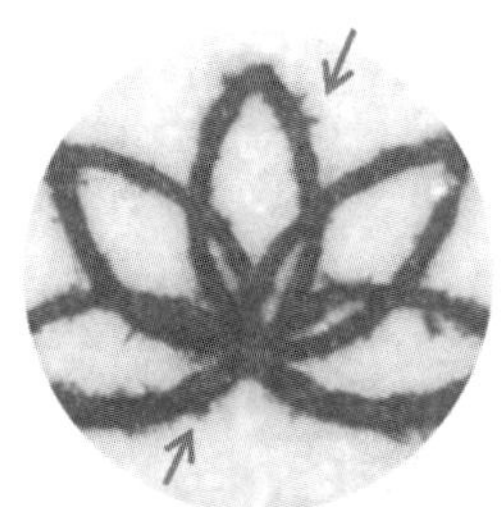

图 3-3-16　凹版印刷品图文边缘特征图示

凹版印刷图文凸起于纸张表面，墨层厚实，墨色均匀，立体感强；图文线条边缘不齐，呈现规则的锯齿状或毛刺状；粗大线条的纸张背面有凹入痕迹。凹版印刷是常规印刷中唯一利用油墨层厚薄程度表示色彩浓淡的印刷方式。通过选用不同的油墨，可以在纸张、塑料薄膜、纺织品、铝箔、玻璃纸等材料上印刷。凹版网点显微特征较为复杂，下文详述。

（四）孔版印刷印文

1. 孔版印刷

孔版印刷（Stencil Printing），印版呈网状镂空或筛孔式结构，其中图文区域的孔眼呈漏墨状态，非图文区域无孔眼或孔眼封闭。印刷时，网版上的漏墨区域在压力作用下将油墨渗漏至承印物表面而形成图文。孔版印刷包括誊写版、镂孔花版、喷花和丝网印刷等，其中丝网印刷应用最广，是孔版印刷的代表。

2. 孔版印刷适用范围

孔版印刷与其他印刷方式相比，印刷工艺最简单，设备投资少。对油墨适应性强，无论油性、水性、溶剂性、合成树脂性的油墨，还是液体状、粉末状的油墨，只要能够漏过网孔，均可用于丝网印刷。孔版印刷常用于玻璃、塑胶、金属板、各种棉织品、丝织品及建筑材料等立体面之印刷。

3. 孔版印刷印文的网点特征

孔版印刷印文的墨层较厚，图文线条由不规则的点、片状墨迹构成，边缘不齐。图文与空白处常有点状、片状或条状油墨污染的痕迹。显微观察网点一般为方、圆、菱形，易出现等径横线和竖线交织的网格，如图 3-3-17、图 3-3-18、图 3-3-19 所示。

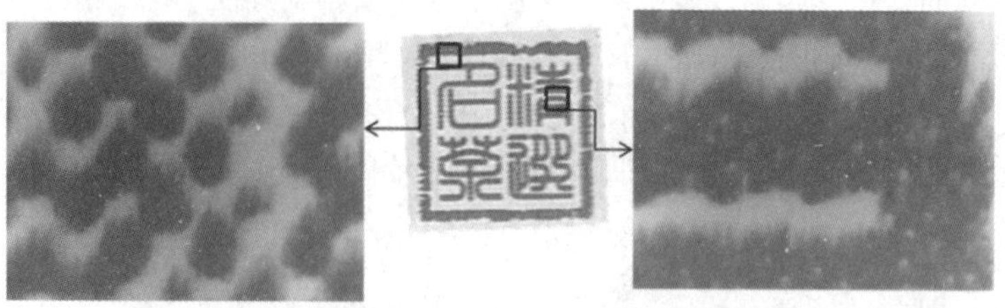

图 3-3-17　铁质茶叶盒表面的孔版印刷印文网点图片

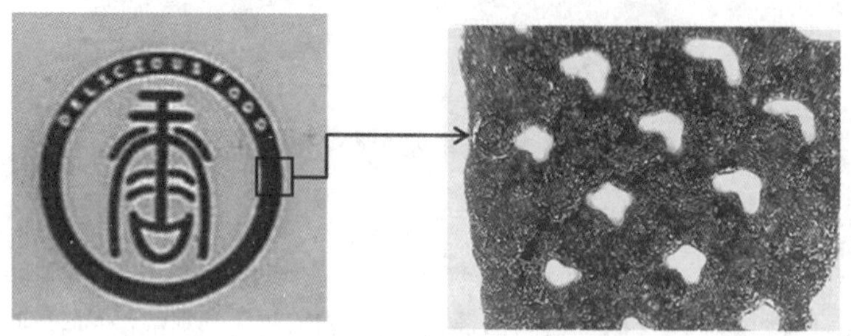

图 3-3-18　画册中孔版印刷印文网点图片

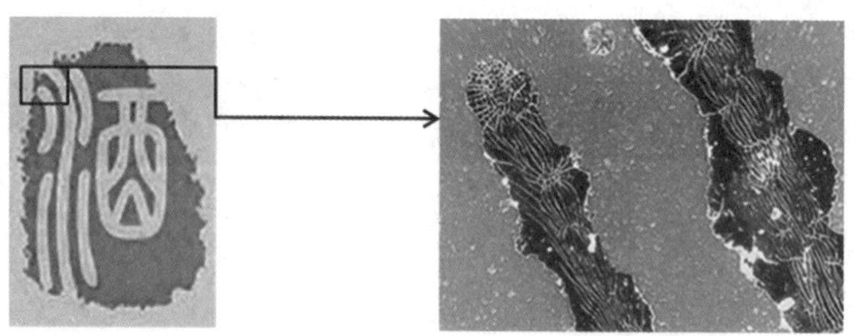

图 3-3-19　玻璃瓶表面的孔版印刷印文网点图片

三、凹版印刷中六种制版方法及其印刷印文的网点特征

凹版印刷在四大印刷版型中色调表现最强（为 80%~90%浓度），是现代出版、包装、纺织和装饰领域中应用最广泛的典型代表。常见的凹版制版方式有六大类：影写凹版、手工雕刻凹版、机械雕刻凹版、电子雕刻凹版、激光雕刻凹版和电子束雕刻凹版。

（一）影写凹版网点特征

1. 影写凹版

影写版即照相凹版，也称腐蚀凹版，利用墨层的厚薄来表现颜色的深浅，其印刷品色彩层次丰富，不易仿制。照相凹版制版工艺流程为：照相—修版—拼版—晒版—过版—填版—腐蚀—打样—整版—镀铬。其网点的是在照相底片的网线阻隔作用下，直接分布排列组合成图形。

印版上的凹槽通过化学腐蚀产生，因此在印品表面留下的腐蚀版痕迹即是其专有的“网线构网点”特征。储存在单个洼陷槽内的油墨印到承载物上就是一个网点。影写版印品常表现出大面积“水纹”特征，该现象是由于网墙倒塌、油墨溢出单独的洼陷槽、网点呈连接状态所致，因此，“网墙倒塌”是影写版独有的特征，如图 3-3-20 所示。

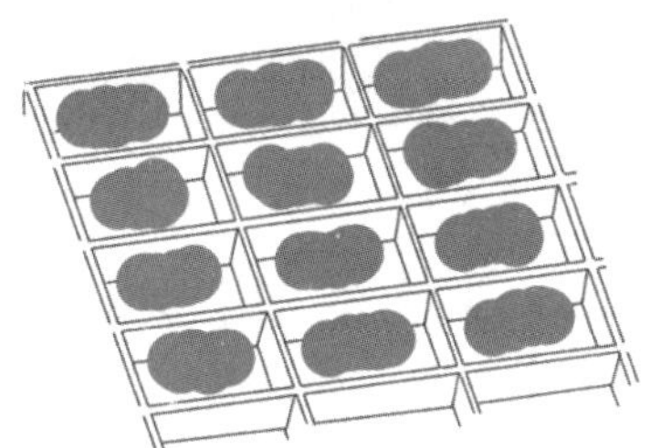

影写油墨储存在凹版洼陷内状态

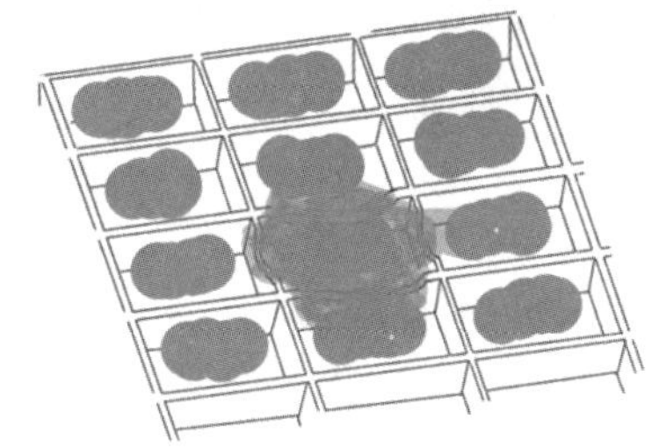

网墙倒塌后油墨溢出单独的洼陷槽网点连接状态

图 3-3-20　影写版洼陷槽“网墙倒塌”特征示意图

2. 影写凹版印刷印文特征

影写凹版印品色彩鲜艳、纯正，层次表现能力强。版纹全部是由网点组成。墨层厚重、凸于纸面。图文线条边缘不齐，有毛刺现象。文字边缘呈锯齿形并由中心墨色比四周浅的墨点构成。

（1）印版网点呈现方格、砖形、菱形和不规则形状，其深浅距离层次分明、有虚实变化。网点的印刷效果柔和、厚实、细腻，中心墨色比四周浅，并且中心常出现明显的“气泡状”露白。台湾古籍封面上的影写版印文特征，如图 3-3-21 所示。

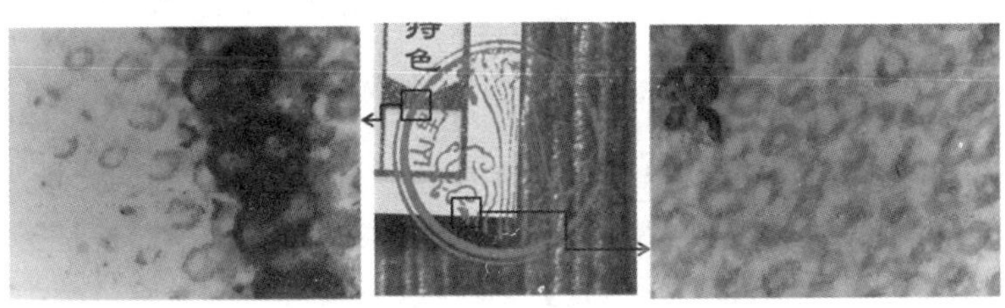

图 3-3-21　影写版印文网点露白特征图片

（2）影写版版纹较深，网点较细，吃墨量大。印刷品在暗色调处油墨厚而堆积，图文线条墨层厚，微微凸起于纸张表面，有立体感。印品有光泽，图文和线条的边缘参差不齐，呈现锯齿形，且易出现多余线条或斑点，邮票上的影写版印文特征，如图 3-3-22 所示。

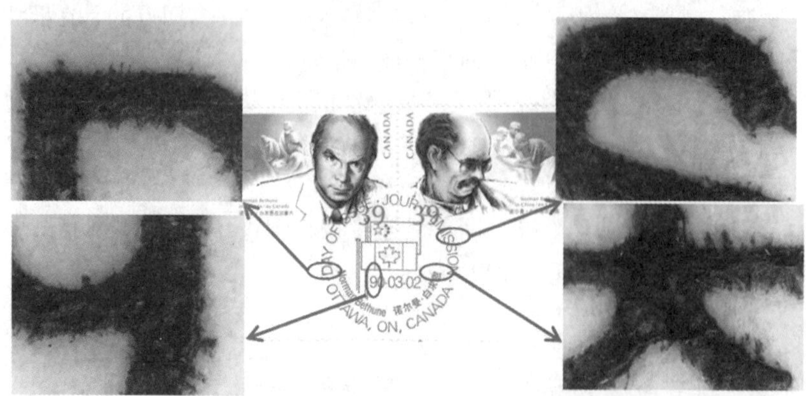

图 3-3-22　影写版印文图文特征图片

影写版版纹在制版过程中存在两种制版印刷方式：一是纯腐蚀点直接印刷成品，二是腐蚀后的印版用刻刀修改后印刷成品。两者版纹形态存在差异，如图 3-3-23 所示。

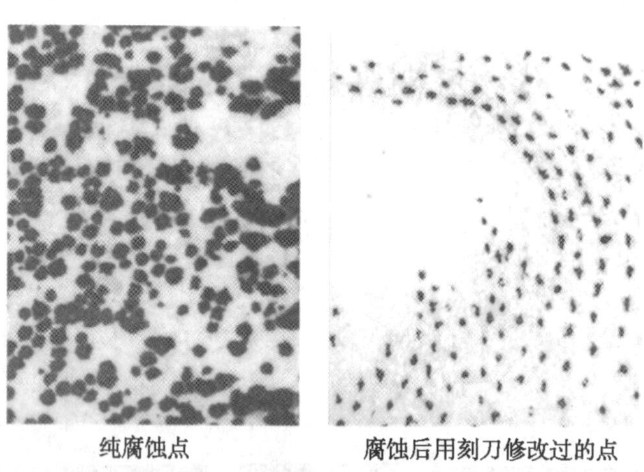

图 3-3-23　影写版版纹特征图片

（3）印品暗色调局部易出现油墨连片的“水纹”独特现象。印刷过程中某些网墙倒塌而使油墨溢出注陷槽造成网点连接。这一缺陷表现是影写版区别于其他版型最明显的特征，如图 3-3-24 所示。

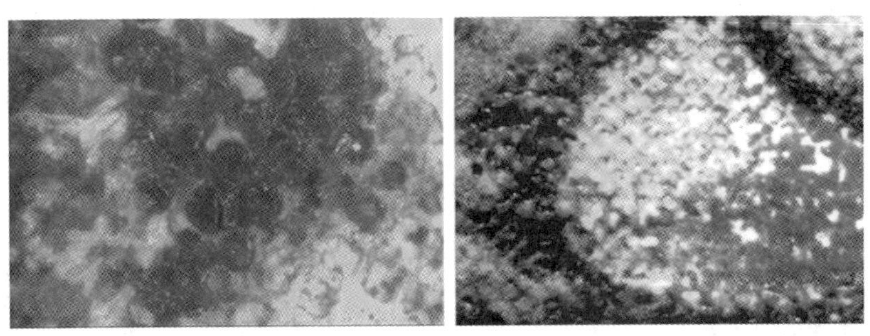

图 3-3-24 影写版印品中的“水纹”特征图片

（二）手工雕刻凹版的墨线凸起特征

1. 手工雕刻凹版

手工雕刻凹版是采用手工刻制和半机械加工相结合的方法刻制印版，印版材料主要使用铜板或钢板。手工雕刻凹版有很强的表现力、有其独特的效果，图案线条分明，墨层厚实，在纸面上稍有凸起，极细的点线清晰可辨，色泽经久不变。凹版雕刻作品讲究以小观大，重在精美，点线粗细、深浅配合合理，变化丰富，犹如浮雕。手工雕刻于细微之处见真迹，是早期最佳的防伪技术，至今仍在应用。

2. 手工雕刻凹版印文特征

（1）雕刻凹版的沟纹较深，无支撑线，在印刷图文部位会形成明显的正面凸起、背面凹入的压痕，纹线墨层较厚。人民币上的中国国徽和行长印文凹版印刷特征，如图 3-3-25 所示。

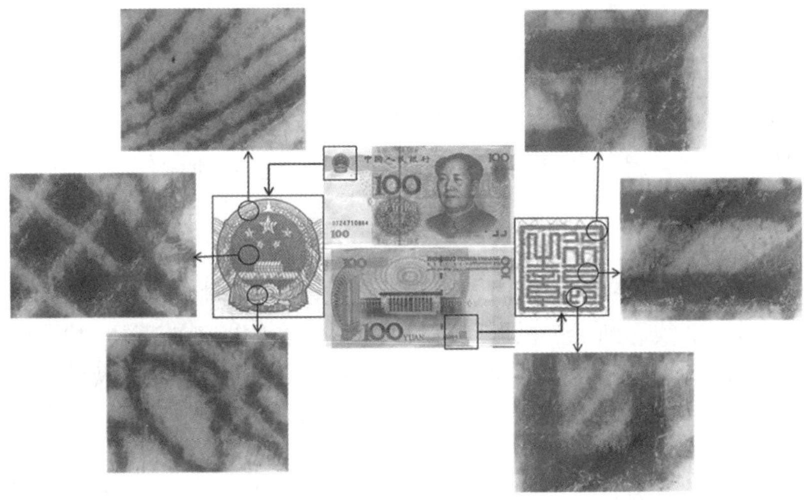

图 3-3-25 人民币中国国徽和行长印文凹版印刷特征

（2）手工雕刻凹版的文字、图案都是由宽窄、疏密、长短不同的条纹组成的，并且由于油墨干燥前沿纸张纤维的渗散，使纹线边缘呈胡须状。由于个人的刀法、风格、绝活不同，故其雕刻线条的深浅、弧度、角度他人很难仿制，就是作者自己也难以刻出两块完全相同的版。护照上的“中华人民共和国护照”中手工雕刻凹版印文的墨线特征，如图 3-3-26 所示。

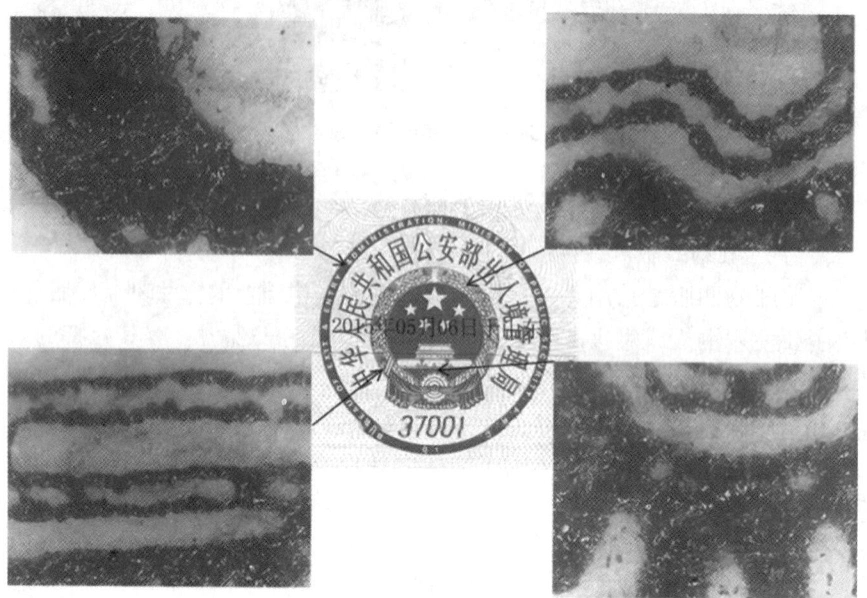

图 3-3-26　手工雕刻凹版印文的墨线特征图片

（三）机械雕刻凹版的曲线彩纹特征

1. 机械雕刻凹版

机械雕刻凹版是利用精密的雕刻机械，通过机械性的移动，刻制平行线、彩纹等几何花纹的凹版，也就是用机械控制刻刀在印版滚筒的表面进行雕刻制作出相应的图文，制成由线条沟纹组成的凹版，主要用于制作有价证券的印刷凹版。

2. 机械雕刻凹版曲线彩纹的特征

机械雕刻凹版的特征为凹版印痕是平行线条细密、整齐、均匀，线条边缘圆润。直线、曲线、圆形等机械线条和图形线条宽度即刻针直径。无网线，无网点，有条状、点状等针痕。人民币上的机械雕刻图文特征，如图 3-3-27 所示。

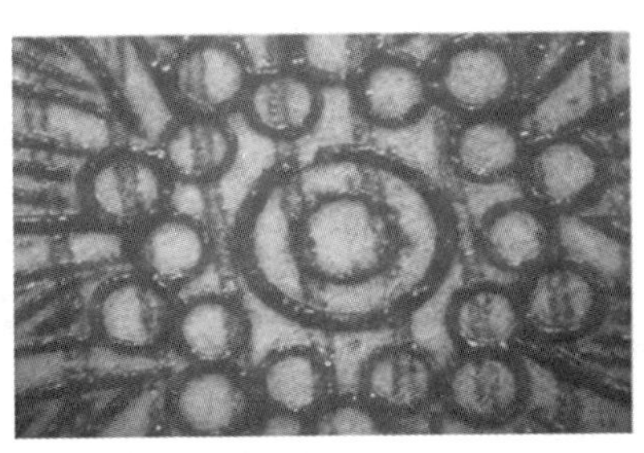

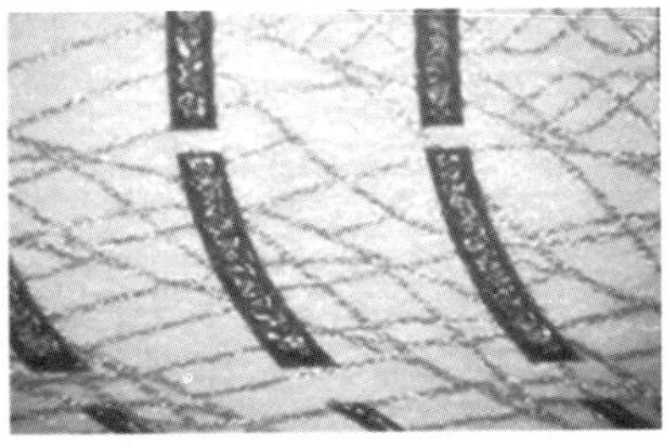

图 3-3-27　机械雕刻凹版图文的曲线彩纹特征图片

（四）激光雕刻凹版网点特征

1. 激光雕刻凹版

激光雕刻凹版的工作原理就是激光刻膜过程。在滚筒表面的待雕刻材料（金属层或基漆层）表面均匀地涂布一层防腐蚀胶，一路或多路高能激光束把图文部分的胶层瞬间气化，非图文部分胶层依然存在，然后经过三氯化铁腐蚀，图文部分的胶层由于被打开，就被腐蚀形成凹下去的网穴，非图文部分的胶层依然保留，在印版滚筒上产生图像①。其图像深度、尺寸及网点形状由调制的激光束来控制。

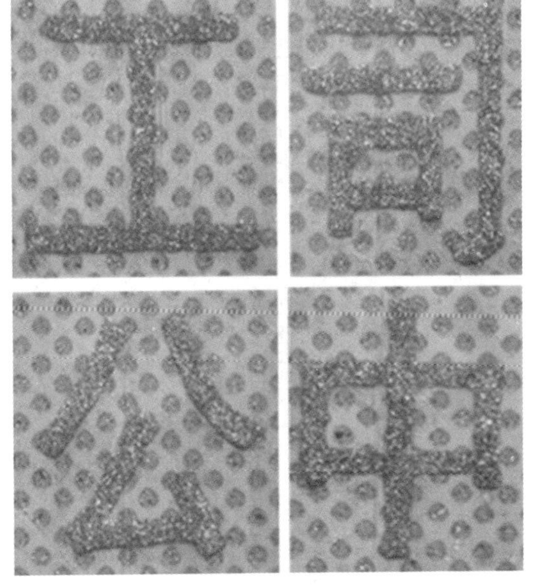

图 3-3-28　激光雕刻版文字特征图片（放大 200 倍）

2. 激光雕刻凹版网点特征

（1）激光雕刻印版的突出特点是高清晰度的文字和极细的防伪线条，如图 3-3-28 所示。

（2）激雕印品的单色网点的大小、形态相同；套印后的异色网点的大小、形态各异，相互交叉，如图 3-3-29 所示。

① 吕秋丽．激光雕刻凹版与电子雕刻凹版之比较［J］．印刷杂志，2003（7）：13-14.

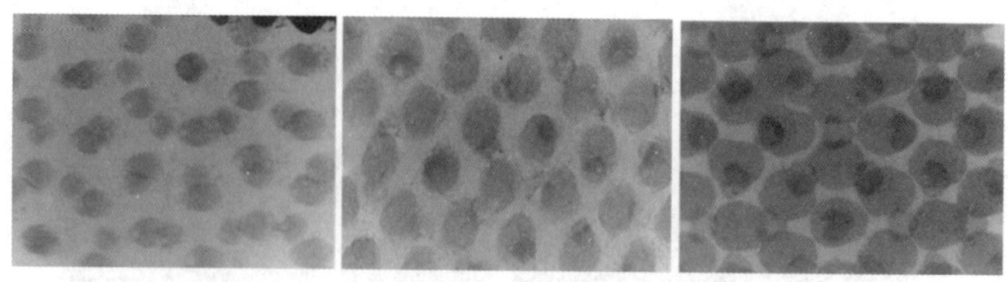

图 3-3-29 激光雕刻版套色网点特征（放大 400 倍）

（3）激光雕刻的网点有圆形、椭圆、方形、菱形、六边形，易出现异形网点。网穴为 U 字形，网点深度可变、开口面积不变，大小、形态完全一致的网点构成网线，如图 3-3-30 所示。

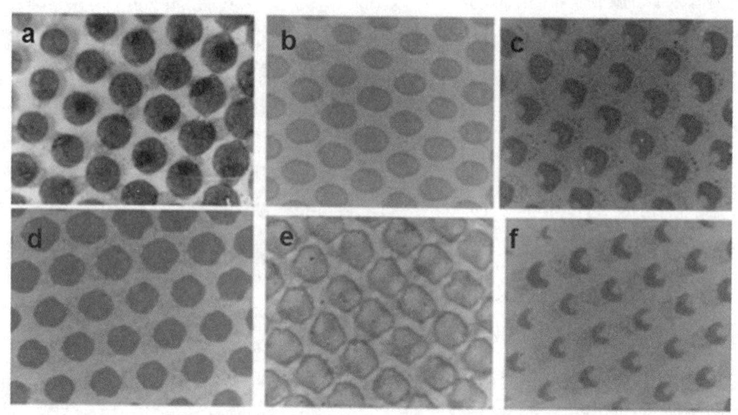

（a.圆形 b.椭圆形 c.菱形 d.异形 e.六边形 f. 方形）

图 3-3-30 激光雕刻版各型网点特征（放大 400 倍）

（五）电子雕刻凹版网点特征

1. 电子雕刻凹版

电子雕刻凹版工作流程相对激光雕刻而言比较简单，是一种集现代的机、光、电、电子计算机为一体的现代化制版方法。通过图像电子信息转化为电流信号，凭借电流的强弱带动电子雕刻头的机械振动，控制雕刻刀在印版滚筒表面雕刻出网穴，从而在待刻材料表面记录下图文信息。电子雕刻可迅速、准确、高质量地制作出所需要的凹版，是目前运用最多的凹版制版方式之一。

2. 电子雕刻凹版网点特征

（1）电子雕刻版纹印品色调浓厚，图文墨层薄厚不匀，边缘易形成齿状痕迹，线条边缘有毛刺，如图 3-3-31 所示。

（2）电子雕刻一般为菱形网点，“菱形点”明显、锐利（见图 3-3-31）。

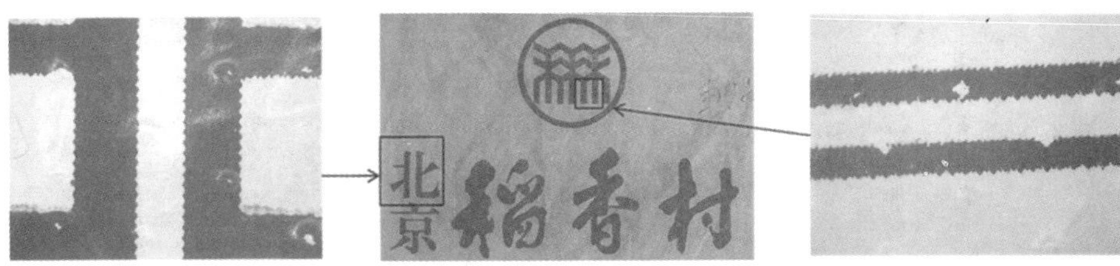

图 3-3-31　电子雕刻的图文边缘特征（放大 200 倍）

与影写版印刷品相比，电雕印刷品上网点更加清晰明显，网点不仅深浅不同，大小也可能不同，如图 3-3-32、图 3-3-33 所示。

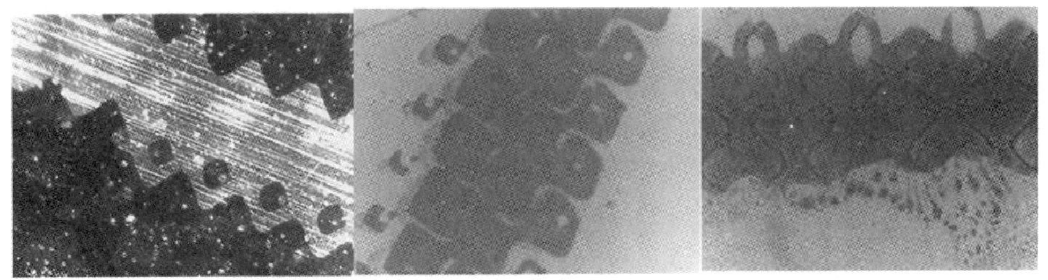

图 3-3-32　电子雕刻版的菱形网点特征（放大 400 倍）

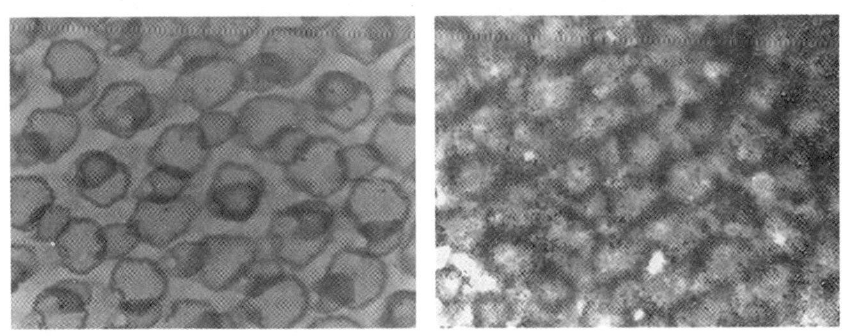

电子雕刻网点　　影写版雕刻版网点

图 3-3-33　电子雕刻版与影写版网点特征对比图（放大 400 倍）

（3）电子雕刻印品的图文印痕墨层整体厚实，实地墨色因油墨堆积，网点间通沟相连，易呈现水渍状特征，如图 3-3-34 所示。

图 3-3-34　电子雕刻版图文特征（放大 400 倍）

（4）电雕的菱形网点中心往往出现空缺，网点放大后像堆砌的“马赛克”，网穴呈 V 字形，网点面积有变化，如图 3-3-35 所示。

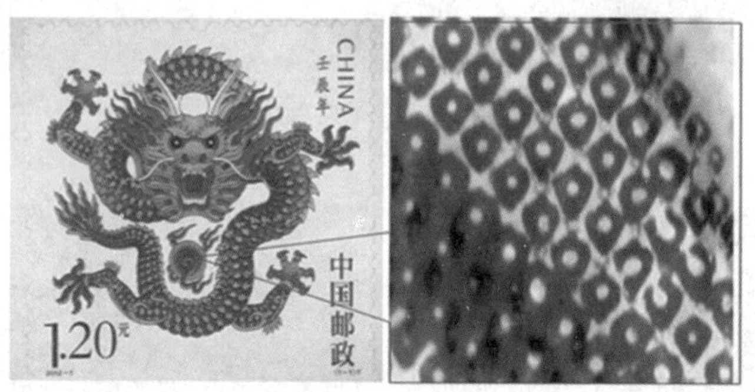

图 3-3-35　龙年邮票电子雕刻凹版印刷及局部的“菱形”网点（放大 400 倍）

（六）电子束雕刻凹版网点特征

1. 电子束雕刻凹版

电子束雕刻制版利用电子束枪和电子束发生器以及电子束光学系统组成的装置，在版滚筒表面的铜层上打成形状、深度一致的网穴。电子束以 108m/s 的速度击打至印版表面，熔化成光滑的半球形网坑，深度一般为 5um。电子束雕刻技术可以满足任意线数和网线角度的印刷。

2. 电子束雕刻凹版印品的网点特征

电子束雕刻所产生的网穴为半球形网坑，网穴的大小表现印品色调。印品的暗色调处的网点呈现密集的点状堆积，亮色调处呈现规则、一致的网格状特征，1995 年美国发行的纪念封上的印刷图文，如图 3-3-36 所示。

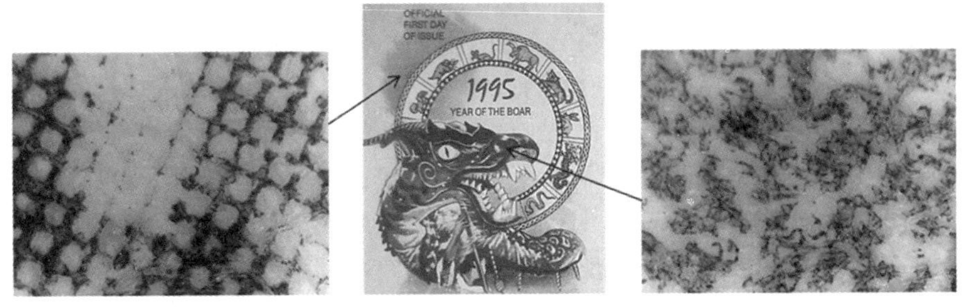

图 3-3-36　电子束雕刻凹版印刷网点特征（放大 400 倍）

第四节　运用印刷网点特征鉴别印文形成方式的程序和方法

印文形成方式的检验和鉴别是印章印文真伪性检验的首要环节。网点特征的突出优势是从微观角度为印刷印文的检验鉴定提供了特征识别的依据。基于不同印刷版型的制版技术的差异，网点及其构成的网线具有各自鲜明的独特性。印刷版型的网点网线特征类似个体识别的“指纹”，能够反映出印品的印刷版型种类及其个性化的制作特征，是印刷品来源的种属鉴别及同一认定的一种方法和途径，如图 3-4-1 所示。

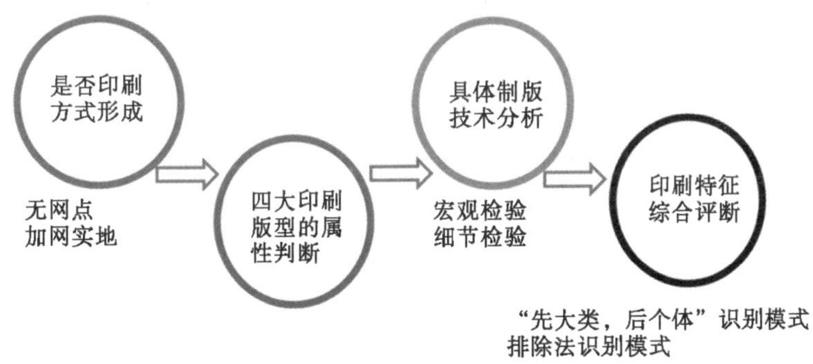

图 3-4-1　检验程序示意图

一、检验和鉴别印文是否由印刷方式形成

印章印文显微图像中是否存在网点（线）特征是判断印文是否是印刷形成的首要步骤。网点（线）特征是印刷品的突出特征，如果印文的显微图像

中存在网点（线）特征，则可判断印文为印刷形成。蘸墨盖印文和打（复）印文无网点特征表现，前者反映的是印文色料的附着、洇散以及抑压力痕迹特征，后者突出的是彩色墨点的痕迹特征。

在印刷品中，不一定都能表现出网点特征，即存在无网点或网点无法识别的印刷图文。一类是无网点的印刷图文，如传统凸版中的木刻版和金属版、平版中的石版和珂罗版等印品，现代印刷技术不加网（数码印刷、微喷印刷）印品中均不存在网点。另一类是某些采用加网技术的印品，其图像的实地部分往往由于网点密集而无法分辨。因此，只有综合运用传统的印刷版型特征和现代印刷的网点特征，才能达到区别印品印刷类别、鉴别印品本质属性的目的。1972 年发行的伍角人民币中平版与雕刻凹版印品的文字特征对比图，如图 3-4-2 所示。

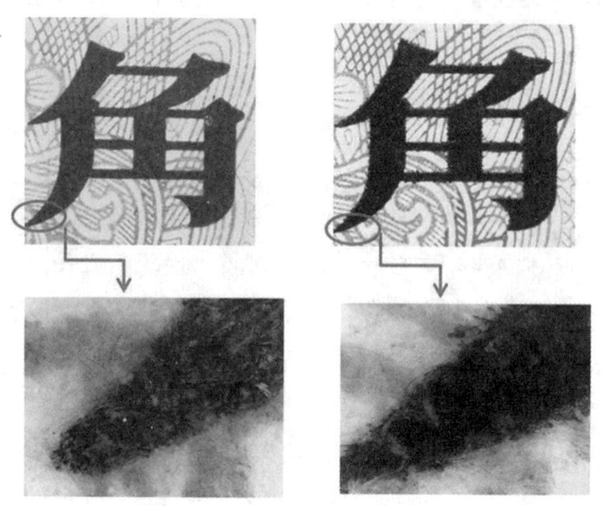

图 3-4-2　平版（左）与雕刻凹版（右）印品文字特征对比图

二、分析和判断印刷印文的四大印刷版型的属性

确定所检验的印文是印刷印文后，依据网点特征分析和判断印品所隶属的四大印刷版型（凸版、平版、凹版、孔版）的种类。

第一，通过印刷品年代、承印材料、印品内容等客观事实方面的检验，如果发现其明显不符合某类印刷版型存在条件的，可以直接做出该印品不是该版型印刷的结论。例如，我国现代凹版印刷广泛盛行于 20 世纪 90 年代，而 30 年代苏区邮票则普遍采用石版印刷，不可能采用现代凹版印刷技术；20 世纪 80 年代普通的稿纸、信封、书刊常采用凸版印刷，也绝非凹印产品；其他诸如陶瓷、玻璃、立体面、金属等特殊客体表面的图文不符合凹版承印的客体条

件，应考虑是否为丝网印刷等。1962 年发行的三种版型的贰角人民币，票面上的印文分别为凸、平、凹版型印刷，如图 3-4-3 所示。

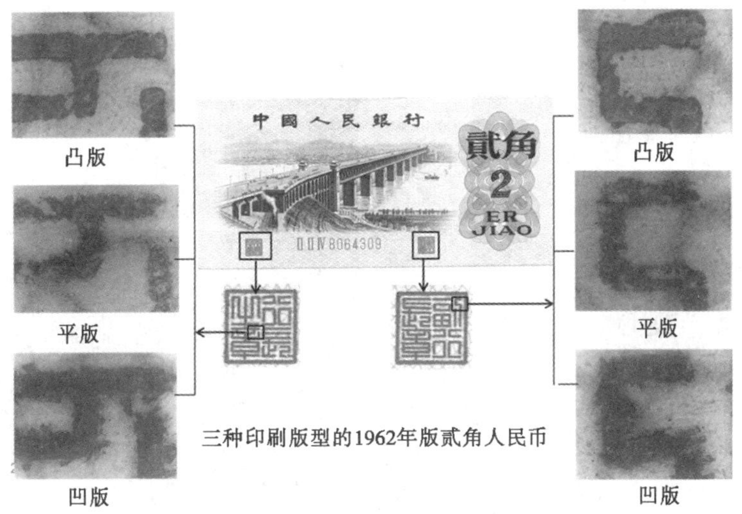

图 3-4-3　凸、平、凹版型印文文字特征图片

第二，通过上述基于客观事实和生活常识而无法准确判断印品印刷版型的情况，在存疑的基础上必须运用各类版型的具体特征进行深入分析。因此，认识和了解四大印刷版型的印品特征，尤其是凹版印刷区别于凸版、平版、孔版印刷的网点特征的独特性，则显得尤为重要。如图 3-4-4 所示，四种版型的网点特征对比图（显微放大 400 倍）：a 现代柔性凸版，网点有“中淡边浓”的挤墨现象；b 现代平版印刷，网点的边缘形状类似“菊花瓣”；c 激光雕刻凹版，网点大小一致，形态相同；d 孔版印刷，墨层厚，网点大小形状不均匀。

四种印刷版型的印品，其特征区别主要表现在印痕、墨迹痕、网点和墨层厚度四个方面。网点既是造成印刷图文显微差异的重要因素，也是鉴别版型的关键特征，如表 3-4-1 所示。

一是印版类型决定了加网技术的应用类别。网点的形态、大小和深浅等特征可以反映网屏种类、加网角度和密度等工艺技术特点。利用特定的版型与独特的加网技术相匹配所形成的特殊网点特征，能够准确判断印版类型。例如，凸版印刷以方形网点居多，而电子雕刻凹版的网点呈现独特的“菱形”。

二是印刷效果是凭借油墨的色泽、浓淡的光学反射特性、刺激视觉的感知而被客观反映的。印刷品的印痕和墨痕构成了印品立体和平面图像的综合体，其中通过网点组合而体现出的图文特点，可以反映出印版类型。例如，柔凸版

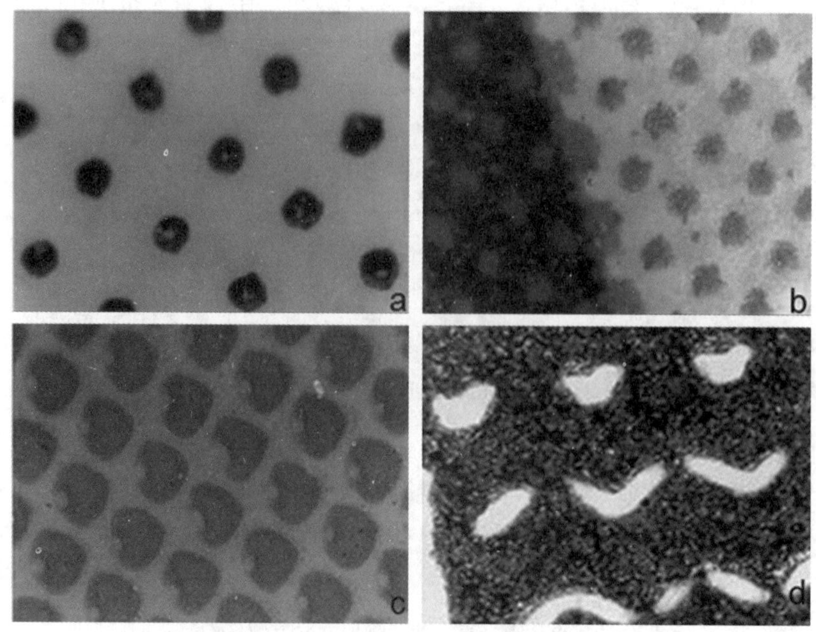

a. 柔凸版；b. 平版；c. 激光雕刻凹版；d. 孔版

图 3-4-4 凸、平、凹和孔版型网点特征图片（放大 400 倍）

的空心圆网点，易在线条边缘滋墨；凹版印刷中的拉力作用易使图文线条边缘呈现规则的锯齿状或毛刺状。

三是印品油墨厚度与印版类型相对应。油墨厚度的指标是印刷版型种类的鲜明特征，其突出地表现为不同种类的印刷方式所转印的油墨层厚度与版型种类之间存在密切关系。其中，丝网印刷品的油层最厚，接下来依次为凹版、凸版、平版印品。这种差别产生的深层次原因，离不开网点的形态、大小、深浅的表现。

表 3-4-1 四大版型印刷特征比较

四种印刷版型	印痕	墨迹痕	网点	墨层厚度
1. 丝网印刷	无印版压痕	图文线条由不规则的点、片状墨迹构成：边缘不齐，墨层较厚；常见油墨污染痕迹	方、圆、菱形网点；易出现阿格	6.0~300μm（第一，最厚）

续表

四种印刷版型	印痕	墨迹痕	网点	墨层厚度
2. 凹版印刷	正面凸起，背面凹入	图文线条有光泽和立体感；线条边缘不齐，有毛刺、锯齿现象	方、圆、菱、六边、异形网点；网点比较规整、饱满	9.0~15μm（第二）
3. 凸版印刷	正面凹入，背面凸起	有“中淡边浓”的挤墨现象；印迹较实，易出现不均现象；柔凸网点边缘易滋墨，压印形成“空心”圆形网点	方形网点居多；网点比较敏锐	1.0~6.0μm（第三）
4. 平版印刷	无印版压痕	印迹平淡；边缘整齐但发虚；图文上时有露白	方、圆、菱形等网点；网点中间易出现白色斑点，平淡不实	1.0~2.0μm（第四）

三、判断和确定印刷印文的具体制版方法

凸、平、凹、孔印刷版型中的每一大类都包括许多具体的制版工艺，本部分仅研究了凹版版型分支下的手工和机械雕刻版、腐蚀版、电雕版、激雕版和电子束雕刻版的网点特征。在确定印品为凹版印刷的前提下，进一步细化判断凹版印刷品的制版方式是现代印刷品检验的重点。

利用凹版印刷品的网点特征鉴别版型类别是溯源个体印刷品具体制作方法的过程。从实践上而言，印刷特征是印刷品同一认定和种属认定的基础。因此，网点特征的选取和识别是凹版版型鉴别的关键，在分析的过程中必须把握印刷品所反映的网点特征与凹版各制版方式之间的内在联系。

（一）印刷品的宏观检验

在确定印刷品是凹版印刷品的基础上，分析和鉴别印刷品可能应用的是哪一种凹版印刷技术。主要是观察和了解印刷品应用范围、承印的客体类型以及印刷的精细度等方面，对印品的制作方式大致归类，便于下一步检验具有针对性和目的性。例如，手工雕刻凹版主要应用于邮票、货币等有价证券中，俗称“无凹不成币”，即指凹版在货币制版中不可或缺；激光雕刻凹版适用于精细线条和文字的制版，烟盒外膜拉线上微雕的文字线条即是激光凹版实现的。

(二) 印刷品的细节检验

检验目的是要明确凹版印品采用的具体印刷技术的种类。凹版印刷中网点是基础，网点构成网线，网线构成版纹，版纹形成印痕。主要依据凹版印刷品网点特征区别和判断六种凹版制版方式，如图 3-4-5 所示。

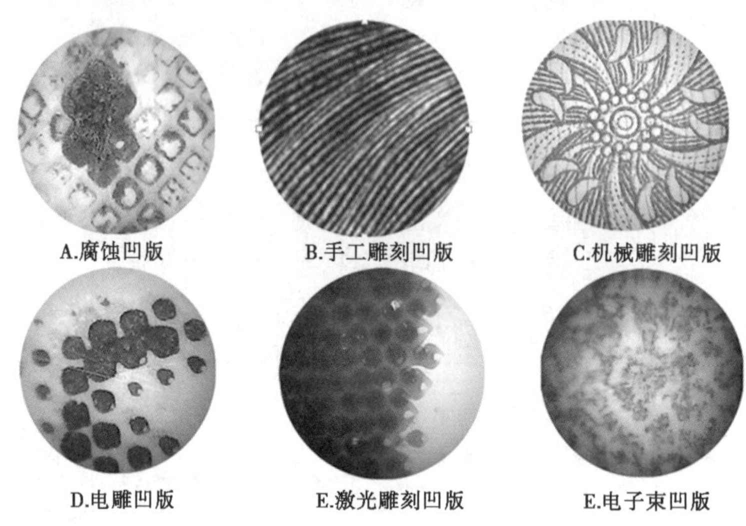

图 3-4-5　凹版印刷中六种制版方式的网点显微特征图示

1. 观察网点的要点

检验中主要观察和分析网点的形状、大小、中心形态、颜色深浅、面积变化，是否有通沟，是否有网墙倒塌现象等，网线的交叉角度、线数等。通过不同版型的独特特征来鉴别版型种类，如网点通沟是电子雕刻凹版的特征（如图3-4-6 所示），网墙倒塌现象是腐蚀凹版的特征。

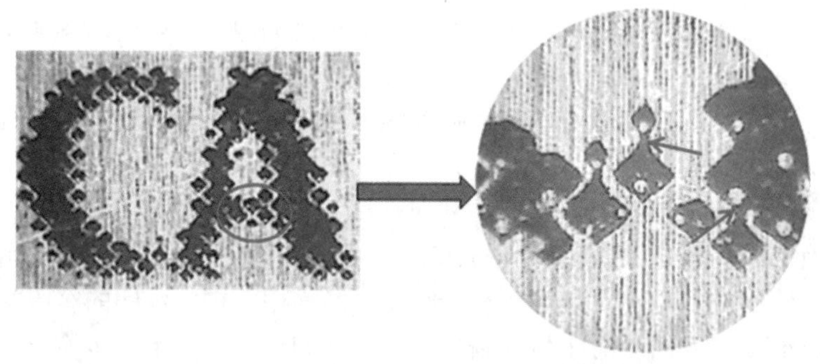

图 3-4-6　电子雕刻凹版中的网点通沟特征图示

2. 观察网点的方法

版型鉴别检验中，初检时应使用不低于 10 倍的放大镜观察。当确定为凹版印品后，针对网点特征的观察应使用 400 倍左右的显微镜。必要时还需要记录下微观图像，锁定特征，以利于深入研究。如图 3-4-7a 所示，40 倍下电雕网点，网穴大小所体现出的不同大小的墨点，凸出颜色的渐变。如图 3-4-7b 所示，400 倍下电雕网点，显示通沟将多个网穴连接成一体，增大墨点面积，但通过周围的小墨点可以看出实际网穴的大小和形状。

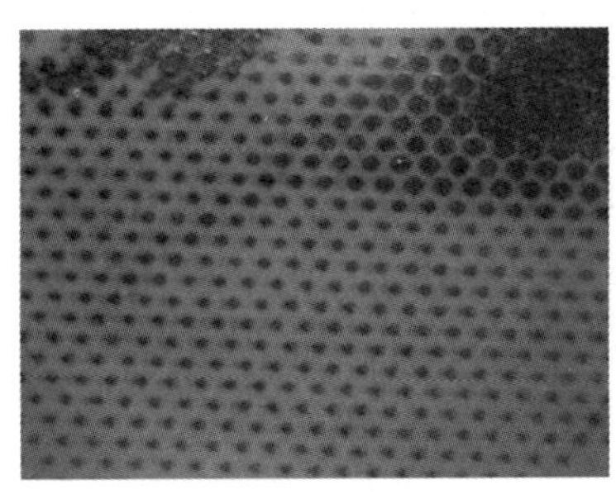

a. 40 倍下的电雕网点

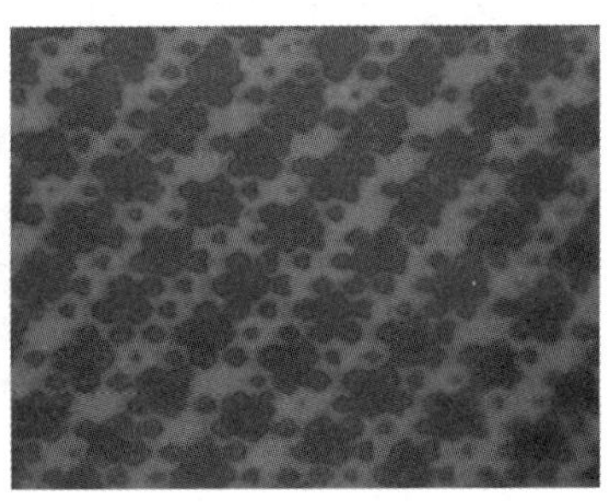

b. 400 倍下的电雕网点

图 3-4-7　不同倍率下印刷品网点细节特征图示

3. 观察网点的选择区域

版型鉴别检验中，选取特征时，应在印刷品中图文颜色较浅、色彩和明暗过渡明显以及图文边缘区域选择。凹版印刷品中，图文色调明暗是由网点的大小、深浅决定的。因此，颜色浓重区域的网点密集，不易观察网点特征；颜色浅淡处和图文边缘区域，网点稀疏且特征明显；色彩和明暗过渡区域可观察到不同颜色、形态和大小的网点特征，如图 3-4-8 所示。

（三）印刷品特征的综合评断

1. 采取“先大类，后个体”识别模式

首先，根据网点的有无分为两类，即手雕和机雕为一类，其余方式为另一类；其次，根据网点形态，将影写版与电雕、光雕和电子束雕区别；最后，根据每种方式所形成的网点独特特点，对各大类中的具体方式逐个识别，如手雕区别于机雕、电雕区别于光雕。

2. 采取排除法识别模式

根据网点特征逐个排除不可能的版型，再将不能确定的几种版型细致分析鉴别。如根据异形网点的出现，可以排除手雕、机雕、电雕及电子束雕，再根据具体特征区别影写版和激光雕，如表 3-4-2 所示。

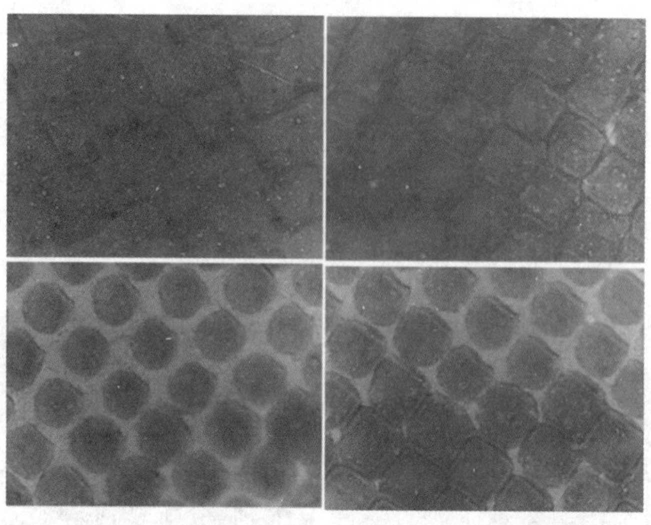

图 3-4-8　印刷品中明暗度不同区域的网点特征图示

表 3-4-2　凹版常见六种制版方式的网点特征比较

凹版常见六种制版	网点	网线	版纹	印件印痕
1. 影写照相腐蚀（化学腐蚀）	方格、砖形、菱形和不规则网点等，中心有露白的气泡状；细小孔穴规则排列，大小相同、但深浅不一	网线垂直贯通交叉；网线数 60~120Ipe；网角为 90°	网墙倒塌后油墨洇散连片	图文易出现多余线条或斑点；有虚光现象
2. 手工雕刻（刻刀）	无网点；由点状、条状刀痕组成，其深浅和粗细不同	无网线，组线构成图文；线条宽度即刀刃宽度	线条略凸，粗细不匀；有“过刀”痕迹	图文由浓重的雕刻线条勾勒而成，墨线凸起，呈现立体感
3. 机械雕刻（刻针）	无网点；由条状、点状针痕组成，其深浅和粗细均匀	无网线，组线构成图文；线条宽度即刻针直径	直线、曲线、圆形等机械线条和图形	平行线条细密、整齐、均匀；线条边缘圆润

续表

凹版常见六种制版	网点	网线	版纹	印件印痕
4. 电子雕刻（钻石刻针振动）	菱形网点，中心往往出现空缺；网点面积有变化；网点间有通沟；网穴呈 V 字形	网线数 40～120Ipe；网角为 30°～60°	墨层薄厚不匀，易形成齿状边缘，线条边缘有毛刺	墨层厚实，不够细腻、实地墨色易呈现水渍状特征
5. 激光雕刻（高能激光束烧蚀）	圆、椭圆、方、菱、六边形和异形网点；网点深度可变、面积不变；网穴呈 U 字形	大小、形态完全一致的网点构成网线；网线数 5～250Ipe；网角为 0°～360°	单色网点的大小、形态相同；套印后的异色网点的大小、形态各异，相互交叉；易出现异形网点	高清晰度的文字版和极细的绒条防伪版
6. 电子束雕刻（电子束熔融）	圆形网点，直径和深度均不同	大小、深浅不同的网点构成网线；任意线数和角度的网线	各色网点形状一致，但大小、颜色变化	最大限度地消除了四色套印产生的锯齿故障

四、案例应用

案例 1：在一起涉嫌银行担保诈骗的案件中，办案单位送检 48 份“证明”原件，并提供“××市海洋渔业局”印文样本，要求鉴定印文的同一性，如图 3-4-9、图 3-4-10 所示。

经检验，48 份检材中，虽然印文和文字的相对位置不尽相同，但印文盖印角度均反映一致。显微放大后观察，印文印迹平淡，油墨洇散现象明显，无抑压力痕迹；图文上时有露白，边缘点状墨迹独立明显。根据墨迹（点）和网点的筛查比对，认定检材中的 48 枚印文不是直接盖印形成，而均为平版印刷成品，不具备进一步与样本比对检验进行同一认定的前提。案件侦破后办案人员反馈消息，涉案材料系作案人利用自家小型印刷作坊制版印刷形成。

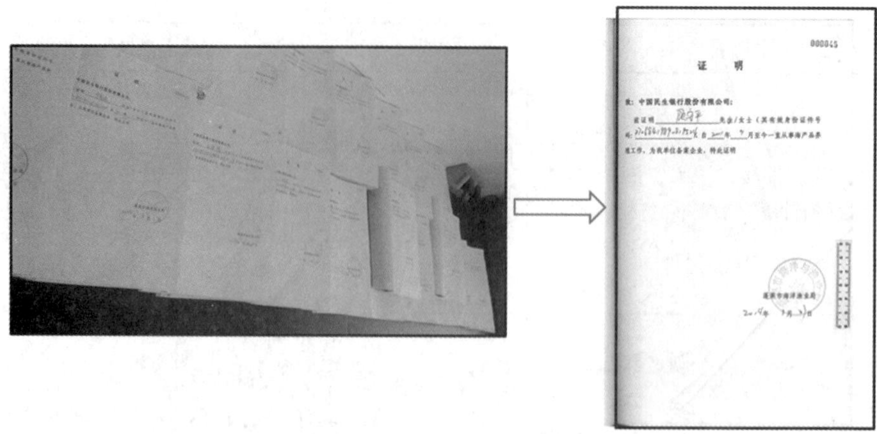

图 3-4-9　检材原貌图片

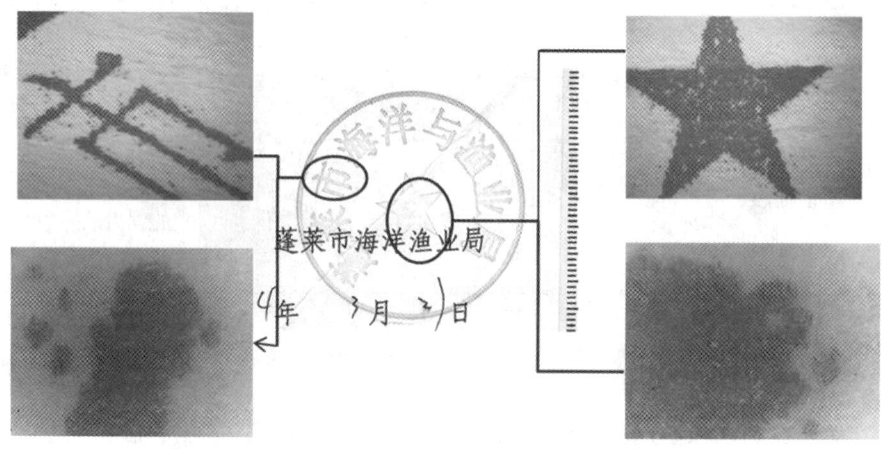

图 3-4-10　检验图片

案例 2：在一起涉嫌走私案件中，查扣的货物上配有相关产品质量合格证（以下简称检材），办案单位要求对检材上内容为“××质量监督局检验检疫专用章”印文与提供样本的同一性鉴定，来确定合格证的真伪性。

一是分析检材。检材上的合格证为印刷图文，其中印文为红色、圆形，色泽均匀、清晰。400 倍显微镜下观察发现，印迹凸起的立体感明显，色料呈现沙砾状簇聚，判断印文为影写凹版印刷品，如图 3-4-11 所示。

二是分析样本。样本上同名印文的亦为色泽均匀的红色圆形印文。400 倍显微镜下观察发现，印迹平实，无立体感，单色（红色）网点呈交连状分布，判断印文为平版印刷形成，如图 3-4-11 所示。

三是综合评断。检材和样本上同名印文印迹的微观特征，充分表现出印刷品的显著特征；而两者特征的明显差异，反映出不同印刷方式的效果。因此，检材和样本中的同名印文虽然都是印刷形成，但却是不同印刷版型印刷形成。

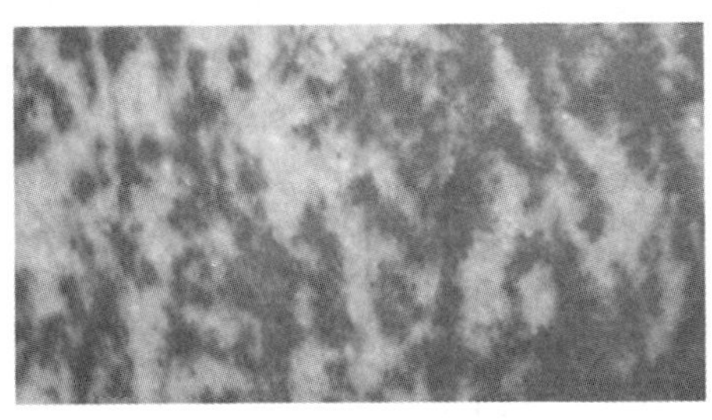

图 3-4-11　检验图片（左图为检材；右图为样本）

案例 3：在一起爆炸案件中，现场提取到一片残缺的牛皮纸包装物，其上有部分图文怀疑是残留的红色印文，如果确定是盖印印文将会对案件侦查提供一定线索。

一是特征表现。经检验，检材上残留图文为红色、清晰；墨色饱满，墨迹较实；图文边缘存在明显中淡边浓的“挤墨”现象，反映出凸版印迹特征。进一步显微检验发现，印迹的墨层厚实，图文凸凹痕迹的手感触摸明显；笔画和线条无露白、断线特征；印迹表面呈现金属光泽，如图 3-4-12 所示。

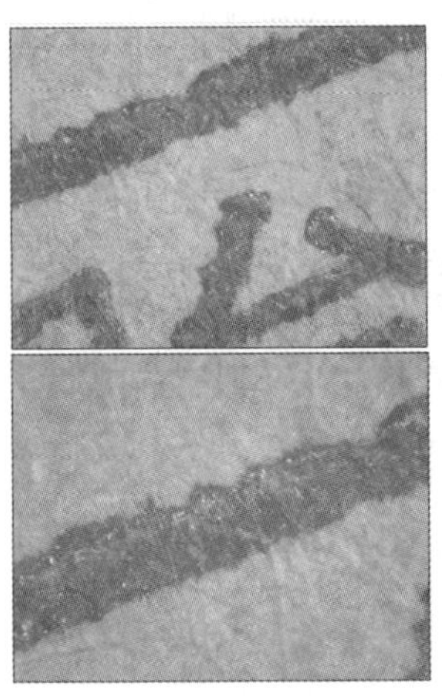

图 3-4-12　检验图片（上行 100 倍，下行 220 倍）

二是特征分析。上述特征与盖印印迹浓淡不均，色料渗透、洇散现象存在明显差异。分析判断检材上残留的图文是凸版印刷形成，而不是盖印印文。虽然鉴定结论可能否定了物证为侦查提供线索的作用，但是从澄清事实方面辨别了物证的证据价值。

本章小结

本章通过对印文的非制版印刷（打印、复印、数码印刷）和制版印刷（凸、平、凹、孔版）制作方式所表现出的微观特征的形态学比较研究，得出以下结论：

第一，蘸墨型印章在盖印时，印台底纹特征可能在印文中得到反映，是印文差异点评断的考虑因素；光敏印章中印油混用后形成的印文“露白”分布特征呈规律性变化，其与时间的关系曲线，可以为印文形成时间检验提供依据。

第二，彩色激光打印印文的墨点种类、聚集形态、分布形态特征可以区别不同品牌或型号的打印机；利用图像容差值的调整，可以控制喷墨打印彩色墨点的表现，解释彩喷高仿真印文的形成机理；加网密度不同的数码印刷印文的墨点形态特征表现差异，显著区别于打印或复印印文特征。

第三，网点所构成的印品“指纹”特征能够构成印刷品同一认定和种属认定的基础。网点形状、面积、分布及其在承印物表面上的渗透和扩散等属性所反映的微观形态特征，不仅能将制版印刷与盖印、非制版印刷（打印、复印、数码印刷）印文相区别，而且能够有效区分四大印刷版型（凸、平、凹、孔版）的种类，并能够进一步细化版型中的具体制版方式（如凹版中的手工雕刻版、机械雕刻版、影写版、激光雕刻版、电子雕刻版），并识别个性化制版技术。

利用印文微观点迹特征（墨点、墨迹和网点）特征分析鉴定印文形成方式的操作关键在于显微镜的合适选择（400 倍以上），印文检验区域的恰当选择（色调连续变化的区域或浅色图文部分），准确挖掘案件信息（现场信息、调查信息以及扩展信息等）。基于微观点迹特征鉴别印文制作方式的检验方法准确度高，操作便捷，是一种无损、快速的鉴别技术。

第四章　基于电阻测量法鉴别黑色含碳笔朱墨时序的研究

第一节　概　　述

一、电阻测量技术的提出

电阻是表示导体对电流阻碍作用的物理量。文件检验技术领域的电阻测量法是指将一定长度的字迹笔画看作物理学电路中的“电阻元件”，依据黑色含碳书写色料中炭黑的导电性能，通过测量笔画电阻数值区分书写色料种类和判断朱墨时序的一种无损检验方法。2007 年，中国人民公安大学黄建同教授首次提出将电阻测量法应用于含碳笔种类鉴别中的思路①，之后结合石墨的导电性、杂化轨道理论及欧姆定律，从理论层面阐述了电阻测量技术的原理②，同时开展了与之相关的实验论证和配套仪器的研制开发。

黑色含碳笔书写的字迹具有墨色浓重、附着力强、持色长久和不易消退等特点，一直是书写字画、管理档案、填写票据及签署合同等正规活动必备的书写色料。经调查，现阶段市场上近 70% 的黑色签字笔墨水成分含碳。由于碳化学性质极其稳定，对黑色含碳笔形成的添改文件的检验一直是文检领域的难点和热点③。电阻测量法基于不同黑色含碳笔画导电性能的差异性本质，融合仪器测量数据的直观反映，突破光学检验、形态学观察及化学分析的检验思

① 黄建同，腾冲．万用表测量字迹电阻方法的初步研究［J］．刑事技术，2007（6）：17-19.

② 黄建同．测量字迹电阻法判断添加变造字迹的原理探讨［J］．中国人民公安大学学报（自然科学版），2010（1）：5-8.

③ 韩伟，黄建同，张玉省．电阻测量法和光谱成像技术联用鉴别添改变造字迹［J］．刑事技术，2015（4）：131-134.

维，以弥补传统检验方法的不足为出发点，为文检技术领域添改文件的量化检验提供了一个新的发展方向。

在电阻测量法的相关研究中，黄建同首先利用万用表测量字迹电阻，依据电阻数值的表现区分黑色签字笔种类，从理论层面论证了该方法在鉴别添加变造文件方面的可行性。曹广涛等人[①]利用该方法对常见的 30 支黑色签字笔进行了细化区分实验，并在仪器操作规范性方面提出了改进建议。于璐[②]采用研制成型的三代电阻仪，对 220 支黑色签字笔、钢笔墨水、圆珠笔以及铅笔四类笔进行测试，指出电阻测量法仅适用于黑色签字笔种类的区分检验，可依据笔画电阻数值的有无将黑色签字笔分为含碳和不含碳两大类，并将含碳签字笔进行了进一步区分。林建成[③]对 143 支黑色签字笔的笔画电阻值进行交叉实验，认为不同黑色签字笔电阻值的差异性区分率可达到 81. 79%，为添改文件的鉴别提供了依据。韩伟等[④]利用电阻测量法，成功鉴别一起字迹添改案件，从鉴定实务层面验证了该技术方法的实用性。同时，黄建同等[⑤]利用电阻法测量法对朱墨时序问题做了初步研究，以“是否可以测得交叉部位字迹笔画电阻数值”作为判断指标，但并未对诸多影响因素进行深入研究，尚缺乏统计分析的量化依据。

二、电阻法测量笔画电阻的原理[⑥]

黑色签字笔墨水所用的色基颜料是颗粒度极细、接近于纳米级的优质乙炔碳黑，其与色基染料、辅料必须完全互溶，避免气泡、粒子凝聚体的形成[⑦]。色料中的碳黑是一种无定形碳，具有 SP^2 网状组织的平面结构的微晶形石墨，

---

① 曹广涛．黑色签字笔添改字迹无损检验实验研究［D］：［硕士学位论文］．北京：中国人民公安大学，2011.

② 于璐．电阻测量法在污损文件检验中的应用研究［D］：［硕士学位论文］．北京：中国人民公安大学，2014.

③ 林建成．拉曼光谱和电阻仪检验黑色签字笔添改文件的实验研究［D］：［硕士学位论文］．北京：中国人民公安大学，2015.

④ 韩伟，黄建同，张玉省．电阻测量法和光谱成像技术联用鉴别添改变造字迹．刑事技术，2015（4）：131-134.

⑤ 黄建同，于璐，韩星周．测量字迹笔画电阻判断朱墨时序和添改文件的新方法．国际文件检验鉴定技术理论与实践［M］．北京：中国人民公安大学出版社，2013：156-162.

⑥ 韩伟，黄建同，张玉省．电阻测量法和光谱成像技术联用鉴别添改变造字迹［J］．刑事技术，2015（4）：131-134.

⑦ ［日］川合知二主编，陆求实译．图解纳米技术［M］．上海：文汇出版社，2004：123.

其化学性质稳定。字迹书写形成后，笔画中的碳含量基本恒定。

笔画电阻测量法以碳原子 SP^2 杂化结构解释碳的导电性为切入点，从含碳物质均可导电的特性衍生出含碳字迹中电阻测量的可行性为原理。根据电阻率 $R=\rho \cdot L/S$，其中 ρ 是电阻率，L 是长度，S 是横截面积。如果待测量的字迹笔画 L 和横截面积 S 一定，那么电阻率 ρ 与电阻具有对应关系。由于不同品牌、不同型号的含碳笔墨水的配方各不相同，电阻率 ρ 必然反映出不同墨水的种类差异。

日常书写所使用的黑色签字笔的书写色料成分存在差异，有的含碳，有的不含碳，含碳色料其含碳量也各不相同，电阻测量法是基于对含碳笔的阻值测量，对黑色签字笔色料进行区分。电阻值的测量结果存在两方面衡量标准：一方面，电阻值的有无是判断色料是否含碳的“界限”；另一方面，电阻值的大小是衡量色料含碳量多少的“天平”。均为黑色含碳色料书写的不同笔画，依据测得笔画电阻数值来推断字迹色料中含碳量的多少来区分不同的含碳笔种类。因此，通过测量一定长度黑色签字笔字迹笔画电阻，根据字迹笔画电阻的大小差异反映黑色书写字迹色料成分的不同，可以鉴别可疑字迹是否存在添改的事实。

例如，在一起涉嫌篡改档案的案件中，利用电阻测量法鉴别出检材中的“五”是由“三”添改形成，从而为澄清案件事实提供了关键证据，如图 4-1-1 所示的案件中的检材。

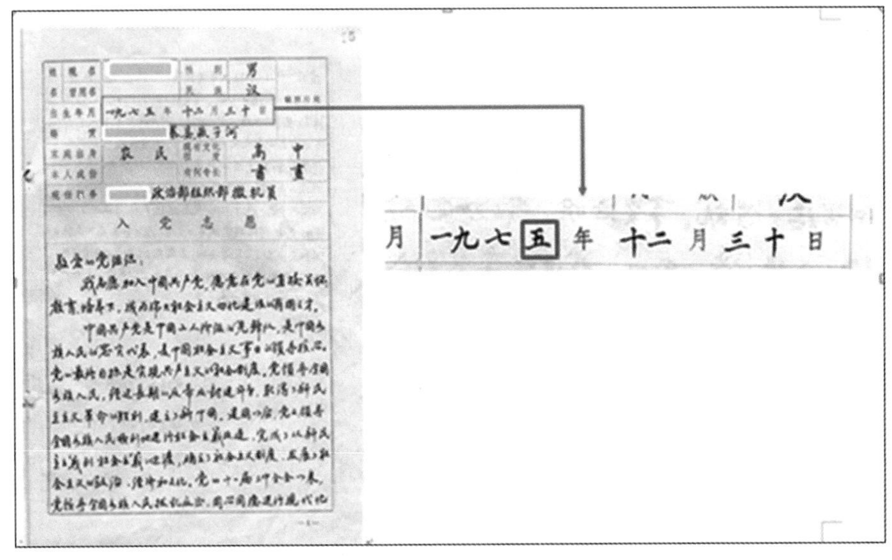

图 4-1-1　案件检材

（一）检验与分析

1. 分析检材

根据案情分析，本案的焦点集中于检材“入党申请书”上的重要内容“出生日期”栏中的字迹是否存在变造，而其中“一九七五”中的“五”字是唯一具有重要意义并最有可能被变造的关键部分。因此，单字“五”字中各个横竖笔画墨迹种类、笔痕特征、笔画的布局、运笔以及书写压力大小等特征是本检验的重点。

2. 显微检验

借助显微镜放大设备观察发现：纸张不存在纤维翘起或断裂等现象；可疑字迹或笔画衔接处不存在露白，重叠、变粗、颜色加重等特征；根据纸张纤维上的色料堆积特征，可疑字迹笔画不存在反起笔、反运笔、反笔顺等现象；纸张无折叠、擦刮、消退或添改导致笔画变粗、变形、间断、墨迹洇散等现象。虽然检材中未表现出上述添改痕迹，但并不能排除存在采取其他较高技术操作手段进行变造的可能性。

3. 光学检验

利用 VSC-5000 文检仪，在强光源 725nm 和长通滤色片 856nm 红外光源下，“五”字各笔画完整清晰可见，三条横笔画之间、横笔画和两条竖笔画之间颜色略有差异。由于该颜色差异在原始笔画之间、原始笔画和可疑笔画之间均有所表现，因此不能辨别此差异特征是同一支笔书写时受运笔条件等因素影响造成的还是两支不同色料的笔书写形成的，但可以判断“五”字的各笔画均为含碳黑色笔书写形成。

4. 电阻测量法检验

该案中，“五”字各笔画均为黑色含碳笔书写，字迹色料种类具备电阻测量法适用条件，因此对检材中的相关字迹笔画电阻测量是判断添改字迹的有效手段。第一步，对“五”字各笔画初步测量，均测出电阻数值，进一步印证了“五”字的各笔画均为含碳黑色笔书写形成。第二步，将“五”字各笔画分解测量，其中三条横笔画的电阻值稳定的表现为“100 KΩ”，“五”字中的两条竖笔画的电阻值稳定的表现为“1200～1400 KΩ”，如图 4-1-2 所示，“五”字各笔画电阻测量点及电阻值归一化谱线。第三步，选取检材中其他字迹（如“九”、“七”、“十”、“金”、“县”）笔画进行多次测量，笔画的电阻值稳定的表现为“100 KΩ”，如图 4-1-3 所示，检材中其他字迹笔画电阻测量点及电阻值归一谱线。

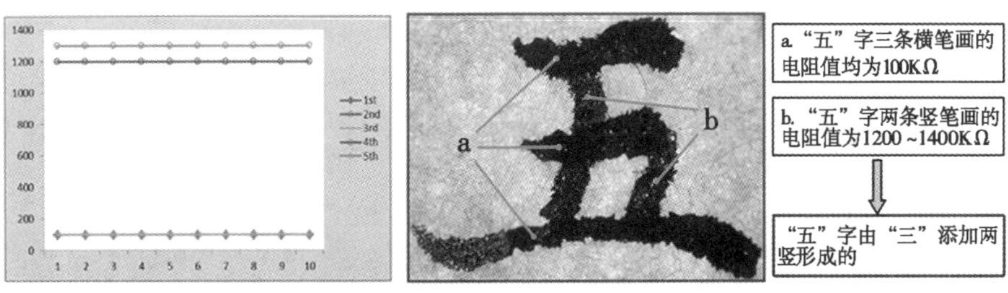

图 4-1-2 "五"字各笔画电阻测量点及电阻值归一化谱线

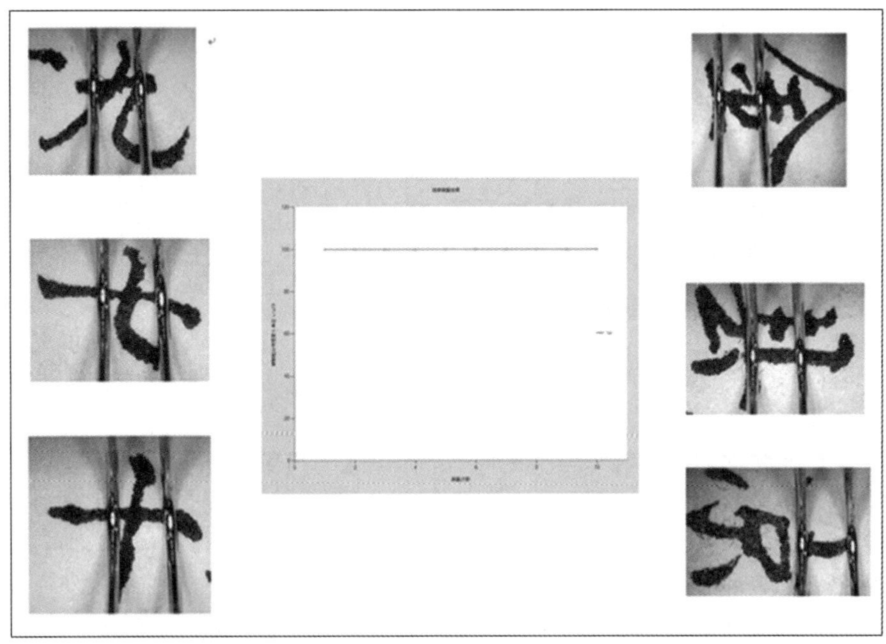

图 4-1-3 检材中其他字迹笔画电阻测量点及电阻值归一化谱线

5. 多光谱技术检验

该案中，将所要进行光谱分析的笔画分为三类：第一类为"五"字中的三条横笔画，第二类为"五"字中的中的两条竖笔画，第三类为检材中其他字迹（如"七"、"九"）的笔画。经成像谱图显示，第一类和第三类笔画的曲线谱图基本一致，而与第二类笔画在 650~700nm 范围的曲线谱图明显差异，如图 4-1-4 所示。

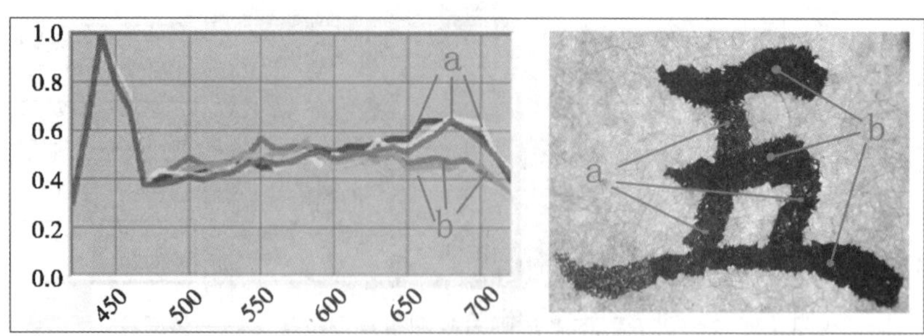

图 4-1-4 "五"字各笔画光谱曲线图

(二) 结论与讨论

经电阻测量法检验，"五"字中各笔画电阻值稳定，其中三条横笔画和两条竖笔画电阻值差异明显，反映出两者色料中含碳量不同；经多光谱技术验证检验，"五"字中各笔画图谱表现稳定，其中三条横笔画和两条竖笔画光谱图曲线差异明显，反映出两者色料的反射光亮度分布不同。通过电阻测量法所得到的阻值差异，可以判断"五"是由"三"添改变造形成的。

三、电阻法测量朱墨时序的原理

含碳签字笔的笔画电阻的测量原理，为应用该方法鉴别朱墨时序的研究思路提供了理论依据。

第一，根据印文色料和黑色签字笔笔画墨迹的物质成分分析，黑色含碳签字笔色料中含有的炭黑成分具有一定的导电性，而印泥（油）的导电性较差。两者导电性的差异为电阻测量法检验黑色含碳签字笔字迹与印文形成先后顺序提供了客观条件。

第二，根据朱墨时序材料中印文色料和笔画墨迹的分布特征分析，签字笔的硬笔头在书写时容易在纸张表面形成凹形沟痕，沟痕中的字迹和印文色料相互重叠构成了具有层次的立体结构，即纸张基底层、黑色墨迹层和红色印迹层，如图 4-1-5 所示。

在先墨后朱（先字后章）时，印文色料处于表层，覆盖了字迹色料，但处于底层的字迹笔画完整、连贯，墨迹均匀，能够保持笔画的导电性，如图 4-1-6a 所示；在先朱后墨（先章后字）时，印文色料先附着于纸张表面，交叉点处的印文色料阻断了字迹色料与纸张的直接接触，易使墨迹在印文色料表面形成断笔、露白、驻墨等现象，破坏了含碳笔画的连续性，从而影响笔画的导电性，如图 4-1-6b 所示 。因此，不同时序交叉部位字迹色料与印文色料的层次差异为电阻测量法检验黑色含碳签字笔字迹与印章印文形成先后顺序提供了可行性依据。

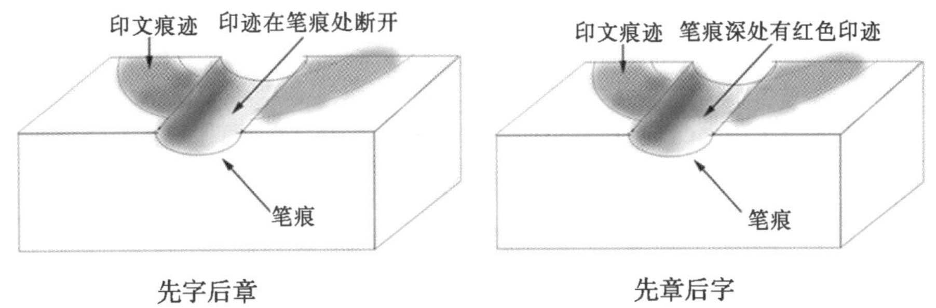

图 4-1-5　黑色签字笔与印文色料交叉形成时序的立体层次示意图

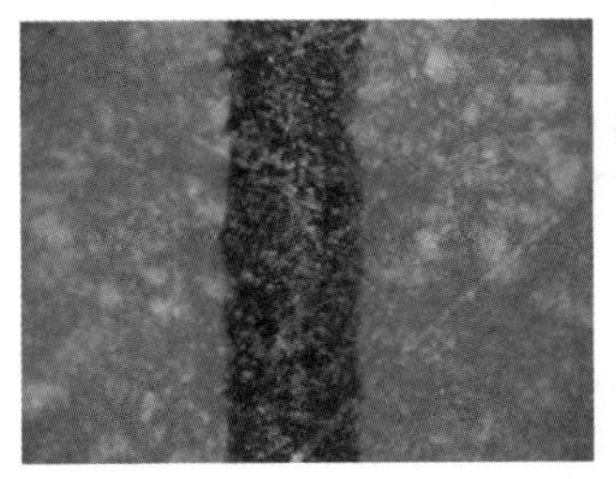

a. 先字后章时交叉部位局部图

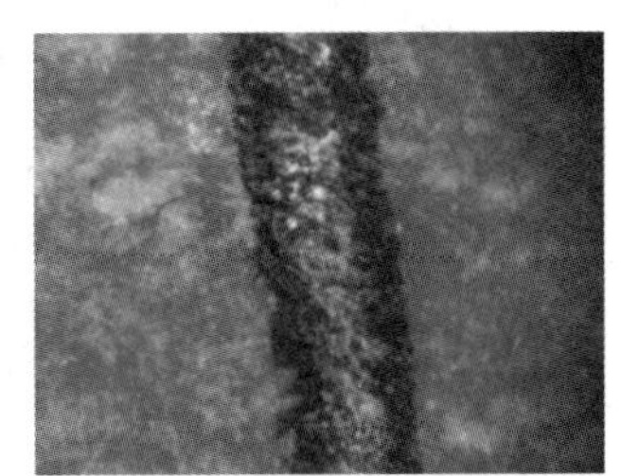

b. 先章后字时交叉部位局部图

图 4-1-6　显微放大观察黑色签字笔字迹与印泥印文交叉部位（200 倍）

第三，根据欧姆定律及相关电路原理分析，先墨后朱时，字迹笔画连续，笔画作为一段碳颗粒分布均匀的导电体在电路连接时可形成闭合的电流回路，利用电阻测量仪能够测得该段含碳笔画的电阻数值；先朱后墨时，字迹笔画容易断续，无法形成有效的闭合电路，因此其电阻值不易测得或阻值偏高。字迹电阻测量仪器的研制，为电阻测量法检验黑色含碳签字笔字迹与印章印文形成先后顺序提供了应用保障。

第二节　实验材料和方法

一、实验仪器

（一）仪器设备

电阻测量法使用的仪器为便携式含碳笔鉴别工作站（中国人民公安大学与彩虹模识科技有限公司联合研制），以宏观电阻数值的形式反映黑色字迹油墨中的含碳量。该仪器经历了技术创新，以强化操作的稳定性和优化测量数据的精确度为核心，成功研制出 DZY-1 至 DZY-1 四代样机，由手动测量发展到半自动化测量，获取结果更加便捷、直观，已应用于实际研究和办案。

本实验使用的是2013年研制的最新一代黑色字迹电阻测量装置（如图4-2-1所示）。该电阻测量仪采用自主研发的测试软件和处理系统，通过探测头采集信号，内置高速视频转换器应用数学计算实现高精度测量和电阻计量功能，实现电阻信号可视化，达到对黑色含碳签字笔电阻数据的获取。

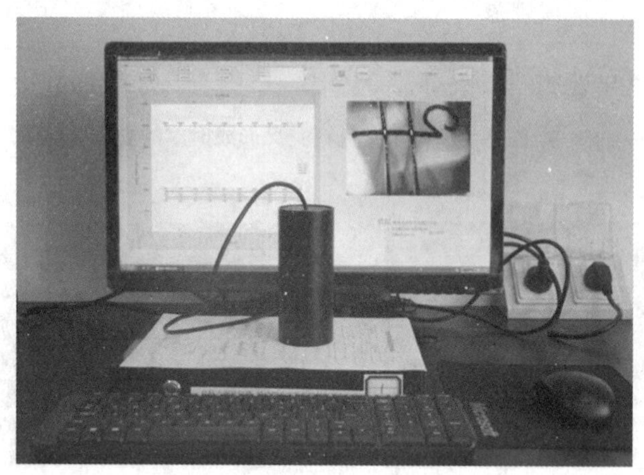

图4-2-1　黑色字迹电阻测量仪

（二）仪器性能及参数

黑色含碳笔工作站主要由主控部分（主机）、电阻测量模块（探头）、液晶显示模块（屏幕）和数据存储模块（硬盘）构成。其核心部件为主机和探头，主机内置自主研发的测试软件和处理系统，探头内有高速视频转换器和红外灯装置，探头通过USB接口和P型圆形连接器与主机连接，如图4-2-2所示。

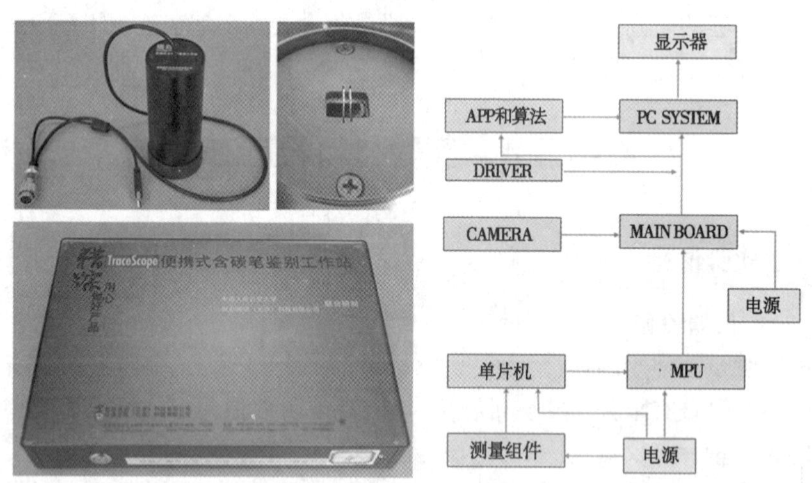

图4-2-2　黑色字迹电阻测量仪主要部件及内部结构示意图

字迹电阻测量仪为嵌入式工作站形式，具备电阻测量、图像采集、数据转换和红外探测等多种功能。通过探针测量固定长度笔画的电阻值，利用图像识别多通道信息融合技术。将笔画电阻数值转化成电信号在屏幕中读取，并具备一点多次测量、测量点实时监控以及数据修正等功能，如图 4-2-3 所示，5 支黑色含碳签字笔的测量谱图。

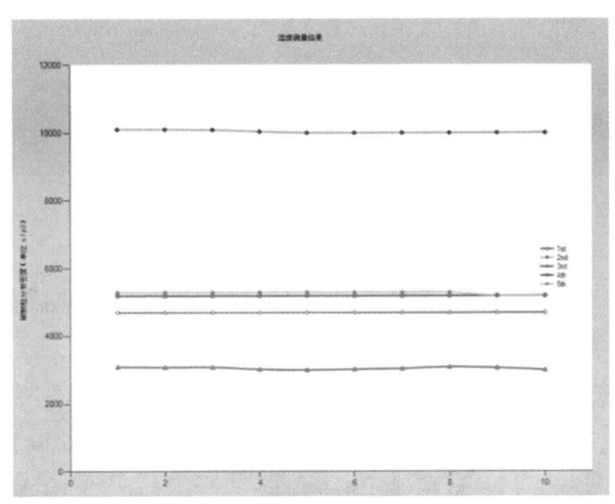

图 4-2-3　5 支黑色含碳签字笔的电阻值归一化谱图

1. 电阻测量功能

应用数学计算实现高精度测量和电阻计量功能。测量的端口为金属探针，设计专门适用于字迹笔画电阻测量专用材质的 U 形“镀金磷铜”探针，探针距离 2mm，接触压力恒定设计，排除接触电阻误差，保证测量数据的可靠性。有效量程 10~2000000KΩ，探针根据笔画电阻自动快速切换量程，根据实际需要可切换单次测量和多次测量。

2. 图像采集功能

图像采集待测笔画影像，实时读取测量图像信息，准确选择测量点。文件上字迹是动态痕迹，笔画细短，受书写条件等因素的影响易形成部分“露白”、“断笔”等现象，不便于肉眼识别测量。采用 300X 视频放大率，准确定位分析，有利于减少因取点造成的测量误差，保证实验数据的稳定性。

3. 数据转换功能

数据转换将适时采集的电信号转化为可视数字信号，以数值和图线形式反映在视屏终端。通过对常见黑色字迹色料测试研究，字迹的电阻数值范围分为四个档次：无穷大，1000~2000MΩ，10~100MΩ，10MΩ 以下。参照测量分析结果设计电脑系统控制软件，以保证测量结果的准确性和稳定性。

4. 红外探测功能

根据不同书写色料对红外光的吸收、反射特性差异，设置红外检测装置，实现红外检验和电阻测量的同步进行，达到对含碳笔画与染料笔画的有效区分。

二、实验材料

（一）实验材料的筛选

1. 印章及印文色料的选择

（1）印章种类的选择。

一是激光雕刻蘸墨橡胶印章两枚：蘸墨雪奥牌印泥的印章一枚（编号 1），蘸墨得力牌印油的印章一枚（编号 2）。

二是自含墨印章三枚：光敏印章一枚（编号 3）、热压渗透印章（编号 4），激光雕刻渗透印章一枚（编号 5），如图 4-2-4 所示。

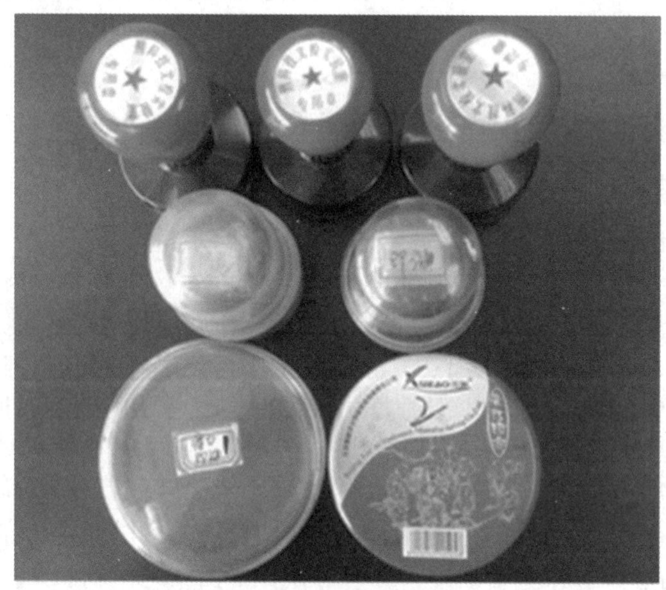

图 4-2-4　实验选用的印章及印泥（油）原貌

（2）印泥（油）的检验。将上述 5 枚印章的印泥（油）进行拉曼光谱检验。在相同实验条件下，除 4 号印章的印油样品无法获得散射信号外，其余 4 枚印章的印泥（油）样品的拉曼谱图存在差异，如图 4-2-5 所示。拉曼光谱检验表明，实验中的 5 枚印章所用的印泥（油）的物质成分不同。

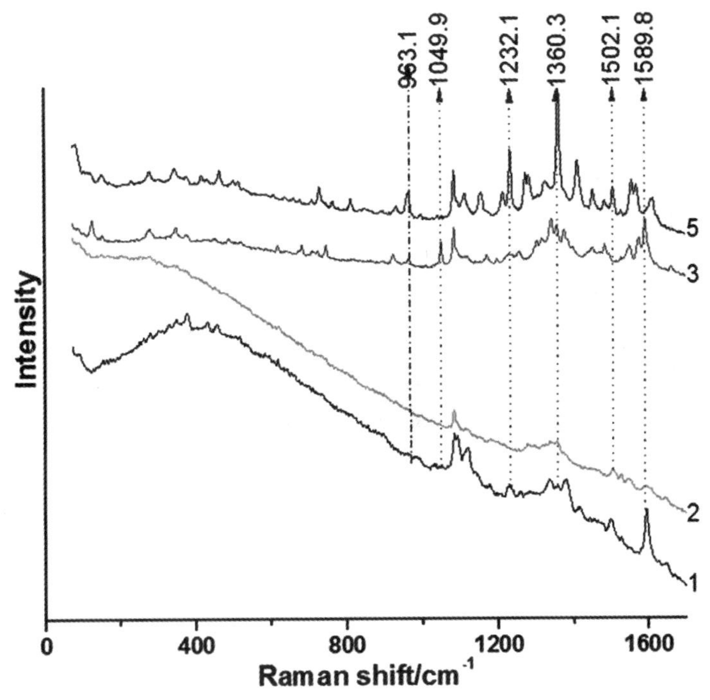

图 4-2-5　四种印泥（油）的拉曼光谱图

2. 纸张的选择

（1）发票收据纸，定量 28g/m²，自然光下白色，长波、短波紫外下有强烈荧光。

（2）中国人民公安大学信笺纸，定量 50g/m²，自然光下淡黄色，长波、短波紫外下有强烈的荧光。

（3）作业本书写纸，定量 60g/m²，自然光下淡黄色，长波、短波紫外下有微弱的荧光。

（4）特级蓝旗舰（A4）静电复印纸，定量为 70g/m²，自然光下呈白色，长波、短波紫外下有强烈的荧光。

（5）铜版纸，定量 80g/m²，自然光下呈白色，长波、短波紫外下有强烈的荧光。

3. 黑色含碳签字笔的筛选

签字笔含碳性是电阻测量仪实验的前提条件。常见的签字笔油墨成分可分为三种类型：一是由炭黑组成；二是由炭黑和其他染料共同组成；三是由染料组成，即由单色或多色染料拼色制成①。本实验选择30支黑色签字笔制作字迹样本（如图4-2-6所示），利用光学检验、薄层层析检验、拉曼光谱检验和电阻测量检验进行筛选实验。

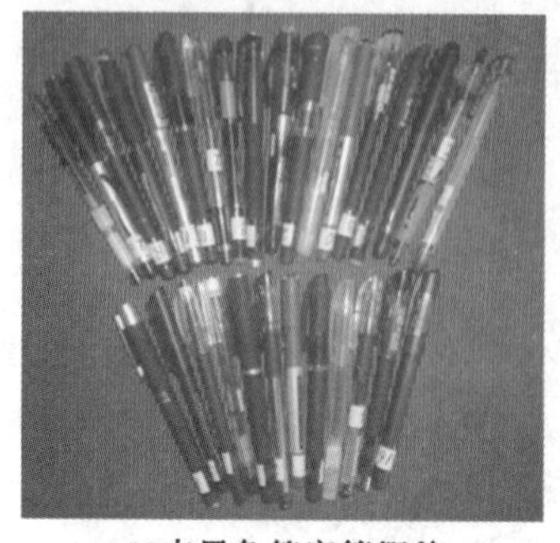

a.30支黑色签字笔概貌　　b.30支黑色签字笔书写笔画

图4-2-6　黑色签字笔图示

（1）筛选实验。

一是光学检验。利用VSC-5000文件检验仪，在365~1000nm范围内进行光学检验，如图4-2-7所示。

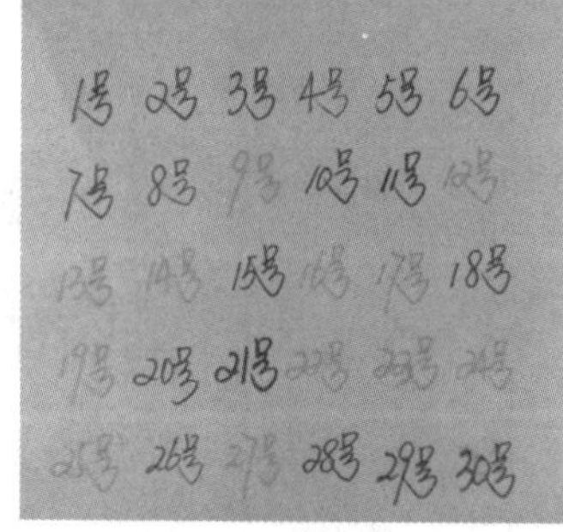

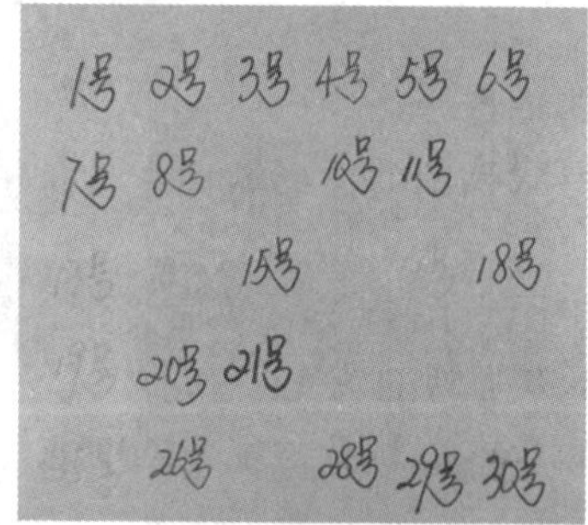

a.570nm光检验　　b.856nm光检验

图4-2-7　黑色签字笔光学检验图示

结果表明：

Ⅰ类，18支字迹笔画1、2、3、4、5、6、7、8、10、11、15、18、20、21、26、28、29、30，在570~856nm范围内的光学表现稳定，字迹笔画始终清晰可见、字迹颜色无明显变化。

---

① 黄建同．污损文件检验与字迹显现新技术［M］．北京：中国人民公安大学出版社2008：28.

Ⅱ类，5 支字迹笔画 12、13、16、17、19、25，在 570~856nm 范围内的光学表现变化，字迹笔画虽然清晰可见，但字迹颜色逐渐暗淡。

Ⅲ类，7 支字迹笔画 9、14、22、23、24、27，在 570~856nm 范围内的光学表现变化，字迹笔画由清晰可见、逐渐暗淡直至完全消失。

二是薄层层析检验。将 30 支黑色签字笔字迹色料进行薄层层析检验。实验条件：无水乙醇和蒸馏水按 1∶1 的比例配置成 50% 乙醇的提取剂，丁酮、正丁醇、水、冰乙酸按照 14∶10∶6∶1 的比例配置成展开剂。实验效果如图 4-2-8 所示，结果如表 4-2-1 所示。

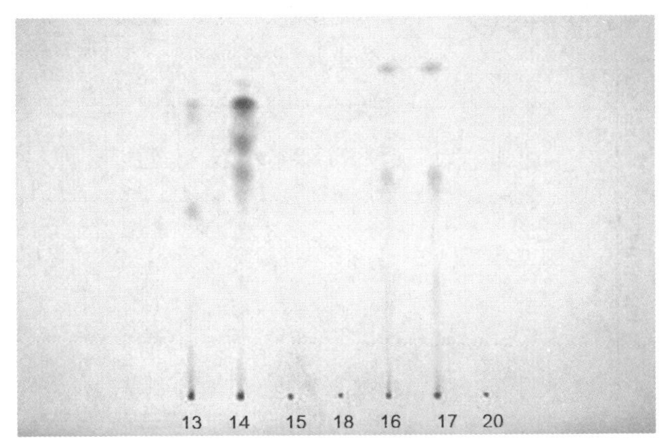

图4 2 8　7支黑色签字笔薄层层析效果图

表 4-2-1　30 支黑色签字笔薄层层析实验结果统计

笔编号	实验结果
1、2、3、4、5、6、7、8、10、11、15、18、20、21、26、28、29、30	完全不能被展开
12、13、14、16、17、19、25	能够展开多色斑点，原点还有部分黑色成分没有被完全展开
9、22、23、24、27	全部能够被展开

结果表明：

Ⅰ类，18 支笔黑色色料仍保留在原点不能被薄层层析展开，墨水色料中以炭黑成分为主；

Ⅱ类，7 支笔黑色色料能够被薄层层析展开多色斑点，原点还有部分黑色成分没有被完全展开，墨水色料由炭黑和其他染料共同组成；

Ⅲ类，5 支笔黑色色料全部被薄层层析展开，展开后的斑点及原点均不含黑色成分，黑色墨水由单色或多色染料拼色制成。

三是拉曼光谱检验。将30支黑色签字笔油墨进行拉曼光谱检验。实验条件：采用Renishaw InVia激光显微共聚焦拉曼光谱仪（英国Renishaw公司），激光波长532nm，曝光时间20秒，1%激光功率，扫描范围100~2000cm^{-1}。

实验结果表明，签字笔字迹油墨的拉曼谱图分为四类：

Ⅰ类，拉曼光谱呈现“鼓包”状，在1350cm^{-1}和1600cm^{-1}附近出现散射峰位，反映出碳峰的明显标志①，如29号字迹油墨的拉曼谱图，如图4-2-9所示。出现该类特征谱图的字迹油墨有1、2、3、4、5、6、7、8、10、11、15、18、20、21、26、28、29、30。

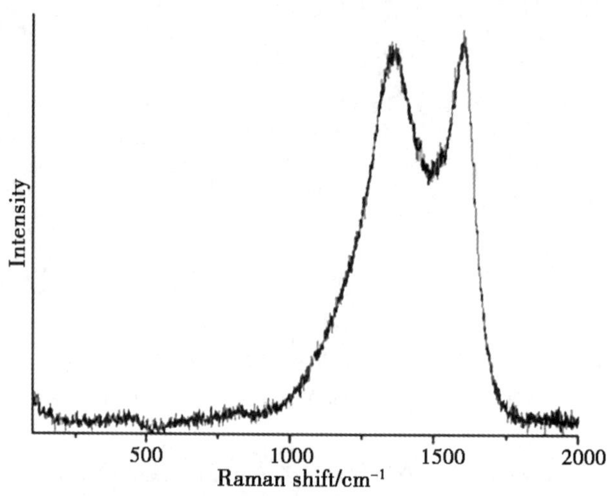

图4-2-9　29号黑色签字笔油墨的拉曼光谱图

Ⅱ类，拉曼光谱呈现多个峰位。如25号字迹油墨的拉曼谱图所示（如图4-2-10所示），主要在1090cm^{-1}、1210cm^{-1}、1346cm^{-1}、1390cm^{-1}、1430cm^{-1}、1600cm^{-1}附近有散射峰。出现该类特征谱图的字迹油墨有22、23、24、25。

① 许可，梁鲁宁，连园园．线聚焦显微激光拉曼光谱技术区分激光打印墨粉［J］．中国司法鉴定，2011，55（2）：22-30.

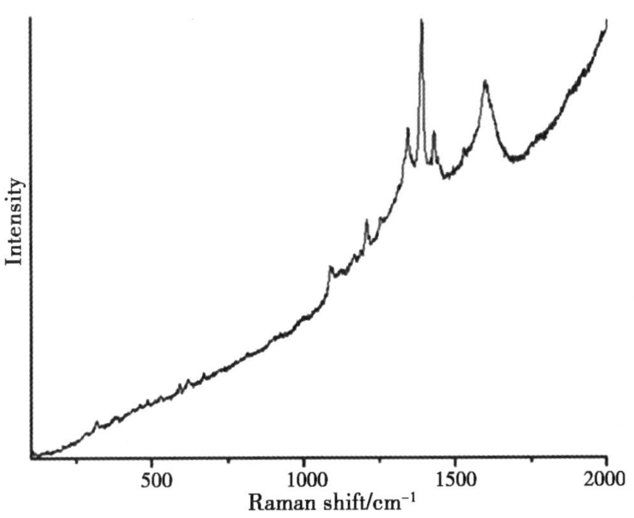

图 4-2-10　25 号黑色签字笔油墨的拉曼光谱图

Ⅲ类，拉曼光谱呈现混合峰，如 19 号字迹油墨的拉曼谱图（如图 4-2-11 所示），同一墨迹在不同测量位置，检验得到不同的谱图。出现该类特征谱图的字迹油墨有 12、13、17、19。

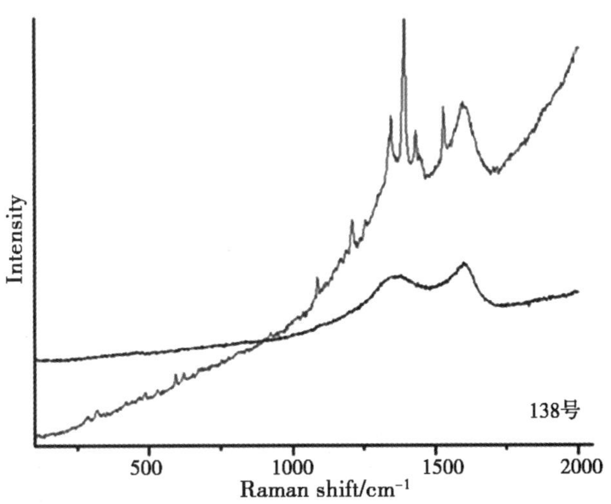

图 4-2-11　19 号黑色签字笔色料拉曼光谱图

Ⅳ类，拉曼光谱无明显散射峰。油墨中物质组分荧光性较高，在该实验条件下出现信号饱和，得不到具有拉曼特征峰的拉曼光谱。出现该类特征谱图的字迹色料有 9、14、16、27。

四是电阻测量检验。将 30 支黑色签字笔字迹笔画进行电阻测量检验。实验结果如表 4-2-2 所示。

表 4-2-2　30 支黑色签字笔字迹笔画电阻测量结果（单位：MΩ）

笔编号＼测量次数	1	2	3	4	5	6	7	8	9	10
1 号笔	12. 5	14. 1	15. 4	14. 8	17. 2	15. 6	15. 6	17. 4	17. 4	17. 4
2 号笔	1650	1750	1380	1490	1850	1550	1230	1740	—	—
3 号笔	440	125	225	655	130	150	275	300	120	110
4 号笔	9. 4	1. 0	7. 0	5. 6	10	4. 6	1. 3	3. 7	8. 0	1. 0
5 号笔	1650	1630	1580	1570	1680	1680	1590	1740	1740	1580
6 号笔	1630	1630	1680	1720	—	—	—	—	—	—
7 号笔	1270	1650	1430	1720	1860	1740	1680	1530	1440	1700
8 号笔	300	1400	1200	1800	200	700	1000	1900	1000	300
9 号笔	—	—	—	—	—	—	—	—	—	—
10 号笔	410	710	490	600	250	180	260	60	1050	150
11 号笔	440	1250	225	655	130	50	275	300	120	110
12 号笔	1300	1380	1700	1330	1680	—	—	—	—	—
13 号笔	1220	1410	1540	1480	1680	—	—	—	—	—
14 号笔	—	—	—	—	—	—	—	—	—	—
15 号笔	9. 5	1. 7	7. 5	5. 6	1. 2.	4. 5.	1. 8	3. 6	8. 5	1. 2
16 号笔	—	—	—	—	—	—	—	—	—	—
17 号笔	—	—	—	—	—	—	—	—	—	—
18 号笔	230	370	610	220	940	630	850	760	790	800
19 号笔	1580	1580	1630	1740	1820	—	—	—	—	—
20 号笔	0. 1	2. 0	0. 9	0. 4	0. 8	0. 8	0. 7	1. 8	1. 0	1. 2
21 号笔	730	400	620	860	640	1470	980	390	1520	710
22 号笔	—	—	—	—	—	—	—	—	—	—
23 号笔	—	—	—	—	—	—	—	—	—	—
24 号笔	—	—	—	—	—	—	—	—	—	—

续表

笔编号＼测量次数	1	2	3	4	5	6	7	8	9	10
25 号笔	—	—	—	—	—	—	—	—	—	—
26 号笔	4.4	2.1	8.8	18.0	4.8	7.4	6.6	6.6	5.7	7.8
27 号笔	167	36.4	14.4	49.5	56.0	26.2	100	122	26.3	50
28 号笔	18.9	192.0	28.4	29.7	38.4	17.8	26.5	30.2	33.2	159
29 号笔	4.7	2.8	1.1	0.5	2.2	4.9	1.7	2.2	3.3	1.4
30 号笔	561	626	678	692	545	734	706	606	513	555

注：当电阻值超过量程（>2000MΩ）时，记录为"—"。

(2) 黑色签字笔筛选结果。经光学检验、薄层层析检验、拉曼光谱检验和电阻测量检验四种方法对 30 种黑色签字笔书写字迹进行检测，筛选其中含碳的签字笔作为下一步朱墨时序实验的墨迹材料。

根据数据和图谱统计，其中 22 支黑色签字的油墨中含有碳成分。选择条件：在红外光源 800nm 以上时字迹仍然黑色清晰，薄层层析时色料不能完全被展开，拉曼光谱谱图中存在碳特征峰，电阻测量法可测得笔画电阻数据。将这 22 支黑色签字笔重新编号，统计信息如表 4-2-3 所示。

表 4-2-3 黑色含碳签字笔检验综合信息

编号	品牌	型号	笔头直径（mm）	光学检验（>800nm）	薄层层析检验	拉曼光谱检验	电阻测量检验（MΩ）
1	DeLiSiDa（中国）	S01	0.50	清晰	不能展开	Ⅰ类	12.5~17.4
2	DeLiSiDa（中国）	S66	0.50	清晰	不能展开	Ⅰ类	110~440
3	DeLiSiDa（中国）	S40	0.30	清晰	不能展开	Ⅰ类	1.0~9.4
4	DeLiSiDa（中国）	S812 12.0	0.50	清晰	不能展开	Ⅰ类	1270~1740
5	Mitsubishi（日本）	UM-151	0.38	清晰	不能展开	Ⅰ类	200~1900
6	Mitsubishi（日本）	UBN-176N	0.50	清晰	不能展开	Ⅰ类	60~150
7	Mitsubishi（日本）	UMN-153	0.30	清晰	不能展开	Ⅰ类	500~1250
8	Mitsubishi（日本）	UB-155	1.00	清晰	不能展开	Ⅰ类	1.2~9.5

续表

编号	品牌	型号	笔头直径（mm）	光学检验（>800nm）	薄层层析检验	拉曼光谱检验	电阻测量检验（MΩ）
9	Pilot（日本）	BL-5M-B	0.50	清晰	不能展开	Ⅰ类	220~946
10	Pilot（日本）	BL-G2-5-B	0.50	清晰	不能展开	Ⅰ类	0.1~2.0
11	Gel（中国）	Gel G61	1.00	清晰	不能展开	Ⅰ类	400~1520
12	Gel（中国）	GL-1835	0..50	清晰	不能展开	Ⅰ类	2.1~18.0
13	Schneider（德国）	MAXIMA 885	0.50	清晰	不能展开	Ⅰ类	14.4~167
14	Wan Bao（德国）	MONTBLANk	0.50	清晰	不能展开	Ⅰ类	17.8~192
15	DONG-A（韩国）	3-Zero	0.30	清晰	不能展开	Ⅰ类	0.5~4.9
16	DONG-A（韩国）	NO.31	0.50	清晰	不能展开	Ⅰ类	513~692
17	Zhen Cai（中国）	GP-1826	1.0	清晰	不能展开	Ⅰ类	1270~1860
18	Zhen Cai（中国）	V2088	0.50	清晰	不能展开	Ⅰ类	1230~∞
19	Zhen Cai（中国）	A025	0.50	变淡	展开2个斑点	Ⅲ类	1630~∞
20	Zhen Cai（中国）	0221B	0.70	变淡	展开1个斑点	Ⅲ类	1300~∞
21	Bao Ke（中国）	PC-1128	0.50	变淡	展开2个斑点	Ⅲ类	1220~∞
22	Bao Ke（中国）	Acumen	1.00	变淡	展开1个斑点	Ⅲ类	1580~∞

（二）样本的制作

1. 样本制作方法

先写字后盖章（即先墨后朱，以下简称先墨）样本制作，用实验选用的签字笔在纸张上书写横向笔画，待墨迹晾干后盖印印文，使两者相互交叉；先盖章后写字（即先朱后墨，以下简称后墨）样本制作，用实验选用的印章盖印印文，待印文晾干后，书写横向笔画，使两者相互交叉，如图 4-2-12 所示。

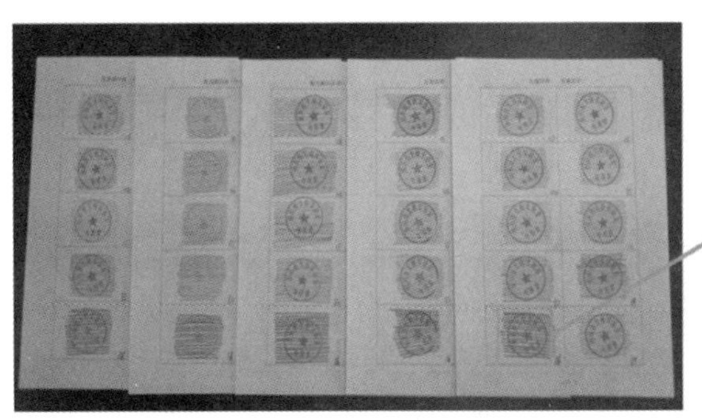

图 4-2-12　实验样本图示

2. 样本制作种类

变换条件制作样本：签字笔种类变化制作样本；印章印文种类变化制作样本；纸张种类变化制作样本；蘸墨印章盖印压力条件变化制作浓、中、淡印文样本；间隔一定时间后，多次制作样本。

三、实验方法

（一）测量点的选择

电阻测量法的具体检验方法是使用专门的黑色字迹电阻测量仪——黑色含碳笔工作站，分别对黑色签字笔字迹笔画与印章印文交叉部位笔画电阻（以下简称交叉笔画电阻）、黑色签字笔字迹笔画与印章印文重叠部位笔画电阻（以下简称重叠笔画电阻）两个部位的电阻进行测量，比较两种不同部位字迹笔画电阻数值在先墨和后墨时的差异，从而判断黑色签字笔字迹与印章印文形成的先后顺序。利用黑色含碳笔工作站检验朱墨时序模拟图如图 4-2-13 所示，实测部位如图 4-2-14 所示。

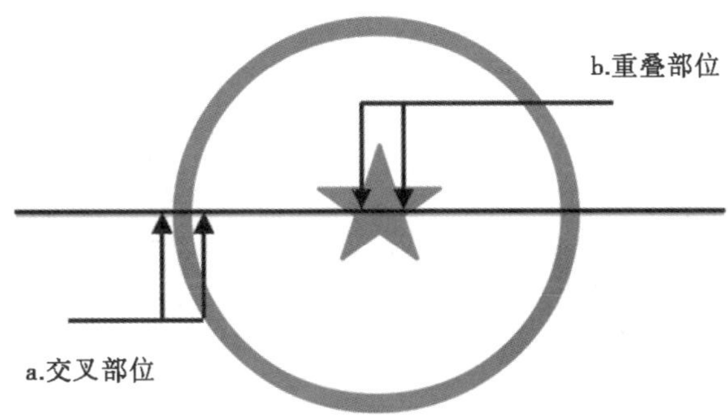

图 4-2-13　电阻测量部位模拟图示

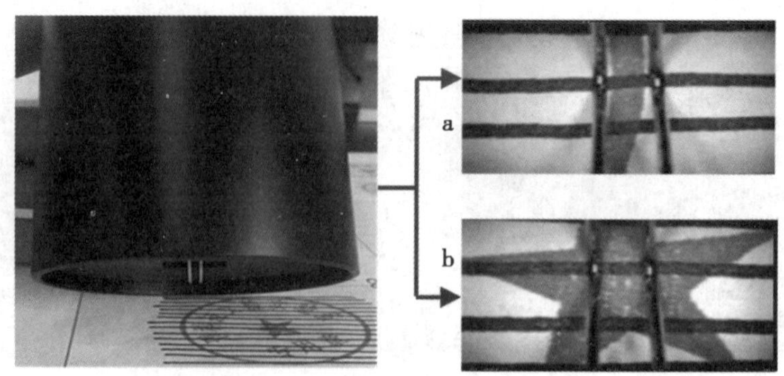

图 4-2-14　电阻测量部位实测图示

（二）测量方式的选择

含碳笔鉴别工作站工作状态有连续测量和单次测量两种模式。一是采取“单次测量”模式，在字迹笔画中分别选取多个点手动逐点进行测量，获得该油墨稳定的电阻数据。二是采取“连续测量模式”，选择测量点，仪器对每个单点自动连续测量十次，每个单点获得一条电阻值归一化谱线，如图 4-2-15 所示。本实验采取连续测量和单次测量两种模式相结合的方式，分别在每类样本中的“交叉笔画”和“重叠笔画”中分别选取 10 个点测量，保证测量数据的稳定性。

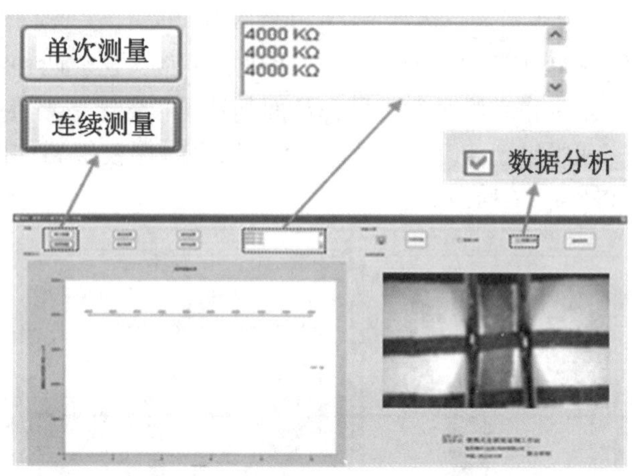

图 4-2-15　测量按钮位置及功能示意图

（三）测量结果的记录

测量过程中，将探针稳定地放于所选择的朱墨交叉部位，进行多次测量，得出稳定的测量值，并记录该数值。电阻测量仪的量程在 2000MΩ 内，若阻值

在量程范围内，可测得具体阻值；若阻值超过量程，测量阻值显示 2000MΩ，记录为“-”。

（四）测量注意事项

任何现代仪器设备的应用无不依赖于“人”的理解与操作。精确实验数据的获得是先进仪器与使用者正确操作相结合的产物。字迹电阻测量仪经过四代产品的更替研发已经达到了仪器便携性、测量连续性和数据稳定性的目的，因此实验中精确的操作是仪器发挥作用的关键。

1. 测量点选择的可靠性

测量点的选择是保证实验数据可靠性的基础。一方面，测量点处的色料要均匀。在墨迹笔画过细处或色料密度较小的部位选点，易受纯纸张的影响，使实际阻值偏高。另一方面，测量点不能选取有明显空白、停顿、转折、重叠的笔画，选择这些节点将会造成阻值的波动变化，无法判断是印文色料的影响还是纸张因素的影响，如图 4-2-16 和图 4-2-17 所示。

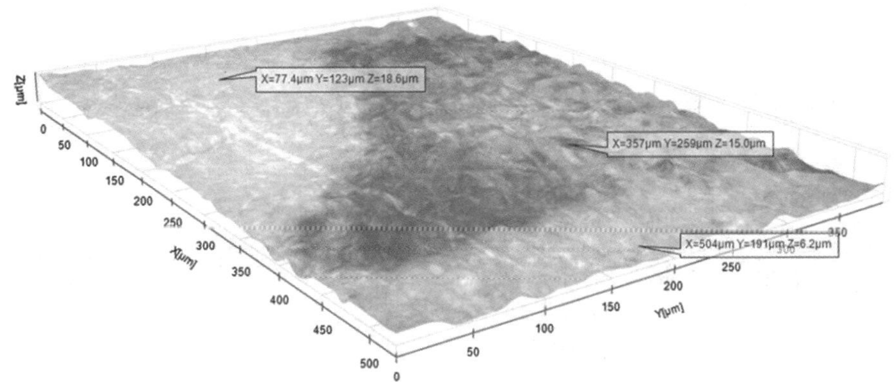

图 4-2-16　印文色料附着于纸张表面的立体图

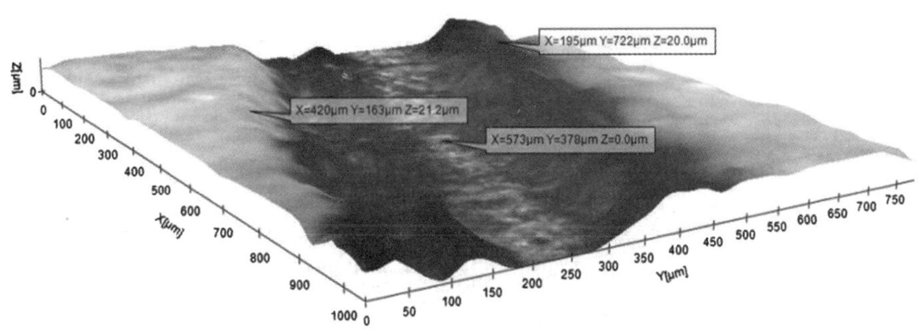

图 4-2-17　黑色墨迹附着于纸张表面的立体图

2. 测量方法的合理性

测量方法的选择是实验数据的稳定性前提。一方面，测量单独一处朱墨交叉部位的电阻时，在该交叉处移动测量点，掌握该区域电阻的基本趋势，然后将测量点位置固定下来。另一方面，对于多处朱墨交叉部位，测量点应该是随机多次的，即在不同交叉部位多次选点。只有综合评断多组数据的一致性，才能保证所测部位的朱墨先后属性。

3. 仪器操作的规范性

测量仪器的规范操作是减少误差、确保数据准确的关键。首先，测量时应避免晃动仪器及桌面，不宜用手直接碰触探针，以防探针偏移和损坏仪器，影响测量精度。其次，变换测量位置时，要将探头拿起，使探针脱离纸张表面，探头需轻拿轻放，切忌平行拖动造成探针损坏或变形。最后，测量过程中，将具有弹性的探针与测量部位自然接触，避免用力下压，造成测量部位污损，如图 4-2-18 所示。测量结束后用纸巾清除探针上的附着物，避免下次测量时形成交叉污染。同一测量位置因探针污损不宜反复测量，应选择不同测量位置多次操作。

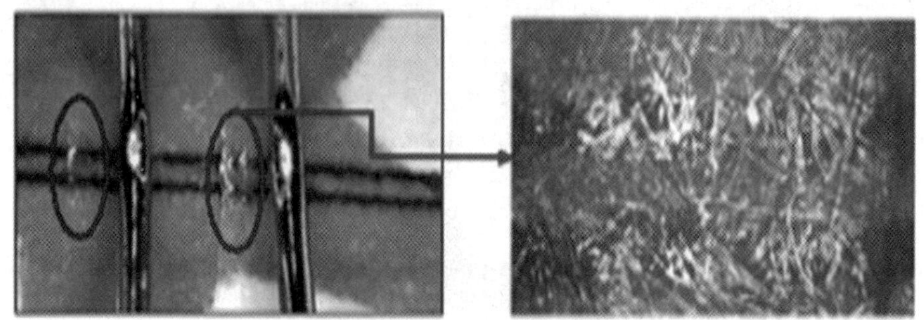

图 4-2-18　测量部位受污损示意图

第三节　实验结果与分析

一、实验结果

实验中，利用电阻测量仪对先朱后墨和先墨后朱样本中朱墨的“交叉部位”和“重叠部位”进行电阻测量。根据“是否能够测得电阻数据”为标准（电阻值超过量程时，测量阻值显示 2000MΩ，记录为“-”），实验结果分为两种情况：

（一）完全不能测得电阻数据

Ⅰ类：17 号、18 号、19 号、20 号、21 号、22 号，这 6 支黑色签字笔与实验材料中的全部 5 种印章印文形成的朱墨时序样本，无论先墨还是后墨的情况下，在交叉部位和重叠部位均测不出电阻数据。

Ⅱ类：10 号、13 号、14 号笔与光敏印章印文，13 号笔与热压渗透印章印文形成的朱墨时序样本，无论先墨还是后墨的情况下，在交叉部位和重叠部位均测不出电阻数据。

（二）能够测得电阻数据

Ⅰ类：先墨时，在交叉、重叠部位处均测得数据；后墨时，在交叉、重叠部位均不能测得数据。例如，5 号笔与得力印油印文（浓）、9 号笔与激光渗透印章印文，如图 4-3-1 和图 4-3-2 所示。

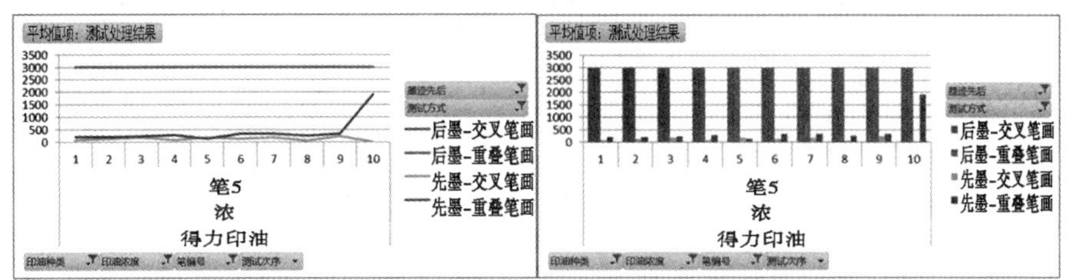

图 4-3-1　5 号笔与得力印油印文（浓）朱墨时序数据

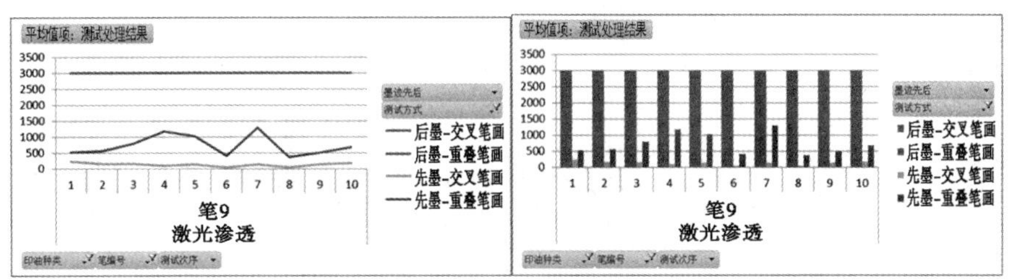

图 4-3-2　9 号笔与激光渗透印章印文朱墨时序数据

Ⅱ类：先墨时，在交叉、重叠部位均可测得数据；后墨时，在交叉、重叠处均可测得数据。例如，8 号笔与雪奥印泥（浓）、9 号笔与得力印油（淡）印章印文，如图 4-3-3 和图 4-3-4 所示。

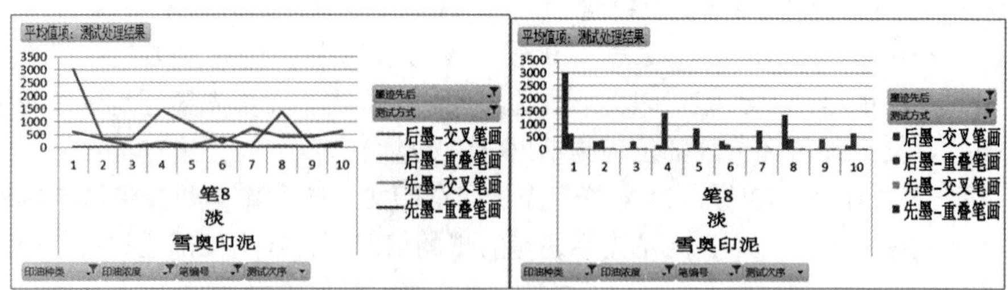

图 4-3-3　8 号笔与雪奥印泥印文（浓）朱墨时序数据

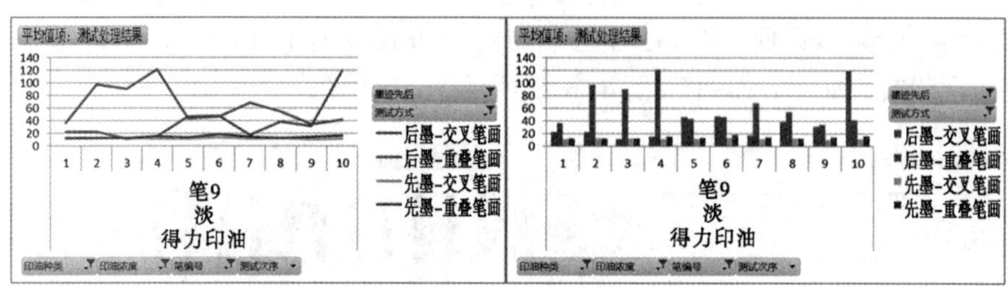

图 4-3-4　9 号笔与得力印油印文（淡）朱墨时序数据

Ⅲ类：先墨时，在交叉、重叠部位均可测得数据；后墨时，在交叉、重叠处部分可测得数据。例如，5 号笔与光敏印章印文、16 号笔与激光渗透印章印文，如图 4-3-5 和图 4-3-6 所示。

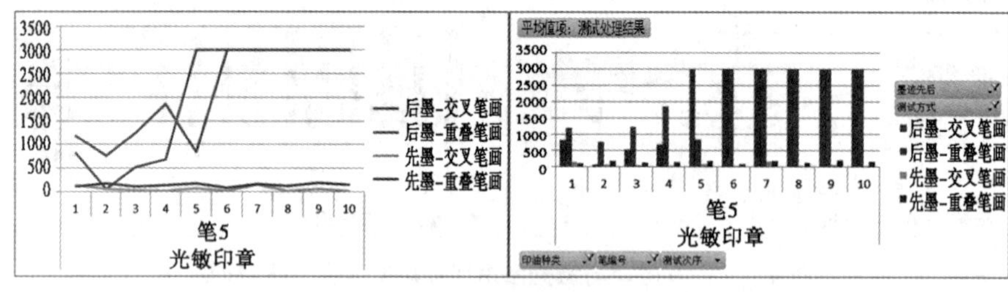

图 4-3-5　5 号笔与光敏印章印文朱墨时序数据

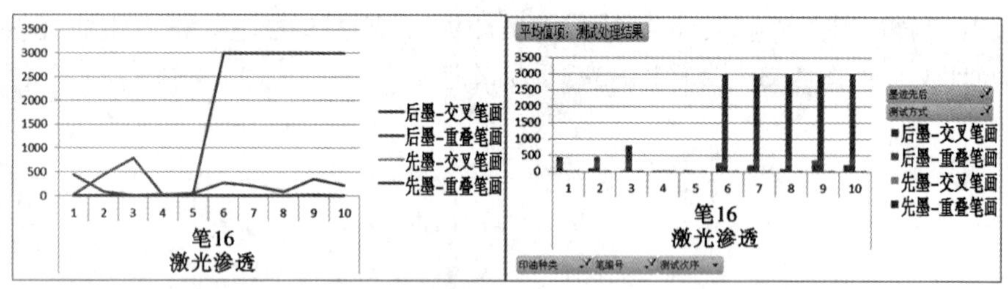

图 4-3-6　16 号笔与激光渗透印章印文朱墨时序数据

Ⅳ类：先墨时，在交叉、重叠处部分可测得数据；后墨时，在交叉、重叠部位均不能测得数据。例如，10 号笔与激光渗透印章印文、3 号笔与热压渗透印章印文，如图 4-3-7 和图 4-3-8 所示。

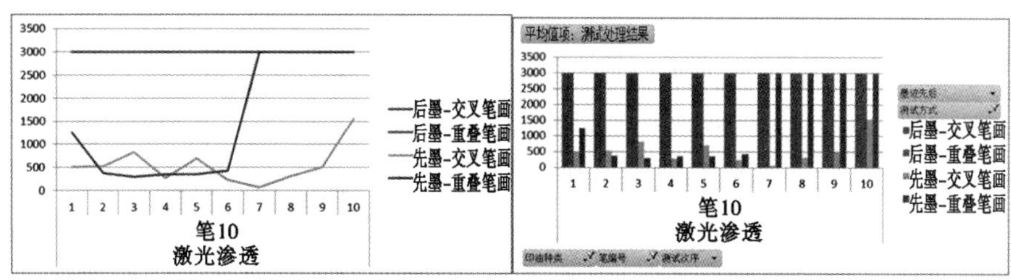

图 4-3-7　10 号笔与激光渗透印章印文朱墨时序数据

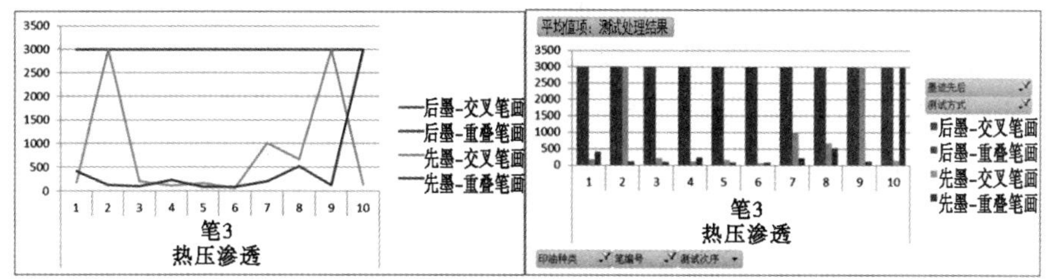

图 4-3-8　3 号笔与热压渗透印章印文朱墨时序数据结果分析

二、结果分析

（一）第一种实验结果分析

(1) 第一种实验结果 Ⅰ 类中，17 号、18 号、19 号、20 号、21 号、22 号，这 6 支黑色签字笔与 5 种印章印文形成的朱墨交叉时序样本，无论先墨还是后墨条件下，在交叉部位和重叠部位均测不出电阻数据。研究签字笔本身的电阻数据时发现，上述 6 支笔书写笔画的平均电阻值均超过 1500MΩ，其中部分测量值超过量程 2000MΩ，说明油墨中的含碳量较少，电阻值偏大。形成的朱墨时序样本后，笔画油墨受印文色料的渗透融合、遮挡覆盖等因素影响，使原本较少的碳含量的导电性更加微弱，导致电阻仪器无法测得电阻数值，如表 4-3-1 所示。

表 4-3-1　17~22 号黑色签字笔墨迹笔画的电阻数据

笔编号＼测量次数	1	2	3	4	5	6	7	8	9	10
17 号笔	1270	1650	1430	1720	1860	1740	1680	1740	1800	1680
18 号笔	1650	1750	1380	1490	1850	1550	1230	1740	—	—
19 号笔	1630	1630	—	1720	—	1680	1260	1550	1440	—
20 号笔	1300	1380	—	—	1630	1700	1330	1680	—	—
21 号笔	1220	1410	1540	1480	1680	—	1700	1800	1860	1750
22 号笔	1580	1580	1630	1740	1820	—	—	1600	1800	—

（2）第一种实验结果Ⅱ类中，10 号、13 号、14 号笔与光敏印章印文，13 号笔与热压渗透印章印文形成的朱墨交叉时序样本，无论先墨还是后墨情况下，在交叉部位和重叠部位均测不出电阻数据。研究签字笔本身的电阻数据时发现，上述 3 支笔书写笔画的电阻值较小，均不超过 200 MΩ，远低于量程 2000 MΩ，表明油墨中的含碳量较多。而所涉及的印章印文种类仅限于光敏印章和热压渗透印章，说明笔画油墨受渗透型印章印文色料的影响较大，导致电阻仪器无法测得电阻数值，如表 4-3-2 所示。

表 4-3-2　10/13/14 号黑色签字笔墨迹笔画的电阻数据

笔编号＼测量次数	1	2	3	4	5	6	7	8	9	10
10 号笔	0. 1	2. 0	0. 9	0. 4	0. 8	0. 8	0. 7	1. 8	1. 0	1. 2
13 号笔	167	36. 4	14. 4	49. 5	56. 0	26. 2	100	122	26. 3	50. 0
14 号笔	18. 9	192. 0	28. 4	29. 7	38. 4	17. 8	26. 5	30. 2	33. 2	159. 0

（二）第二种实验结果分析

（1）第二种实验结果中的Ⅰ、Ⅱ、Ⅲ、Ⅳ中，能够测得的电阻数据总体表现为：在同一个样本上，朱墨重叠部位的电阻值普遍大于交叉部位的电阻值。其原因在于交叉部位的测量点可以使电阻测量仪的探针接触到黑色纯墨迹；而重叠部位测量点的墨迹完全与印文色料重叠，探针接触的是混合色料成分，导致两者电阻数据的存在差异。如图 4-3-9 所示，4 号笔与朱奥印泥和得力印油（淡）形成的先墨和后墨情况下，交叉部位和重叠部位电阻数据对比关系。

（2）第二种实验结果中的Ⅰ、Ⅱ、Ⅲ、Ⅳ中，在先墨条件下，交叉部位

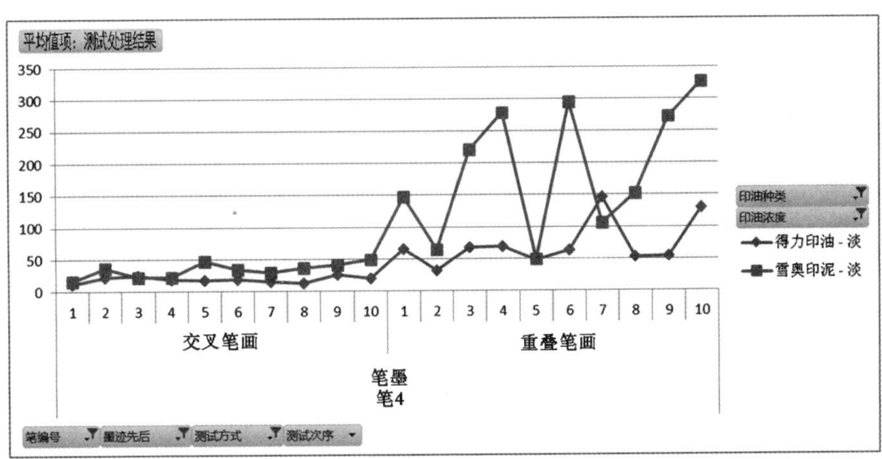

a. 4 号笔与朱奥印泥（淡）和得力印油（淡）印文先墨后朱的数据对比

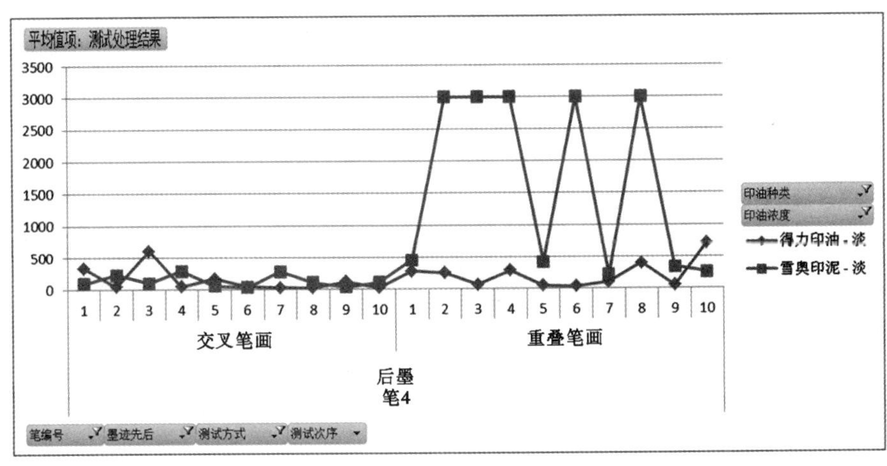

b. 4 号笔与朱奥印泥（淡）和得力印油（淡）印文先朱后墨的数据对比

图 4-3-9　交叉部位和重叠部位电阻数据关系图

和重叠部位均可测得全部或部分电阻数据；在后墨条件下，交叉部位和重叠部位有的可测得全部或部分电阻数据，有的不可测得电阻数据。对于同一签字笔和同种印文色料形成的样本，不同时序条件下的电阻数据差异明显，总体表现为后墨比先墨时的电阻值增大（如图 4-3-10 所示，16 号笔与印文的电阻数据对比关系），这符合实验原理的科学解释，为电阻法鉴别朱墨时序提供了实验依据。但是，对于案件鉴定中一份未知的朱墨形成时序的检材而言，往往缺乏先墨和后墨的样本数据对比，仅根据电阻值的大小则无法判断其形成时序的实质。因此，对实验数据的统计分析，探讨电阻数据规律性与朱墨形成时序之间的关系是本实验的重点。

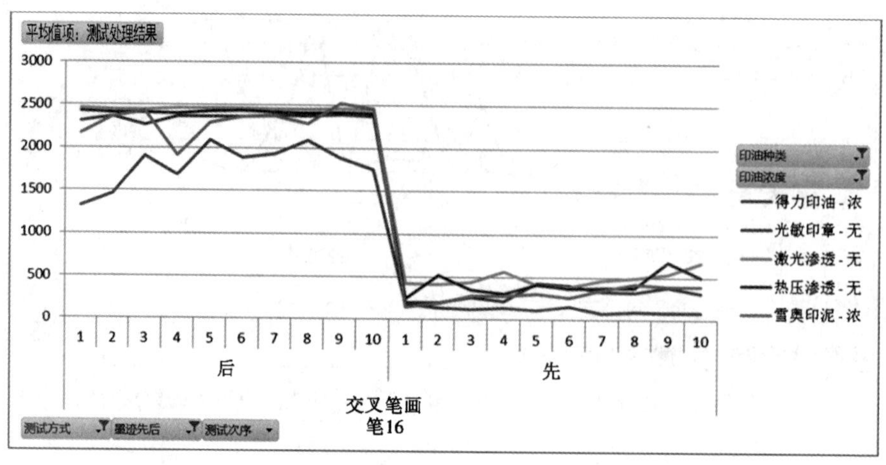

a. 16 号笔与印文交叉部位电阻数据对比图

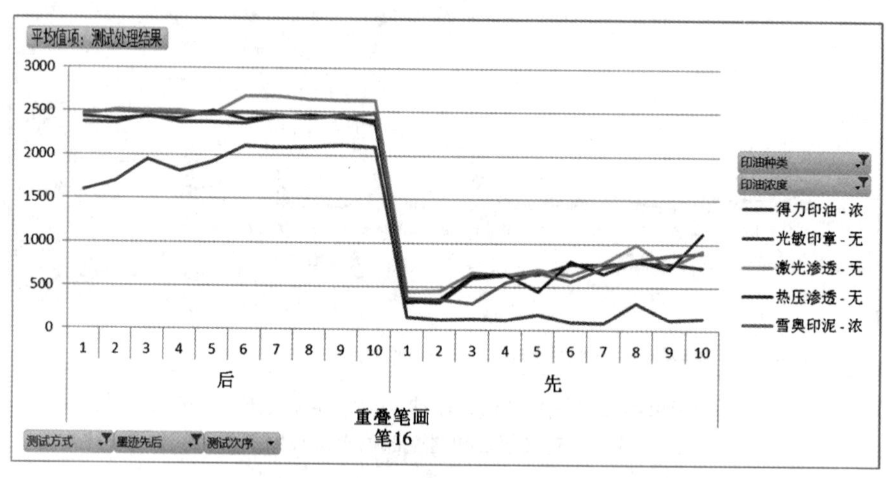

b. 16 号笔与印文重叠部位电阻数据对比图

图 4-3-10　两种朱墨时序电阻数据关系图

第四节　数据处理

一、数据处理方法

（一）实验数据特征

一是实验数据具有多维性，包括印油种类、墨迹先后、实验笔种、测试位置、纸张种类、制成时间等维度。

二是实验数据分布的悬殊性，实验数据的测量结果是依据测量仪器在不同位置的电阻值确定的。在多种因素的影响下，个别实验数据相关差大，影响试验数据的分析。

（二）实验数据处理

一是平均值处理法：体现实验数据整体的平均测量结果；但受最大值或最小值影响，特别是当最大值或最小值与正常测试数据相差很大时，则不能体现实际测量结果。

二是权重处理法：将数据按范围分布进行分组，不同组的权重不同。取消最大值、最小值影响，同时考虑了数据分布范围的影响；分布范围越密集，权重相比就越大；反之，则较小。具体处理步骤如下：

第一，设置参考值：取数据集合的平均值（去掉一个最大值和一个最小值的影响）。

$$\overline{V}=\frac{S_{-\mathrm{Max}-\mathrm{Min}}}{n-2} \quad \text{（公式 4-4-1）}$$

第二，按参考值 $\overline{V}$、数据集合 $S_{-\mathrm{Max}-\mathrm{Min}}$ 中的最大值 $V_{\max}$、最小值 $V_{\min}$ 进行分组，共分为 6 组，即

$$[V_{\min},\overline{V}-\frac{V_{\max}-V_{\min}}{2}],[\overline{V}-\frac{V_{\max}-V_{\min}}{2},\overline{V}-\frac{V_{\max}-V_{\min}}{4}],\overline{V},$$

$$[\overline{V},\overline{V}+\frac{V_{\max}-V_{\min}}{4}],[\overline{V}+\frac{V_{\max}-V_{\min}}{4},\overline{V}+\frac{V_{\max}-V_{\min}}{2}],[\overline{V}+\frac{V_{\max}-V_{\min}}{2},V_{\max}]$$

各组分配系数依次为-1/8，-1/16，0，1/16，1/8；即系数越大，电阻值越高。

第三，根据测试结果、平均值、测试结果所在值区间及对应的系数，计算结果处理值。

$$V_{new}=\overline{V}-(V_{\max}-V_{\min})\times W_g$$（其中 W_g 表示第 g 个分组的系数值）

（公式 4-4-2）

数据处理结果图，如图 4-4-1 所示。

测试次序	印油种类	印油浓度	墨迹先后	笔编号	测试方式	测试结果	测试处理结果	最大值	最小值	平均值	组1	组2	组3	组4	组5	组6	对应组号
											1.00	1.50	2.0	2.5	3.0	5.0	
1	得力印油	浓	先	笔9	未交叉笔画	10.70	10.70	3000.0	0.0	1224.8	849.82	1037.32	1224.8	1412.3	1599.8	3000.0	组1
2	得力印油	浓	先	笔9	未交叉笔画	11.20	11.20	3000.0	0.0	1224.8	849.82	1037.32	1224.8	1412.3	1599.8	3000.0	组1
3	得力印油	浓	先	笔9	未交叉笔画	15.60	15.60	3000.0	0.0	1224.8	849.82	1037.32	1224.8	1412.3	1599.8	3000.0	组1
4	得力印油	浓	先	笔9	未交叉笔画	14.70	14.70	3000.0	0.0	1224.8	849.82	1037.32	1224.8	1412.3	1599.8	3000.0	组1
5	得力印油	浓	先	笔9	未交叉笔画	10.70	10.70	3000.0	0.0	1224.8	849.82	1037.32	1224.8	1412.3	1599.8	3000.0	组1
6	得力印油	浓	先	笔9	未交叉笔画	13.50	13.50	3000.0	0.0	1224.8	849.82	1037.32	1224.8	1412.3	1599.8	3000.0	组1
7	得力印油	浓	先	笔9	未交叉笔画	12.60	12.60	3000.0	0.0	1224.8	849.82	1037.32	1224.8	1412.3	1599.8	3000.0	组1
8	得力印油	浓	先	笔9	未交叉笔画	12.70	12.70	3000.0	0.0	1224.8	849.82	1037.32	1224.8	1412.3	1599.8	3000.0	组1
9	得力印油	浓	先	笔9	未交叉笔画	11.10	11.10	3000.0	0.0	1224.8	849.82	1037.32	1224.8	1412.3	1599.8	3000.0	组1
10	得力印油	浓	先	笔9	未交叉笔画	10.60	10.60	3000.0	0.0	1224.8	849.82	1037.32	1224.8	1412.3	1599.8	3000.0	组1
1	得力印油	浓	先	笔10	未交叉笔画	0.00	0.00	3000.0	0.0	1224.8	849.82	1037.32	1224.8	1412.3	1599.8	3000.0	组1
2	得力印油	浓	先	笔10	未交叉笔画	3000	3000.00	3000.0	0.0	1224.8	849.82	1037.32	1224.8	1412.3	1599.8	3000.0	组6
3	得力印油	浓	先	笔10	未交叉笔画	3000	3000.00	3000.0	0.0	1224.8	849.82	1037.32	1224.8	1412.3	1599.8	3000.0	组6
4	得力印油	浓	先	笔10	未交叉笔画	3000	3000.00	3000.0	0.0	1224.8	849.82	1037.32	1224.8	1412.3	1599.8	3000.0	组6
5	得力印油	浓	先	笔10	未交叉笔画	3000	3000.00	3000.0	0.0	1224.8	849.82	1037.32	1224.8	1412.3	1599.8	3000.0	组6
6	得力印油	浓	先	笔10	未交叉笔画	3000	3000.00	3000.0	0.0	1224.8	849.82	1037.32	1224.8	1412.3	1599.8	3000.0	组6
7	得力印油	浓	先	笔10	未交叉笔画	3000	3000.00	3000.0	0.0	1224.8	849.82	1037.32	1224.8	1412.3	1599.8	3000.0	组6
8	得力印油	浓	先	笔10	未交叉笔画	3000	3000.00	3000.0	0.0	1224.8	849.82	1037.32	1224.8	1412.3	1599.8	3000.0	组6
9	得力印油	浓	先	笔10	未交叉笔画	3000	3000.00	3000.0	0.0	1224.8	849.82	1037.32	1224.8	1412.3	1599.8	3000.0	组6
10	得力印油	浓	先	笔10	未交叉笔画	3000	3000.00	3000.0	0.0	1224.8	849.82	1037.32	1224.8	1412.3	1599.8	3000.0	组6

图 4-4-1　数据统计结果示意图

二、程序设计

利用 Microsoft Office Excel 2013 软件中的①数据的处理、统计分析功能，以图表的形式表达统计思路。基于 VB 语言（Visual Basic）② 编程，采用“控件”概念强化图形界面设计效果，通过“类模块”的属性界定特定类型的数据，以可视化开发环境创建便捷比对模式。

本设计将实验测试数值“数据库”化，采取多元化交叉比对方式，以功能模块的选择为通道，利用数据的运算、图表的输出等功能，实现数据统计的条理性。统计分析过程中，通过实验数据的归类化管理，为多因素比对条件（包括笔种类、印文色料种类、纸张种类、样本形成时间等）提供数据支撑。凭借测试指标（墨迹先后、测试次序、测试方式等）和统计指标显项的具体化，保证统计结果的全面性。比对设计理念中，注重便捷化方式运用，采用版面设置的“快捷钮”选择项，达到任意、快速选择条件项数据，实现准确、智能的统计目的，如图 4-4-2 所示。

① Microsoft Excel 是微软公司的办公软件 Microsoft Office 的组件之一，是由 Microsoft 为 Windows 和 Apple Macintosh 操作系统的电脑而编写和运行的一款试算表软件。

② Visual Basic 是一种由 Microsoft 公司开发的结构化的、模块化的、面向对象的、包含协助开发环境的事件驱动为机制的可视化程序设计语言。

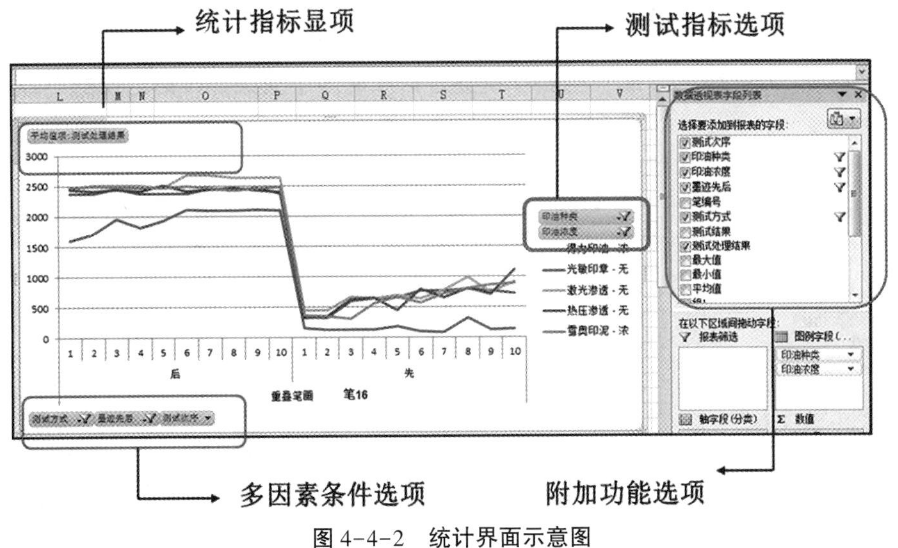

图 4-4-2　统计界面示意图

第五节　影响因素的统计分析

影响朱墨时序的电阻数据的主要因素，包括印泥（油）种类、签字笔种类、印文浓淡度、纸张种类、印文形成时间。本节通过对上述五大影响因素的统计，分析和总结应用电阻测量法鉴别朱墨时序的判断依据，如图 4-5-1 所示。

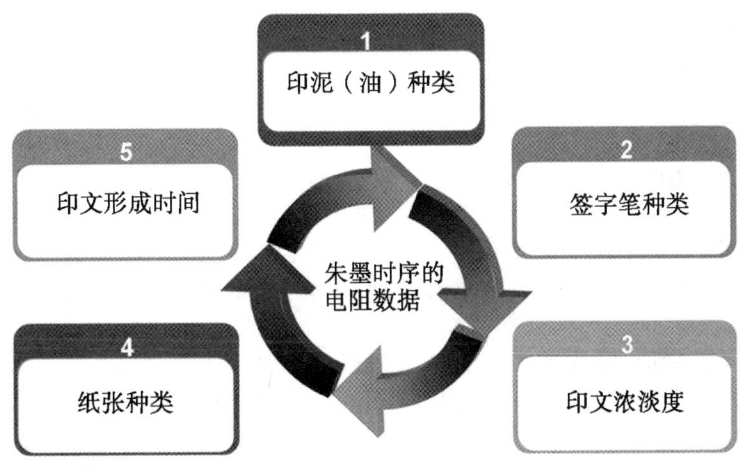

图 4-5-1　影响因素种类的图示

一、印泥（油）种类影响因素的统计分析

（一）五种印泥（油）与签字笔墨迹形成时序中交叉部位的电阻数据统计分析

1. 数据分布区间统计

（1）雪奥印泥印文与签字笔墨迹形成时序中交叉部位的数据分布区间统计（组次序越大，电阻值越大；共160组测试数据），如图4-5-2所示。

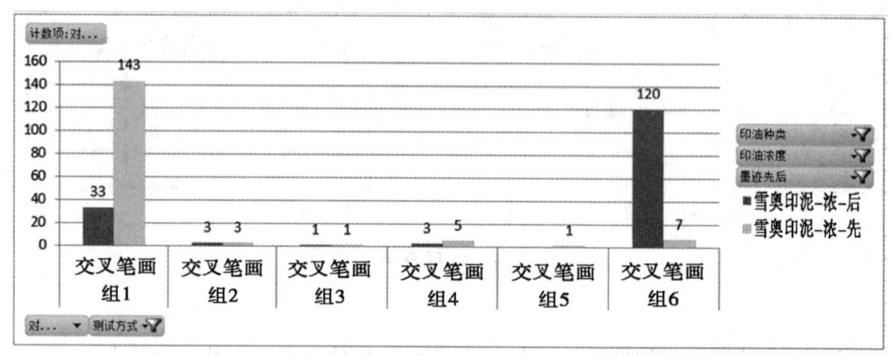

图4-5-2 雪奥印泥印文与签字笔墨迹形成时序中交叉部位的电阻数据分布区间统计图

（2）得力印油印文与签字笔墨迹形成时序中交叉部位数据分布区间统计（组次序越大，电阻值越大；共140组测试数据），如图4-5-3所示。

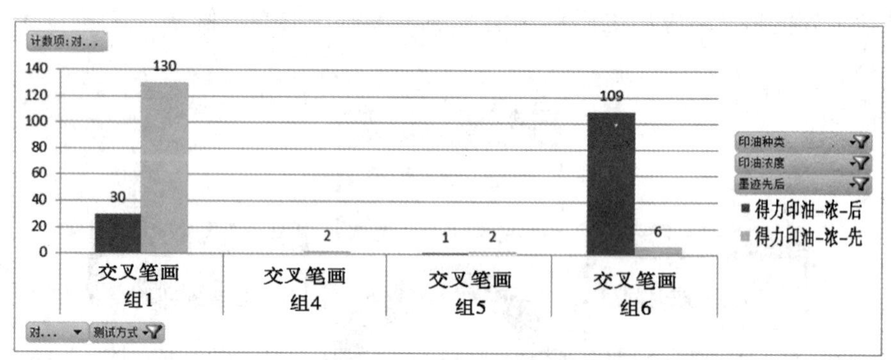

图4-5-3 得力印油印文与签字笔墨迹形成时序中交叉部位电阻数据分布区间统计图

（3）光敏印章盖印印文与签字笔墨迹形成时序中交叉部位的数据分布区间统计（组次序越大，电阻值越大；共130组测试数据），如图4-5-4所示。

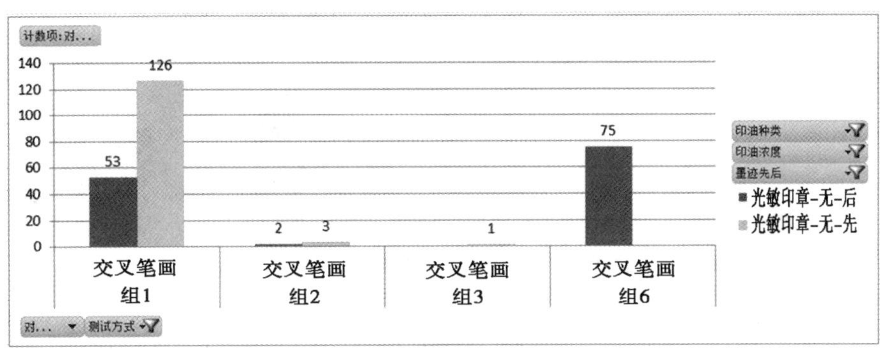

图 4-5-4 光敏印章盖印印文与签字笔墨迹形成时序中交叉部位的电阻数据分布区间统计图

(4) 激光雕刻渗透印章盖印印文与签字笔墨迹形成时序中交叉部位的数据分布区间统计（组次序越大，电阻值越大；共 160 组测试数据），如图 4-5-5 所示。

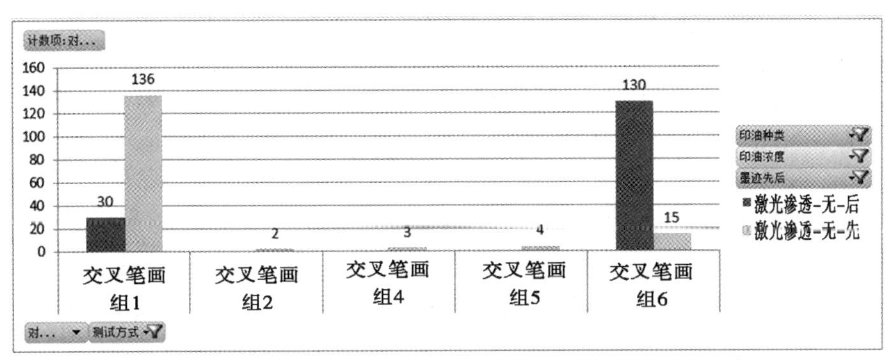

图 4-5-5 激光雕刻渗透章盖印印文与签字笔墨迹形成时序中交叉部位电阻数据分布区间统计图

(5) 热压渗透印章盖印印文与签字笔墨迹形成时序中交叉部位的数据分布区间统计（组次序越大，电阻值越大；共 150 组测试数据），如图 4-5-6 所示。

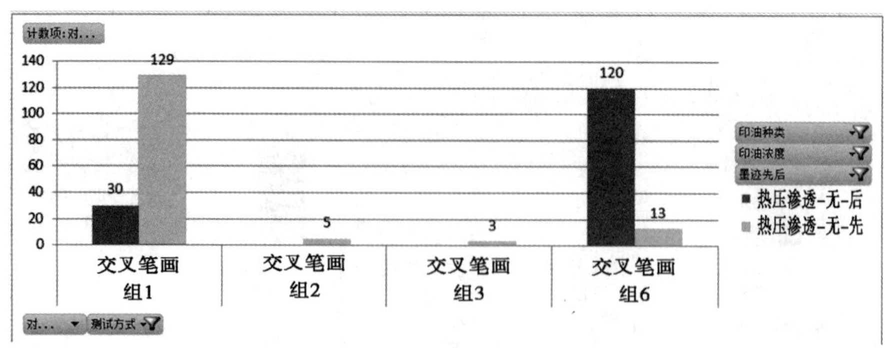

图 4-5-6　热压渗透章盖印印文与签字笔墨迹形成时序中交叉部位的数据分布区间统计图

2. 数据分布区间分析

对五种印泥（油）与签字笔墨迹形成时序中交叉部位的区间分布数据进行分析，如表 4-5-1 所示。

表 4-5-1　五种印泥（油）与签字笔墨迹形成时序中交叉部位数据区间统计表

印文色料种类	测试组数	先墨后朱（区间百分率 %）						先朱后墨（区间百分率 %）					
		组 1	组 2	组 3	组 4	组 5	组 6	组 1	组 2	组 3	组 4	组 5	组 6
朱奥印泥印文	160	89. 38	1. 875	0. 625	3. 125	0. 625	4. 375	20. 63	1. 875	0. 625	1. 875	0	75. 0
得力印油印文	140	92. 86	0	0	1. 429	1. 429	4. 286	21. 42	0	0	0	0. 714	77. 86
光敏印章印文	130	96. 92	2. 308	0. 769	0	0	0	40. 77	1. 538	0	0	0	57. 69
激光渗透印章印文	160	85. 0	1. 25	0	1. 875	2. 5	9. 375	18. 75	0	0	0	0	81. 25
热压渗透印章印文	150	86. 0	3. 333	2. 0	0	0	8. 667	20. 0	0	0	0	0	80. 0

以实验中的五种印泥（油）为考察对象，分别与不同黑色签字笔墨迹形成的时序，其交叉部位的电阻值呈现规律分布。在先墨后朱的情况下，电阻数值 85%以上分布在组 1 区间，其中光敏印油的比率最高为 96. 92%；在先朱后墨的情况下，电阻数值 57%以上分布在组 6 区间，其中激光渗透印油的比率最高为 81. 25%。两种朱墨时序的电阻值分布区间明显区别。

(二) 五种印泥（油）与签字笔墨迹形成时序中重叠部位电阻数据统计分析

1. 数据分布区间统计

(1) 雪奥印泥印文与签字笔墨迹形成时序中重叠部位的数据分布区间统计（组次序越大，电阻值越大；共160组测试数据），如图4-5-7所示。

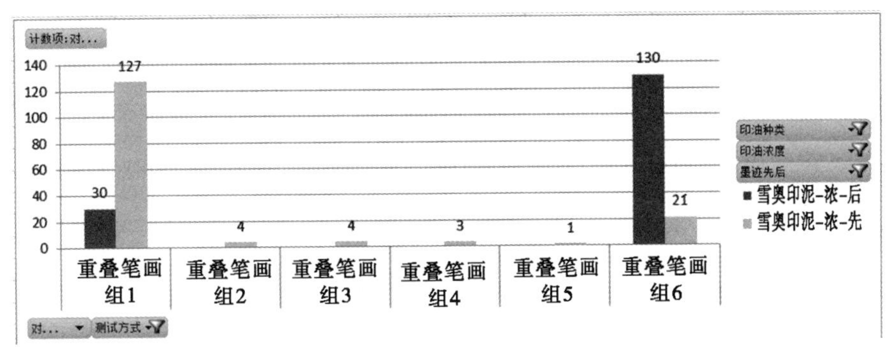

图4-5-7　雪奥印泥印文与签字笔墨迹形成时序中重叠部位的数据分布区间统计图

(2) 得力印油印文与签字笔墨迹形成时序中重叠部位的数据分布区间统计（组次序越大，电阻值越大；共140组测试数据），如图4-5-8所示。

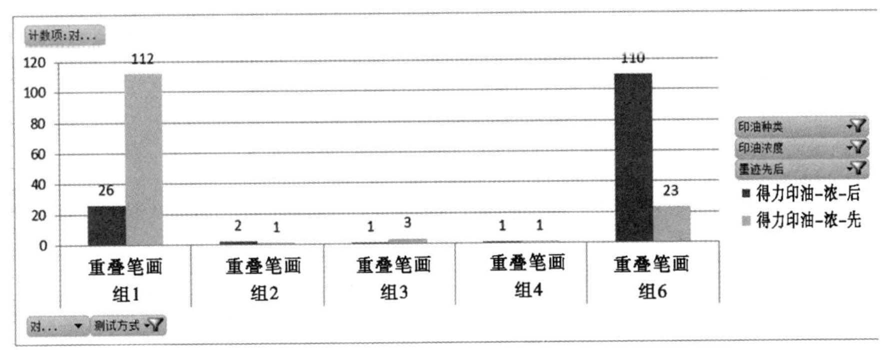

图4-5-8　得力印油印文与签字笔墨迹形成时序中重叠部位的数据分布区间统计图

(3) 光敏印章盖印印文与16支签字笔墨迹形成时序中重叠部位的数据分布区间统计（组次序越大，电阻值越大；共130组测试数据），如图4-5-9所示。

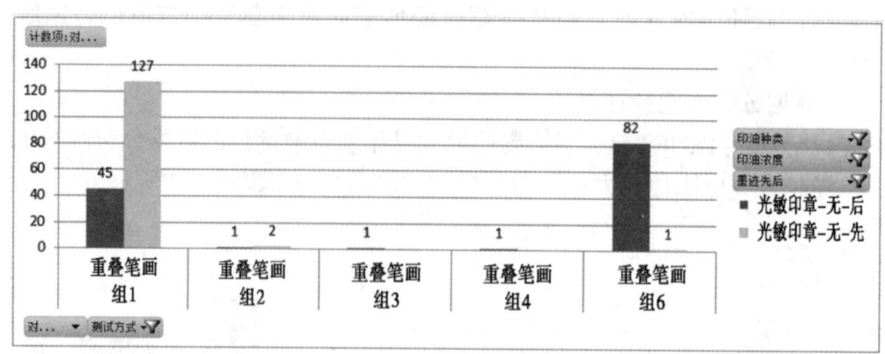

图 4-5-9 光敏章盖印印文与签字笔墨迹形成时序中重叠部位的数据分布区间统计图

（4）激光渗透印章盖印印文与签字笔墨迹形成时序中重叠部位的数据分布区间统计（组次序越大，电阻值越大；共 160 组测试数据），如图 4-5-10 所示。

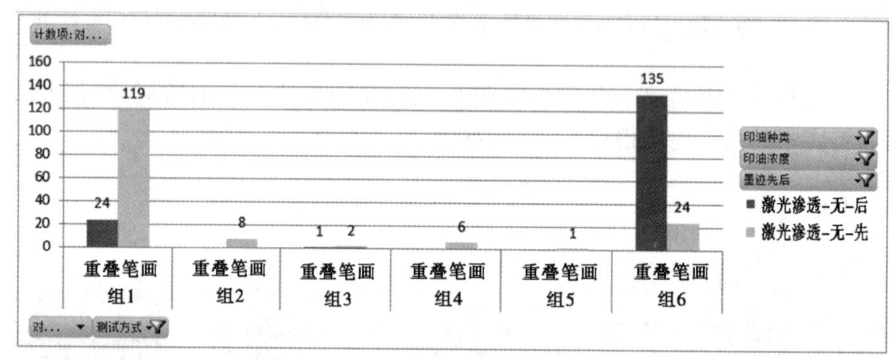

图 4-5-10 激光渗透章盖印印文与签字笔墨迹形成时序中重叠部位的数据分布区间统计图

（5）热压渗透印章盖印印文与 16 支签字笔墨迹形成时序中重叠部位的数据分布区间统计（组次序越大，电阻值越大；共 150 组测试数据），如图4-5-11 所示。

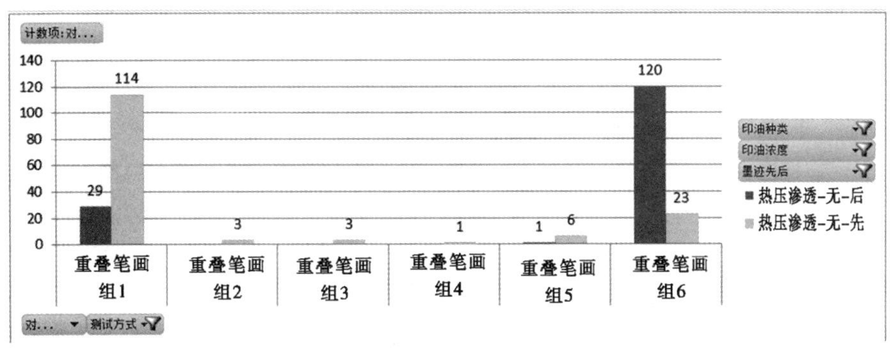

图 4-5-11 热压渗透章盖印印文与签字笔墨迹形成时序中重叠部位的数据分布区间统计图

2. 数据分布区间分析

对五种印泥（油）与签字笔墨迹形成时序中重叠部位的区间分布数据进行分析，如表 4-5-2 所示。

表 4-5-2 五种印泥（油）与签字笔墨迹形成时序中重叠部位数据区间统计表

印文色料种类	测试组数	先墨后朱（区间百分率 %）						先朱后墨（区间百分率 %）					
		组 1	组 2	组 3	组 4	组 5	组 6	组 1	组 2	组 3	组 4	组 5	组 6
朱奥印泥印文	160	79. 38	2. 5	2. 5	1. 875	0. 625	13. 13	18. 75	0	0	0	0	81. 25
得力印油印文	140	80. 0	0. 714	2. 142	0. 714	0	16. 43	18. 57	1. 429	0. 714	0. 714	0	78. 57
光敏印章印文	130	97. 69	1. 538	0	0	0	0. 769	34. 62	0. 769	0. 769	0. 769	0	63. 08
激光渗透印章印文	160	74. 38	5. 0	1. 25	3. 75	0. 625	15. 0	15. 0	0	0. 625	0	0	84. 38
热压渗透印章印文	150	76. 0	2. 0	2. 0	0. 667	4. 0	15. 33	19. 33	0	0	0	0. 667	80. 0

从表 4-5-1 和表 4-5-2 中可以得出电阻数据分布率统计图，如图 4-5-12 所示。

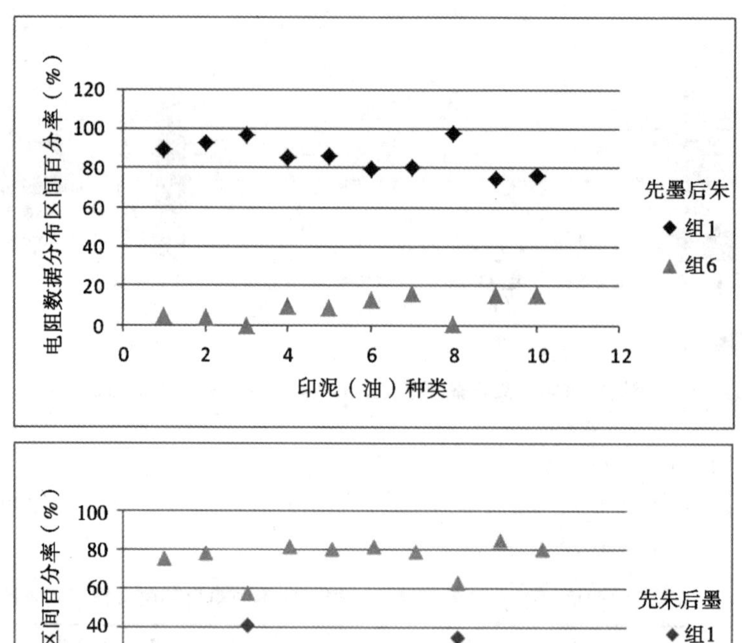

图 4-5-12　电阻数据分布率统计图（印文色料种类不同条件）

从表 4-5-2 中可以得出：

以实验中的五种印泥（油）为考察对象，分别与不同黑色签字笔墨迹形成的时序，其重叠部位的电阻值呈现规律性分布。在先墨后朱的情况下，电阻数值 74%以上分布在组 1 区间，其中光敏印油的比率最高为 97. 69%；在先朱后墨的情况下，电阻数值 63%以上分布在组 6 区间，其中激光渗透印油的比率最高为 84. 38%。两种朱墨时序的电阻值分布区间明显区别。

（三）结果与讨论

印文色料种类影响朱墨时序测量部位电阻数据区间分布率。在先墨后朱的情况下，电阻数值 74%～97. 69%分布在组 1 区间；在先朱后墨的情况下，电阻数值 63%～84. 38%分布在组 6 区间。朱墨时序可以依此结果得到明显区分。

不同的印文色料与签字笔油墨的氧化、还原、渗透、交联等能力存在差异，影响朱墨时序处电阻数据的表现，导致数据分布在组 1 区间和组 6 区间的概率不同。其中，渗透型印章盖印印油对电阻数据影响较大，一般情况下，所

测得数据在组 1 和组 6 区间内分布呈现显著区别，而个别样本无论先朱后墨或先墨后朱条件下均不能测得数据（仅占全部样本的 0.5%）。

二、签字笔种类影响因素的统计分析

通过对签字笔样本的实验结果可知，22 支测试的黑色含碳签字笔中有六支无法测出有效数据。以下统计分析主要针对 16 支黑色含碳签字笔与印文形成时序的电阻数据。

（一）16 支黑色签字笔与印章印文形成时序中交叉部位数据统计分析

1. 数据分布区间统计

16 支黑色签字笔笔画电阻存在差异，本部分针对朱墨形成时序中交叉部位的电阻数据，分别进行区间分布统计，以 2、3、5、7 号笔为例，如图 4-5-13 至图 4-5-16 所示。

2. 数据分布区间分析

对 16 支黑色签字笔与印文色料形成时序中交叉部位的区间分布数据进行分析，可得电阻值在组 1 和组 6 中的分布统计图率，如图 4-5-17 所示。

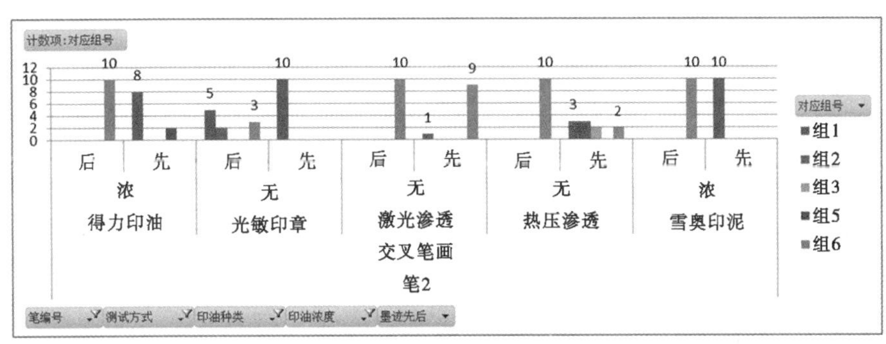

图 4-5-13　2 号笔与印章印文形成时序中交叉部位数据分布区间统计图

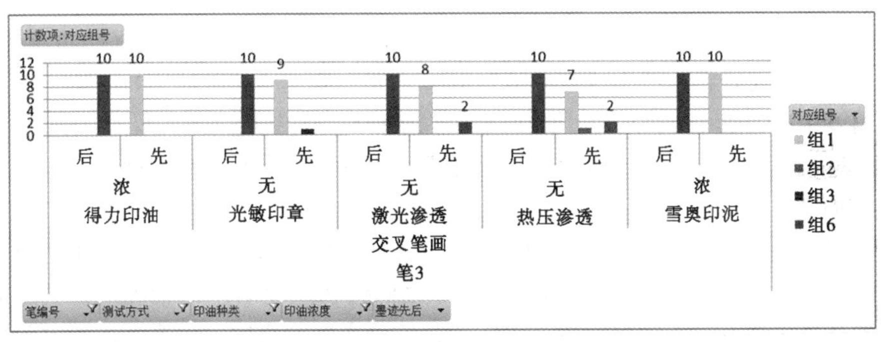

图 4-5-14　3 号笔与印章印文形成时序中交叉部位数据分布区间统计图

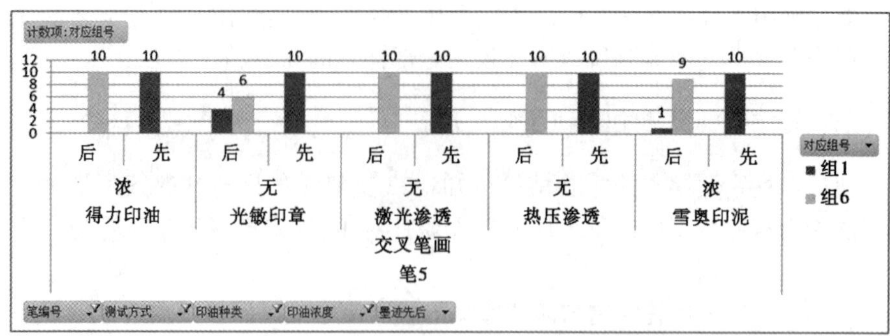

图 4-5-15　5 号笔与印章印文形成时序中交叉部位数据分布区间统计图

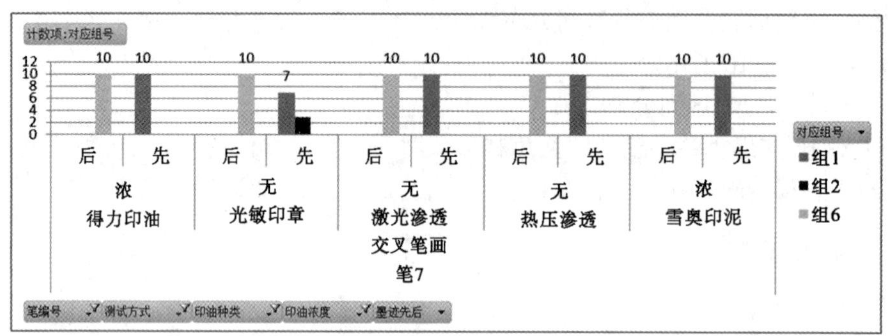

图 4-5-16　7 号笔与印章印文形成时序中交叉部位数据分布区间统计图

从图 4-5-17 中可以得出：

以实验中的 16 支黑色签字笔为考察对象，分别与不同种类印文色料形成的时序呈现三种分布状态。

一是电阻数据分布区间规律且具可区分性。1、2、3、4、5、6、7、8、9、11、12 号笔的区间分布性差异明显。在先墨后朱的情况下，除 2 号笔的电阻数值 64%分布在组 1 区间外，其余笔支的电阻数值 85%以上分布在组 1 区间，其中 1、4、5、6、8、9、11、12 号笔的比率为 100%；在先朱后墨的情况下，除 8 号笔电阻数值 70%分布在组 6 区间外，其余笔支的电阻数值 86%以上分布在组 6 区间，其中 1、3、7、12 的比率为 100%。先墨后朱（电阻值分布在组 1 比率高）和先朱后墨（电阻值分布在组 6 比率高）呈集中型规律性分布，两者区别明显。

二是电阻数据分布区间部分规律且具可区分性。13、14 号笔，在先朱后墨的情况下，电阻数值 100%分布在组 6 区间；在先墨后朱的情况下，电阻数值散乱分布在 6 个组的区间内。先朱后墨的分布区间集中，先墨后朱的电阻值分布区间杂乱，两者区别明显。

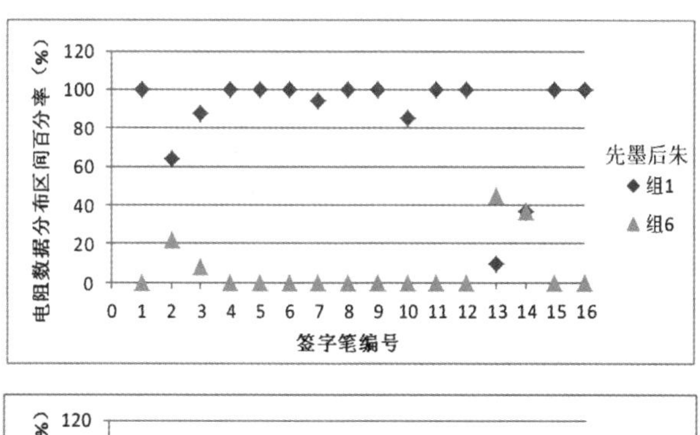

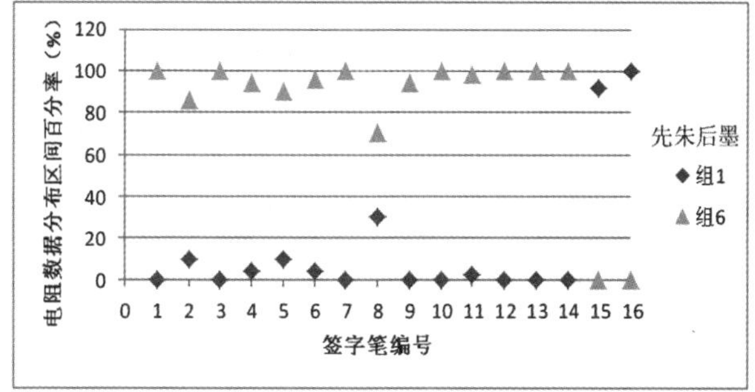

图 4-5-17　电阻数据分布率统计图（不同签字笔条件下，朱墨交叉部位）

三是电阻数据分布区间不可区分。15、16 号笔，在先朱后墨和先墨后朱的情况下，电阻数值全部分布在组 1 区间内，两者不具有可分性。

（二）十六支黑色签字笔与印章印文形成时序中重叠部位数据分布区间统计分析

1. 数据分布区间统计

将 16 支签字笔与印文形成时序中重叠部位的数据，进行区间分布统计（组次序越大，电阻值越），以 1、2、4、7 号笔为例，如图 4-5-18 至图 4-5-21 所示。

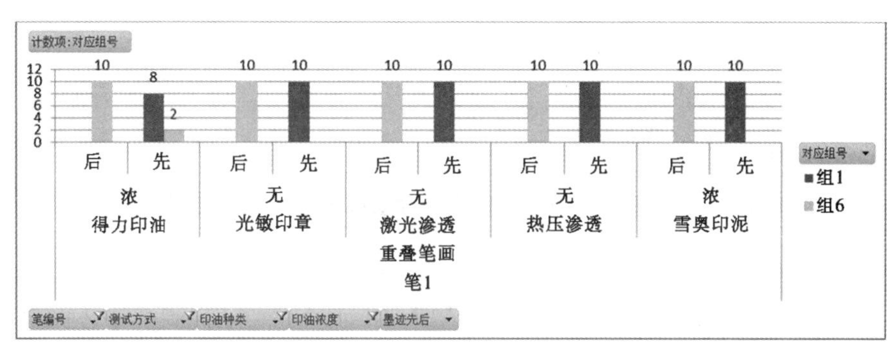

图 4-5-18　1 号笔与印章印文形成时序中重叠部位数据分布区间统计图

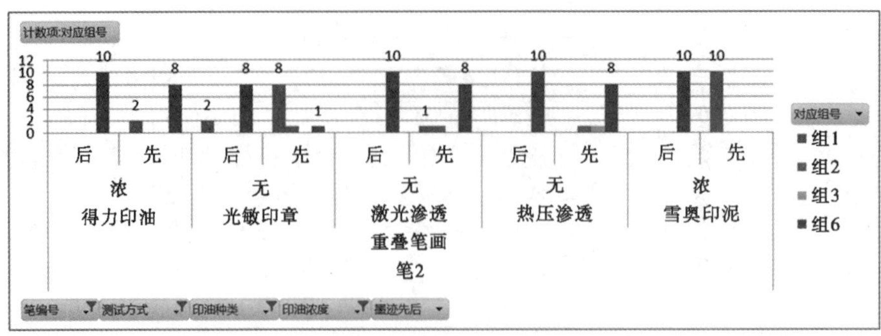

图 4-5-19　2 号笔与印章印文形成时序中重叠部位数据分布区间统计图

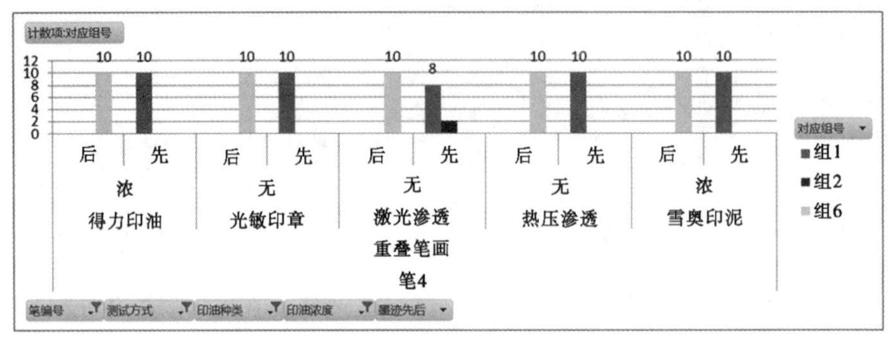

图 4-5-20　4 号笔与印章印文形成时序中重叠部位数据分布区间统计图

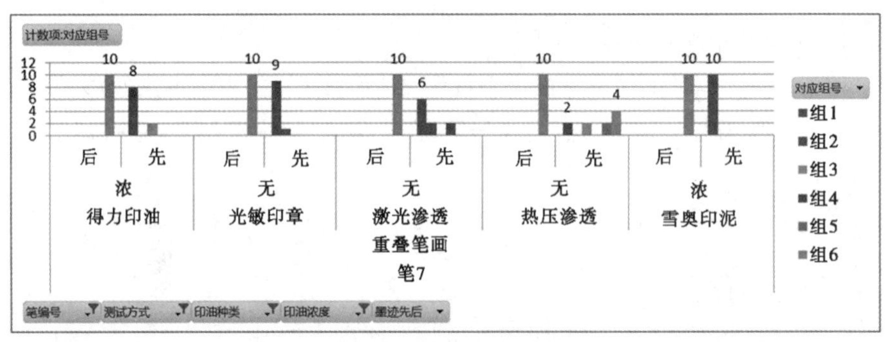

图 4-5-21　7 号笔与印章印文形成时序中重叠部位数据分布区间统计图

2. 数据分布区间分析

对 16 支黑色签字笔与印文色料形成时序中重叠部位的区间分布数据进行分析，可得电阻值在组 1 和组 6 区间中的分布率统计图，如图 4-5-22 所示。

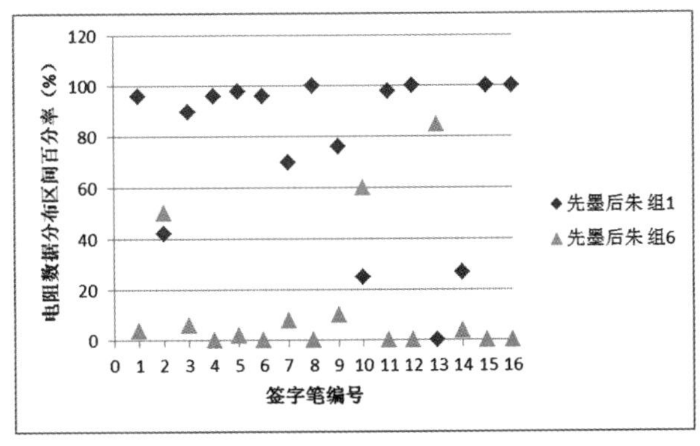

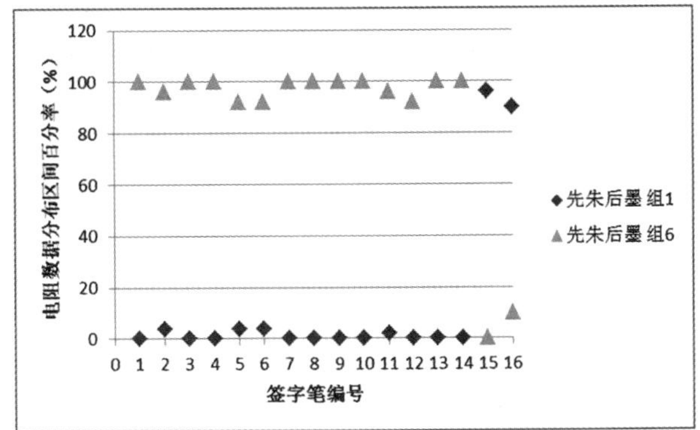

图 4-5-22　电阻数据分布率统计图（不同签字笔条件下，朱墨重叠部位）

从图 4-5-22 中可以得出：

以实验中的 16 支黑色签字笔为考察对象，分别与不同种类印文色料形成的时序呈现三种分布状态。

一是电阻数据分布区间规律且具可区分性。1、3、4、5、6、7、8、9、11、12 号笔的区间分布性差异明显。在先墨后朱的情况下，除 7 号笔和 9 号笔的电阻数值分别为 70%、76%分布在组 1 区间，其余笔支的电阻数值 90%以上分布在组 1 区间，其中 8、12 号笔的比率为 100%；在先朱后墨的情况下，电阻数值 92%以上分布在组 6 区间，其中 1、3、4、7、8、9、10 的比率为 100%。先墨后朱（电阻值分布在组 1 比率高）和先朱后墨（电阻值分布在组 6 比率高）呈集中型规律性分布，两者区别明显。

二是电阻数据分布区间部分规律且可区分性。2、14 号笔，在先朱后墨的情况下，电阻数值 92%以上分布在组 6 区间；在先墨后朱的情况下，电阻数值散乱分布在 6 个组的区间内。先朱后墨的分布区间集中，先墨后朱的电阻值分布区间杂乱，两者区别明显。

三是电阻数据分布区间不可区分性。13 号笔，在先朱后墨和先墨后朱的情况下，电阻数值 85%以上分布在组 6 区间内，两者不具有可分性；15、16 号笔，在先朱后墨和先墨后朱的情况下，电阻数值 90%以上分布在组 1 区间内，两者不具有可分性。

（三）结果与讨论

不同签字笔形成的朱墨时序总体表现为：在先墨后朱时，电阻数值 64%以上分布在组 1 区间；在先朱后墨时，电阻数值 70%以上分布在组 6 区间。朱墨时序可以依此结果得到明显区分。测量部位的选择中朱墨交叉部位优于重叠部位。含碳量高的签字笔形成的朱墨时序，其电阻值分布区间的区别率高于低含碳签字笔形成的朱墨时序，纯笔画电阻值大于 1500MΩ 的签字笔，由于其含碳量较低，所形成的朱墨时序样本中不易测得有效电阻数据。

签字笔的种类影响朱墨时序中电阻数据的有效表现。电阻测量法主要依据签字笔中碳含量的本质而表现电阻数据。签字笔油墨的流畅度，书写力度包括垂直力度（沟痕）、水平力度（拖拉痕迹）、力的叠加（驻墨、断笔）等，都会影响电阻数据的稳定表现，导致部分签字笔与印文时序的无法有效区分。

三、印文浓淡影响因素的统计分析

（一）样本制作

选择实验材料中的两枚橡胶印章和 1~9 号签字笔。两枚印章分别蘸取朱奥印泥和得力印油，盖印在 70g/m² 的 A4 幅蓝旗舰牌静电复印纸上，形成盖印浓度（浓、中、淡）不同的印文样本，再依次与 9 支黑色签字笔制作朱墨时序样本。

印文浓淡样本的制作中，浓印文的盖印压力较大，印文色泽浓重，图文边框挤墨现象明显，个别笔画粘连，如图 4-5-23a 所示；中印文盖印压力适中，印文色泽均匀，图文清晰，挤墨、露白现象不明显，如图 4-5-23b 所示；淡印文盖印压力较小，印文色泽浅淡，图文有明显缺损、露白现象，如图 4-5-23c 所示。

a.浓印文样本

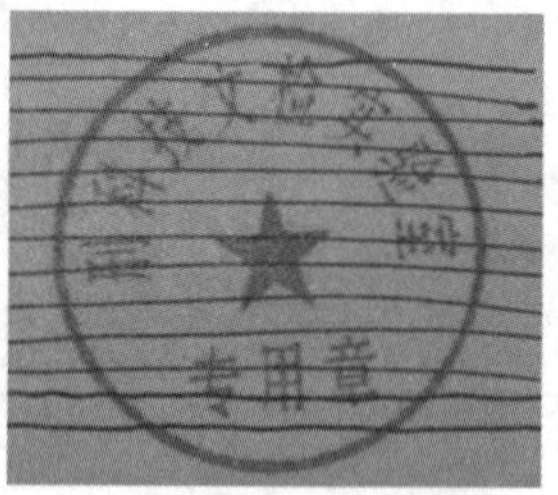

b.中印文样本

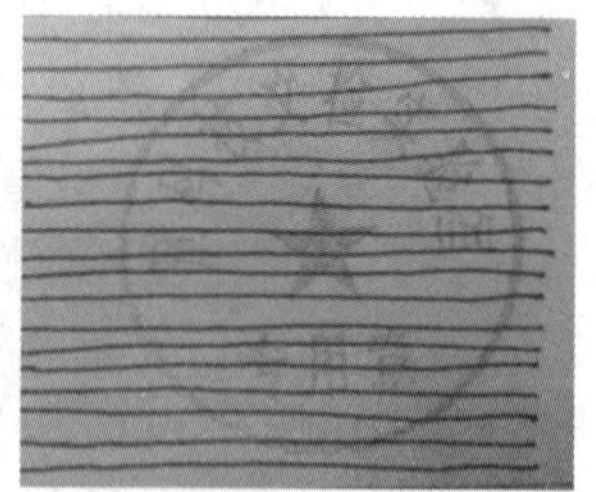

c.淡印文样本

图 4-5-23　浓度不同的印文样本示意图

（二）不同浓度的印文与黑色签字笔形成时序的电阻数据统计分析

1. 数据分布统计对比

（1）雪奥印泥印文与黑色签字笔与形成时序数据统计对比。浓淡度不同的雪奥印泥印文与黑色签字笔形成时序后，统计先墨后朱或先朱后墨时，交叉部位和重叠部位处的电阻数据。例如，9 号笔与不同浓度雪奥印泥印文形成时序的数据对比，如图 4-5-24 所示。

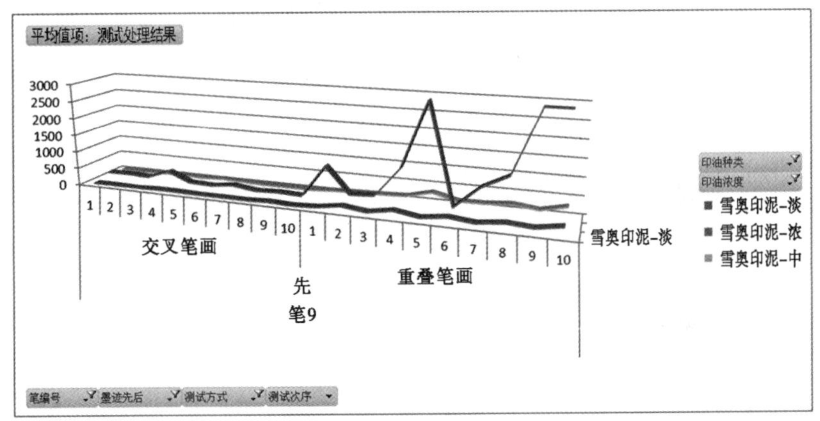

a. 先墨后朱，电阻数据对比图

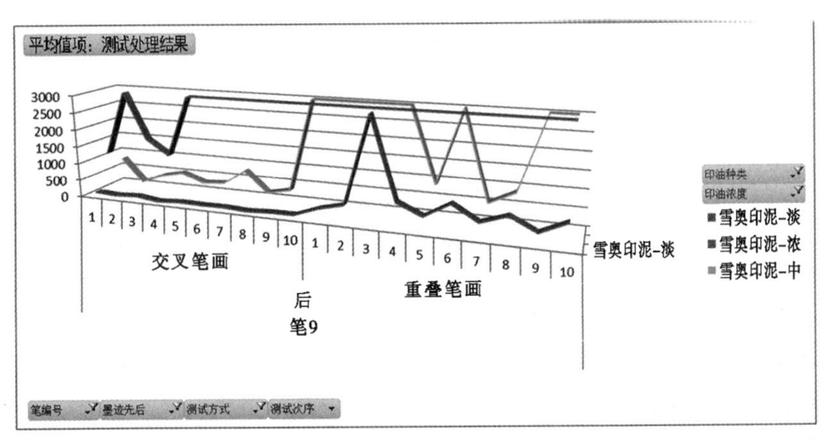

b. 先朱后墨，电阻数据对比图

图 4-5-24　9 号笔与不同浓度的雪奥印泥印文形成时序电阻数据对比

（2）得力印油印文与黑色签字笔与形成时序数据统计对比。不同浓度的得力印油印文与黑色签字笔形成时序后，统计先墨后朱或先朱后墨时，交叉部位和重叠部位处的电阻数据。例如，4 号笔与不同浓度的得力印油印文形成时序的数据对比，如图 4-5-25 所示。

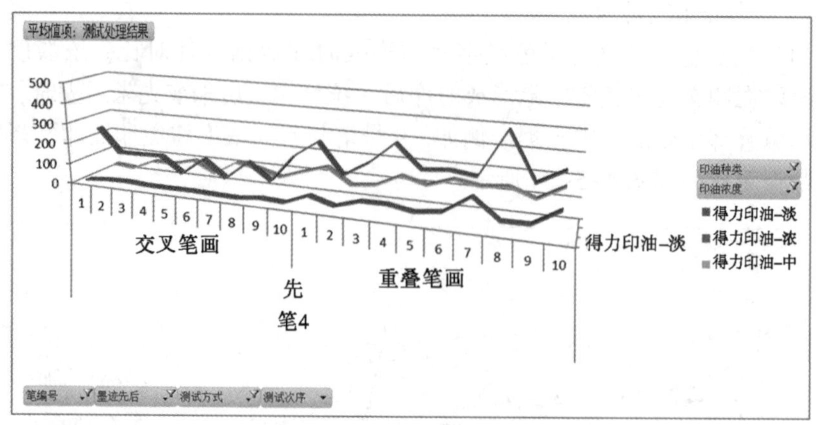

a. 先墨后朱，电阻数据对比图

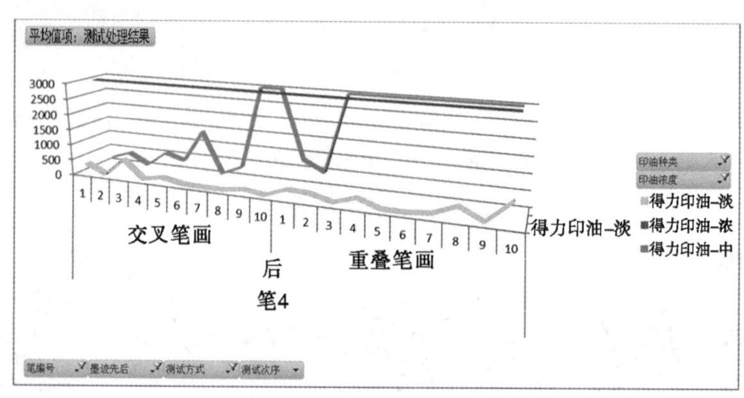

b. 先朱后墨，电阻数据对比图

图 4-5-25　4 号笔与不同浓度的得力印油印文形成时序电阻数据对比

由图 4-5-24 和图 4-5-25 可得出：

印文与黑色签字笔形成时序时，印文的浓淡度会影响测量部位的电阻数据的表现。电阻值总体呈规律性分布，即随着印文浓度的增大，电阻数据逐渐增大。

2. 数据分布区间统计与分析

（1）数据分布区间统计。

一是浓淡度不同的雪奥印泥印文与墨迹形成时序数据分布区间统计。不同浓度雪奥印泥印文与黑色签字笔形成时序，其重叠部位和交叉部位的电阻数据分布区间统计，如图 4-5-26 所示。

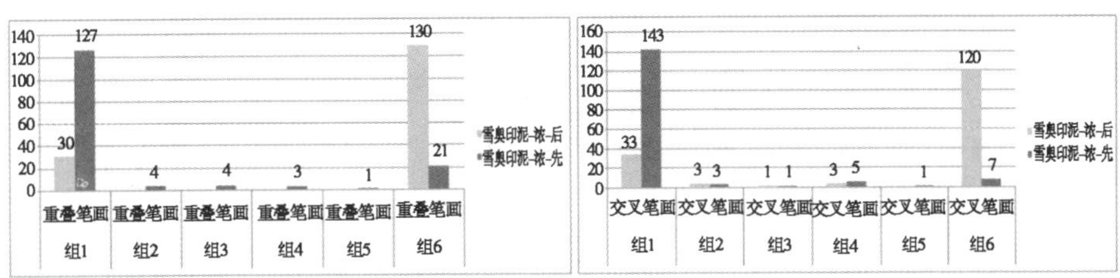

a. 浓印文条件下（左，重叠部位；右，交叉部位），电阻数据区间分布

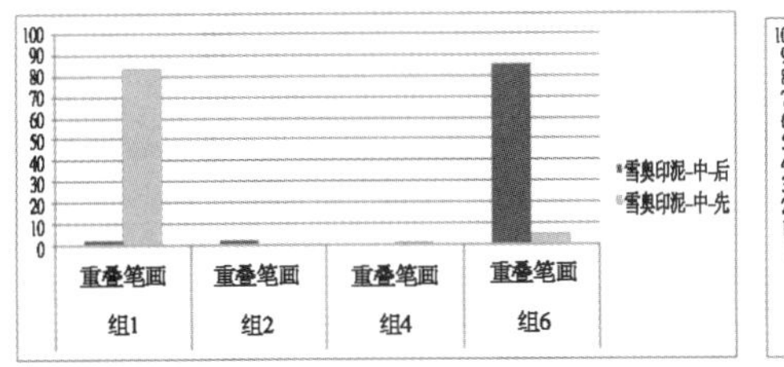

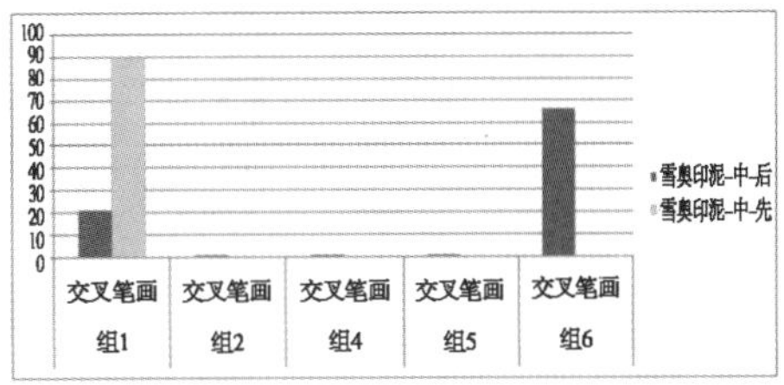

b. 中度印文条件下（左，重叠部位；右，交叉部位），电阻数据区间分布

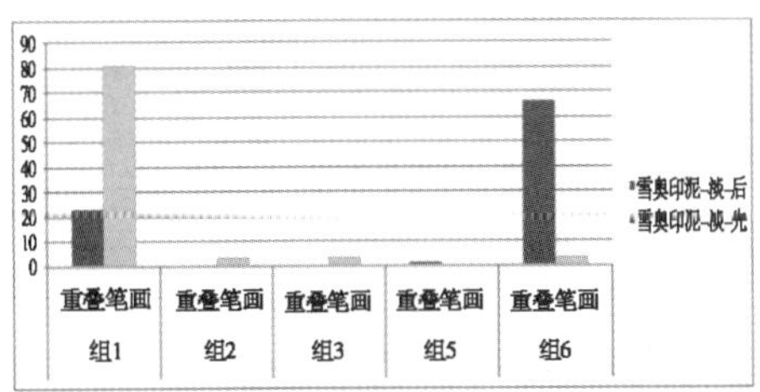

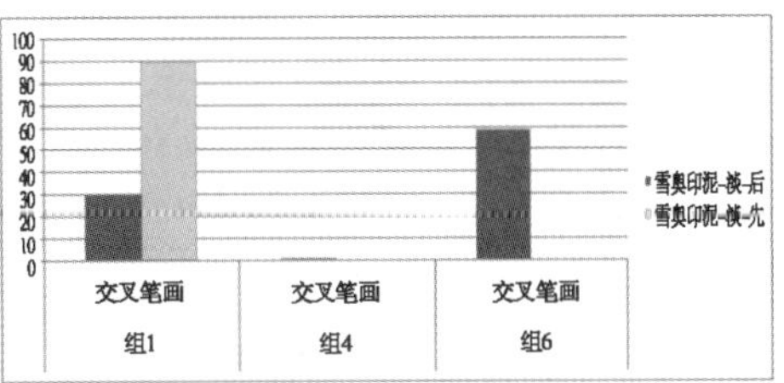

c. 淡印文条件下（左，重叠部位；右，交叉部位），电阻数据区间分布

图 4-5-26　浓淡度不同的雪奥印泥印文与墨迹形成时序的数据区间分布

二是浓淡度不同的得力印油印文与墨迹形成时序的电阻数据分布区间统计。不同浓度得力印油印文与黑色签字笔形成时序，其重叠部位和交叉部位的电阻数据分布区间统计，如图 4-5-27 所示。

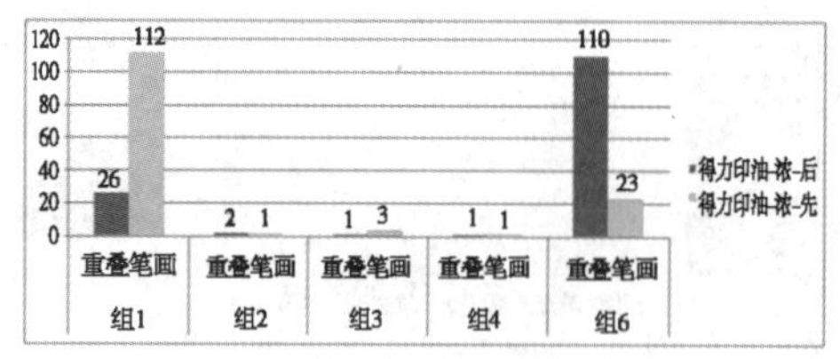

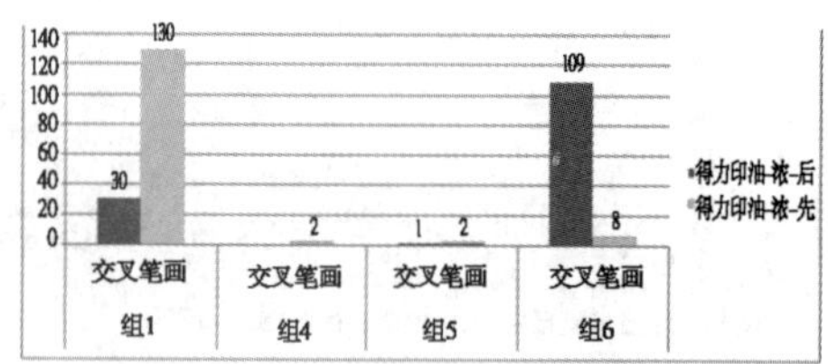

a. 浓印文条件下（左，重叠部位；右，交叉部位），电阻数据区间分布

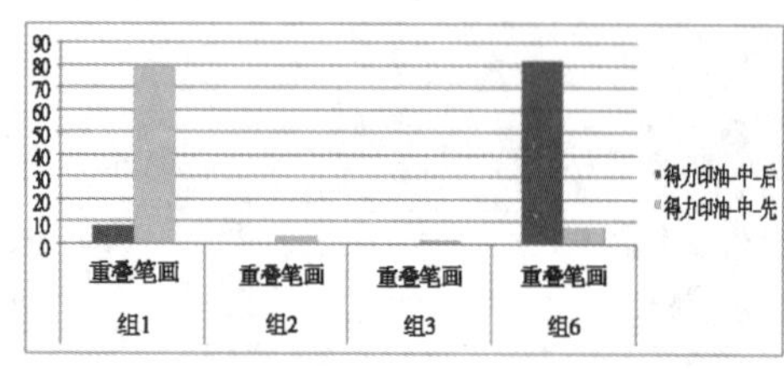

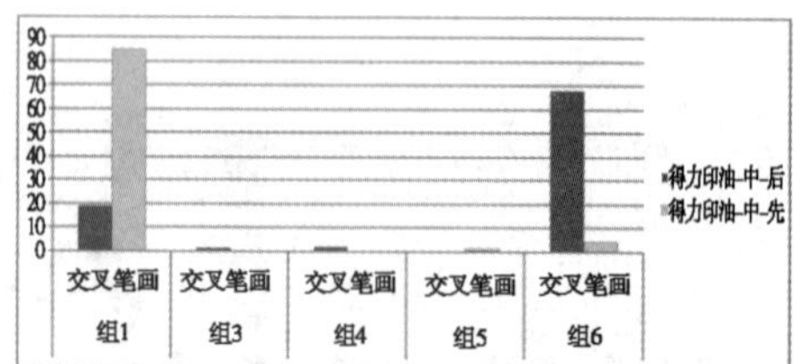

b. 中度印文条件下（左，重叠部位；右，交叉部位），电阻数据区间分布

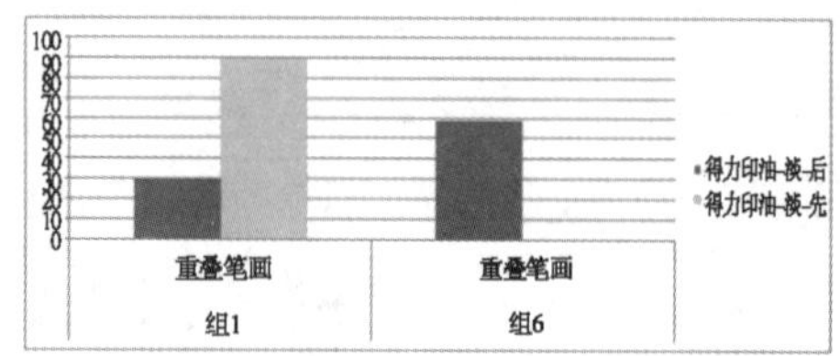

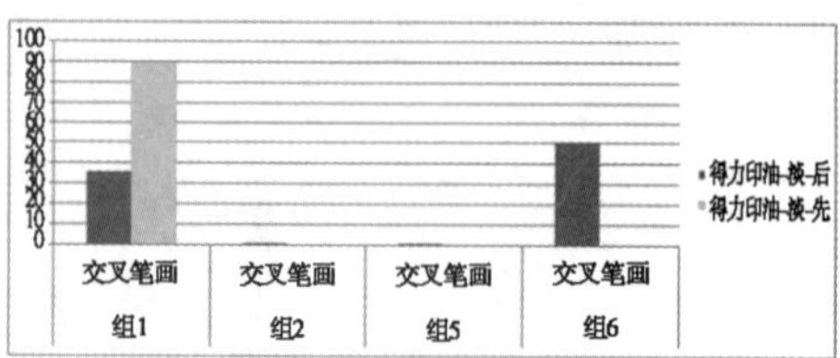

c. 淡印文条件下（左，重叠部位；右，交叉部位），电阻数据区间分布

图 4-5-27　浓淡度不同的得力印油印文与墨迹形成时序的数据区间分布

（2）数据分布区间分析。对不同浓度的印文与黑色签字笔形成时序的数据分布区间进行统计，如表4-5-3 所示。

表 4-5-3　不同浓度的印文与黑色签字笔形成时序的数据分布区间统计表

印文色料种类	印文浓度	重叠部位（区间百分率 %）				交叉部位（区间百分率 %）			
		先墨后朱		先朱后墨		先墨后朱		先朱后墨	
		组 1	组 6	组 1	组 6	组 1	组 6	组 1	组 6
雪奥印泥	浓	79. 38	13. 13	18. 0	81. 0	89. 38	4. 38	20. 63	75. 0
	中	93. 33	5. 56	2. 0	95. 0	100	0	22. 22	74. 44
	淡	90. 0	3. 33	24. 0	73. 0	100	0	33. 33	66. 67

续表

印文色料种类	印文浓度	重叠部位（区间百分率 %）				交叉部位（区间百分率 %）			
		先墨后朱		先朱后墨		先墨后朱		先朱后墨	
		组 1	组 6	组 1	组 6	组 1	组 6	组 1	组 6
得力印油	浓	80.0	14.38	18.57	78.57	92.86	5.71	21.43	77.86
	中	87.78	8.89	8.89	91.11	93.33	4.44	20.0	75.56
	淡	100	0	33.33	66.67	100	0	40.0	55.56

由表 4-5-3 可得出电阻值在组 1 和组 6 区间的分布率统计图，如图 4-5-28 所示。

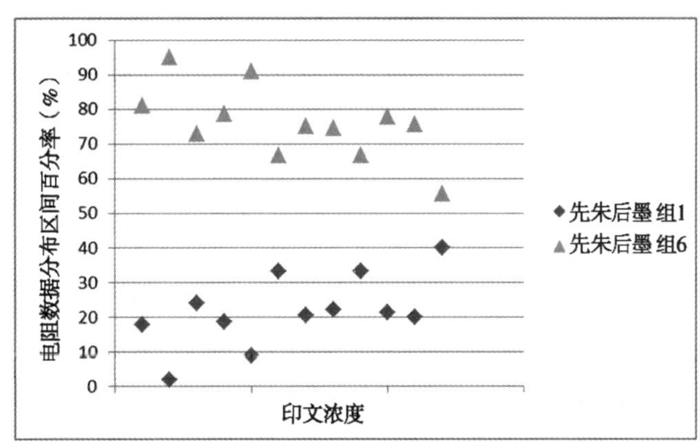

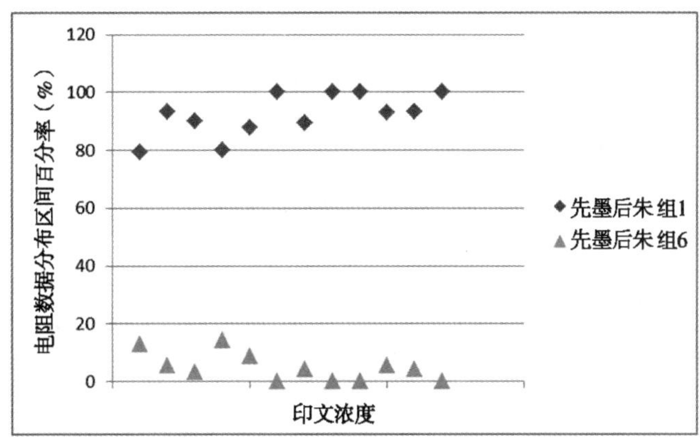

图 4-5-28 电阻数据分布率统计图（不同印文浓度条件）

从图 4-5-28 中可以得出：

以实验中的浓、中、淡三种不同浓度的印文为考察对象，分别与签字笔形成的时序、电阻值分布区间如下所述：

一是浓印文形成的朱墨时序。在先墨后朱的情况下，电阻数值 79.38%以上分布在组 1 区间；在先朱后墨的情况下，电阻数值 75%以上分布在组 6 区间，呈集中型规律分布，两者区别明显。

二是中等浓度印文形成的朱墨时序。在先墨后朱的情况下，电阻数值 87.78%以上分布在组 1 区间；在先朱后墨的情况下，电阻数值 74.44%以上分布在组 6 区间，呈集中型规律分布，两者区别明显。

三是淡印文形成的朱墨时序。在先墨后朱的情况下，电阻数值 90%以上分布在组 1 区间；在先朱后墨的情况下，电阻数值 55.53%以上分布在组 6 区间，呈集中型规律分布，两者区别明显。

（三）结果与讨论

浓淡度不同的印文与签字笔墨迹形成的朱墨时序，随着印文浓度的增大，电阻值随之增大。电阻数据在组 1 和组 6 区间呈规律性的分布且区别明显，即先墨后朱时，电阻数值 79.38%以上分布在组 1 区间；先朱后墨时，电阻数值 55.53%以上分布在组 6 区间。朱墨时序可以依此结果得到有效区分。

印文的浓淡实质是印文色料存在数量多寡的表现，其实质直接影响样本理化性质变化的速度和程度，导致朱墨时序中电阻数据区间分布概率的变化。中等浓度印文形成的朱墨时序，其电阻数据分布在组 1 和组 6 区间概率所表现的区别度最高，其次为浓印文和淡印文形成的朱墨时序区别度。

四、纸张种类影响因素的统计分析

（一）样本的制作

选择实验材料中的 1~5 号五种纸张，五种印文色料和 13 号黑色签字笔。在每种纸张条件下，13 号签字笔分别与五种印文色料制作时序样本，形成不同纸张类型的五组数据。

（二）不同纸张条件下朱墨时序电阻数据分布区间统计与分析

1. 数据分布区间统计

不同纸张条件下，电阻数据分布区间的统计情况，如图 4-5-29 至图 4-5-33 所示。

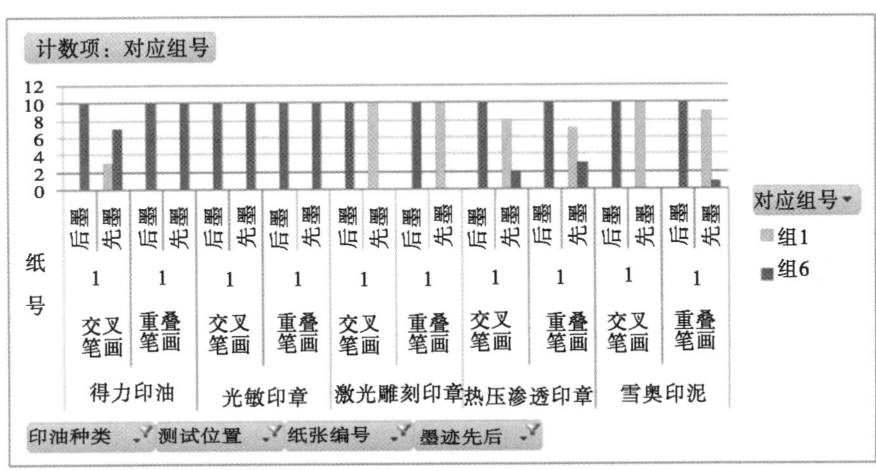

图 4-5-29　1 号纸张上印文与墨迹形成时序的数据区间分布

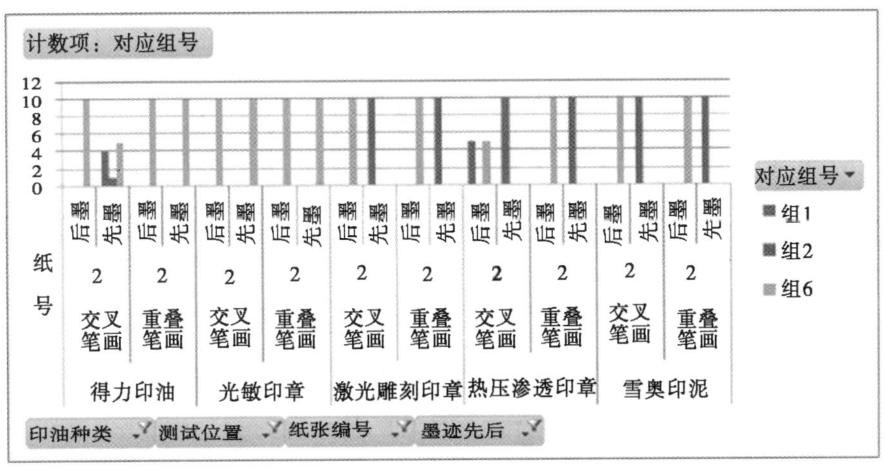

图 4-5-30　2 号纸张上印文与墨迹形成时序的数据区间分布

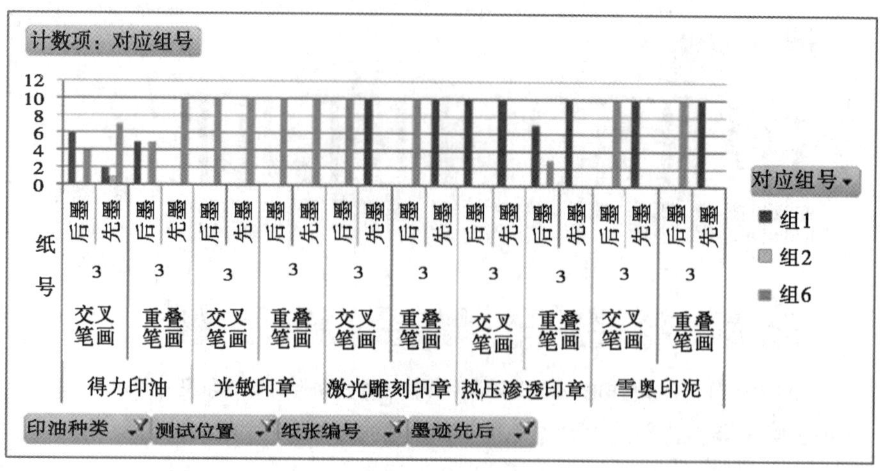

图 4-5-31　3 号纸张上印文与墨迹形成时序的数据区间分布

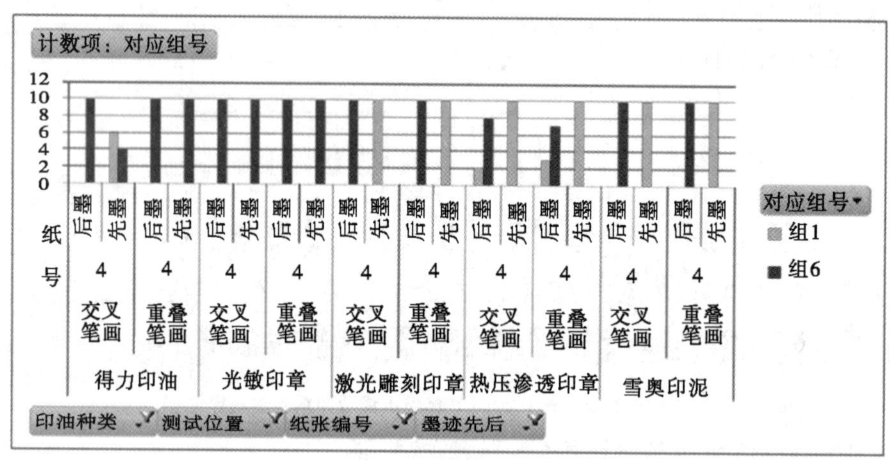

图 4-5-32　4 号纸张上印文与墨迹形成时序的数据区间分布

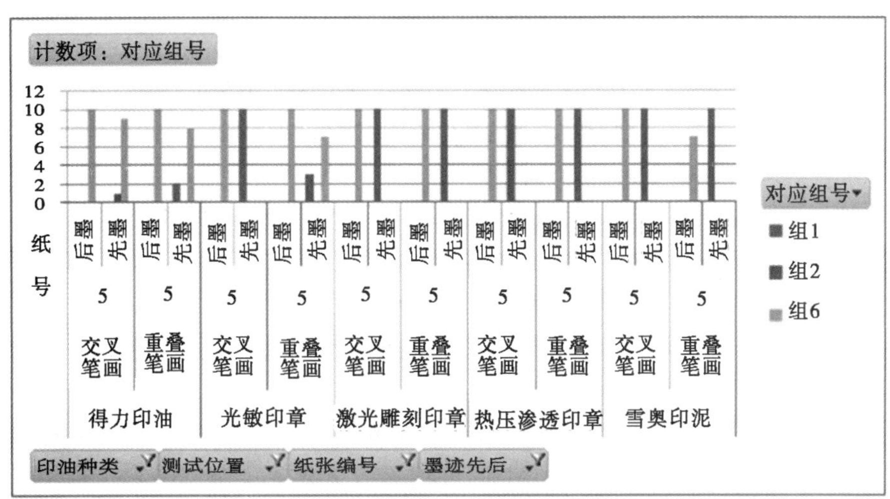

图 4-5-33　5 号纸张上印文与墨迹形成时序的数据区间分布

2. 数据分布区间分析

由图 4-5-29 至图 4-5-33 的统计结果，可得到电阻数据在组 1 和组 6 区间分布率的统计图，如图 4-5-34 所示。

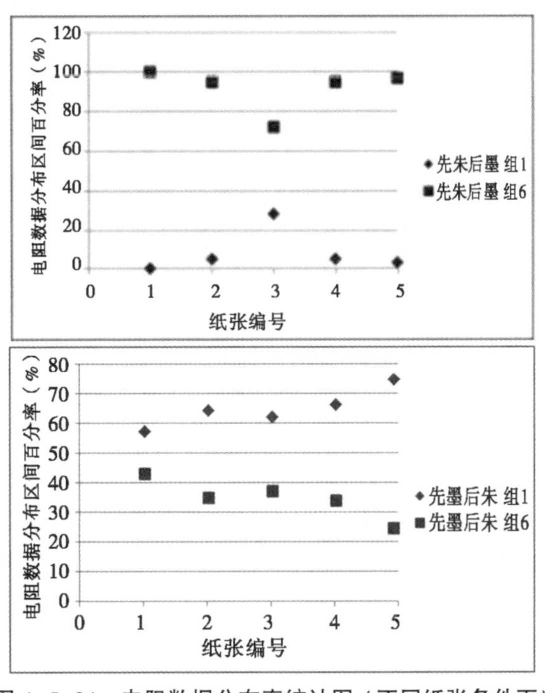

图 4-5-34　电阻数据分布率统计图（不同纸张条件下）

以实验中的五种纸张为考察对象，印文与签字笔形成的时序电阻值分布区间如下所述：

在先朱后墨情况下，五种纸张上的朱墨时序的电阻值 72%以上分布在分布在组 6 区间，较少数据分布在组 1 区间，两者区间分布率差异明显。其中，3 号纸张对数据影响较大。

在先墨后朱情况下，五种纸张上的朱墨时序的电阻值 57%~75%以上分布在分布在组 6 区间，24%~43%分布在组 1 区间，虽然两者区间分布率存在差异，但其显著性较先朱后墨的情况减弱，说明纸张因素对先墨后朱的电阻数据影响较大，其中，1 号纸张对数据的影响尤为明显。

（三）结果与讨论

不同纸张条件下，印文与签字笔墨迹形成的朱墨时序，电阻数据在组 1 和组 6 区间呈规律性的分布且区别明显，即先墨后朱时，电阻数值 57%以上分布在组 1 区间；先朱后墨时，电阻数值 72%以上分布在组 6 区间。朱墨时序可以依此结果得到有效区分。实验结果显示，在施胶率较高、定量较重的复印（打印）纸和铜版纸张下形成的样本，电阻数据稳定，其朱墨形成时序结果易于判断。

纸张是印文和字迹的载体，印迹和墨迹在相互融合过程中，纸张纤维的种类、填料的质量，印迹色料的粒径和分子结构等多种因素决定了印迹与纸张渗透和吸收的程度，同时纸张在缓慢的陈化过程中呈现出酸化现象，其稻、木原料中的脂肪、蜡、胶料等杂质，造纸过程中的明矾、动物胶、淀粉等填料，保存环境中的微生物、霉菌色素等内外诸多条件的影响，造成印迹、墨迹与纸张三者之间的成分发生氧化、还原、渗透、交联聚合等物理和化学反应，突出反映出纸张对朱墨形成时序的影响效果。施胶率高、定量重的复印（打印）纸和铜版纸张，其厚度大、紧度实，纸纤维之间的结合力强，对印迹和墨迹的洇散、渗透等现象的抑制作用较强，因此朱墨时序形成的特点反映明显。

五、样本形成时间影响因素的统计分析

（一）样本制作

选择实验材料中的 13 号黑色签字笔分别与五种印文色料制成朱墨形成时序样本，载体纸张为定量 70g/m^2 的特级蓝旗舰（A4）静电复印纸。在朱墨时序样本形成后的当天、3 天、15 天、30 天、90 天、180 天、360 天共七个时间点，分别进行电阻测量获得电阻数据。

（二）不同时间形成的朱墨时序电阻数据分布区间统计与分析

1. 数据分布区间统计

不同形成时间，电阻数据分布区间的统计情况，如图 4-5-35 至图 4-5-37 所示。

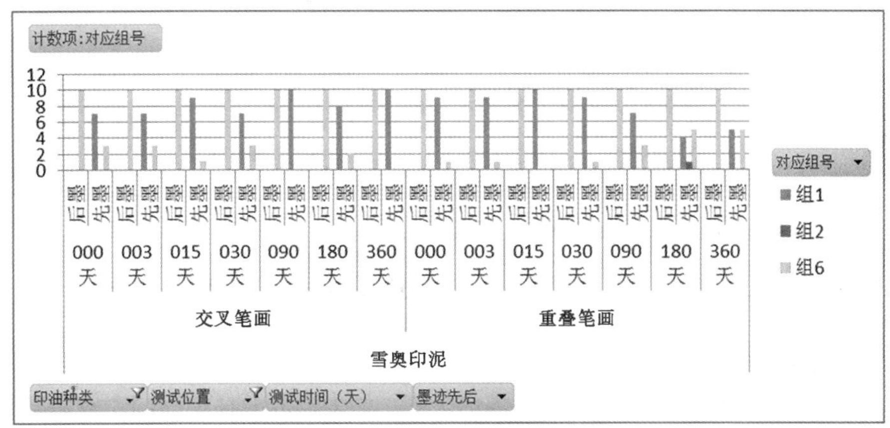

图 4-5-35　雪奥印泥印文与 13 号签字笔形成的朱墨时序在不同时间点的电阻数据

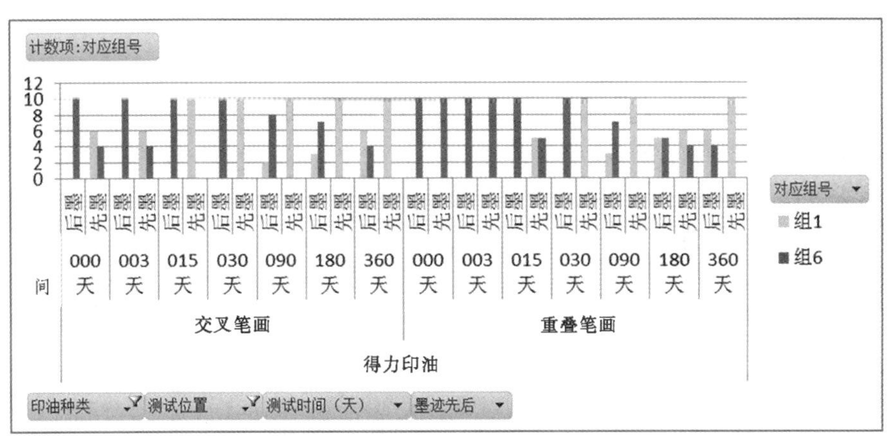

图 4-5-36　得力印油印文与 13 号签字笔形成的朱墨时序在不同时间点的电阻数据

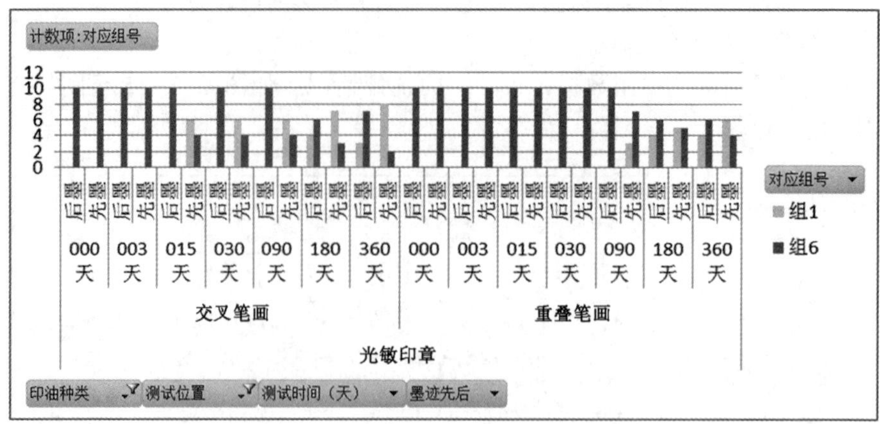

图 4-5-37　光敏印油印文与 13 号签字笔形成的朱墨时序在不同时间点的电阻数据

2. 数据分布区间分析

第一，雪奥印泥条件，先朱后墨情况下，样本形成的任何时间，电阻数据均分布在组 6 区间；先墨后朱情况下，电阻数据主要分布在组 1 区间，但在样本形成 3 天之内，组 1 和组 6 分布率差异较小。15 天至 90 天，分布率差异较大。180 天以后，分布率差异不明显。

第二，得力印油条件，不同朱墨时序情况下，样本形成 30 天之内，组 1 和组 6 分布率差异明显。90 天以后，分布率差异不明显。

第三，光敏印油条件，不同朱墨时序情况下，样本形成 30 天之内，组 1 和组 6 分布率差异明显。90 天以后，分布率差异不明显。

（三）结果与讨论

不同形成时间条件下，朱墨时序情况的电阻数据在组 1 和组 6 区间的分布率差异明显，且呈现阶段性变化规律。在样本形成初期（30 天之内）分布率差异明显，90 天以后，分布率差异逐渐减弱，说明样本形成 30 天之内，是朱墨时序判断的最佳时间段。这是由于随着朱墨交叠时间的增长，墨迹和印迹成分充分交融，其中的树脂逐渐固化，其表面成膜厚度增加，碳粉颗粒被包埋和沉淀，一定程度上影响电阻数据的表现、影响朱墨形成时序的判断。

第六节　实验验证

一、验证方案

本研究基于实验所建立的“数据库”进行统计分析，其中选择的 22 支含

碳签字笔的电阻值涵盖了仪器检测量程的各阶段范围，其与五种印文色料形成的交叉时序的数值构成了大量“学习”经验。通过印文色料种类、签字笔种类、印文浓淡程度、纸张种类、测试时间等多因素的电阻数据区间统计显示，不同朱墨时序检测部位的电阻值存在分布区间的明显区别。

根据贝叶斯决策理论，我们基于风险最小（犯错概率最小）的原则，选择统计数据中具有相对准确性的阈值作为判断依据，对判断结果进行分组：一是确定结论；二是倾向确定结论；三是难以确定，需专家评估。

二、验证标准

根据数据统计，当含碳签字笔电阻平均值$\overline{V}$，$0<\overline{V}<1500$（MΩ）时，选择测试部位的电阻值区间分布率 K 判断朱墨时序的阈值：

组 1 区间的分布率 K1。K1> 74.38%，可以判断先墨后朱；64%<K1<74.38%，倾向判断先墨后朱；K1<64%，难以确定，需专家评估。

组 6 区间的分布率 K2。K2> 78.57%，可以判断先朱后墨；55.53%<K2<78.57%，倾向判断先朱后墨；K2<55.53%，难以确定，需专家评估。

三、验证实验

在实验材料中，随机选择含碳签字笔与印文色料制作朱墨时序样本，先墨后朱和先朱后墨各 50 份。细致选择测量部位，记录电阻数据，统计分析并得出实验结论，如表 4-6-1 所示。

表 4-6-1　验证实验数据表

样本编号	组 1（K1）	组 6（K2）	确定性结论		倾向性结论		无法作出结论	样本事实	是否正确
			先墨	后墨	先墨	后墨			
1	1.00	0	√	—	—	—	—	先墨	正确
2	0.85	0.15	√	—	—	—	—	先墨	正确
3	0.95	0	√	—	—	—	—	先墨	正确
4	0	0.65	—	—	—	√	—	先墨	正确
5	1.00	0	√	—	—	—	—	先墨	正确
6	1.00	0	√	—	—	—	—	先墨	正确
7	0	0.85	—	√	—	—	—	先墨	正确
8	0	1.00	—	√	—	—	—	后墨	正确
9	0	0.90	—	√	—	—	—	后墨	正确

续表

样本编号	组 1（K1）	组 6（K2）	确定性结论		倾向性结论		无法作出结论	样本事实	是否正确
			先墨	后墨	先墨	后墨			
10	0.30	0.40	—	—	—	—	√	后墨	—
11	0.80	0.20	√	—	—	—	—	后墨	错误
12	0.85	0.05	√	—	—	—	—	先墨	正确
13	0.65	0.20	—	—	√	—	—	先墨	正确
14	0	1.00	—	√	—	—	—	后墨	正确
15	0	1.00	—	√	—	—	—	后墨	正确
16	0.95	0	√	—	—	—	—	先墨	正确
17	1.00	0	√	—	—	—	—	先墨	正确
18	0	1.00	—	√	—	—	—	后墨	正确
19	0	1.00	—	√	—	—	—	后墨	正确
20	0	0.95	—	√	—	—	—	后墨	正确
21	0.80	0.20	√	—	—	—	—	先墨	正确
22	0.50	0.45	—	—	—	—	√	先墨	—
23	1.00	0	√	—	—	—	—	先墨	正确
24	0.95	0	√	—	—	—	—	先墨	正确
25	0	0.85	—	√	—	—	—	后墨	正确
26	0.85	0.15	√	—	—	—	—	先墨	正确
27	0	0.80	—	√	—	—	—	后墨	正确
28	0	0.90	—	√	—	—	—	后墨	正确
29	1.00	0	√	—	—	—	—	先墨	正确
30	0	0.70	—	—	—	√	√	先墨	错误
31	1.00	0	√	—	—	—	—	先墨	正确
32	0	0.85	—	√	—	—	—	后墨	正确
33	0	0.95	—	√	—	—	—	后墨	正确
34	0	1.00	—	√	—	—	—	后墨	正确
35	0	0.80	—	√	—	—	—	后墨	正确
36	1.00	0	√		—	—	—	先墨	正确

续表

样本编号	组 1（K1）	组 6（K2）	确定性结论		倾向性结论		无法作出结论	样本事实	是否正确
			先墨	后墨	先墨	后墨			
37	035	0.25	—	—	—	—	√	先墨	—
38	0.90	0	√	—	—	—	—	先墨	正确
39	0	0.80	—	√	—	—	—	后墨	正确
40	0.85	0.10	√		—	—	—	先墨	正确
41	0	0.85	—	√	—	—	—	后墨	正确
42	0.65	0.15	—	—	√	—	—	先墨	正确
43	0.95	0.05	√	—	—	—	—	先墨	正确
44	0	1.00	—	√	—	—	—	后墨	正确
45	0.55	0.35	—	—	—	—	√	先墨	—
46	1.00	0	√	—	—	—	—	先墨	正确
47	0.45	0.35	—	—	—	—	√	先墨	—
48	0	0.90	—	√	—	—	—	后墨	正确
49	0	1.00	—	√	—	—	—	后墨	正确
50	0	1.00	—	√	—	—	—	后墨	正确
51	0	1.00	—	√	—	—	—	后墨	正确
52	1.00	0	√		—	—	—	先墨	正确
53	0	1.00	—	√	—	—	—	后墨	正确
54	0.80	0.10	√	—	—	—	—	先墨	正确
55	0.60	0.20	—	—	√	—	—	先墨	正确
56	0	0.90	—	√	—	—	—	后墨	正确
57	0	0.90	—	√	—	—	—	后墨	正确
58	0.85	0	√	—	—	—	-	先墨	正确
59	0	1.00	—	√	—	—	—	后墨	正确
60	0	0.80	—	√	—	—	—	后墨	正确
61	0	0.95	—	√	—	—	—	后墨	正确
62	0.85	0.05	√	—	—	—	—	先墨	正确
63	0.20	0.60	—	—	—	√	—	先墨	错误

续表

样本编号	组1（K1）	组6（K2）	确定性结论		倾向性结论		无法作出结论	样本事实	是否正确
			先墨	后墨	先墨	后墨			
64	0	1.00	—	√	—	—	—	后墨	正确
65	0	1.00	—	√	—	—	—	后墨	正确
66	0.95	0	√	—	—	—	—	先墨	正确
67	1.00	0	√	—	—	—	—	先墨	正确
68	0	0.55	—	—	—	√	—	后墨	正确
69	0.80	0.10	√	—	—	—	—	先墨	正确
70	0	0.80	—	√	—	—	—	后墨	正确
71	0	1.00	—	√	—	—	—	后墨	正确
72	0	1.00	—	√	—	—	—	后墨	正确
73	0.80	0.20	√		—	—	—	先墨	正确
74	0	1.00	—	√	—	—	—	后墨	正确
75	0.10	0.80	—	√	—	—	—	先墨	错误
76	0	0.90	—	√	—	—	—	后墨	正确
77	0.85	0.10	√	—	—	—	—	先墨	正确
78	0	1.00	—	√	—	—	—	后墨	正确
79	0	0.90	—	√	—	—	—	后墨	正确
80	0.95	0	√	—	—	—	—	先墨	正确
81	0	0.75	—	√	—	—	—	后墨	错误
82	1.00	0	√	—	—	—	—	先墨	正确
83	1.00	0	√	—	—	—	—	先墨	正确
84	0	1.00	—	√	—	—	—	后墨	正确
85	0	1.00	—	√	—	—	—	后墨	正确
86	0.95	0	√	—	—	—	—	先墨	正确
87	0.75	0.25	—	—	√	—	—	先墨	正确
88	0.95	0.05	√	—	—	—	—	先墨	正确
89	0	1.00	—	√	—	—	—	后墨	正确
90	1.00	0	√	—	—	—	—	先墨	正确

续表

样本编号	组1（K1）	组6（K2）	确定性结论		倾向性结论		无法作出结论	样本事实	是否正确
			先墨	后墨	先墨	后墨			
91	0.50	0.50	—	—	—	—	√	后墨	—
92	0	0.90	—	√	—	—	—	后墨	正确
93	1.00	0	√	—	—	—	—	先墨	正确
94	0	1.00	—	√	—	—	—	后墨	正确
95	0.80	0	√	—	—	—	—	先墨	正确
96	0.85	0.15	√	—	—	—	—	先墨	正确
97	0.80	0.10	√	—	—	—	—	先墨	正确
98	0.95	0	√	—	—	—	—	先墨	正确
99	0	1.00	—	√	—	—	—	后墨	正确
100	1.00	0	√	—	—	—	—	先墨	正确

（注：“√”相应项目的肯定选择；“—”相应项目的否定选择）

四、验证结果

经过对100份样本的盲测，得出以下结果，如图4-6-1所示：

（一）得出结论情况

确定结论86份（占全部样本的86%）；倾向性结论8份（占全部样本的8%）；无法作出结论6份（占全部样本的6%）。

（二）正确结论情况

针对确定结论和倾向性结论统计，正确结论89份（占全部样本的89%），错误结论5份（占全部样本的5%）。

第一，86份确定结论中，正确结论83份（占全部样本的83%，占确定结论的97%），错误结论3份（占全部样本的3%，占确定结论的3%）。

第二，8份倾向性结论中，正确结论6份（占全部样本的6%，占倾向性结论的75%），错误结论2份（占全部样本的2%，占倾向性结论的25%）。

（三）错误结论和无法作出结论的情况

第一，盲测结果中存在5份错误结论。3份错误的确定结论中，2份为先墨后朱误判、1份为先朱后墨误判；2份错误的倾向性结论全部为先墨后朱误判。

第二，盲测结果中存在6份无法作出结论。4份为先墨后朱难以判断、2份为先朱后墨难以判断。

盲测中的错误结论和无法作出结论方面，先墨后朱比率高于先朱后墨，其原因在于部分先墨后朱测量部位的电阻稳定性差、个别数值偏大，导致数据区间分布零散，容易造成认识偏差。

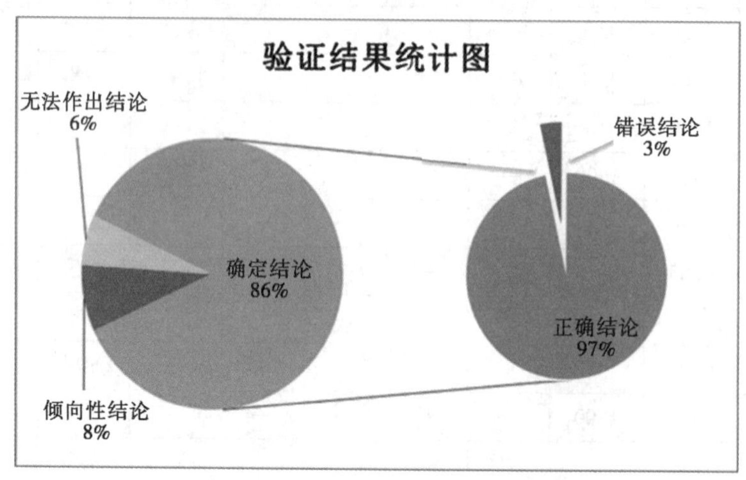

图 4-6-1 验证结果统计图

第七节 案例应用

一、案例 1：先墨后朱典型案例分析

此案为涉访案件，上访群众举报相关人员涉嫌利用先盖有的收费印文后填写有关内容实施不法活动，朱墨时序判断是澄清案件事实的关键手段。本次鉴定采用电阻测量法检验，并结合其他方法，从多角度相互印证，结论一致，如图 4-7-1 所示。

经检验，检材中的红色印迹为光敏印油，黑色墨迹为含碳签字笔，两者存在交叉部位，具备检验条件。首先，采用电阻测量法检验。检材中墨迹的电阻值为 700~1200 MΩ，平均电阻为 1050 MΩ。在不同朱墨交叉部位多次选点，将测量结果置于数据库中统计，88. 7%分布在组 1 区间。由于先存在墨迹再盖印印迹，墨迹笔画连续、完整，交叉处电阻变化不显著，依次判断检材为先墨后朱形成时序。其次，采用其他方法印证检验。经荧光检验，检材上的光敏印油在 500~570nm 绿光激发下色料荧光亮度明显，交叉处荧光相对连续、清晰。经三维成像检验，墨迹连续，印迹边缘完整。后两种检验方法所反映的现象亦均符合先墨后朱形成时序特征，与电阻测量法的结论印证统一。

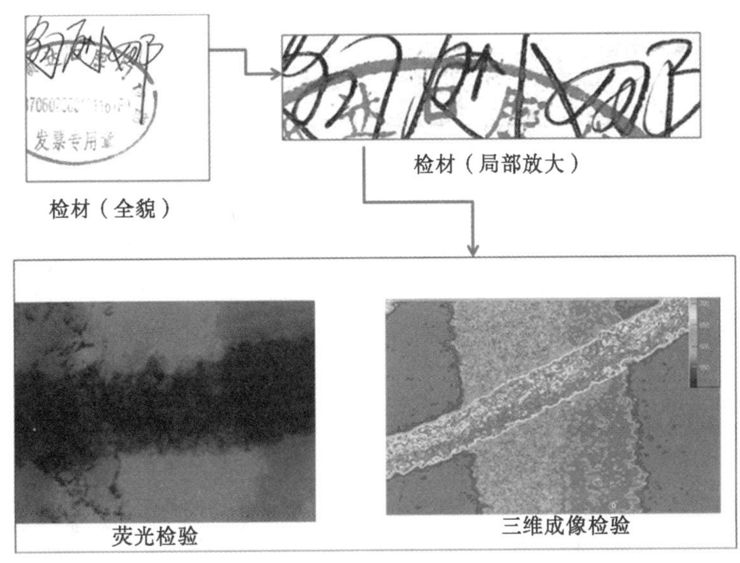

图 4-7-1 检验图片

二、案例 2：先朱后墨典型案例分析

此案是一起合同诈骗案件，被告涉嫌利用先盖有的单位印文后填写相关内容形成虚假合同，朱墨时序判断是解决本案争议的关键。本案采用多种方法检验，其中电阻测量法作为方法之一与其他方法多角度相互印证，效果明显，如图 4-7-2 所示。

经检验，检材中的红色印迹为印泥，黑色墨迹为含碳签字笔，存在交叉部位，具备检验条件。一是多种方法相互印证检验。显微检验，朱墨交叉处红色印迹存在沿笔痕运笔方向拖带痕迹；三维成像检验，墨迹在印文上有露白和断笔现象；笔画宽度测量，交叉处的墨迹存在明显的笔画收缩变窄现象；多光谱检验，在 600~700nm 处，朱墨交叉处的光谱曲线处于纯墨迹下方，此处的光亮度分布与墨迹相近。上述现象均反映出先朱后墨的形成时序特征。二是利用电阻测量法验证检验。该文件中墨迹的平均电阻为 800 MΩ，在不同朱墨交叉部位多次选点，将测量结果置于数据库中统计，90%分布在组 6 区间，判断为先朱后墨形成时序。分析原因，由于先存在印迹再书写墨迹，墨迹笔画出现断笔、露白或收缩，导致交叉处电阻增大，此现象与其他方法所得出的现象吻合，结论相符。

本章小结

本章利用电阻测量法对文件检验中的朱墨形成时序问题进行了系统研究。

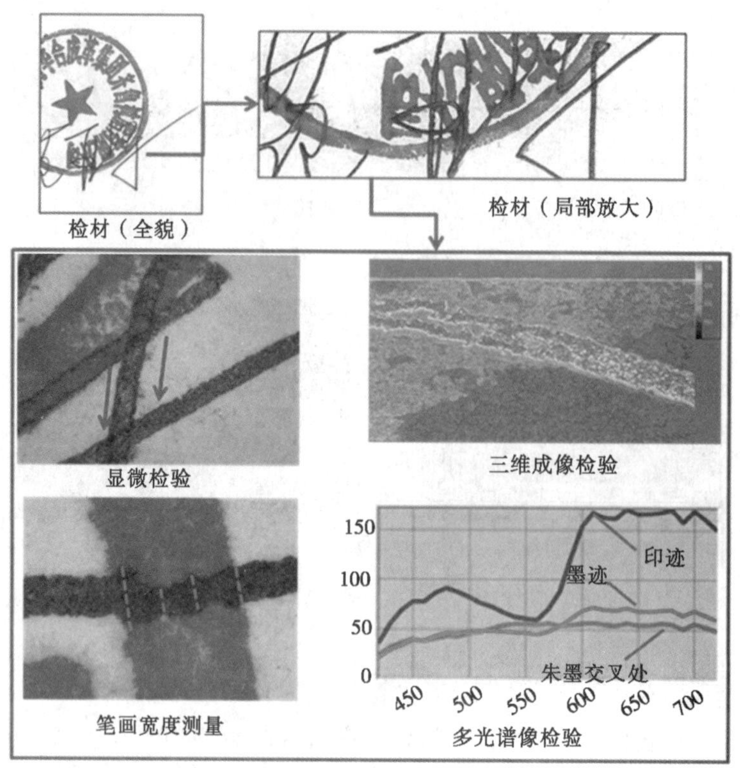

图 4-7-2　检验图片

采用中国人民公安大学研发的“黑色含碳笔鉴别工作站”，通过大量实验数据的统计分析，探究测试部位电阻值与形成时序之间的关系，为定性的鉴定意见提供定量判断的依据。

第一，确定了黑色含碳签字笔与印文形成时序中电阻数据的变化规律。通过对 22 支黑色签字笔和 5 种印文色料形成时序的研究，以“是否能够测得电阻值”为标准，将测量结果分为两大类六小类。数据规律：当签字笔笔画的平均电阻值超过 1500MΩ 时，签字笔与印文形成的先朱后墨和先墨后朱时序的电阻值均不易测得；在同一个样本上，就测试部位而言，朱墨重叠部位的电阻值普遍大于交叉部位的电阻值；对于相同的签字笔和印文色料形成的时序，先朱后墨比先墨后朱时的电阻值增大。

第二，建立了电阻法鉴别朱墨时序的判断标准。利用 VB 语言编程进行数据区间分布统计，通过对签字笔种类、印文色料种类、印文色料浓淡、纸张种类及样本形成时间五方面影响因素的考察，确定了以电阻数据区间分布率 K 为标准的判断依据。实验表明，在先墨后朱的情况下，64%以上的电阻数值分

布在组 1 区间；在先朱后墨的情况下，55. 53%以上的电阻数值分布在组 6 区间，不同朱墨时序可以依此结果可得到明显区分。通过统计分析得出的阈值能能够辅助鉴定人员做出正确的鉴定意见，但阈值的确定还需要进行深入的探讨。

第三，验证了以电阻数据区间分布率作为朱墨时序判断依据的准确性。选择统计数据中具有相对准确性的阈值作为判断依据，对 100 份实验样本进行盲测。结果表明，确定结论率 86%；其中正确率 96%，能够有效区分朱墨形成时序。本盲测过程是以实验中建立的“数据库”为基础，“数据库”容量的进一步扩大是解决实验材料局限性的关键。

第五章　基于显微拉曼光谱技术检验印文形成时间的研究

第一节　概　　述

印章色痕是印章上的文字、图形借助印泥和印油等色料形成的图文形象痕迹，简称为印迹[①]。在司法文书鉴定领域，对印迹的研究包括印文成分的种属鉴别和印文形成时间鉴别。印迹成分的相同是印文形成时间鉴别的前提，盖印时间的同阶段性往往反映出印迹成分种类的相同。

印迹成分检验中通常依据不同厂家、同一厂家不同品牌或不同批号的产品所采用的原料来源和生产工艺的不同，对其成分的化学属性进行分析来判断检材和样本中的物质组成是否一致。印迹成分的异同能够反映出某一份文件的前后相同内容的印文是否同时盖印、相隔数年的印文是否为同一种印泥（油）盖印等问题，其直接表现出所使的用印泥（油）的连续性特征，在某些案件中则可以反映出印章使用时间的独特性。同一印章在不同时间盖印的特征也能够体现出印泥（油）的理化性质的差异，折射出成分变化的规律性[②]。

一、印泥和印油的组成

印章盖印通常使用印泥和印油。印泥可分为朱砂印泥和仿朱砂印泥，主要以手工蘸墨的方式使用。印油一般按印章制作类型分为普通印油、原子印油、光敏印油。印油的应用主要有两种方式：一种是将印油直接注入成品章的印垫中，如现代新材料制作的光敏印章、热压渗透印章等；另一种是将印油注入未

---

① 冯计民．红外光谱在微量物证分析中的应用［M］．北京：化学工业出版社，2010：345.

② 韩伟，黄建同，陈维娜．拉曼光谱在司法文书鉴定中的应用［J］．理化检验（化学分成），2015，51（12）：1755.

成长的多孔印垫中或织物中，形成印台印泥进行盖印，如翻转印章、普通印章印台等①。随着制章技术和材料的发展，印泥和印油的新型产品层出不穷，目前主要以印泥、印油、光敏印油应用为主，如图 5-1-1 所示。

（一）印泥

印泥是一种固体黏稠物质，主要由颜料、油脂和防腐剂等成分配制而成的油溶性印章色料。印泥的颜料为油溶性物质，可溶于乙醇、氯仿等有机溶剂，其颜色有红色和蓝色等。红色印泥的主要成分是铬酸铅、硫化汞、大红粉808、重晶石粉、白艳华、蓖麻油或氯化石蜡油、苯酚、艾绒和木棉等。蓝色印泥主要成分为油溶性苯胺蓝和油酸、蓖麻油等②。印泥色彩亮丽，耐久性好，价格便宜。

（二）印油

印油一般由色料、树脂、溶剂、助剂组成，各种成分合理配选是影响印油质量高低的重要因素。

色料分为颜料和染料两种。颜料包括无机颜料和有机颜料。无机颜料，如铁蓝、铬黄、钼橘黄、钴绿等；有机颜料，如金光红、酞菁蓝、耐晒黄等，属于不溶性的有色有机化合物。染料一般能溶于不同的溶剂，多用于染色纤维。

树脂有天然树脂和合成树脂两种，一般多采用合成树脂。

溶剂主要有烃类、醇类、植物油类、矿物油类、水类等。

助剂主要调节印油的性能，有分散剂、消泡剂、防滑剂、润湿剂、干燥剂、增稠剂、稳定剂等。

（三）光敏印油

光敏印油属于水性印油，目前欧洲各国使用的翻转印和光敏印油均属于环保水性印油。水性印油是相对于油性和醇性印油的一类新型印油，主要以水为溶剂，色料采用水溶性较强的酸性染料和偶氮颜料等，如酸性红 18（酸性红 R）、酸性红 87（水溶曙红 Y）、颜料红等③。光敏印油适用于光敏渗透印章，油墨具有适当的黏稠度、流动性和挥发性，能够自由地被多孔储墨垫吸收和释放，印迹鲜明且不易水溶淡化。

---

① 董铁望，李勇刚．印章印油盖论［J］．中国防伪，41-42.

② 张云，余静，谢孟峡．印章印文的鉴定方法．理化检验——化学分册［J］，2014（50）：1470.

③ 章晴，邹积鑫，石高军，等．采用 HPLC 区分环保水性印油印迹种类［J］．刑事技术，2010（2）：37.

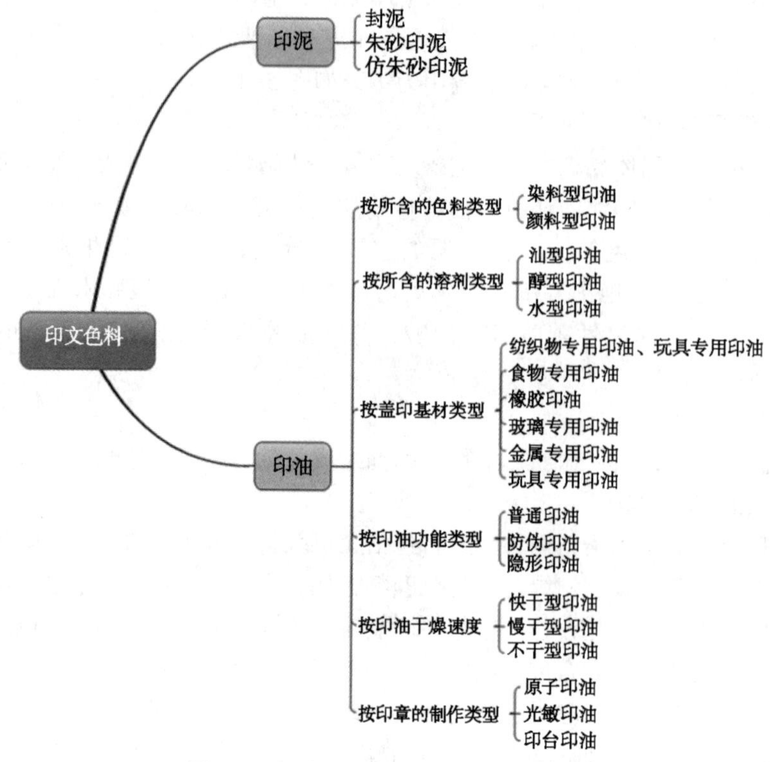

图 5-1-1　印泥（油）分类的思维导图

二、拉曼光谱原理

拉曼光谱的理论基础是拉曼散射效应。光散射是自然界常见的现象。当一束光照射到介质时，大部分的光被介质反射或透过介质，另一部分的光被介质向四面八方散射。散射光有三种基本形式：瑞利散射、斯托克斯（Stokes）散射和反斯托克斯（Anti-Stokes）散射，后两者统称为拉曼散射。散射光的频率与入射光的频率相同的散射为瑞利散射。而拉曼散射中，入射的光子与物质相互作用后，不仅方向改变，而且有能量交换，即散射光的频率与入射光相比发生了变化（称拉曼位移）。在散射光谱中，斯托克斯线位于瑞利线低频一侧，高频一侧的谱线为反斯托克斯线。在正常情况下，由于分子大多处于基态，测量到的斯托克斯线比反斯托克斯线强得多，所以在一般拉曼光谱分析中，都采用斯托克斯线研究拉曼位移。

拉曼光谱属于分子的振动和转动光谱。分子振动表现为组成分子的各原子间键长和键角的变化，这种变化在分子的每一部分都不停地进行着。每种物质都有其特定的组成和结构，当与光相互作用时，在拉曼光谱上可以观察到特定的光谱曲线。每个分子产生的拉曼光谱谱带的数目多少、位移大小、谱带强度和形状等都直接与分子的振动及转动相关联。因此，研究分子的拉曼光谱可以得到有关分子结构的信息，用于表征不同物质的成分属性，达到对相似物质的定性和区分功能，如图 5-1-2 所示。

拉曼光谱与红外光谱都是关于分子内部各种简正振动频率及有光振动能级的情况，分子偶极矩变化是红外光谱产生的原因，而拉曼光谱是分子极化率变化的结果。红外和拉曼光谱在研究分子结构及振动光谱时是相互补充的。

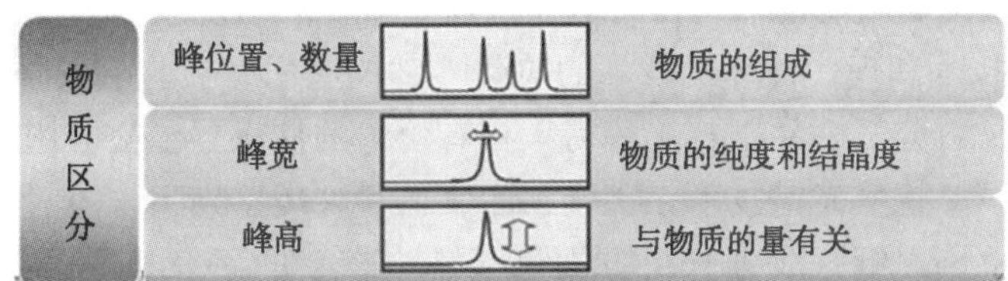

图 5-1-2　拉曼谱峰的解析图

现阶段，拉曼光谱的应用发展已衍生出多种技术形式：显微拉曼技术是一项成熟的应用技术，通过单色仪狭缝转换，可得到微区部分的拉曼光谱图，已广泛应用于微量物证分析。显微拉曼光谱结合高倍显微镜的优势，可实现对微区样品的微观可视化分析，具有直观性和稳定性；傅里叶拉曼光谱技术，避免了受激光照射样品产生的热分解作用，消除荧光的干扰，测量精度高，速度快，但受灵敏度低限制；共振拉曼光谱技术，通过提高拉曼散射强度，在低频的激光光源下，检测低浓度和微量样品，对大分子聚集体的局部结构具有优势；表面增强拉曼光谱技术（Surface-Enhanced Raman Scattering，SERS），是利用物质的电化学特性而增强表层的拉曼信号，对样品直接进行无损检测，适用于检验痕量样品，已被应用于法庭科学领域。

三、拉曼光谱技术在文件检验中的应用

随着我国市场经济化进程的加快，单位、个人之间的经济往来日益增多，涉及合同、票据、契约等文件的真伪性鉴别的案件也日益凸显。法庭文书鉴定（即文件检验）是一项识别文件真伪，澄清案件事实的专门技术手段。在鉴定实践中，文检鉴定员通常将文件中的字迹、印文、图像以及纸张等作为检验系统的组成元素进行逐项和关联分析，依据同一认定和种属鉴别的特征表现判断文件是否存在变造或伪造的事实。其中，利用种属鉴别手段对书写材料成分的分析是现代仪器分析技术与文检技术相结合的关键，也是鉴别可疑文件是否存在添改的有效途径。国内外法庭科学学者已将荧光光谱法、紫外可见光谱法、红外光谱法、薄层色谱法、高效液相色谱法和气相色谱、质谱法等用于实际案

件之中[①②]，但由于书写材料的种类繁多、成分复杂，各种检验方法都有其局限性，因此寻求新的检验方法、拓展检验思路是文检技术的必然选择。

拉曼光谱利用分子内部各种简正振动频率及有关振动能级的情况，鉴定分子中存在的官能团，与红外光谱相结合可以更加全面地研究分子的振动状态，提供更多的分子结构方面的信息。[③④⑤] 相比传统技术，拉曼光谱在 20 世纪 90 年代应用于法庭科学鉴定中就以其具有无须制样、操作简便快捷、所需样本量少、无损检验等优点被广泛重视。[⑥] 随着显微拉曼技术、傅里叶拉曼光谱技术、共振增强拉曼光谱技术、表面增强拉曼光谱技术的发展，采用先进的滤光技术、CCD 技术和现代计算机技术的拉曼光谱仪适用于检验痕量样品[⑦]，在某些文件物质材料分析中易于直接获得大量有价值的信息，已被应用于文件检验领域。现阶段，拉曼光谱技术在字迹、印文色料种类鉴别，朱墨时序鉴别，印章盖印时间鉴别、纸张成分分析方面已呈现出较多的研究成果，如图 5-1-3 所示。

---

① 刘文，贾玉文，邹明理. 中国刑事科学技术大全文件检验［M］. 北京：中国人民公安大学出版社，2002：1245-1242.

② 王彦吉，王景翰. 字迹色痕分析与书写时间鉴定［M］. 北京：中国人民公安大学出版社，2010：50-81.

③ 朱自莹，顾仁敖，陆天虹. 拉曼光谱在化学中的应用［M］. 沈阳：东北大学出版社，1998：5-15.

④ 潘家来. 激光拉曼光谱在有机化学上的应用［M］. 北京：化学工业出版社，1986：12-25.

⑤ 柯以侃，董慧茹. 分析化学手册（第三分册）：光谱分析［M］. 北京：化学工业出版社，1998：1120-1183.

⑥ 张鹏翔，赵金涛，杨延勇. 显微拉曼技术在公安法学中的应用［J］. 光散射学报，1998，1（3-4）：200-203.

⑦ 杨序纲，吴琪琳. 拉曼光谱的分析与应用［M］. 北京：国防工业出版社，2008：37-38.

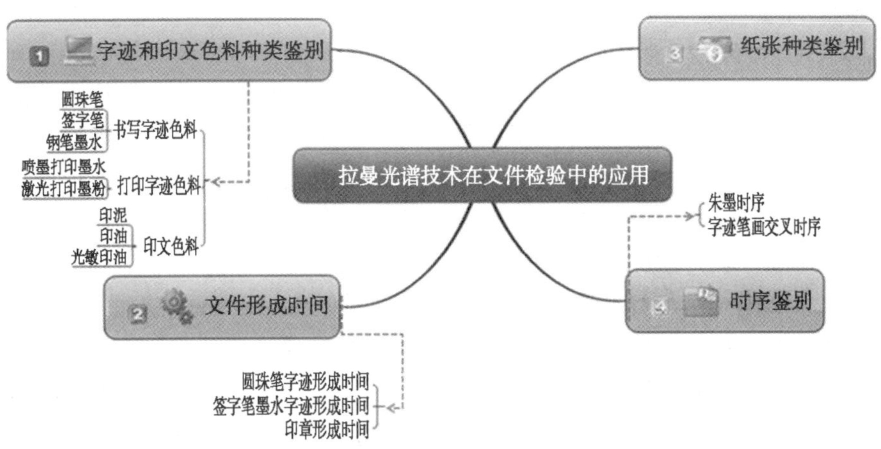

图 5-1-3　拉曼光谱技术在文件检验中应用的思维导图

（一）字迹和印文色料种类鉴别

色料成分检验中通常依据不同厂家、同一厂家不同品牌或不同批号的色料所采用的原料来源和生产工艺的不同，对色料成分的化学属性进行分析来判断检材和样本中的色料是否成分一致。色料成分的异同通常能够反映出某一份文件的前后内容是否是同一支笔书写、相隔数年的印文是否同一种色料盖印等问题，其直接表现出色料使用的时间连续性特征，在某些案件中可以解决文件是否存在变造或伪造等问题。①

1. 圆珠笔油墨的种类鉴别

圆珠笔油墨是一种黏稠液体，其主要成分是染料、树脂和溶剂。对圆珠笔油墨的种类进行鉴别和区分的主要根据是圆珠笔油墨中的染料和溶剂的成分和含量。

1994 年，Albert Harisocich Kuptsov② 首次报道了应用拉曼光谱对色料成分的检验，经过对 3 种黑色和 6 种蓝色圆珠笔油墨的测试，发现黑色的用 514nm 波长激光，蓝色的用 632nm 波长测定，其拉曼谱带的频率、形状和相对强度等均有很好的重现性，具有油墨种类鉴别的可行性。2000 年，Mclaybourn③ 在测定 12 种圆珠笔油墨的拉曼光谱的过程中，着重对激发光波长的选择进行了

---

① Rina G, John R L, Marco L, et al. Application of Raman spectroscopy to the analysis of questioned documents[J]. American Academy of Forensic Sciences, 2008, 14:10-11.

② Albert H K. The analysis of blue、black and red gel pen inks by RAMAN spectroscopy – Preliminary findings[J]. Journal of Forensic Sciences, 1994, 39(2):112-115.

③ Mclaybourn M. Studies on inkjet ink with confocal Raman microscopy [J]. Science&Justice, 2000, 40(4):261-271.

对比实验，发现 514nm 激发光能量高、有共振拉曼效应、接近分子振动结构、纸张干扰小、成分不同的样品区分明显。

2000 年后出现了利用表面增强共振拉曼散射光谱（SERS）分析黑色圆珠笔油墨的报道。Reza M.[①]考察了油墨中的甲基紫共振增强现象，蓝色和黑色圆珠笔油墨在 685nm 波长激发光下的拉曼效果明显。表面增强共振拉曼散射光谱克服了普通拉曼光谱受荧光背景的困扰，操作简单、省时，值得推崇。Claybourn M. 等[②]和 Rezam S.[③]利用表面增强拉曼技术消除微量三芳甲烷类染料谱带的重叠，在 685nm 波长激发测定 13 种黑色和 13 种蓝色圆珠笔油墨的光谱，并分别将其种类分成 6 类和 8 类，达到种类鉴别的目的。

20 世纪 90 年代末，我国学者开始将拉曼光谱用于可疑文件及墨水的分析。2000 年，徐彻等[④]选择英国 Renishaw 公司生产的 MLI-2000 型显微激光共焦拉曼光谱仪，对黑色圆珠笔油墨种类鉴别进行初探，认为该检测方法可靠、速度快、准确度高、谱图易辨认，特别是具有检材需求量小，无须进行预处理，无损检材的优点，在检案中具有很大的实用价值。陈宁等[⑤]对实验操作条件进行了探索，通过对共焦激光拉曼光谱仪中的散焦照射与共焦照射两种方式的实验比较，指出激光散焦技术能够增强黑色圆珠笔墨迹的拉曼信号，有效区分不同品牌的墨迹种类。

2. 签字笔墨水的种类鉴别

签字笔油墨主要由溶剂、表面活性剂、树脂和着色剂等成分组成。随着时间推移，纸张上字迹油墨中的溶剂成分逐渐挥发，而树脂、着色剂等较稳定的存留。不同产地、不同牌号或同一牌号不同型号的黑色签字笔油墨中加入的着色剂、表面活性剂的种类可能不同，即使种类相同，配比也可能不同，这些组分间的差异均会使红拉曼特征峰的数目、峰位、峰高比不同。

---

① Reza M A. In-situ analysis of writing inks by surface enhanced resonance Raman (SERRS) spectroscopy[J].Analyst,2001,126(8):1418-1422.

② Claybourn M, Ansell M. Application of the micro-FTIR spectroscopy,Raman spectroscopy and XRF method examination of inks[J].Forensic Science International,2006,158: 164-172.

③ Rezam S. Application of micro-Raman to the identification of ink mark[J]. PEAFS, 2013,13(6):12-16.

④ 徐彻，汤纯，杨延勇. 显微激光拉曼光谱法鉴别黑色圆珠笔油墨的初步研究［J］. 法医学杂志，2000，16（4）：244-245.

⑤ 陈宁，张卫红，张晓霞，等. 显微共焦拉曼光谱仪分析黑色圆珠笔油墨［J］. 中国人民公安大学学报（自然科学版），2011，69（3）：10-12.

拉曼光谱法分析签字笔墨水首先由 White P. C. 和 Andermann 于 2000 年提出[①]，认为该方法具有无损检材的特点，是分析签字笔墨水较好的手段。Jones 和 Wolstenholme[②] 认为有些采用溶剂无法提取的签字笔墨水，在薄层色谱（TLC）和红外衰减全反射（IR-ATR）方法不能检验的情况下，利用表面增强共振拉曼光谱（SERRS）检验是一种无损可行的方法。

随着签字笔使用的普遍，其品牌、种类日益繁多。2003 年，Mazzella W. D. 和 Khanmy V. A. [③] 选取欧洲市场上的 33 种蓝色中性笔进行研究。根据显微镜下不同的形态特征将样品分为牛奶型、金属型和普通型三种，然后使用滤光检验、拉曼光谱和扫描电镜综合检验，发现拉曼光谱和扫描电镜法对不同品牌以及同种品牌不同型号的样品均有较强的区分能力，若将二者联合使用，则能实现最大限度的区分。2005 年，Williams D. M. [④]等报道用拉曼光谱法对欧洲当时流行的 12 种用颜料为着色剂的蓝色签字笔墨水进行鉴别，用 514. 5nm 激光照射可将其分为三类。之后他们又对广泛使用的 55 种蓝色签字笔墨水进行分析，以 α-铜酞菁、β-铜酞菁染料和 PV-23 颜料作为标准谱峰，使用 514. 5nm 和 830nm 波长近红外二极管激光进行测定，从而区分墨水种类。Martin 和 Lyter 等[⑤]在全光谱范围测试红、蓝两种中性签字笔墨水，结果表明不同厂家生产的墨水之间的差别明显、同一厂家生产的墨水具有一致性。

签字笔于 20 世纪 90 年代初期进入中国市场。王志国等[⑥]利用美国 Perkin-Elmer 公司的 Spectrrum2000R 傅里叶变换近红外拉曼光谱仪（NIR-Raman）对 36 种不同品牌的签字笔进行检测。检测条件的选择是有效区分的关键。他认为 Nd：YAG 激光器，1064nm 输出激光波长，10-50mW 测定功率，激光束直

---

① White P. C. Non-destructive and non-invasive analyses shed light on the realization technique of ancient polychrome prints[J].Science&Justice,2000,40:113-119.

② Jones Allison E W , Rosalind. Non-Destructive spectroscopic analysis of ballpoint and gel pen inks [J].PEAFS,2003,136(1):122-126.

③ Williams D. M, Patrick B .Raman spectroscopy of blue gel pen inks [J].Forensic Science International,2005,152:241-247.

④ Williams D. M. Examination of fraud documents by microscopy raman spectroscopy method [J].Forensic Science International,2005,152:241-247.

⑤ Martin P,Lyter. Examination of gel pen inks by microspectrometry[C].PA61(Proceedings of American Society of Questioned Documents Examiners 61thAnnual Conference):787-791.

⑥ 王志国，孙素琴，周群，等. 黑色签字笔墨水的 NIR FT-Raman 光谱法研究 [J]. 光谱学与光谱分析，2004（2）：45-47.

径约 10um 为最佳实验条件，对签字笔墨进区别的效果明显。史晓凡[①]等将黑色签字笔油墨分为可溶和不可溶两大类，经过傅里叶变换红外拉曼光谱分析，依据谱图中特征峰数目的不同，将 63 种可溶、59 种不可溶黑色签字笔油墨分为七大类，进一步通过峰位和峰面积比或峰高比可作细小类别的区分。在影响因素的考察方面，唐旭等[②]利用 Foram685-2 文检专用拉曼文检仪，在探讨拉曼峰的数量和峰位移的差异的基础上，发现纸张对签字笔黑墨水的拉曼光谱有一定影响，他认为只要选择足够宽的笔道（让激光光斑全部落在字迹笔道上），或涂抹荧光抑制剂可以减弱纸张因素的影响。

3. 钢笔墨水种类鉴别

钢笔作为传统书写工具在我国具有悠久的应用历史，按其组成成分可分为鞣酸铁型墨水、染料型和颜料型墨水。[③] 钢笔墨水的种类鉴别不仅可以确定文件中的添改字迹，而且对历史文件的真伪具有鉴别作用。

A. S. Lee 等[④]报道用拉曼光谱分析羊皮纸上和存放多年的文件上没食子酸铁墨水字迹色痕。针对墨水荧光影响因素，分别选用多种波段的激发光进行测试并得出适用结论：514nm、633nm 对很多样品存在限制；用 782nm 激光激发，分析结果较好；使用 1064nmFT 拉曼，随着长波长激发，荧光减少，测定效果更好。同时，证明自然老化和降解墨水比新鲜墨水的荧光增强，分辨率减小，谱带变宽，长波长荧光区谱带变弱。并将探索的优化条件应用于实际案例分析，结果显示两个 19 世纪文件上的字迹色痕的拉曼光谱完全相同。Wang X F[⑤] 将拉曼和 FT-IR 光谱方法连用，通过效果对比图例指出两者连用可以弥补各自具有的检测缺陷，提高墨水种类无损鉴别的区分率。

国内学者对钢笔墨水的研究由来已久，有损的化学分析是传统的检验手段。徐彻等[⑥]应用傅里叶变换拉曼光谱对 6 种黑色墨水字迹色痕分析，认为可

---

① 史晓凡. 傅里叶变换红外光谱法鉴别黑色签字笔油墨种类［J］. 理化检验化学分册，2009，45（4）：394-397.

② 唐旭，彭迪．激光拉曼光谱鉴别签字笔黑色墨水初探［J］. 分析实验室，2009，28（增卷）：101-102.

③ 董川，温建辉，双少敏．墨水化学原理及应用［M］．北京：科学出版社，2007：20-52.

④ Lee A S, Peter J, Malon , et al. Vibrational Spectrodcopy[J]. 2006, 141(2): 70-175.

⑤ Wang X F , Yu J, Zhang A L, et al. Nondestructive identification for red ink entries of seals by Raman and Fourier transform infrared spectrometry[J]. Spectrochimica Acta Part A: Molecular and Biomolecular Spectroscopy, 2012, 97(1): 14-19.

⑥ 徐彻，汤纯. 傅立叶变换拉曼光谱法鉴别黑色墨水的研究［J］. 法医学杂志，1998，4（3）：146-148.

以做到墨水无损种类鉴别，并对纸张类型对测定结果具有的影响进行了考察。谭红琳等①②以添加剂中 SO_3^{2-} 离子的单齿硫酸根配位化合物振动频率为考察对象，研究了市场上常见的四种型号的碳素墨水，认为不同型号碳素墨水的拉曼光谱的峰位具有明显差异、同一型号不同批号也有区别。

4. 喷墨打印墨水的种类鉴别

喷墨打印机是在 20 世纪 70 年代末出现的，它弥补了传统针式打印机输出色彩单调的缺陷，将用户带入了一个五彩斑斓的打印世界。喷墨打印墨水分为水溶性和非水溶性（油性）两种。对喷墨打印墨水中的着色剂和溶剂成分的分析，可以实现喷墨打印墨水种类、生产厂家、生产批次的鉴定。

Mazzela③ 应用显微拉曼光谱，在 785nm 激光激发下，对彩色喷墨墨水中红色成分的分析效果显著，同时指出此方法对其他颜色墨水的区别度不高。M. Skenderovi，Boievi④ 研究了喷墨打印高仿真货币图文的特征，对彩色图像中的青色、品红和黄色墨点进行显微拉曼技术分析，其中黄色墨点的显示最有特色的拉曼光谱，可以作为彩色打印伪造货币的识别依据，并将此方法扩大到一般文件彩喷打印的伪造鉴别。Heudt L. 等⑤则将 Raman（拉曼光谱）、LD-MS（激光解吸质谱）和 MALDI-MS（基质辅助激光解吸附质谱）三种方法连用鉴别彩色喷墨墨水的种类，并以实际案例阐述多种方法相互印证的思路和方法。

国内学者王志国⑥利用拉曼光谱法分析喷墨打印字迹色痕，初步探讨其应用的可行性。王雅晨等⑦采用 785nm 激发波长，对 49 中红色印文，9 中彩色喷

---

① 谭红琳，张鹏祥，刘勇．显微拉曼光谱在碳素笔笔迹方面的研究［J］．光谱学与光谱分析，1999，19（5）：45-49.

② 谭红琳，张鹏祥．显微拉曼光谱在笔迹鉴定中的应用［J］．云南大学学报，1998（20）：15-19.

③ Palus J Z，RafaB，Marcin K. Combined μ-Raman and μ-XRF spectrometers in the examination of forensic samples［J］.Forensic Science International，2008，175(1)：1-10.

④ Martina S，Andreja G，Igor Z. Identifying a common origin of toner printed counterfeit banknotes by micro-Raman spectroscopy[J].Forensic Science International，2012，223(1-3)：314-320.

⑤ Heudt L，Delphine D，Tyler A Z，et al. Raman spectroscopy and laser desorption mass spectrometry for minimal destructive forensic analysis of black and color inkjet printed documents［J］. Forensic Science International，2012，219(1-3)：64-75.

⑥ 王志国. FT-Raman 光谱在法庭科学中的应用［J］. 中国人民公安大学学报（自然科学版），2001（2）：5-7.

⑦ 王雅晨，徐彻，杨旭，等. 激光显微共聚焦拉曼光谱仪对红色墨迹的研究［J］. 中国司法鉴定，2014，7（6）：26-30.

墨打印和 13 中彩色激光打印的红色墨迹材料进行拉曼光谱表征，发现各种红色墨迹的拉曼光谱间均存在差异，并可将三种墨迹材料分别进一步表征和区分。余静等①利用 Niocelt Almega 光栅型显微激光拉曼光谱仪，将 120 份四个品牌不同型号、不同批次喷墨打印机打印文件样品分为八类。拉曼分析技术在喷墨打印墨水的鉴别方面显示出其独特的优势和显著的效果。

5. 激光打印墨粉的种类鉴别

激光打印机所使用的墨粉是以树脂、染料、荷电添加剂等成分为主要原料的高科技复合产物。不同品牌、型号激光打印机墨粉配方存在差异为拉曼光谱检验激光打印墨粉提供了理论依据。

国外对该领域的研究比较缺乏。国内由于采用激光打印机添加打印伪造文件的案例较多，学者普遍关注。激光打印墨粉中被树脂包裹的碳成分的稳定性是影响拉曼谱图表现的重要因素。梁鲁宁等②利用拉曼光谱，对常见品牌和型号的打印机样本进行初步比对分析，证明了拉曼光谱应用于检验打印文件的可行性。余静等③用显微激光拉曼光谱法对喷墨打印机打印文件进行无损检验，将六个品牌 92 种型号激光打印机打印文件分为 14 类。王迪④等用显微共焦激光拉曼光谱仪检验了激光打印的合同文书上的字迹墨粉，分析了各页文件是否为同次打印。许可等⑤以硒鼓型号为分类标准，利用线聚焦显微激光拉曼光谱法，根据 $1350cm^{-1}$ 和 $1600cm^{-1}$ 峰位碳元素的特征峰，$1000cm^{-1}$ 峰位的矿物质填料碳酸钙成分，以及 $1010 \sim 1150cm^{-1}$ 平缓峰簇，将八个品牌的 25 种打印墨粉样品分为五大类。

6. 印文色料种类鉴别

我国具有使用印章的传统习惯，使印泥（油）的种类鉴别具有鲜明的中国特色。在司法鉴定中，对印泥（油）种类鉴别的目的主要是基于可疑文件上盖印的印文具有真实性的前提下，辨明印章是否存在蘸取其他印文色料进行偷盖的事实。

---

① 余静，张云. 显微激光拉曼光谱技术用于无损检验喷墨打印机打印文件的研究 [J]. 光谱学与光谱分析，2006，26（7）：211-212.

② 梁鲁宁，杨爱东，林雷祥. 激光拉曼光谱识别不同厂家激光打印机打印文件 [J]. 光散射学报，2003，15（2）：92-94.

③ 余静，王香凤，张爱兰，等. 显微激光拉曼光谱技术检验激光打印机打印文件 [J]. 光谱学与光谱分析，2008，28（10）：257-258.

④ 王迪，张晓霞，贾晓光. 显微共焦激光拉曼光谱仪分析激光打印黑色墨粉字迹 [J]. 政法学刊，2010，27（3）：126-127.

⑤ 许可，梁鲁宁，连园园. 线聚焦显微激光拉曼光谱技术区分激光打印墨粉 [J]. 中国司法鉴定，2011，55（2）：22-30.

日常使用的印泥（油）分为印泥、印油、原子印油、水性渗透印油。籍康等①利用共焦显微拉曼光谱技术，对不同品牌的印泥、印油和喷墨打印墨水做了拉曼光谱图对比，依据印泥（油）中酯类物质的 1235cm^{-1}特征峰和彩色喷墨打印墨水中的醇类物质 1086cm^{-1}特征峰来区分印泥（油）与打印墨水的种类。同时指出印泥、印油和打印油的拉曼光谱都有各自的特征峰，利用这些特征峰可以辨别出印泥、印油的品牌从而判断印文是否为伪造。

（二）文件形成时间检验

文件形成时间鉴别是国内外司法鉴定领域的难点和热点②。在文件形成过程中，随着时间轨迹的推移将会引起物质空间分布的交叠和物质属性的变化，而这种空间形态及属性本质的变化必然反映出时间轨迹的推移。因此，利用技术手段对以文件为载体的物质和痕迹的层次、关系和性状的分析、判断与文件的时间属性探讨和研究是相互映射的。

1. 圆珠笔油墨字迹形成时间检验

傅里叶变换拉曼光谱法是 20 世纪 90 年代发展起来的新技术。1987 年，Perkin Elmer 公司推出第一台近红外激发傅里叶变换拉曼光谱（NIR FT-R）仪，用 1064nm 的近红外激光照射样品，大大减弱了荧光背景。1998 年李红霞等人③报道了用傅里叶变换显微拉曼光谱法鉴定圆珠笔字迹书写时间的研究成果。研究发现，2896~2904nm^{-1}及 1094nm^{-1}处的拉曼信号会随着时间的变化发生位移变化，其中 2896~2904nm^{-1}处的-CH_3 谱峰与 3206cm^{-1}处的-OH 谱峰的强度比与时间有一定的相关性，并得到了书写时间为 10~14 个月的线性关系曲线。

2. 签字笔墨水字迹形成时间检验

王志国等④采用近红外傅里叶变换拉曼光谱技术，考察了基体（书写所用的纸张）、湿度、样品的测定功率以及书写时间对谱图的影响，尤其是时间对实验结果的影响的研究，在确定墨水相对书写时间问题上具有重要意义。籍康

---

① 籍康，赵杰，高蓉，等. 共焦显微拉曼在司法鉴定中甄别印章的应用［J］. 南京师大学报（自然科学版），2009，32（3）：56-60.

② 王彦吉，王景翰. 字迹色痕分析与书写时间鉴定［M］. 北京：中国人民公安大学出版社，2010：1-5.

③ 李红霞. 应用拉曼光谱鉴别墨水书写时间［C］. 中国刑科协第二届学术研讨会论文集. 北京：中国人民公安大学出版社，1998：72-76.

④ 王志国，孙素琴，周群，等. 黑色签字笔墨水的 NIRFT-Raman 光谱法研究［J］. 光谱学与光谱分析，2001，21（6）：794-797.

等人①对3种品牌黑色签字笔时间样本做了4年的跟踪测试，提出1592cm^{-1}位置处的拉曼特征峰的相对强度随时间的久远而变大，可以作为判断书写时间的依据。柯惟中和衡航②利用激光共焦显微拉曼谱仪，得到了签字笔中1575cm^{-1}附近的石墨E2g对称振动和1355cm^{-1}附近的A1g对称振动，根据两者比值的差异得出签字笔不同品牌的大致信息，并指出随着时间的延续，两者峰强度的变化带有时间变化的信息，为书写时间鉴定提供了新思路。

3. 印章盖印时间

柯惟中，衡航③④认为印泥（油）中油性成分的存在，给盖印时间的判断提供了一定的基础，油料成分的不同在相同波长的激光激发下可能产生不同的荧光背景，反映各自的荧光特征，同时也造成拉曼谱线基底的不同。随着时间延伸，油性成分易于挥发，而固态材料则相对稳定，并逐渐地渗入纸张内，因而体现在拉曼信号上，拉曼谱线的基底在有规律地变化，拉曼特征峰相对变强，建立它们的按时间顺序的拉曼光谱数据库，可以解决文件制成时间问题。

籍康等人⑤利用共焦显微拉曼光谱技术，以红外激光785nm作激发光源，对几种不同品牌的印泥、印油分别做了连续4年多的拉曼光谱图，建立了形成时间的数据库。他们认为，印泥、印油含酯类物质成分，在拉曼光谱上都存在有1235cm^{-1}特征峰，而且此位置处的拉曼特征峰的相对强度随时间的久远而变大，可用待检材料的拉曼光谱数据与确切的不同时期的时间样本数据进行比对来判断出印泥和印油的相对形成时间。

（三）纸张的种类鉴别

纸张主体成分是纤维，而检验纸张中其他添加成分是区分不同厂家配方的关键。区分纸张的种类、品牌、批次，能够对刑事案件中串并案件、缩小侦查范围等发挥关键作用。

FT-Raman光谱对纸张配方的分析效果明显。Coners和Baneriee对不同木材纤维原料的纸浆、不同制造阶段的纸浆木素以及纸张中的各种填料和助剂进

---

① 籍康，赵杰．共焦显微拉曼光谱对签字笔字迹形成时间的研究［J］．南京师大学报（自然科学版），2010，33（4）：68-71.

② 柯惟中，衡航．显微拉曼光谱技术在司法文书鉴定中的一些应用［J］．光散射学报，2008，20（2）：136.

③ 衡航，柯惟中，籍康．共焦显微拉曼光谱技术在墨迹鉴定方面的应用［J］．光学技术，2007（5）：456-458.

④ 柯惟中，衡航．显微拉曼光谱技术在司法文书鉴定中的一些应用［J］．光散射学报，2008，20（2）：141.

⑤ 籍康，赵杰．共焦显微拉曼技术在印章形成时间鉴定方面的应用［J］．南京师大学报（自然科学版），2012，35（1）：50-53.

行了区分研究。Reich 等人运用 FT-Raman 对不同纸张中的填料、木素、硬木浆和软木浆在采用硫酸盐和亚硫酸盐法制浆中产生的纤维素差别进行了分析。[①] J. S. Kenneth 和 A. H. Kuptsov 根据拉曼谱图表现分析纸张因素对字迹色料的干扰效果，认为纸张中老化纤维微的氧化或辅料中的光亮剂可致使背景荧光强烈而掩盖了墨水的光谱。[②] 对纸张制作技术的区域性判断分析中，M. Bicchieri[③] 针对羊皮纸制造程序中，西部惯用石灰添加剂，东部使用酶处理技术的特点，利用拉曼光谱无损检验的优势进行有效区分。另外，国际专利（WO03036271）[④] 通过扫描浆样或纸样，将得到的光谱与数据库中的拉曼光谱图谱进行比对，得到被测组分或选定的某一组分或杂质的成分，根据分析结果对造纸工艺进行调节控制和质量控制。

近年来，国内在纸张物证分析方面，主要集中于案件中常见纸张的分析。罗仪文等[⑤]使用显微激光拉曼光谱仪分别对直接蓝染料、直接黑染料和直接红染料及其染色的棉、兰麻和粘胶纤维谱图易受荧光干扰而进行测试条件探索，得到了染料及其染色纤维拉曼信号的最佳效果。梁鲁宁等[⑥]采用表面增强显微激光拉曼技术，对市售的 7 种品牌复印纸进行区分。王志国等利用傅里叶变换拉曼光谱技术，根据填料吸收峰的不同将 23 种品牌的静电复印纸样品分为三大类，并以纤维素峰的相对峰强度比的正态分布进一步区分细小类别。在对纸张的年代鉴别方面，胡林顺等[⑦]分析了 1921 年、1934 年和 2001 年的纸上红色颜料的显微激光拉曼光谱和荧光光谱，对不同年代的纸张颜料结构、光学性能以及生产工艺的差异进行确认。

（四）朱墨时序和笔画交叉时序检验

依据交叉部位特征，判断文件中黑色文字与红色字迹形成时序（即朱墨

---

① 李宁，蔡昌明，陈坚. 美国文件制成时间检验中的纸张检验技术概述［J］. 刑事技术（增刊），2011：35-36.

② Thomas J J, Marco L, Wang P. Raman spectroscopy of documents [J]. Defense and Homeland Security, 2010, 9: 20-25.

③ Marina B, Michela M, Giovanna P, et al. Non-destructive spectroscopic characterization of parchment documents[J]. Vibrational Spectroscopy, 2011, 55(2): 267-272.

④ 国际专利（WO03036271）. 用拉曼光谱鉴别纸浆和纸的组成成分［P］. 国际造纸，2003（4）：69.

⑤ 罗仪文，孙其然，奚建华. 显微激光拉曼光谱鉴别直接染料及其染色纤维［J］. 中国司法鉴定，2012，65（2）：28-33.

⑥ 王琥，郭洪玲. 涉案纸张检验技术的发展初探［J］. 刑事技术（增刊），2011：35-36.

⑦ 胡林顺，曾庆光，张国雄. 不同年代的纸颜料的拉曼光谱和荧光光谱分析［J］. 光散射学报，2010，22（1）：86-89.

时序）或不同笔画之间的形成时序，也是文件检验领域的难点和热点之一。

拉曼光谱技术应用于交叉时序鉴别的探讨一直持续不断，2003 年 Savioli 等①对拉曼技术作为一种新的检测工具应用于交叉笔画判断的可行性进行了理论分析。Berx 和 De Kinder②，提出拉曼扫描技术所提供的表面轮廓信息是考察时序指标一个很有前途的技术。Giles③ 则在实验基础上初步探讨了相关的可行性操作。光学显微镜检验是时序鉴别的常规方法④，G. Naisbitt⑤ 综合利用视频显微镜、红外光谱、显微拉曼进行系统鉴定，并编撰用户手册，指导检验人员按照正确的步骤分层次检验。Raza 和 Saha⑥ 研究指出拉曼扫描可以用于圆珠笔油墨（红，黑色）、铅笔和激光打印机墨粉与蓝色印油的形成时序判别，但无法解决蓝色圆珠笔和各种颜色签字笔与蓝色印油的时序鉴别。

由于印章使用习惯的不同，国外更多地关注不同笔画交叉时序的判断分析，较少涉及朱墨时序的鉴别的研究。连园园等⑦利用拉曼光谱阵列面扫描成像技术判断蓝色签字笔字迹与印油（泥）印文先后顺序，并就检验条件进行了优选。检验中对拉曼光谱图集进行图像拟合，显示不同物质分布的伪彩色图像，根据手写字迹笔画边缘是否整齐连续来判断两种色料的先后顺序，先写字后盖章的书写字迹笔画边缘出现弯曲不连续等特征，先盖章后写字的书写字迹笔画边缘较整齐。该项技术对同色异谱黑色圆珠笔油墨书写的交叉笔画同样适用，成像图谱笔道中断的特征表现是时序鉴别的重要特征。林海波等⑧探讨签字笔的 680cm^{-1}特征峰和印泥的 1362cm^{-1}特征峰的相对强弱，利用共焦显微拉

---

① Sarah S, Danilo B, Lottici, et al. Examination of line crossings by micro-Raman spectroscopy[J].PEAFS,2003,136(1):475-480.

② Berx V. The application of 3D-profilometry in the analysis of the"Crossing Lines"problem within document examination[C]. PA60(Proceedings of American Society of Questioned Documents Examiners 60th Annual Conference)717-719.

③ Giles B A, Giles, Audrey. The use of Raman spectroscopy in sequencing of crossed lines[J].PEAFS,2003,136(1):1214-1216.

④ Berx V ,Kinder D, Line J. Crossings and laser profilometry: There's more than on way to skin a cat[J]. PEAFS,2003,136(1):1224-1226.

⑤ Gary H N, Elizabeth P, Logan B. Studies in ink analysis and line crossing [C].AAFS ATLANTA,2012:1021-1023.

⑥ Raza A, Saha B. Application of Raman spectroscopy in forensic investigation of questioned documents involving stamp inks [J].Science & Justice, 2012,22:18-22.

⑦ 连园园，梁鲁宁，黄建同，李伟，等．拉曼光谱阵列扫描判断蓝色签字笔与印泥的时序研究［J］．光散射学报，2012（3）：75-85.

⑧ 林海波，徐晓轩，王斌，等. 共焦显微拉曼光谱深度剖析法在笔迹鉴定中的应用［J］. 光谱学与光谱分析，2005，25（1）：51-53.

曼光谱纵向扫描采样技术，在交叉部位纵向上获取笔迹和印泥的空间位置信息，以此判断朱墨时序。

（五）展望

拉曼光谱技术为法庭科学中墨迹、印油、纸张等物证的检验鉴定提供了快速、便捷、无损的检测方法，并实现了由静态分析向动态分析，形态学研究到成分分析变化的质的飞跃，新的拉曼光谱成像技术打开了文件物质成分分析的大门。

目前，拉曼仪器的体量大、便携不方便，仅能满足实验室检验需求，并不适合现场快速准确检验的要求。随着同步辐射显微红外光谱技术①，表面辅助基质拉曼光谱技术运用对测试速度和分析灵敏度的提高、研发便携式小型仪器以及设备价格的平民化等都是拉曼技术的发展趋势。

拉曼光谱数据解析缺乏标准数据库是制约物证分析的瓶颈。对特定物质，诸如油墨、印泥（油）、墨粉等的成分信息的分析，是解决文书鉴定中文件制成时间、朱墨时序难题的关键。基于人工智能或神经网络的智能算法对于数据库的信息化建设和快速识别已在医学、生物学中显现潜力，物证鉴别技术的跨专业借鉴是拉曼技术应用的发展方向。拉曼成像技术在文书鉴定技术中的研究和应用开发还只是在摸索阶段，其成像效果实质上还只是二维平面内分子分布图像，成像过程会受到待测物成分相互渗透、交叠化抑制现象而产生层次化效率低，空间分辨率和准确性差等消极结果。在无损检材的情况下实现微量物质的定位和成分分析，呈现各种成分的空间分布信息是未来文书鉴定应用拉曼光谱技术亟待解决的难题。

四、本章研究内容

一是建立印文色料的拉曼光谱检验方法，确定适合拉曼光谱检验印文色料的实验条件，依据印文色料中物质成分的差异，通过拉曼谱图的特征峰对印泥、印油和光敏印油三类印文色料进行区别和分类。

二是利用拉曼光谱技术，分析印文印迹中色料成分相对含量随时间变化的稳定性规律。依据印文色料中挥发性溶剂和添加剂物质的阶段性变化，通过不同时间样本印文拉曼光谱的特征，探讨相关指标的变化与时间变量之间的关系曲线，为判断和鉴别印文的相对盖印时间提供依据。

---

① Ifa D R, Jackson A U, Cooks R G, et al. Forensic applications of ambient ionization mass spectrometry[J]. Anal. Bio- anal. Chem, 2009(394):1995-2008.

第二节　实验仪器

本实验选用 Thermo Fisher DXR 激光显微拉曼光谱仪（美国 Thermo Fisher 公司），如图 5-2-1 所示。

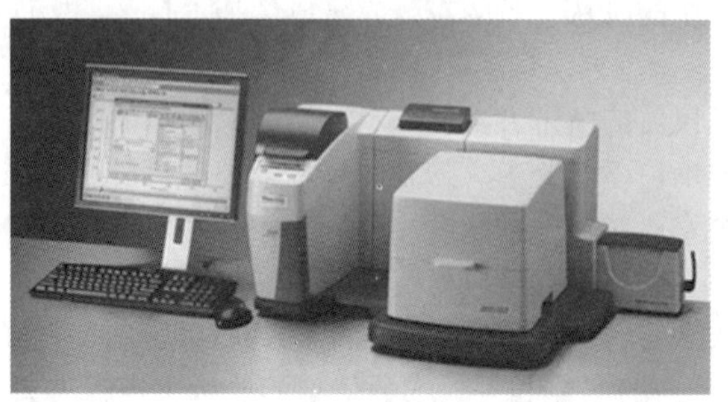

图 5-2-1　Thermo Fisher DXR 激光显微拉曼光谱仪

第一，采用针孔共聚焦技术，CCD 检测器，百万像素彩色摄像头；

第二，XYZ 自动样品台，精确定位激光激发样品点；

第三，采用独特设计的循环式逐点扫描技术，如图 5-2-2 所示；

第四，配有高稳定性显微镜：物镜 10X、50X、100X、500X，实现可视化成像采集；

第五，配套实时同步优化的 Thermo ScientificTM OMNICTMxi 成像数据系统；

第六，光谱范围：100~4000cm^{-1}；

第七，激发波长：532nm 氩离子激光器、780nm 半导体激光器。

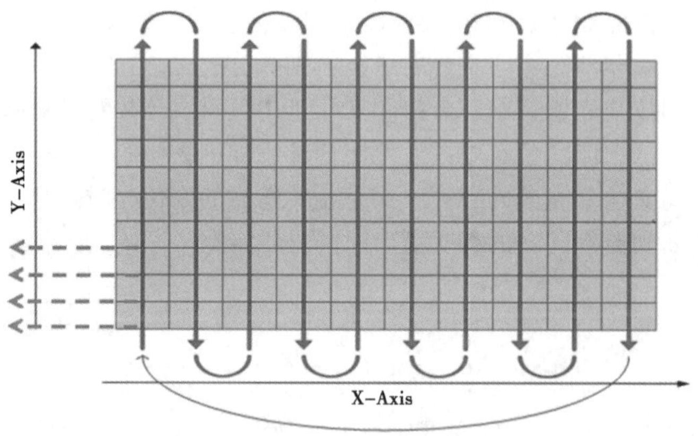

图 5-2-2　循环逐点扫描技术示意图

第三节　实验条件

Thermo Fisher DXR 激光显微拉曼光谱仪在检测时提供了多种参数设定的组合，这种设计极大地扩展了仪器适用范围，可以满足不同的实验要求。优选的参数设定不仅能够让仪器运行更加高效，而且能够调检测的信噪比，获得高质量的实验谱图。实验分别考察了检测条件和样品条件的影响。检测条件选择了测量点位置、激发光源、输出功率三个参数对谱图信噪比的影响，样本条件选择了纸张种类、样本制作方式、色料浓淡三个因素对谱图信噪比的影响，根据谱图信噪比的高低确定仪器最佳参数和样本影响效果。

将样品置于显微光学平台上固定，选择合适的物镜，打开反射光源，调整好焦距，设置激发波长、激发功率、采集范围、累积次数、积分时间等参数后进行谱图采集，得到样品的拉曼光谱图。

一、仪器条件的优化

（一）测试区域的选择

测试区域是鉴定数据稳定可靠的前提。由于受纸张表面的凹凸不平、粗大纤维的影响，印章在盖印过程中，色料对纸张的染色并非均匀一致，而是存在大量明显的露白点或驻色点，选择这些节点将会造成拉曼信号的噪声波动变化①。因此，测试处的印文色料要密实，应选择密度较大、色泽浓重的印文区域，使激光光斑全部落在红色印油上，避免空隙处纸张因素的干扰。如图 5-3-1 所示，物镜下不同种类和浓度的印文色料测试区域的选择，“+”处为测试聚焦点。

① 韩伟，黄建同，张玉省．电阻测量法和光谱成像技术连用鉴别添改变造字迹．刑事技术，2015（4）：131-134.

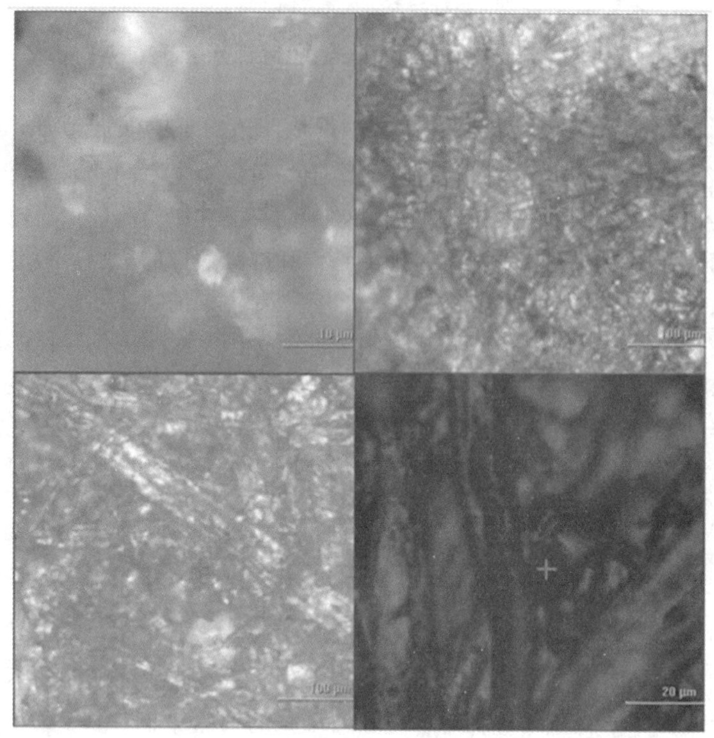

图 5-3-1　印文测试点的选择图片

（二）激发光源选择

激发光源是拉曼数据显著表现的关键。激发光照射样本后在拉曼光谱中会同时存在特征峰和荧光背底。拉曼谱图的理想状态是避免荧光背景干扰而凸显特征谱峰。对于拉曼特征峰而言，其相对位移不会随激发波长的变化而变化，基本保持稳定，而荧光背景会随激发波长的变化而发生强弱不同的变化。同时，激发波长越短，能量越强、穿透力越强，散射光越强。所以，选择适当的激发光波长，是拉曼特征峰是否清晰和突出的关键。

本实验中的拉曼仪器配备有 532nm 和 780nm 波长的两种激发光源，经过测试发现：红色印文色料在 780nm 波长激发光下荧光干扰较弱，拉曼光谱信号显著，而在 532nm 波长的激发光下的无拉曼信号较弱，荧光背底较强，如图 5-3-2 所示。

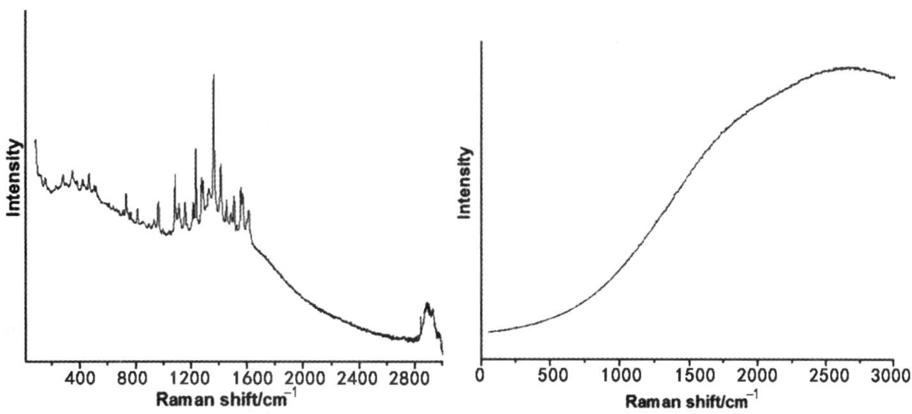

图 5-3-2　样品在不同激发光源下的拉曼光谱图（左，780nm；右，532nm）

（三）激光输出功率选择

功率强弱是样品安全检测的前提。拉曼信号强弱与激光输出功率强度有直接关系，理论上讲，激光输出功率越强，得到的拉曼信号越强；反之，拉曼信号则越弱。但激光功率过高时，强激光能量会使熔沸点较低的物质发生挥发或烧毁。因此，为避免拉曼信号饱和或者烧毁样品的情况发生，应根据物质特性选择合适的激光功率。本实验依据纸张和印文色料的材料特性，经过实验条件摸索，选择 24mW 激光功率较为合适，如图 5-3-3 所示。

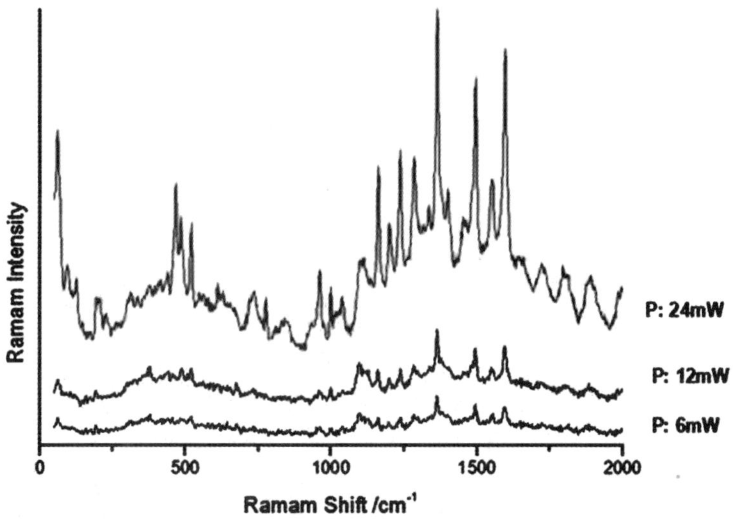

图 5-3-3　样品在不同激光功率下的拉曼光谱图

通过仪器参数筛选，最终确定实验条件为：半导体激光器，激光波长 780 nm，激光功率 24 mW，物镜倍数 50 倍，光阑孔径 50 μm，单次采集时间 5s，累积次数 120 次，仪器分辨率为 $2cm^{-1}$。

二、样本影响因素的考察

（一）样本制作方式的影响因素考察

样本的制作包括实验样本和实际鉴定样本，两者的制作方式存在差异。因此，实验比较了两种对样本制作方式的谱图效果，考察该因素的影响。

实验样本的制作：用牙签挑出样品的印泥（油）均匀地涂在干净的纸张上，待样品干燥后将纸片用双面胶固定在载玻片上。实际鉴定样本的制作：选择干净的印章蘸取印泥（油）盖印在空白纸张上，形成手工盖印印文。

将实验样本和实际鉴定样本依次分别放置在拉曼光谱仪的载物台上。通过显微镜目镜观察，将待测区域的红色色料调焦至清晰，将激光聚焦在其表面，获得拉曼谱图，如图 5-3-4 所示。

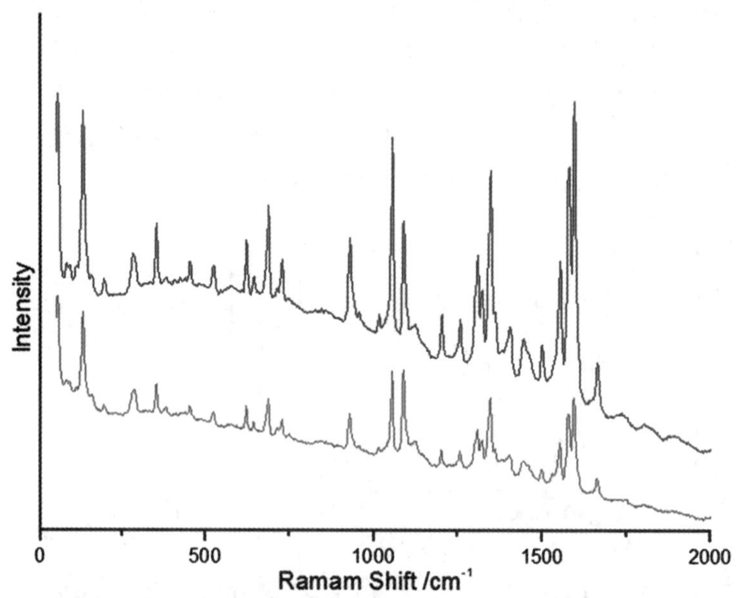

（上图：实验样本；下图：实际鉴定样本）

图 5-3-4 实验样本和实际鉴定样本的拉曼光谱

结果显示，同一印文色料制作的实验样本和实际鉴定样本的拉曼光谱在峰位上表现一致。实验样本中印文色料对纸张的覆盖和隔离效果较好、色料均匀，谱图信号饱满。实际鉴定样本在制作时受较强抑压力作用，色料与纸张接

触紧密而渗透现象明显，同时盖印压力不匀、色料分布不均，拉曼信号相对较弱。

（二）纸张影响因素考察

将实验中使用的五种纸张，分别编号为 1 号纸、2 号纸、3 号纸、4 号纸和 5 号纸，进行纸张空白样品拉曼光谱测试。在同一实验条件下，将五种纸张上的十二种印文色料进行拉曼光谱测试，

结果显示，五种纸张中 3、4、5 号无有效拉曼信号，1、2 号纸呈现出 380cm^{-1}、1368cm^{-1}、1589cm^{-1}、2889cm^{-1}主要拉曼特征峰，如图 5-3-5 所示。十二种印文色料的拉曼光谱中未反映出纸张的主要特征峰，如 1 号纸张上十二种印文色料的拉曼光谱，如图 5-3-6 所示。印泥（油）层的厚度一般大于拉曼光谱的空间分辨率 1μm，因此纸张对于检验结果基本没有影响。

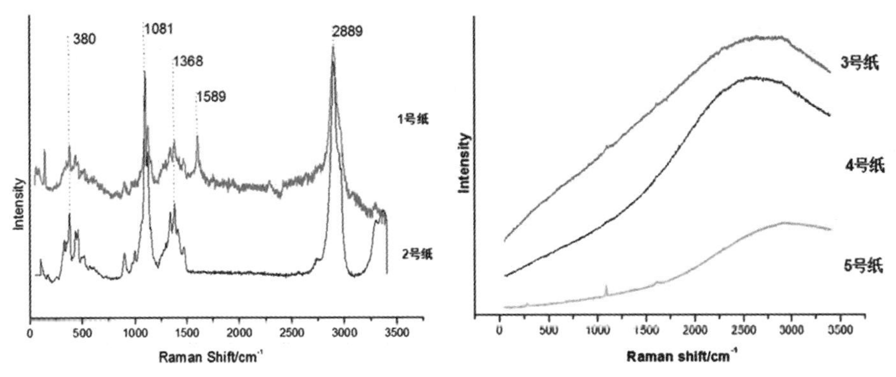

图 5-3-5　五种纸张空白样品的拉曼谱图

（三）印迹浓淡因素考察

选择干净的印章蘸取印泥（油）盖印在空白纸张上，形成手工盖印印文。选取样本中浓淡不同的区域，在各区域中分别聚焦颜色均匀的测量点进行测试。

结果显示，同一印文色料制作的浓淡不同样本的拉曼光谱在主要峰位上表现一致，个别峰位未表现出来，两者谱带强度差异较大。色料浓淡的程度关系色料分布密度的表现，浓重区域色料密度大，谱图信号较强；浅淡区域，色料稀疏，谱图信号相对较弱，如图 5-3-7 所示。

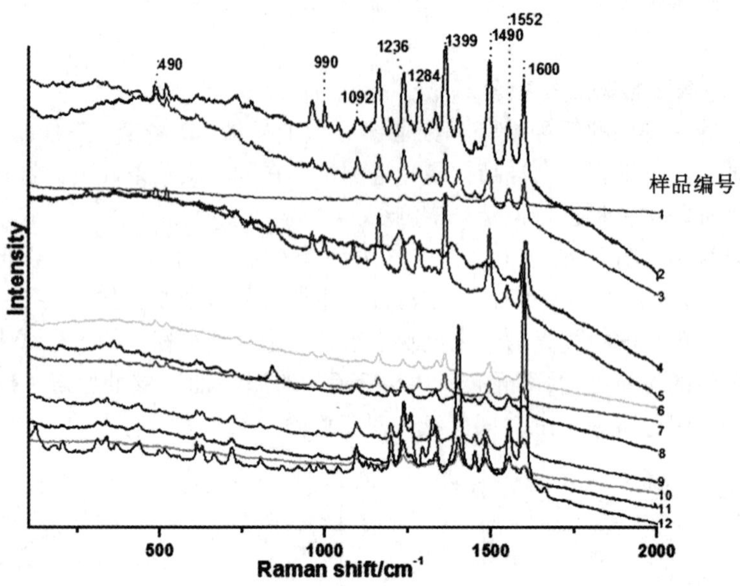

图 5-3-6　1 号纸张上十二种印文印迹的拉曼光谱

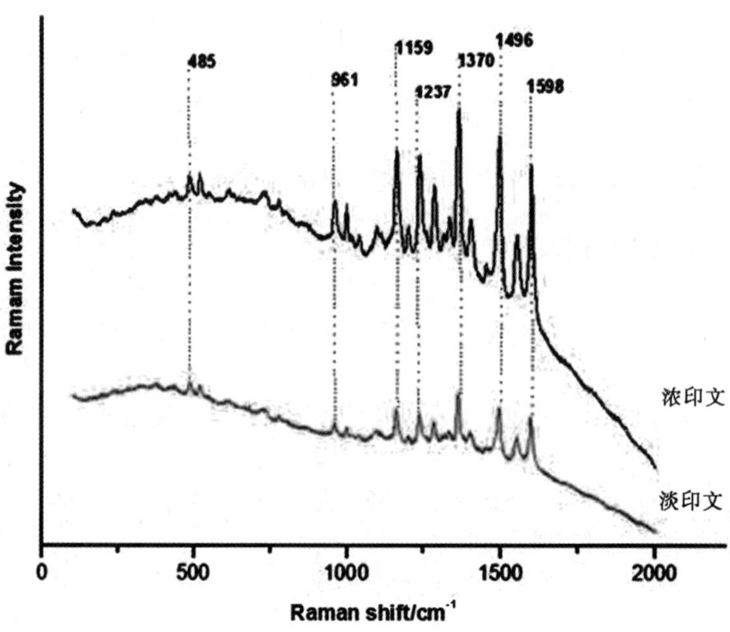

图 5-3-7　浓淡度不同的印文样本拉曼光谱对比

三、印迹拉曼光谱的稳定性实验

为了验证拉曼光谱是否具有理想的实验稳定性，设置多组平行实验对方法的稳定性进行验证，任意选择 4 个样品（编号 1#至 4#）进行稳定性测试。

设置变量因素：不同位置检测、不同纸张检测、不同浓淡度检测、不同制作方式检测、不同时间检测。

样品平行性实验结果显示，对于同一样品，改变上述变量，所采集的拉曼光谱虽有一定差异，但峰形基本一致，仅在谱图响应值上存在微弱差异。说明同一个检测样品，在不同变量条件下，拉曼光谱反映出较强的稳定性和一致性。四种样品分别在不同变量条件下检测谱图的对比（各图按 a 至 e 依次为上述设置的变量条件检测谱线），如图 5-3-8 至图 5-3-11 所示。

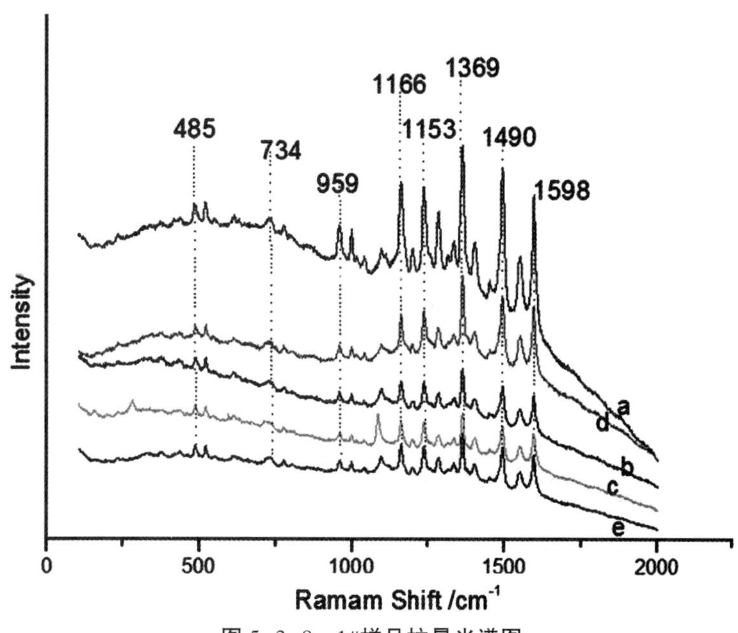

图 5-3-8　1#样品拉曼光谱图

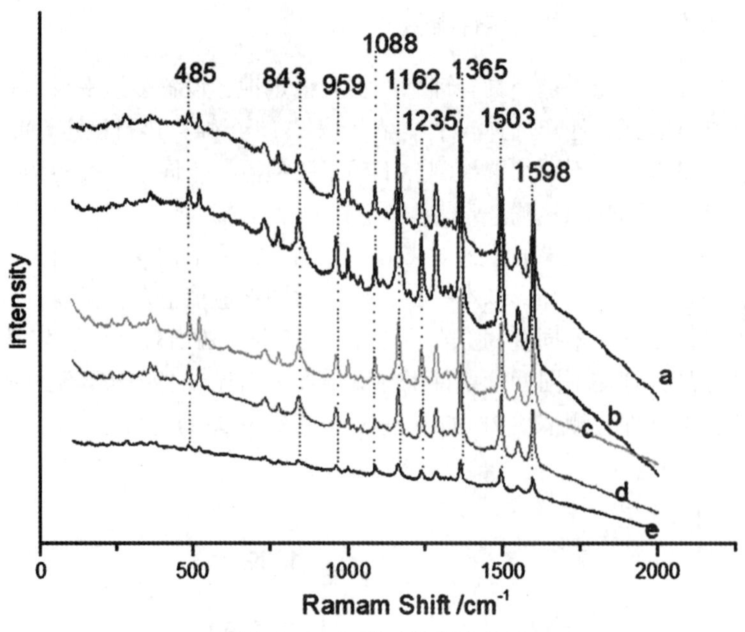

图 5-3-9　2#样品拉曼光谱图

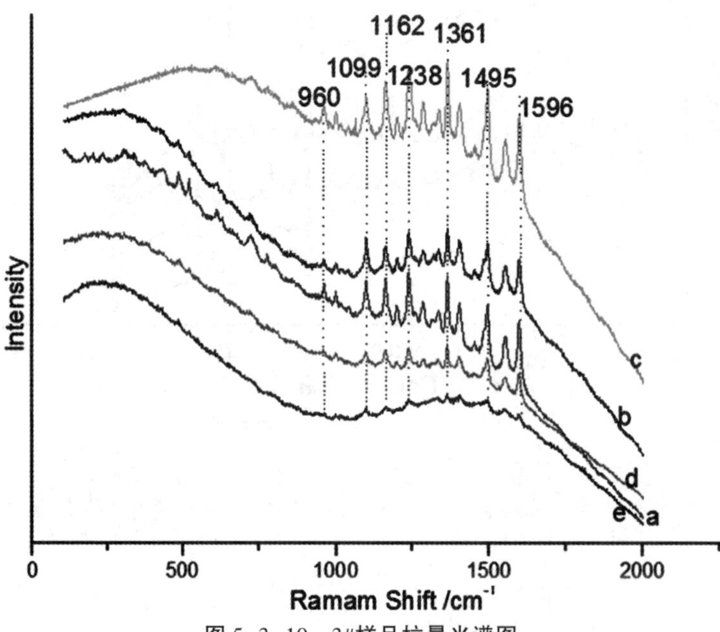

图 5-3-10　3#样品拉曼光谱图

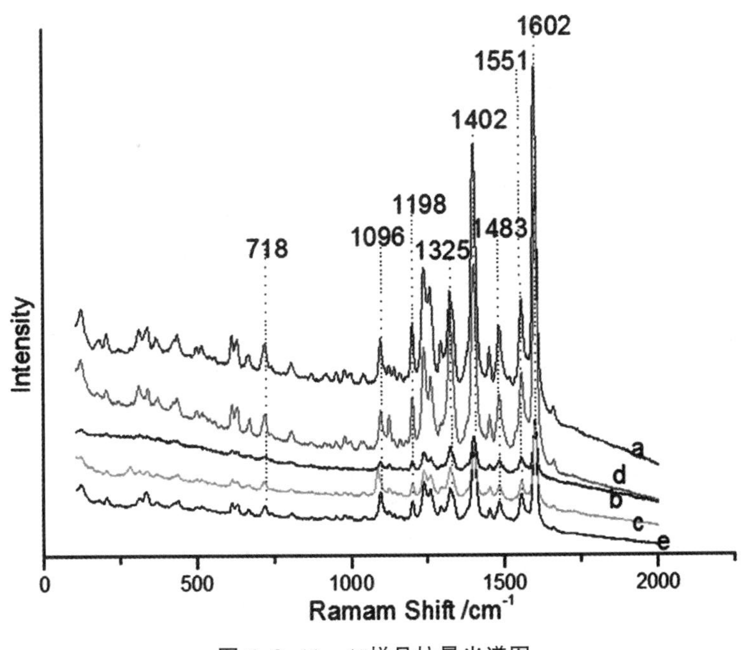

图 5-3-11　4#样品拉曼光谱图

第四节　拉曼光谱法检验印泥（油）种类的研究

一、实验原理

印泥和印油成分主要由溶剂、表面活性剂、树脂和着色剂等组成。随着时间推移，纸张上的印文色料中的溶剂成分逐渐挥发，而树脂、着色剂等较稳定地存留。不同产地、不同牌号或同一牌号不同型号的印文色料中加入的着色剂、表面活性剂的种类可能不同，即使种类相同，配比也可能不同，这些组分间的差异均会使拉曼特征峰的数目、峰位、峰高比表现不同。

不同品牌、型号或批次的印文色料配方存在的差异性为拉曼光谱检验种属鉴别提供了理论依据。通过印文色料中的成分的拉曼光谱分析，可以实现印文色料种类、生产厂家、生产批次的鉴定。

二、实验样品

本实验收集了全国各地生产厂家的不同品牌的印泥、印油、光敏印油共 56 种，样品信息详见表 5-4-1 至表 5-4-3。

按照优化的实验条件，将每个样品分别选点扫描 3 次，并选择稳定性谱图输出保存，扫描范围 0~2000cm^{-1}波段。

表 5-4-1　印泥样品信息表

编号	名称	产地	厂名
1	津玉牌印泥	唐山	津玉文化用品厂
2	泸花牌印泥	宜兴	泸花文具有限公司
3	泸花牌泡沫印泥	宜兴	泸花文具有限公司
4	意宝牌泡沫印泥	玉田	玉美工贸有限公司
5	雪奥牌泡沫印泥	北京	雪奥文化用品制造有限公司
6	利百代牌高级印泥	台湾	利百代国际实业股份有限公司
7	亚信牌印泥（70g）	石家庄	石家庄亚信文具有限公司
8	亚信牌印泥（320g）	石家庄	石家庄亚信文具有限公司
9	意宝牌打印台	玉田	津玉文化用品厂
10	程宏朱红印泥	天津	程宏文化用品厂
11	亚信速干印泥	石家庄	石家庄亚信文具有限公司
12	雪奥印泥	北京	雪奥文化用品制造有限责任公司
13	朱砂印泥	北京	北京一得阁制墨厂
14	特级贡品印泥	福建	漳州八宝印泥厂
15	特制珍品朱砂印泥	上海	上海西泠印社
16	工字牌印泥	上海	上海气枪厂
17	胜利牌朱红印泥 11202	天津	天津市文教用品厂
18	文龙牌印泥	河北	廊坊文龙文教制品有限公司
19	八宝印泥	安徽	安徽绩溪

表 5-4-2　印油样品信息表

编号	名称	产地	厂名
20	亚信牌印油	石家庄	亚信文具有限公司
21	意宝牌印油	玉田	玉美工贸有限公司
22	金鱼牌泡沫印油	深圳	旗牌商贸有限公司
23	雪奥牌易干印油	北京	雪奥文化用品制造有限公司
24	利百代牌速干印油	上海	新朝日文化用品有限公司

续表

编号	名称	产地	厂名
25	Deli 快干印台 No. 9863	浙江宁海	东莞市友好劳保用品有限公司
26	雪奥办公印台 No. 0520	北京	北京雪奥文化用品制造有限公司
27	雪奥高级易干印盒 No. 0518	北京	北京金瑞星博办公用品经营部
28	Deli 快干清洁印泥油	浙江宁海	得力集团有限公司
29	雪奥高级易干印油 No. 01158	北京	北京金瑞星博办公用品经营部
30	雅齐利秒速干印油 No. 0608	北京	北京雅奇丽文具厂
31	亚信速干印台	广东	亚信科技公司
32	万玺牌印油	深圳	深圳万玺科技有限公司
33	快干印台印油	浙江	宁波市鄞州新皓塑胶制品厂
34	得力牌印油	浙江	得力集团有限公司
35	快干印油	浙江	衢州金光文具有限公司
36	COMIX 印油	深圳	深圳齐心文具股份有限公司

表 5-4-3　光敏印油样品信息表

编号	名称	产地	厂名
37	光敏印油	—	—
38	章鱼牌光敏印油	—	—
39	光敏印油	上海	上海吉普生办公用品有限公司
40	光敏印油	河北	河北固安克华图章厂
41	光敏印油	上海	上海虎光化工贸易有限公司
42	光敏印油	深圳	港天印章材料供应中心
43	光敏印油	长沙	长沙恒印印章材料有限公司
44	印乐仕光敏印油	上海	上海印海印章材料有限公司
45	光敏印油	东莞	东莞市惠峰商业有限公司
46	光敏印油	广州	广州光达印章有限公司
47	多彩光敏印油	—	—
48	光敏印油	深圳	深圳市万玺科技有限公司
49	光敏印油	—	—

续表

编号	名称	产地	厂名
50	印德美光敏印油	上海	YH 印德美
51	金印光敏印油	上海	上海金印国际贸易有限公司
52	东方图印油	东莞	东莞市鸿图印章材料有限公司
53	雷信印油	天津	天津雷信谷科技有限公司
54	Artline	日本	Shachihata. Inc
55	GoThink 构思光敏印油	北京	构思文具（北京）有限公司
56	构思透明光敏印油	北京	构思文具（北京）有限公司

三、结果与讨论

（一）印泥（油）中组成成分的拉曼光谱特征分析

常见的印泥（油）中的染料成分主要为朱砂、大红粉、金光红，部分添加苯酚作为防腐剂。对印文色料中的染料标准品进行拉曼光谱检验，掌握各类常见标准品的拉曼散射特征。

1. 染料朱砂的拉曼光谱分析

朱砂和其纯化物朱膘，主要成分为硫化汞（HgS）。硫化汞有 α、β 两种变体，α-硫化汞俗名朱砂（vermilion），又称辰砂、丹砂，呈红色六角晶体，化学性质稳定，是朱砂印泥的主要色料。朱砂的拉曼光谱在 $163nm^{-1}$、$285nm^{-1}$处产生较强的峰位，如图 5-4-1 所示。谱图呈现出较强的热背景效果，说明朱砂的吸热性非常好，可作为区别朱砂印泥和非朱砂印泥的重要特征。

2. 大红粉的拉曼光谱分析

大红粉，别名 3132 大红粉、808 大红粉、220 大红粉（颜料红 21），是目前印文色料中使用最多的一种偶氮红颜料。大红粉的分子结构如图 5-4-2 所示。

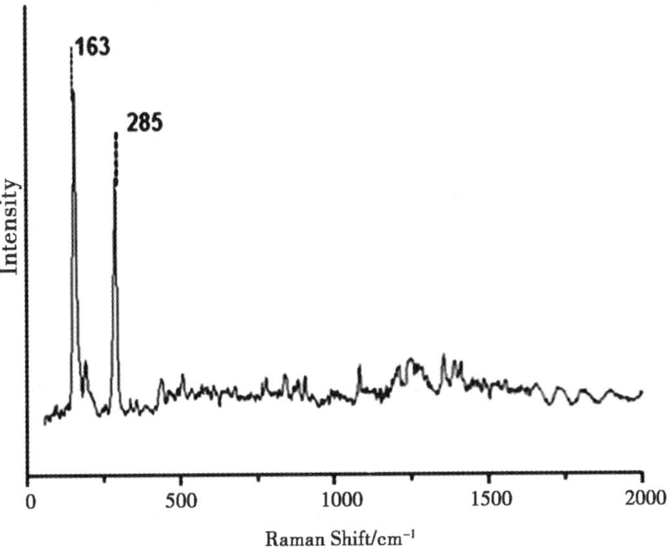

图 5-4-1　朱砂的拉曼光谱

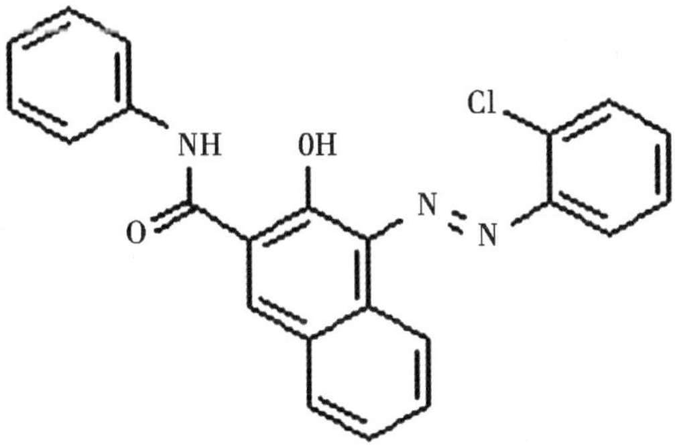

图 5-4-2　大红粉分子式

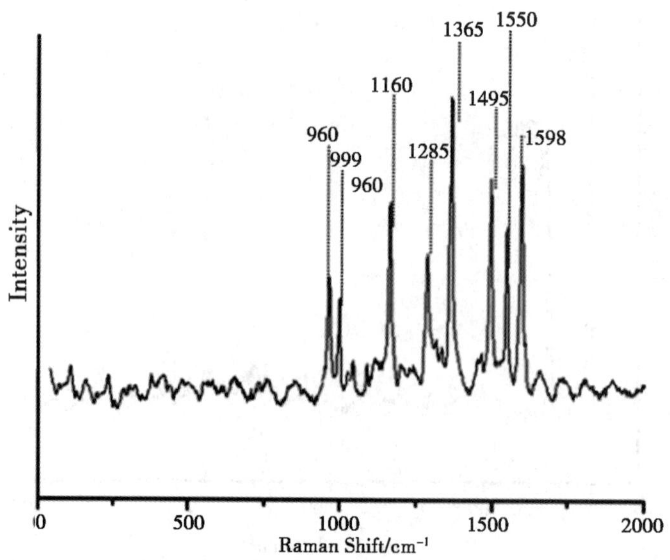

图 5-4-3　大红粉的拉曼光谱

图 5-4-3 为大红粉标准品的拉曼谱图。其中 960cm^{-1}和 1550cm^{-1}处为 2-萘酚特征峰，1000cm^{-1}处为单取代苯环的特征峰，1160cm^{-1}为-C-N-弯曲振动，1285cm^{-1}为酰胺 Ⅲ 带特征拉曼频率，1365cm^{-1}处为二取代萘酚特征峰，1495cm^{-1}处为偶氮苯衍生物特征峰，1598cm^{-1}处为苯环特征峰。

3. 金光红的拉曼光谱分析

金光红又称 101 金光红、金红粉，黄光红色粉末。耐酸、碱性良好，着色力强，有一定的透明度。常用于红色油墨、水彩颜料及蜡笔的着色。金光红的分子结构如图 5-4-4 所示。

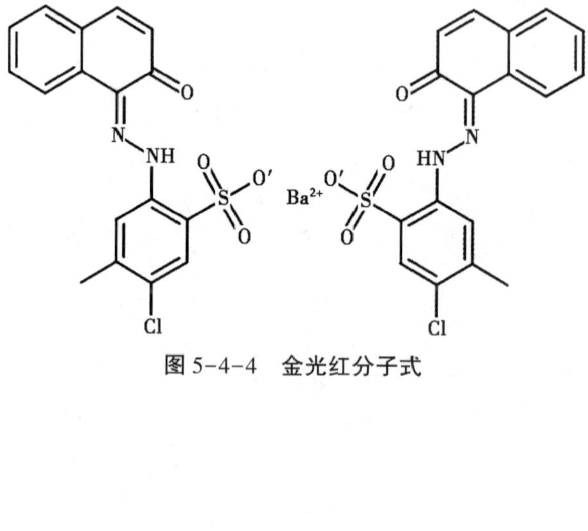

图 5-4-4　金光红分子式

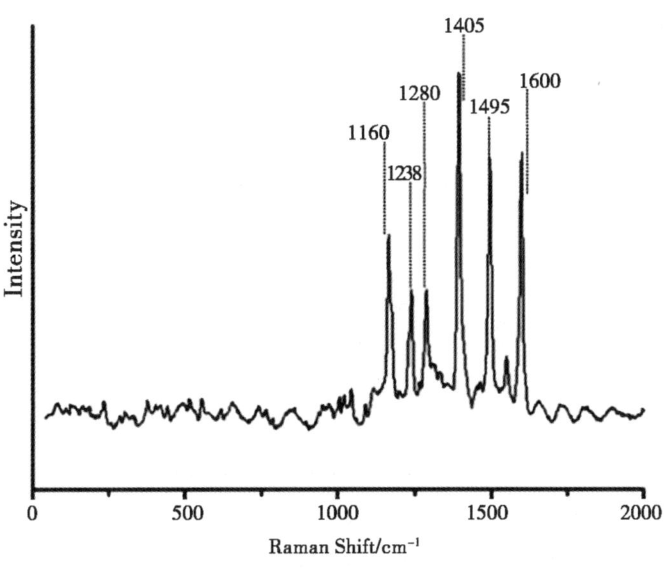

图 5-4-5　金光红的拉曼光谱

图 5-4-5 为金光红标准品的拉曼谱图。其中 1160cm^{-1}处为磺酸基特征峰位、2-萘酚特征峰位，1280cm^{-1}处为酰胺 III 带特征拉曼频率，1405cm^{-1}处为 N-N 伸缩特征峰，1495cm^{-1}处为苯类衍生物特征峰，1598cm^{-1}处为苯环特征峰。

4. 苯酚的拉曼光谱分析

苯酚，又名石炭酸、羟基苯，分子式 C_6H_5OH，苯环上的 C 原子以 sp2 杂化轨道成键，O 原子以 sp3 杂化轨道成键。苯酚是最简单的酚类有机物，呈弱酸性。常温下微溶于水，为一种无色针状晶体，有腐蚀性，易被氧化为醌而呈粉红色，在印泥中用作防腐剂。苯酚的分子结构，如图 5-4-6 所示。

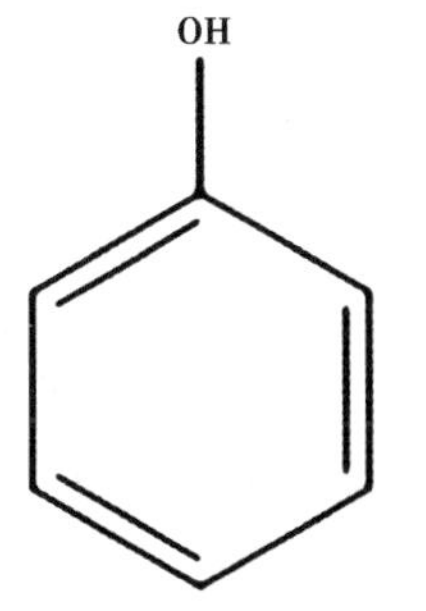

图 5-4-6　苯酚分子式

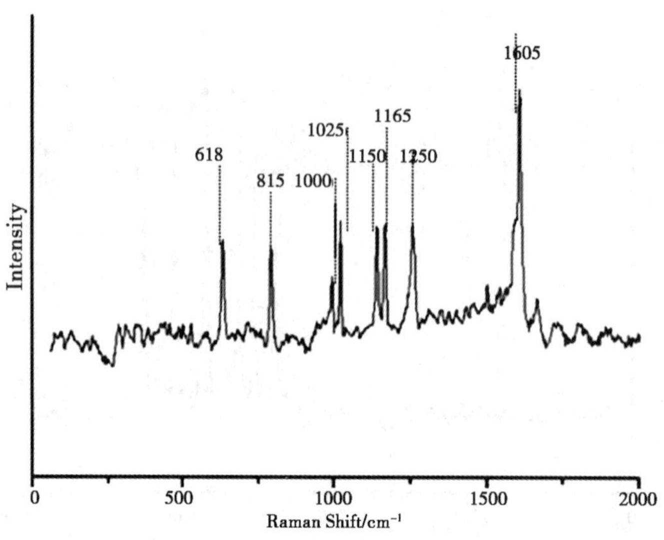

图 5-4-7 苯酚的拉曼光谱

图 5-4-7 为苯酚标准品的拉曼谱图。其中 1500^{-1} 622cm^{-1} 范围以及 1493cm^{-1}附近主要为苯环的骨架振动，1025～999cm^{-1}范围是邻位和间位取代苯的振动特征峰，1025^{-1}160 cm^{-1}范围为 N＝N 的伸缩振动，1250 cm^{-1}为苯环上的硝基的振动。

（二）印泥（油）样品的分类

由于样品的谱峰主要集中于 2000～100cm^{-1}波段区域，本实验主要针对该区段进行谱图区分和讨论。在分析拉曼谱图时，谱峰相对强度的差异不能作为成分种属差异的判断标准，因为该差异的形成可能是物质分布的不均匀性导致的，而只有当某波段下谱峰稳定出现或消失时，该谱峰特征才能作为种属鉴别的依据。56 种印文色料的拉曼特征峰位见表 5-4-4。

表 5-4-4 印泥（油）的拉曼特征峰位

印泥（油）编号	主要拉曼峰位（cm^{-1}）
1	285 611 838 1090 1253 1333 1400 1408 1552
2	480 518 730 779 839 959 993 1087 1159 1235 1284 1359 1489 1548 1596
3	732 954 1088 1159 1234 1289 1364 1496 1596
4	718 1029 1089 1199 1236 1333 1400 1480 1556 1601

续表

印泥（油）编号	主要拉曼峰位（cm^{-1}）
5	480 512 735 775 957 993 1039 1089 1157 1198 1238 1284 1329 1489 1548 593
6	429 607 720 775 957 993 1037 1088 1198 1238 1256 1290 1325 1398 1450 1479 1552 1598
7	484 525 616 725 960 1091 1161 1200 1234 1284 1336 1365 1402 1450 1495 1552 1598
8	1088 1238 1285 1314 1335 1364 1403 1453 1495 1553 1598. 0
9	1087 1365 1404 1453 1484 1556 1598
10	1364 1379 1402 1452 1494 1552 1597 1655
11	434 525 960 1090 1157 1241 1354 1398 1491 1600
12	374 480 964 1089 1156 1233 1278 1365 1487 1599
13	160 283 967 1006 1091 1159 1223 1284 1362. 1493 1606
14	491 514 723 774 961 995 1085 1153 1238 1284 1362 1498 1589
15	287 735 961 1091 1227 1368 1419 1453 1555
16	163 285 967 1086 1165 1215 1278 1363 1419 1448 1507
17	373 1087 1119 1227 1374 1510 1595
18	155 285 690 746 927 1046. 1086 1351 1380 1481 1589
19	1086 1176 1351 1498
20	718 1090 1195 1235 1333 1399 1480 1551 1595
21	718 1029 1088 1203 1239 1333 1399 1484 1555 1600
22	484 520 775 961 998 1089 1162 1234 1279 1334 1361 1488 1548 1593
23	375 480 520 729 957 993 1098 1160 1198 1234 1284 1329 1362 1403 1495 1548 1600
24	697 802 988 1225 1262 1389 1507 1602

续表

印泥（油）编号	主要拉曼峰位（cm^{-1}）
25	1090 1162 1237 1284 1333 1362 1494 1548 1596
26	960 1090 1163 1236 1284 1362 1495 15471596
27	1163 12011238 1286 1316 1334 1364. 1402 1495 15491597
28	1238 1286 1363 1495 1548 1597
29	1042 1089 1117 1163 1238 1286 1364 1455 1495 1550 1598
30	1403 1453 1484 1556 1599
31	1545 1483 1557 1599
32	1365 1415 1512 1558 1572
33	310 335 442 722 981 1090 1205 1241 1338 1403 1475 1522 1598
34	487 520 734 777 959 1000 1598 1235 1281 1368 1490 1552 1604
35	440 722 1092 1195 1235 1333 1405 1483 1559 1596
36	730 809 962 1075 1120 1154 1239 1363 1420 1448 1510 1612
37	1088 1217 1267 1310 1329 1349 1406 1452 1553 1581 1609 1667
38	1266 1310 1328 1349 1405 1453 1553 1580 1609 1666
39	1240 1285 1320 1363 1425 1454 1488 1520 1551 1613
40	1201 1239 1336 1403 1453 1484 1555 1578 1597
41	1239 1259 1309 1259 1308. 1321 1346 1404 1452 1483 1500 1555 1579 1596 1665
42	1295 1361 1378 1467 1512 1552. 1595 1655
43	289 469 735 937 964 1093 1115 1160 1218 1240 1284 1330 1364 1423 1458 1489 1513 1559 1617
44	1089 1112 1120 1202 1238 1259 1209 1320 1345 1405 1450 1481 1499 1533 1554 1579 1595 1665

续表

印泥（油）编号	主要拉曼峰位（cm^{-1}）
45	929 1055 1089 1122 1202 1239 1308 1321 1345 1404 1453 1482 1499 1554 1579 1595 1664
46	1088 1239 1309 1321 1347 1403 1452 1484 1500 1555 1579 1595 1665
47	748 970 1064 1089 1112 1163 1233 1284 1361 1376 1394 1462 1484 1515 1554 1580
48	735 768 817 936 968 1046 1089 1117 1159 1218 1237 1279 1287 1328 1365 1416 1457 1488 1511 1560 1573 1615
49	624 1092 1286 1356 1511 1546. 1595 1649
50	288 964 1092 1155 1232 1284 1361 1417 1453 1499 1562 1613
51	130 356 626 686 729 925 1053 1093 1203 1267 1306 1347 1549 1576 1595 1659
52	282 1088 1233 1290 1367 1466 1512 1580
53	130 356 626 685 924 1053 1306 1347 1548 1576 1595 1658
54	1128 1186 1202 1243 1293 1362 1470 1509 1532 1559 1607 1650
55	982 1043 1090 1098 1143 1162 1202 1239 1262 1337 1405 1454 1485 1556 1598
56	1238 1335 1403 1453 1484 1554 1600

1. 印泥的分类

经拉曼光谱检验，19 种印泥样品可分为四大类，如表 5-4-5 所示。

表 5-4-5 印泥样品分类表

类别	样品编号
第一类（Ⅰ）	1、13、15、16、18
第二类（Ⅱ）	2、3、4、5、7、11、12、14
第三类（Ⅲ）	8、9、10
第四类（Ⅳ）	6、17、19

第一类（Ⅰ）印泥样品，在 165cm^{-1}、285cm^{-1}附近有散射峰，表现出朱砂样品的特征峰位，说明这些印泥中含有朱砂颜料，如图 5-4-8 所示。利用拉曼光谱可以进一步区分。

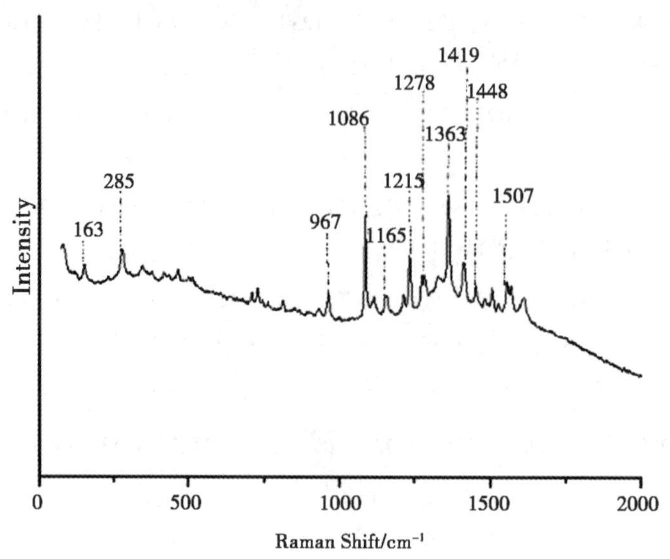

图 5-4-8　16 号样品的拉曼光谱

第二类（Ⅱ）印泥样品，在 960cm^{-1}、1000cm^{-1}、1160cm^{-1}、1285cm^{-1}、1365cm^{-1}、1495cm^{-1}、1550cm^{-1}、1598cm^{-1}附近有散射峰，表现出大红粉样品的特征峰位，说明这些印泥中含有大红粉颜料，如图 5-4-9 所示。根据散射峰的相对强度和其他吸收峰的有无可以对同类样品进一步区分。

第三类（Ⅲ）印泥样品，荧光背景干扰严重，表现出较强的荧光信号，导致散射峰不明显而难以辨别，如图 5-4-10 所示。

第四类（Ⅳ）印泥样品，拉曼谱图各不相同，但区别于上述三类谱图的特征峰和荧光背景，如图 5-4-11 所示。

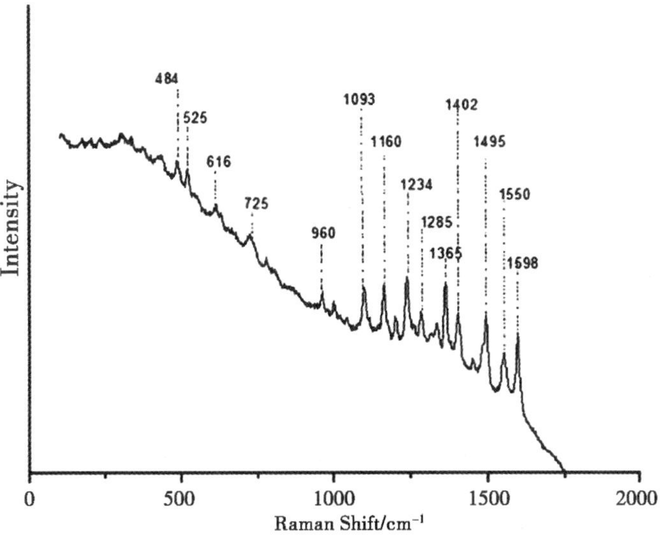

图 5-4-9　7 号样品的拉曼光谱

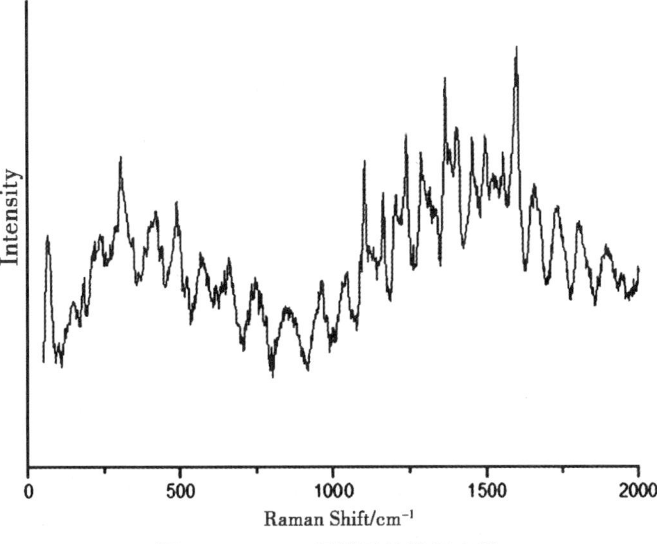

图 5-4-10　10 号样品的拉曼光谱

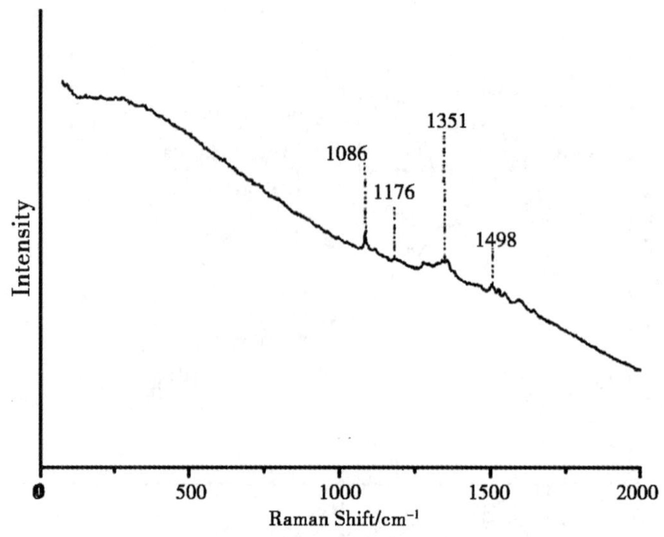

图 5-4-11　19 号样品的拉曼光谱

2. 印油的分类

经拉曼光谱检验，17 种印油样品可分为三大类，如表 5-4-6 所示。

表 5-4-6　印油样品分类表

类别	样品编号
第一类（Ⅰ）	25、26、27、28、29、30、31、32、33、34、35
第二类（Ⅱ）	20、21、22、23
第三类（Ⅲ）	24、36

第一类（Ⅰ）印油样品，大部分印油样品的拉曼谱图在 480cm^{-1}、520cm^{-1}、730cm^{-1}、780cm^{-1}、960cm^{-1}、1000cm^{-1}、1160cm^{-1}、1235cm^{-1}、1280cm^{-1}、1365cm^{-1}、1490cm^{-1}、1550cm^{-1}、1605cm^{-1}附近有散射峰，如图 5-4-12 所示。根据散射峰的相对强度和其他吸收峰的有无可以对同类样品进一步区分，33 号和 35 号样品的拉曼光谱的区别，如图 5-4-13 所示。

第二类（Ⅱ）印油样品，在相对较强荧光背景上呈现 1160cm^{-1}、1238cm^{-1}、1280cm^{-1}、1405cm^{-1}、1495cm^{-1}、1600cm^{-1}附近的散射峰，表现出金光红样品的特征峰位，说明这些印油中含有金光红颜料成分，如图 5-4-14 所示。利用拉曼光谱可以进一步细化区分。

第三类（Ⅲ）印油样品，在 730cm^{-1}、960cm^{-1}、1075cm^{-1}、1154cm^{-1}、1239cm^{-1}、1363cm^{-1}、1420cm^{-1}、1510cm^{-1}、1612cm^{-1}附近有散射峰，如图 5-

4-15 所示。

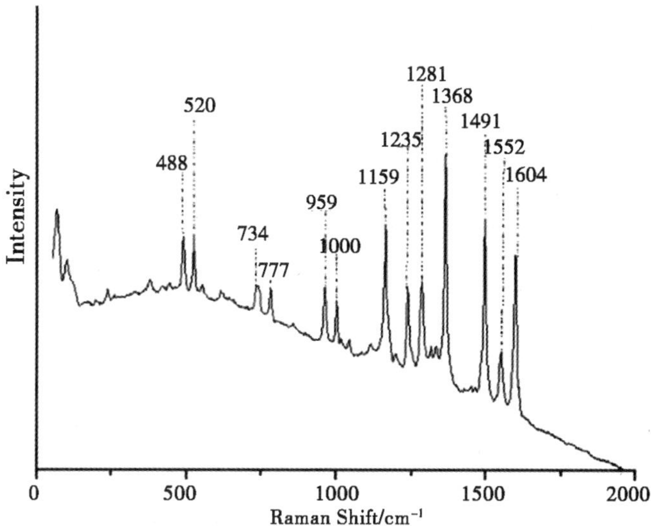

图 5-4-12　34 号样品的拉曼光谱

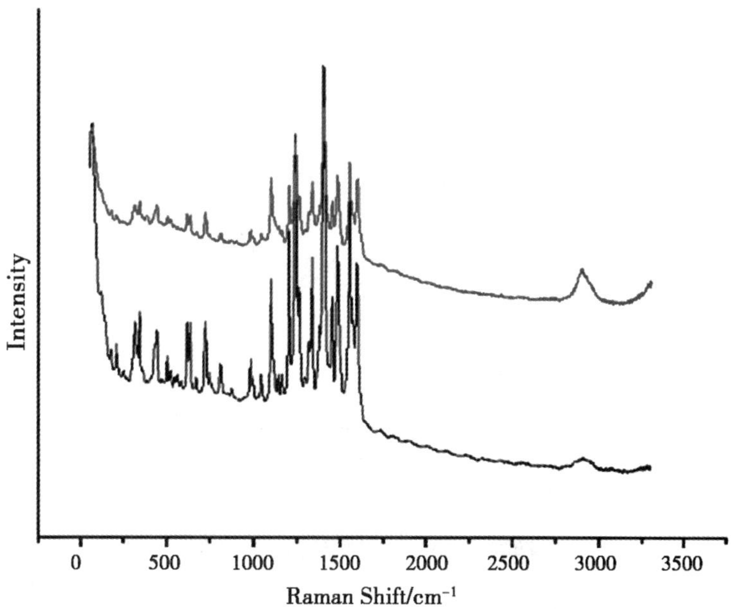

图 5-4-13　33 号和 35 号样品的拉曼光谱

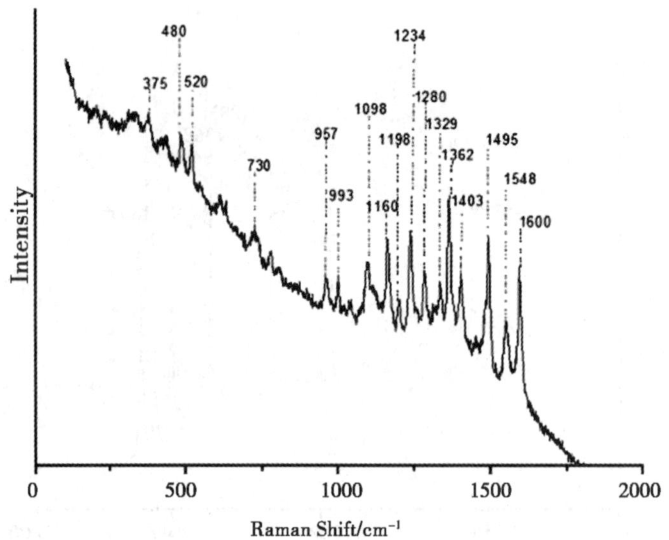

图 5-4-14　23 号样品的拉曼光谱

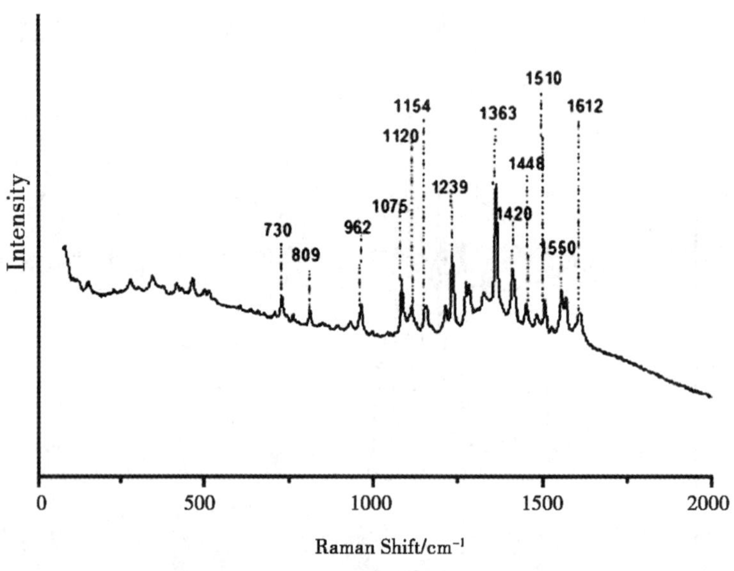

图 5-4-15　36 号样品的拉曼光谱

3. 光敏印油的分类

经拉曼光谱检验，20 种光敏印油样品可分为四大类，如表 5-4-7 所示。

表 5-4-7 光敏印油样品分类表

类别	样品编号
第一类（Ⅰ）	37、38、41、44、45、46、49、51、53
第二类（Ⅱ）	52、55、56
第三类（Ⅲ）	43、48、50
第四类（Ⅳ）	39、40、42、47、54

第一类（Ⅰ）光敏印油样品，大部分样品的拉曼谱图在 130cm^{-1}、356cm^{-1}、625cm^{-1}、685cm^{-1}、729cm^{-1}、925cm^{-1}、1055cm^{-1}、1095cm^{-1}、1306cm^{-1}、1347cm^{-1}、1550cm^{-1}、1595cm^{-1}、1660cm^{-1}附近有散射峰，如图 5-4-16 所示。根据散射峰的相对强度和其他吸收峰的有无可以对同类样品进一步区分，37 号和 53 号样品的拉曼光谱的区别，如图 5-4-17 所示。

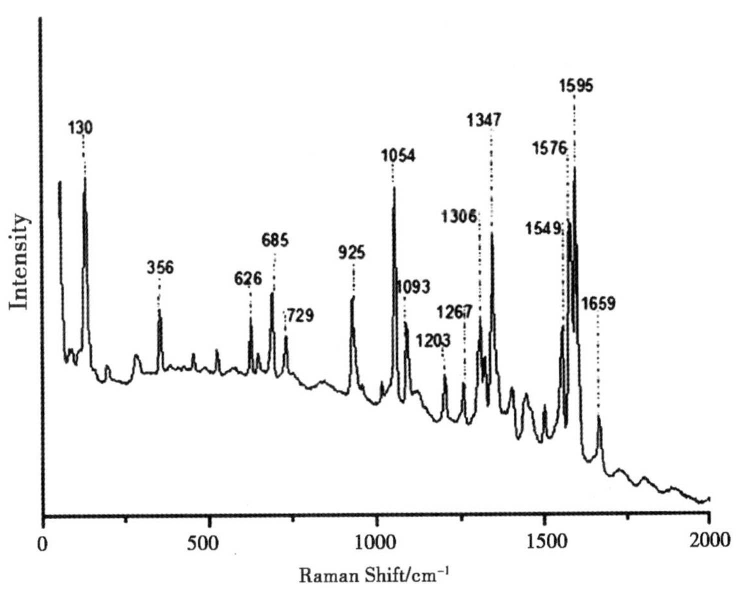

图 5-4-16 51 号样品的拉曼光谱

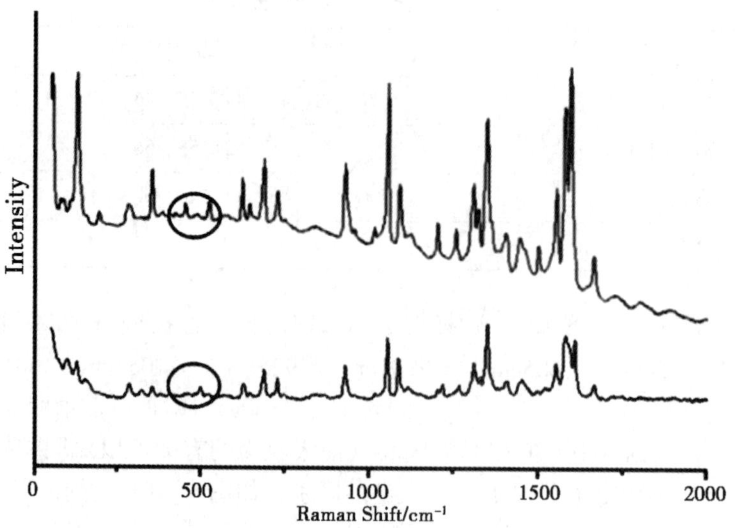

图 5-4-17 37 号和 53 号样品的拉曼光谱

第二类（Ⅱ）光敏印油样品，在 280cm^{-1}、1088cm^{-1}、1233cm^{-1}、1290cm^{-1}、1367cm^{-1}、1466cm^{-1}、1512cm^{-1}、1580cm^{-1}附近有散射峰，如图 5-4-18 所示。根据散射峰的相对强度和其他吸收峰的有无可以对同类样品进一步区分。

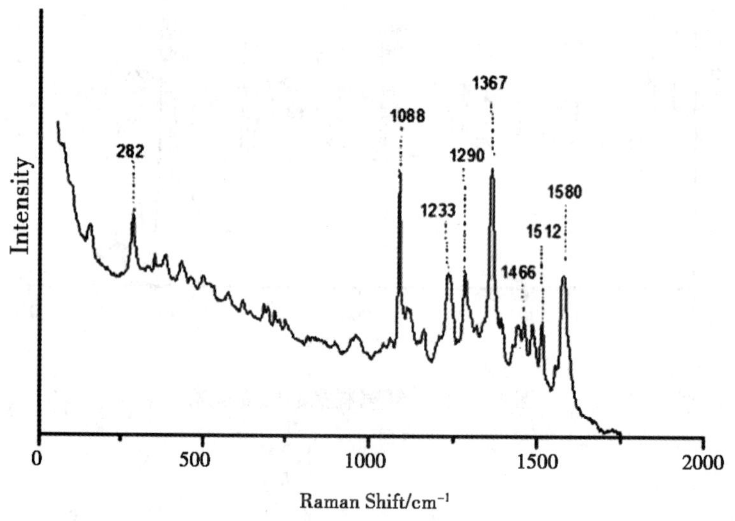

图 5-4-18 52 号样品的拉曼光谱

第三类（Ⅲ）光敏印油样品，在 290cm^{-1}、470cm^{-1}、735cm^{-1}、965cm^{-1}、

1095cm^{-1}、1115cm^{-1}、1240cm^{-1}、1284cm^{-1}、1364cm^{-1}、1423cm^{-1}、1513cm^{-1}、1560cm^{-1}、1617cm^{-1}附近有散射峰，如图 5-4-19 所示。根据散射峰的相对强度和其他吸收峰的有无可以对同类样品进一步区分。

第四类（Ⅳ）光敏印油样品，荧光背景干扰严重，表现出较强的荧光信号，导致散射峰不明显而难以辨别，如图 5-4-20 所示。

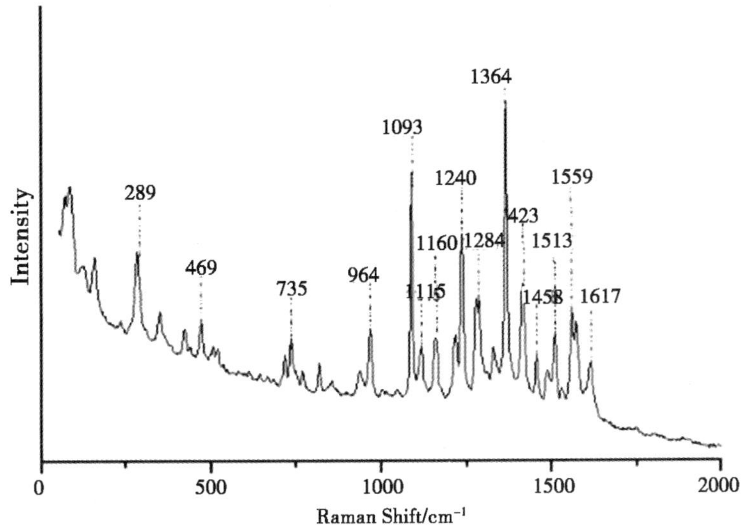

图 5-4-19　43 号样品的拉曼光谱

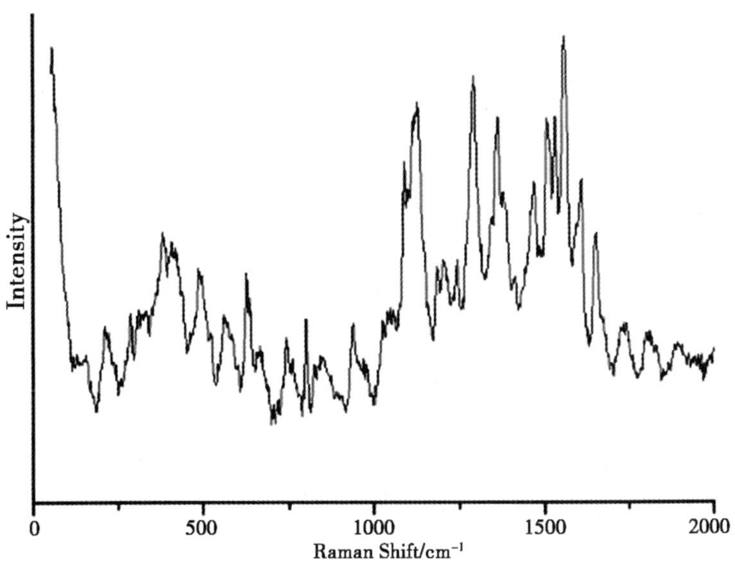

图 5-4-20　54 号样品的拉曼光谱

四、结论

根据对拉曼光谱检验印泥（油）的结果分析，可以实现印文色料的种属鉴别。

（一）印文色料类型的区分

印泥、印油、光敏印油中的物质成分的差异，可以通过拉曼光谱进行种属检验，达到印文色料类型的区分。

（二）同一种类印文色料的成分属性的区分

通过拉曼光谱检验，实验中将印泥样品分为四类、印油分为三类、光敏印油分为四类，达到对同类色料中成分差异性的区分。

（三）色料种类的进一步细化区分

利用拉曼光谱图中散射峰的位置、数量和相对强度可以对同类样品进行进一步区分，达到不同品牌、不同型号印文色料的区别。

五、案例应用

（一）简要案情

2015 年，某公安局送来“关于××广告的合同书”1 份（以下简称检材），并同时提供盖有“××电视台电视广告合同章”印文的材料 1 页（以下简称样本），侦查中怀疑合同持有方涉嫌利用私刻的广播电视台业务公章伪造广告合同书。要求鉴定检材和样本中内容为“××电视台电视广告合同章”的印文是否同一印章盖印，如图 5-4-21 所示。

（二）检验过程

依据系统检验的思路，分别从显微检验、光学检验和印文特征形态比对检验三方面对印文进行多角度综合检验，并最终通过拉曼光谱检验进一步印证和确定检材和样本印文的差异性。

1. 显微检验

经 DV4 显微镜放大观察，检材中的“××电视台电视广告合同章”印文表现出颜色浓淡不均，色料渗透、洇散明显，笔画线条残缺或间断，边框存有“挤墨”现象，印文纸张背面呈现凸出的抑压力痕迹。上述特征充分反映出手工盖印的突出特点，可以判断检材上的可疑印文是盖印形成。

2. 光学检验

经 VSC-5000 文检仪检验，在强光源 380~535nm 下，检材印文荧光明显、样本印文荧光相对暗淡，两者反映出明显的荧光差异，如图 5-4-22 所示。

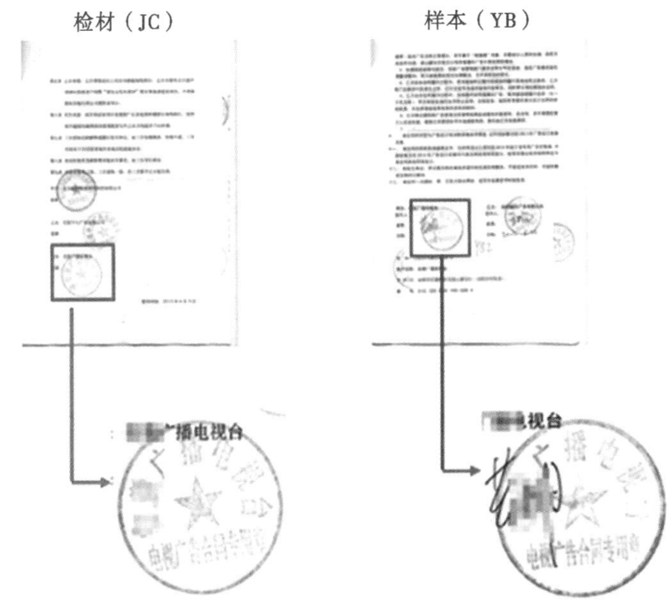

图 5-4-21　检材和样本原貌

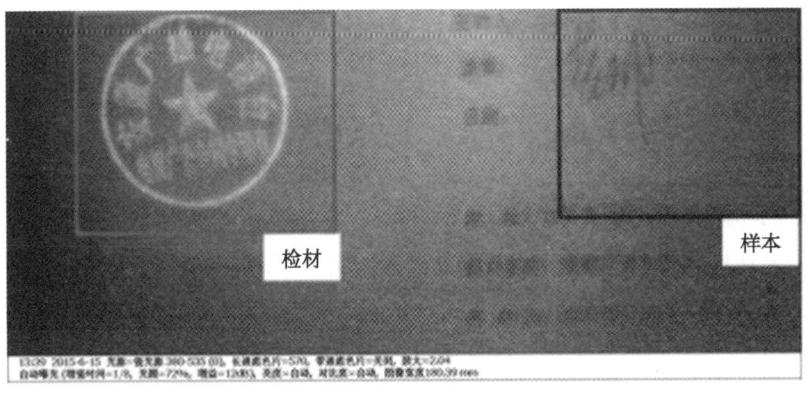

图 5-4-22　光学检验图片

3. 比对检验

将检材印文与样本印文进行重合、拼接、画线、测量及细节特征比对检验，二者在印文大小形态、字形字体等规格性特征，相同内容图文的位置关系、搭配比例和笔画线条的断离、粘连以及印面结构的缺损等细节特征方面均相吻合，其特征总和反映了同一印章盖印的特点。可以认定检材和样本中的印文是同一印章盖印形成。

4. 拉曼光谱检验

采用 Thermo DXR 激光显微拉曼光谱仪进行检验，其激发波长为 780nm，物镜放大倍数为 50 倍，比对拉曼特征峰的峰位、峰数量和相对强度特征。检验结果表明检材与样本上的红色“××电视台电视广告合同章”印文色料的拉曼光谱存在差异，即两者印文色料种类不同，如图 5-4-23 所示。

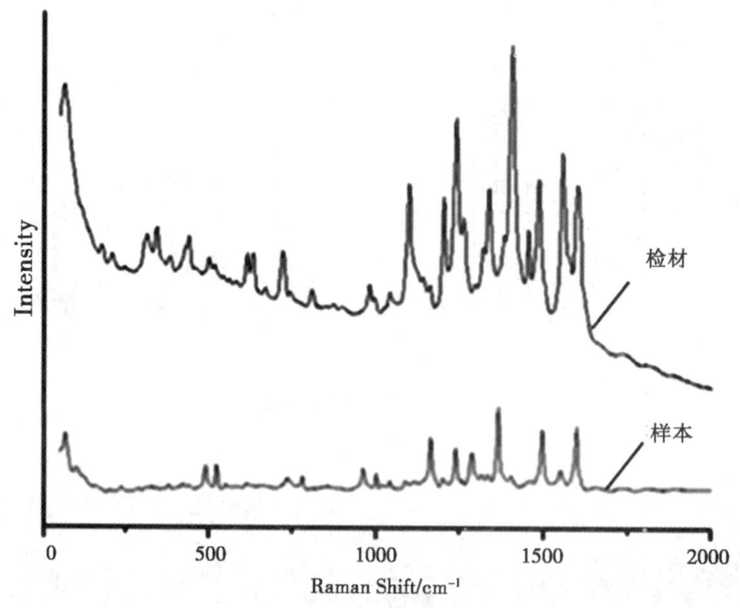

图 5-4-23　检材和样本印文的拉曼谱图

（三）案件总结

本案在检验过程中，针对印文同一性检验的鉴定要求，着重从印文的形成方式、色料成分、形态特征方面进行检验。检材印文的手工盖印特征表现明显，印文是盖印形成的。检材和样本中同名印文色料成分的差异性鉴别是在光学检验的基础上，主要利用拉曼光谱进一步判断和确定。检材和样本中同名印文的形态特征符合点数量多、种类全，反映出同一印章的盖印特点。检验结果表明检材和样本上的同名印文是同一印章蘸取不同色料盖印形成。

本案的检验结论与侦查员最初怀疑他人利用私刻的公章伪造合同的推断相驳，而使矛头指向内部人员作案的嫌疑，此案最终也是利用这一线索确定了犯罪嫌疑人并澄清了案件事实。在检验鉴定中，拉曼光谱对印文色料的种属性鉴别是本案的关键步骤，为调整侦查思路、划定侦查范围起到了重要作用。

第五节　拉曼光谱技术鉴别印文形成时间的研究

一、实验原理

印泥和印油大部分采取合成树脂和多种助剂，它们在特定波长激光激发下，呈现出特征的拉曼光谱图。印泥（油）通过盖印附着在纸张表面，一方面，暴露在空气中会发生挥发、氧化等理化反应；另一方面，印泥（油）与纸张纤维之间会发生相互渗透、交连和聚合等现象，整体效果会导致印迹中的各物质成分及含量发生变化。一般来讲，溶剂成分易于挥发，而固态材料则相对稳定，在拉曼光谱图上则表现出相应的变化。因此，利用印文的物质成分的阶段性变化，建立它们按时间顺序的拉曼光谱数据库，将未知时间的检材与数据库中确切时间样本的拉曼数据进行比较，可以判断印泥和印油的相对形成时间。

印泥（油）中的油性物质具有调合、悬浮、转移色素的作用，其经日久氧化，脱水形成结膜，固定印迹。印泥和印油在 $1235cm^{-1}$ 处存在明显拉曼特征峰，为酯的特征峰，归属为酯类化合物的 C–O 伸缩振动 ν（C–O），酯类化合物与纸张载体结合后其化学特性较稳定，不易发生分解和变化①。如图 5–5–1 所示，四种酯类化合物的拉曼光谱图在 $1235cm^{-1}$ 处都存在拉曼特征峰。同时，制造厂商为了稀释色料的黏稠度，习惯在其中添加一些易于挥发的醇类物质，$1089cm^{-1}$ 处的拉曼峰归属为醇类的碳氧反对称伸缩振动 Vas（COO），该峰随时间的推移呈现出逐渐减弱的趋势，如图 5–5–2 所示，十六烷醇和甲醇的拉曼谱图中 $1089cm^{-1}$ 处的拉曼特征峰。因此，利用 $1235cm^{-1}$ 和 $1089cm^{-1}$ 处的拉曼特征峰的相对强度随时间推移的规律，可以进行印文相对形成时间的鉴别。

---

① 籍康，赵杰，高蓉，等. 共焦显微拉曼在司法鉴定中甄别印章的应用［J］. 南京师范大学学报（自然科学版），2009，32（3）：56–60.

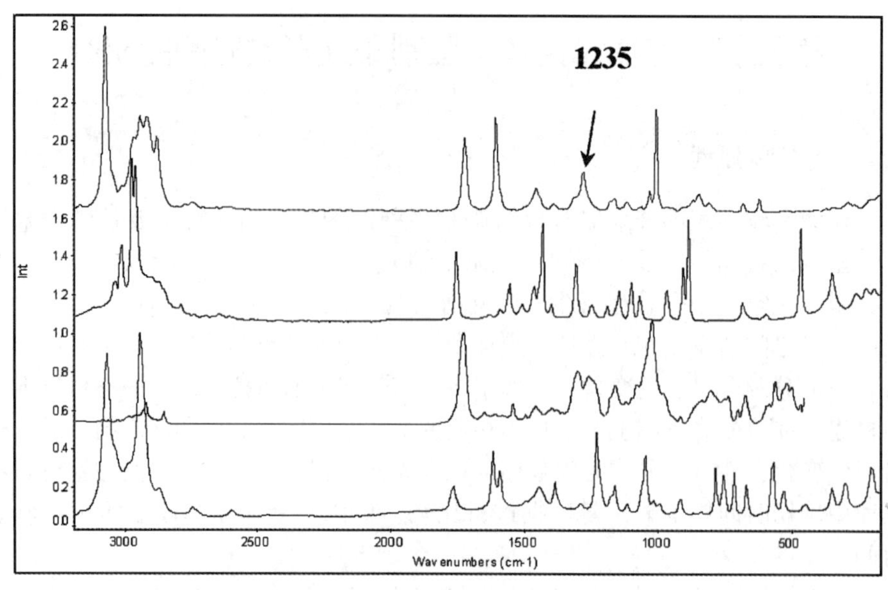

（从上至下依次为苯甲酸丁酯、甘氨酸甲酯盐酸盐、聚芳酯、乙酸邻甲苯酯）

图 5-5-1 酯类化合物的拉曼光谱图

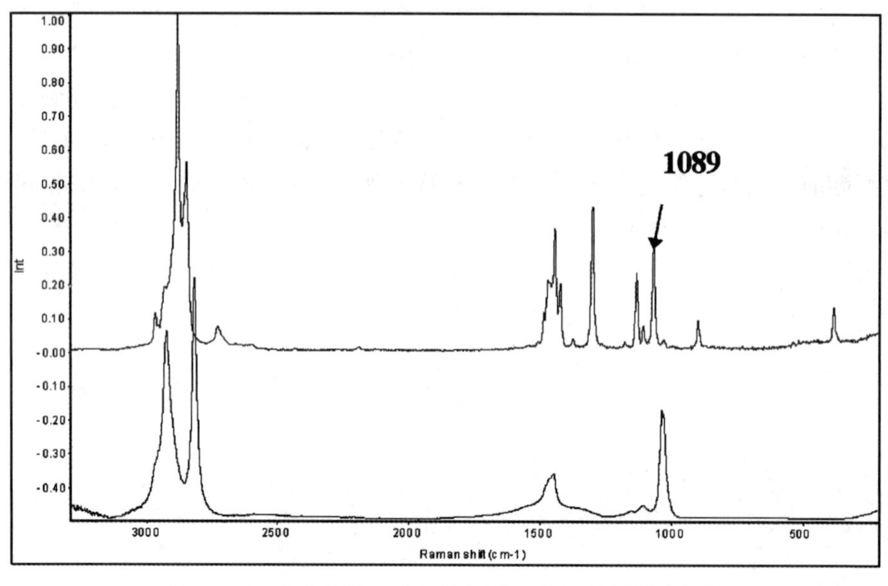

图 5-5-2 十六烷醇（上）和甲醇（下）的拉曼光谱图

二、实验材料与方法

(一) 实验材料

1. 样品收集

选择 10 种不同品牌的印泥（油），经拉曼光谱测试，其均在 1235cm^{-1}和 1089cm^{-1}处均存在特征峰。如表 5-5-1、图 5-5-3 所示。

表 5-5-1　印泥和印油的信息

编号	名称	产地	厂名
1	雪奥牌泡沫印泥	北京	雪奥文化用品制造有限公司
2	亚信牌印泥（70g）	石家庄	石家庄亚信文具有限公司
3	泸花牌印泥	宜兴	泸花文具有限公司
4	泸花牌泡沫印泥	宜兴	泸花文具有限公司
5	意宝牌泡沫印泥	玉田	玉美工贸有限公司
6	利百代牌高级印泥	台湾	利百代国实业股份有限公司
7	快干印台印油	浙江	宁波市鄞州新皓塑胶制品厂
8	雪奥高级易干印油 No. 01158	北京	北京金瑞星博办公用品经营部
9	意宝牌印油	玉田	玉美工贸有限公司
10	Deli 快干印台 No. 9863	浙江	东莞市友好劳保用品有限公司

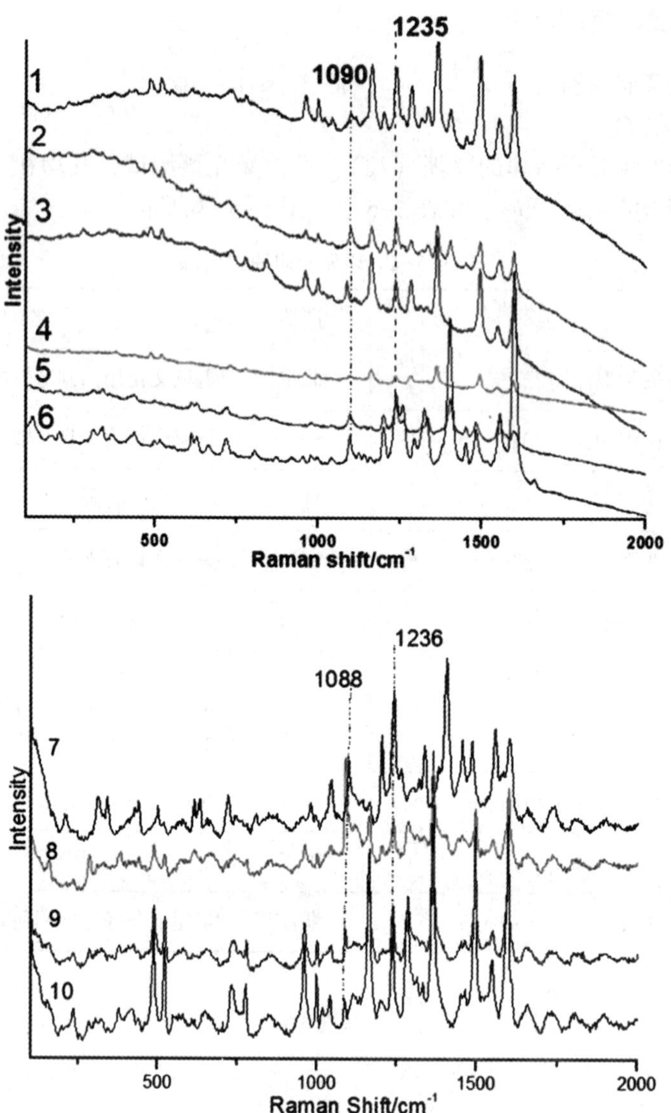

图 5-5-3　10 种印泥（油）样品的拉曼光谱图

2. 印文历时性样本制作

制作样本时，每蘸印泥（油）一次盖印一次，尽量等力正压使印文的浓淡基本一致。样本放入收纳箱内避光保存。每隔两周盖印一次，形成实验所需的印文盖印三年的历时性样本，如图 5-5-4 所示。

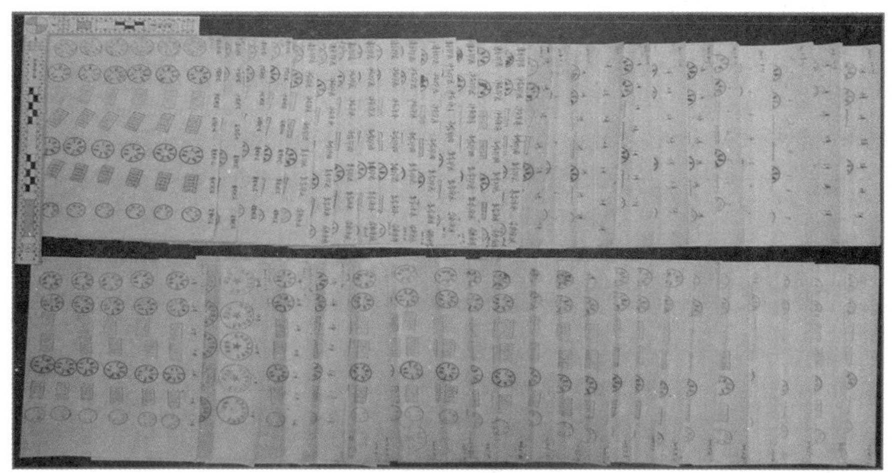

图 5-5-4　印文历时性样本图示

（二）实验方法

1. 测试点选择

测试数据的稳定性是实验可行性的前提。本实验采用 780nm 半导体激光器，选择历时性印文样本进行测试。考虑盖印力度、印油浓淡以及纸张因素对特征峰面积的影响，针对同一个时间点的印文样本，分别取五个不同位置进行拉曼扫描，对五个拉曼谱图的数据进行综合分析，如图 5-5-5 所示。

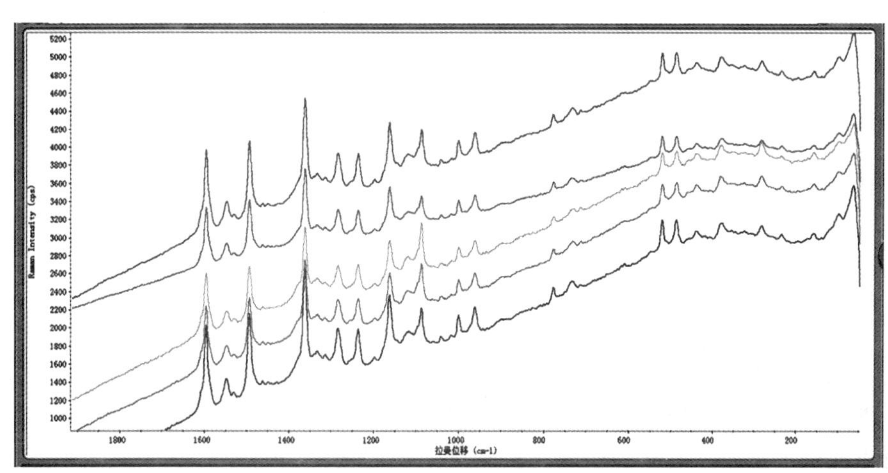

图 5-5-5　3 号印文的一个时间点样本上五个不同位置的拉曼谱图

2. 测试数据提取和分析

拉曼谱图的峰宽反映物质的纯度和结晶度，峰高与物质的量有关。利用 OMNIC 软件，对 $1235cm^{-1}$和 $1089cm^{-1}$处的拉曼特征峰的积分面积数值进行计算提取，如图 5-5-6 所示。

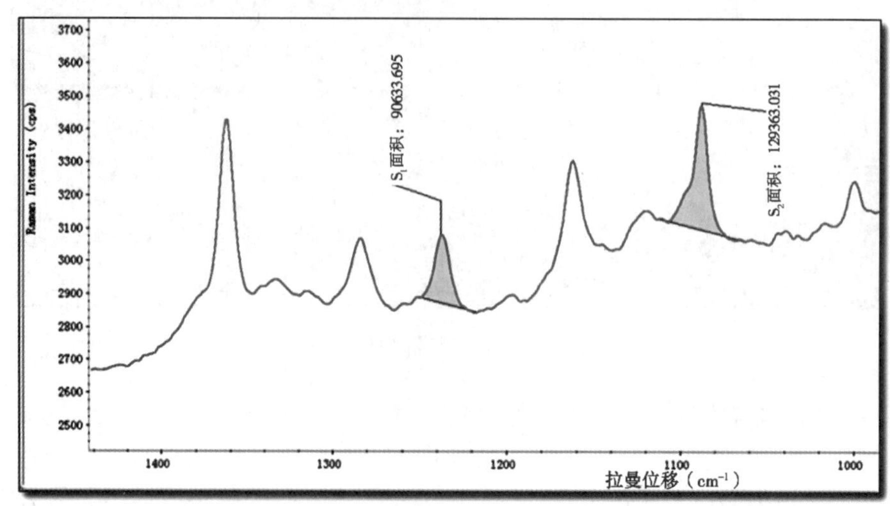

图 5-5-6　拉曼谱图峰面积提取示意图

测试数据以拉曼峰面积为考核指标，将光谱图中 $1235cm^{-1}$处特征峰的积分面积数值设为 S_1，$1089cm^{-1}$处特征峰的积分面积数值设为 S_2，两者的相对强度之比用 I 表示，$I= S_2/S_1$。标准差能反映一组数据的离散程度，采用的标准差作为数据稳定性的衡量依据，如公式 5-5-1 所示。

$$\sigma = \sqrt{\frac{1}{N-1}\sum_{i=1}^{N}(x_i - \mu)^2} \qquad \text{（公式 5-5-1）}$$

三、结果与讨论

（一）纸张影响因素研究

纸张作为印泥（油）附着的载体，随着盖印时间的推移，两者成分逐渐相互融合，形成纸和油的结合体。本实验研究拉曼光谱法检验印文相对形成时间的问题，需要考虑纸张因素对峰面积比值（I）的影响情况。下面将通过五种不同类型上盖印的同种印泥（油）印迹实验情况，分析纸张的影响因素。

选择的五种类型纸张包括公安大学压光信稿纸、公安大学无格线信稿纸、公安大学横格线信稿纸、惠普商用纸（$70g/m^2$）、蓝旗舰牌 A4 静电复印纸（$70g/m^2$），分别标识为Ⅰ号纸张、Ⅱ号纸张、Ⅲ号纸张、Ⅳ号纸张、Ⅴ号纸张。

选择距测试时间已保存 6 个月并在五种纸张上盖印的 1、2、3、6 号印泥（油）样品，形成同一时间盖印的五种纸张与四种印泥（油）的交叉样本，对样本进行拉曼光谱实验，得到扫描图谱和实验数据统计情况。

1. 不同纸张条件的印文样本拉曼特征峰面积比值的实验结果

经拉曼光谱实验，对 $1089cm^{-1}$ 和 $1235cm^{-1}$ 处的拉曼特征峰的积分面积数据进行采集，计算出两者的相对比值 I，数值均保留四位有效数字。下面是四种印泥（油）样品分别在五种纸张上的平行试样 I 值的统计情况，如表 5-5-2 至表 5-5-5 所示。

表 5-5-2　1 号印泥（油）印文样本拉曼特征峰面积比值（I）的统计情况

纸张编号	平行试样 1	平行试样 2	平行试样 3	平行试样 4	平行试样 5	平均值	标准差
1	0.7744	0.7646	0.8560	0.7992	0.8334	0.8055	0.0388
2	0.7701	0.7458	0.8570	0.7971	0.7991	0.7938	0.0416
3	0.7448	0.8510	0.8745	0.7120	0.7290	0.7823	0.0748
4	0.7029	0.7995	0.8940	0.8604	0.8052	0.8124	0.0727
5	0.8165	0.7821	0.8244	0.8405	0.7333	0.7993	0.0426

表 5-5-3　2 号印泥（油）印文样本拉曼特征峰面积比值（I）的统计情况

纸张编号	平行试样 1	平行试样 2	平行试样 3	平行试样 4	平行试样 5	平均值	标准差
1	0	0	0	0	0	0	0
2	1.1283	1.3088	1.1968	1.2938	1.0354	1.1926	0.1147
3	1.3180	1.2884	1.4950	1.3255	1.1940	1.3246	0.1089
4	1.2112	1.2429	1.30095	1.1895	1.0516	1.1992	0.0926
5	1.1449	1.2700	1.2037	1.2843	1.2227	1.2251	0.0557

表 5-5-4　3 号印泥（油）印文样本拉曼特征峰面积比值（I）的统计情况

纸张编号	平行试样 1	平行试样 2	平行试样 3	平行试样 4	平行试样 5	平均值	标准差
1	0.7072	0.8904	0.8609	0.5643	0.8627	0.771	0.1391
2	0.6912	0.8156	0.7864	0.6025	0.7743	0.7340	0.0868
3	0.7990	0.7674	0.7386	0.5647	0.7987	0.7337	0.0977
4	1.0775	0.9214	1.0757	1.1044	1.2162	1.0790	0.1053
5	0.7925	0.8706	0.7151	0.5789	0.8312	0.7557	0.1153

表 5-5-5　6 号印泥（油）印文样本拉曼特征峰面积比值（I）的统计情况

纸张编号	平行试样 1	平行试样 2	平行试样 3	平行试样 4	平行试样 5	平均值	标准差
1	2. 6019	2. 5332	2. 6459	2. 3415	2. 2611	2. 4767	0. 1675
2	1. 7745	1. 2380	1. 5610	1. 3912	1. 2016	1. 4333	0. 2379
3	2. 1986	2. 6082	2. 0794	2. 1965	2. 0324	2. 2230	0. 2273
4	0	0	0	0	0	0	0
5	0. 9697	1. 1469	1. 0600	1. 0090	0. 9897	1. 0350	0. 0710

2. 纸张影响因素实验结果讨论与分析

由表 5-5-2 至表 5-5-5 可知，在Ⅰ、Ⅱ、Ⅲ、Ⅳ和Ⅴ号五种纸张条件下，四种印泥（油）的拉曼特征峰面积比值（I）表现出两种情况：一是 I 值表现稳定，反映出纸张影响因素较弱，如 1 和 3 号印泥（油）；二是 I 值表现波动较大，反映出纸张影响因素较强，如 2 和 4 号印泥（油）。不同品牌的印泥（油）以不同类型的纸张为载体，其 I 值既表现出整体的稳定性，又反映出个体的差异性。实验结果统计情况如图 5-5-7 所示，可直观得显示出不同纸张条件下拉曼峰面积比值的明显差异。

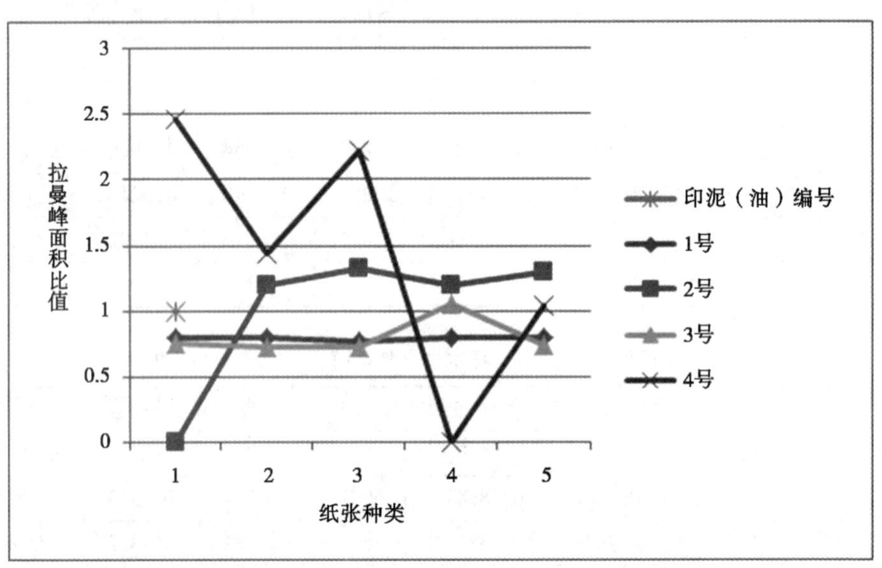

图 5-5-7　五种纸张和四种印泥（油）样本的拉曼峰面积比值统计

1 号印泥（油）的 I 值表现稳定，五种纸张对 1 号印泥（油）的影响较弱；2 号印泥（油）在Ⅰ号纸张上的 I 值无法测出数据，其余纸张上的 I 值较

稳定一致，反映出Ⅰ号纸张对2号印泥（油）的影响因素较强；3号印泥（油）在Ⅳ号纸张上的I值稍偏大，其余纸张上的I值较稳定一致，反映出Ⅳ号纸张对3号印泥（油）的具有影响；6号印泥（油）I值整体波动较大，五种纸张对6号印泥（油）的影响较强。综合分析，纸张种类影响印文样本的拉曼特征峰面积比值。

印泥（油）的渗透性和纸张的吸湿性，使两者相互接触后在液体溶剂的参与下增强了物质的微观流动性，表现为色料颗粒向纸张表面或内部渗透（即表层渗透或深层渗透），进而逐渐被吸收固定成为印迹。基于整体性能的考虑，在相互融合过程中，纸张纤维的种类、填料的质量，印迹色料的粒径和分子结构等多种因素决定了印迹与纸张渗透和吸收的程度，并在宏观上表现为印迹色料被携带并沿纸张纤维方向迁移扩散现象。同时，纸张在缓慢的陈化过程中呈现出酸化现象，受其稻、木原料中的脂肪、蜡、胶料等杂质，造纸过程中的明矾、动物胶、淀粉等填料，保存环境中的微生物、霉菌色素等内外诸多条件的影响，造成印迹与纸张成分发生氧化、还原、渗透、交连聚合等物理和化学反应，引起印文中的各物质成分及含量发生变化，突出反映出纸张和印迹之间相互作用的效果。

（二）温度影响因素研究

选择纸张因素影响较弱的5号纸张和1号印泥的组合制作样本，并将相同的样本分成三份分别放置在不同温度环境下保存，即30℃左右的普通室内、20℃左右的空调室内和4℃左右的电冰箱中。保存24小时后，对印文样本进行拉曼光谱分析，并计算特征峰面积的比值作为挥发性醇类相对含量的指标，如表5-5-6所示。

表5-5-6　1号印泥样本在不同保存条件下印迹的拉曼光谱分析结果

编号	保存条件（℃）	保存时间（小时）	拉曼特征峰面积比值
1	室温，30	24	0.9697
2	空调，20	24	1.0753
3	冰箱，4	24	1.1018

从表5-5-6可知，拉曼特征峰面积比值的表现规律：随着保存条件温度的升高，I值呈变小趋势，表明印泥中的醇类成分含量逐渐减少，温度对挥发性物质的挥发速度影响较大。原因在于印泥干燥成膜的过程中，其内部溶剂分子的活跃状态受到限制，而高温环境能够促进分子运动，使其易于向表面扩散，加快挥发速度，导致载体上存留的挥发性物质减少。因此在实际案件中，检材与样本保存条件的相近性，是保证检验结果准确的前提。

（三）印泥（油）热老化变化规律的研究

温度是影响溶剂挥发速度的主要因素，人为热老化是改变印泥（油）温度环境的一种常用方式。本实验采用加热的方式，以拉曼光谱中特征峰面积的比值为考量指标，比较印文样本中挥发成分在加热前后的变化规律。

$$Q=\frac{I_0-I_1}{I_0} \qquad \text{（公式 5-5-2）}$$

公式 5-5-2 中，I_0 表示加热前的特征峰面积比值，I_1 表示加热后的特征峰面积比值，Q 表示加热前后的峰面积比值的相对变化量。

1. 热老化时间与 Q 值关系的实验

选择纸张因素影响较弱的 5 号纸张分别与 1 号、3 号印泥（油）制作的 3 天内印文样本，置于 90℃烘箱中分别加热 30min、60min、90min 和 120min，取出后进行拉曼光谱分析，计算特征峰面积的比值作为挥发性醇类相对含量的指标，比较印文样本中挥发成分在加热前后的相对含量的变化量，如图 5-5-8 所示。

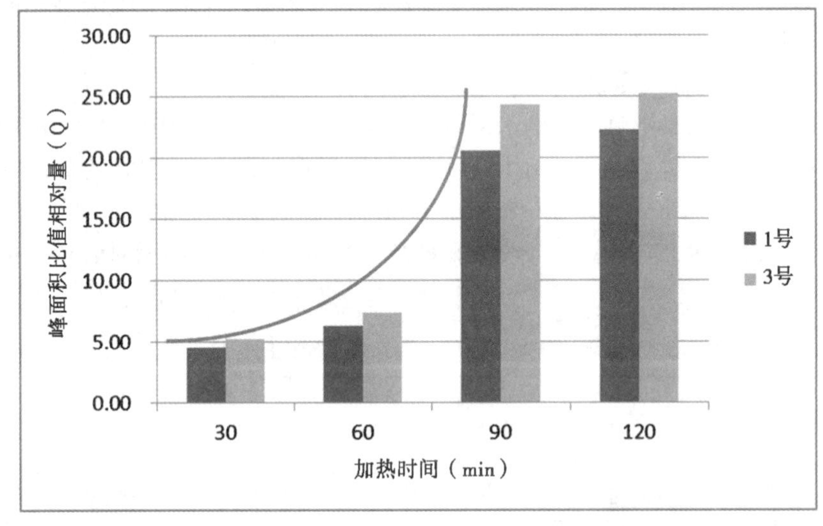

图 5-5-8　加热前后印泥（油）中挥发性物质含量的变化数据

随着加热时间的延长，加热前后特征峰面积比值的相对变化量逐渐增大。究其原因，印泥中的溶剂成分，随加热时间的增长，挥发速度加快，挥发量越大，含量越来越小，加热前后二者变化量越大。具体表现为：加热 30min 和 60min 时，Q 相对稳定地在 6%以内；90min 时，Q 增幅较大，达到 20%以上；120min 时，Q 虽然继续增大，但增幅微弱；180min 时，Q 基本保持稳定。说明加热 60min 和 90min 之间是印泥中挥发性物质含量变化最显著的阶段，

30min 至 60min 和 90min 至 120min 之间，印泥中挥发性物质含量虽然变化，但幅度较小，而 120min 至 180min 之间，印泥中染料和溶解成分基本达到平衡不再变化。热老化主要影响溶剂的挥发速度，当老化不充分时，印泥中成分的变化并不明显，而加热一定时间后，成分发生明显变化，当继续老化时印泥中染料和溶解成分基本达到平衡不再变化。

2. 样本形成时间与 Q 值关系的实验

选择纸张因素影响较弱的 5 号纸张分别与 1 号、3 号印泥（油）制作的 0.5 个月、1 个月、3 个月，5 个月、7 个月、10 个月的历时印文样本，置于 90℃烘箱中加热 90min，取出后进行拉曼光谱分析，计算特征峰面积的比值作为挥发性醇类相对含量的指标，比较各自印文样本中挥发成分在加热前后的相对含量的变化量，如图 5-5-9 所示。

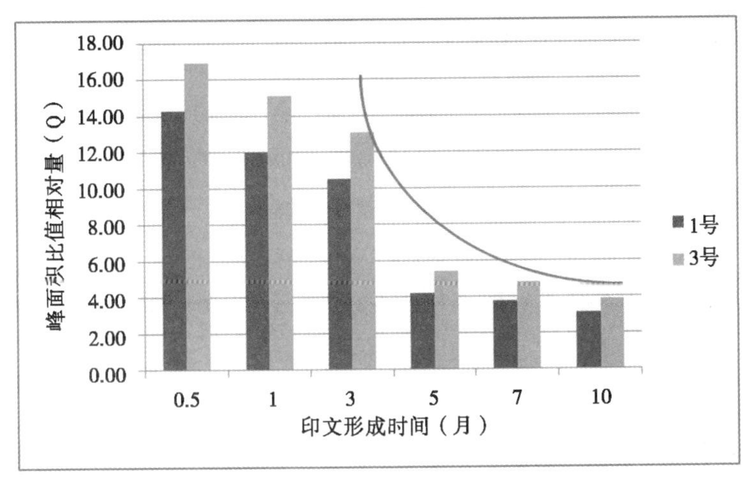

图 5-5-9　加热前后印泥（油）中挥发性物质含量的变化数据

随着印文形成时间的延长，加热前后特征峰面积比值的相对变化量逐渐减小。主要因为虽然热老化加速了挥发速度，使溶剂含量逐渐减少，但印文在盖印后的保存过程中，其溶剂成分始终处于不断挥发状态，即自然挥发的因素导致了减幅量的逐渐减弱。实验显示，3 个月内的 Q 减幅趋势明显，在 1%~3% 之间；3 个月至 5 个月之间的 Q 减幅最强，在 7%~8%之间；5 个月之后的减幅趋于平缓，在 1%左右。说明在印文形成的 3 个月至 5 个月之间，印泥（油）中的挥发性溶剂受热后的变化最明显，之后，当老化充分时印泥中染料和溶解成分基本达到平衡而变化缓慢。

利用这一时间节点特性，可以将未知时间的检材在 90 ℃下加热 90 min，考察加热前后挥发性物质相对含量的差值，即如果加热后 Q 增幅较大，说明印文是在平衡时间点之前形成，以此可以作为判断印文相对形成时间的依据。由于不同品牌和型号的印泥（油）的成分差异，溶剂的挥发速度也不尽相同。因此，这一判断标准只能基于同类样品才具有鉴定意义，只有对大量样品的实验数据进行统计分析，在确定稳定的平衡区间基础上，才能应用于时间特征的判断。

（四）印文形成时间变化规律的研究

选择纸张因素影响较弱的 5 号纸张分别与 1 号至 10 号十种印泥（油）的组合制作的印文历时性样本，进行拉曼光谱分析，计算特征峰面积的比值，得到印泥（油）样本盖印时间的变化关系曲线。本部分重点以 8 号和 2 号印泥（油）样本为例，探讨盖印时间变化规律，如表 5-5-7 和表 5-5-8 所示。

表 5-5-7　各时间点 8 号印油样本的统计数据

样本编号	平行试样 1	平行试样 2	平行试样 3	平行试样 4	平行试样 5	平均值	标准差	备注时间（月）
1	2.0339	2.0589	2.0830	2.1437	2.1208	2.0881	0.0446	0
2	2.0164	1.9078	1.9539	1.9997	1.9849	1.9725	0.0429	0.1
3	1.9680	1.8570	1.7990	1.8078	1.8828	1.8629	0.0682	0.5
4	1.6954	1.7019	1.6362	1.6793	1.6629	1.6751	0.0265	1
5	1.5698	1.4683	1.4684	1.5464	1.5118	1.5129	0.0456	1.5
6	1.2986	1.2777	1.2478	1.2510	1.2413	1.2633	0.0241	2
7	0.9927	0.8928	0.8928	0.9172	0.9463	0.9284	0.0422	3
8	0.9223	0.8918	0.7911	0.8247	0.8204	0.8500	0.0547	4
9	0.7676	0.7913	0.7060	0.7379	0.7824	0.7571	0.0350	5
10	0.7355	0.7058	0.6751	0.7186	0.7258	0.7122	0.0234	6
11	0.7363	0.6623	0.6682	0.6986	0.6525	0.6836	0.0341	7
12	0.6223	0.6542	0.6339	0.6578	0.6729	0.6482	0.0201	8
13	0.6296	0.5951	0.5556	0.5541	0.6254	0.5920	0.0364	9
14	0.6310	0.5828	0.5456	0.6054	0.5974	0.5924	0.0315	10
15	0.6418	0.6021	0.5332	0.5710	0.5648	0.5826	0.0412	11
16	0.6044	0.5782	0.5303	0.5864	0.5609	0.5720	0.0281	12
17	0.5893	0.5709	0.5184	0.5382	0.5597	0.5553	0.0277	15

续表

样本编号	平行试样 1	平行试样 2	平行试样 3	平行试样 4	平行试样 5	平均值	标准差	备注时间（月）
18	0.5349	0.5389	0.5153	0.5159	0.5269	0.5264	0.0108	18
19	0.5235	0.5184	0.5167	0.5129	0.5464	0.5236	0.0133	21
20	0.5369	0.5484	0.5054	0.5214	0.5193	0.5263	0.0167	24
21	0.5518	0.5301	0.5114	0.5135	0.5403	0.5294	0.0173	30
22	0.5527	0.6035	0.5159	0.5287	0.5263	0.5454	0.0352	36
23	0.4907	0.4882	0.5181	0.5227	0.5507	0.5141	0.0257	42
24	0.4964	0.5005	0.5087	0.5382	0.5184	0.5124	0.0167	48

根据表 5-5-7 中各时间点的样本的检测数据统计情况，可得到 8 号印油样本盖印时间的变化关系曲线，如图 5-5-10 所示。

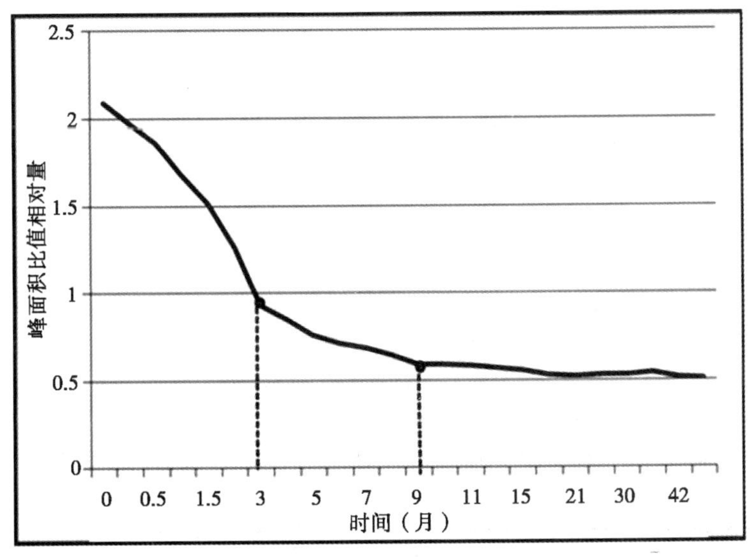

图 5-5-10　8 号印油样本盖印时间的变化关系曲线

从图 5-5-10 可知，8 号印油样本中挥发性醇溶剂成分变化主要分为三个阶段：第一阶段变化幅度较大，从盖印初始到 3 个月左右，此时印油处于渗透、洇散的状态，其中的树脂尚未固化，溶剂挥发得较快；第二阶段变化幅度减弱，从 4 个月到 9 个月左右，印油中的树脂在固化成膜的过程中，逐渐限制分子的活跃能力，降低了溶剂的挥发速度；第三阶段基本稳定，盖印后 10 个月左右，此时印油与纸张紧密结合，树脂完全固化成膜状态，溶剂被密集的树脂膜覆盖封闭，阻碍了挥发途径的畅通，溶剂基本不再挥发而使图谱呈直线趋势①。因此，利用的时间变化曲线可以确定 9 个月以内的印文盖印时间。

表 5-5-8　各时间点 2 号印泥样本的统计数据

样本编号	平行试样 1	平行试样 2	平行试样 3	平行试样 4	平行试样 5	平均值	标准差	备注时间（月）
1	2. 0908	2. 0952	1. 9655	2. 2765	1. 9590	2. 0774	0. 1291	0
2	1. 8027	2. 0158	1. 8573	1. 9923	1. 9709	1. 9278	0. 0927	0. 1
3	1. 7546	1. 9159	1. 8552	1. 7510	1. 7407	1. 8035	0. 0781	0. 5
4	1. 6798	1. 6756	1. 5173	1. 5873	1. 6229	1. 6166	0. 0675	1
5	1. 6168	1. 5832	1. 5716	1. 5666	1. 5682	1. 5813	0. 0209	1. 5
6	1. 5617	1. 7100	1. 4744	1. 5555	1. 5211	1. 5645	0. 0884	2
7	1. 4930	1. 8276	1. 3827	1. 5518	1. 5451	1. 5601	0. 1642	3
8	1. 2878	1. 4823	1. 3910	1. 4147	1. 4314	1. 4014	0. 0718	4
9	1. 1815	1. 3225	1. 2551	1. 2477	1. 2048	1. 2423	0. 0542	5
10	1. 1449	1. 2700	1. 2037	1. 2843	1. 2227	1. 2251	0. 0557	6
11	1. 1343	1. 1532	1. 0229	1. 0722	1. 0823	1. 0930	0. 0520	7
12	1. 1456	1. 2586	1. 0038	0. 9388	1. 3888	1. 1471	0. 1835	9
13	1. 1699	1. 0988	1. 1401	1. 1266	1. 0979	1. 1266	0. 0302	11
14	1. 1926	1. 0656	1. 0623	0. 9957	1. 0896	1. 0812	0. 0714	13
15	0. 9792	1. 1282	0. 8780	1. 1396	1. 0257	1. 0301	0. 1088	17
16	1. 2054	0. 9377	0. 9508	1. 1168	1. 1249	1. 0671	0. 1175	21
17	1. 0975	0. 9868	1. 0034	0. 9667	1. 0025	1. 0114	0. 0504	24

根据表 5-5-8 中各时间点的样本的检测数据统计情况，可得到 2 号印泥样本盖印时间的变化关系曲线，如图 5-5-11 所示。

① 赵鹏程．应用现代仪器分析技术鉴定字迹形成时间的研究［D］：［博士学位论文］．长春：东北师范大学，2009.

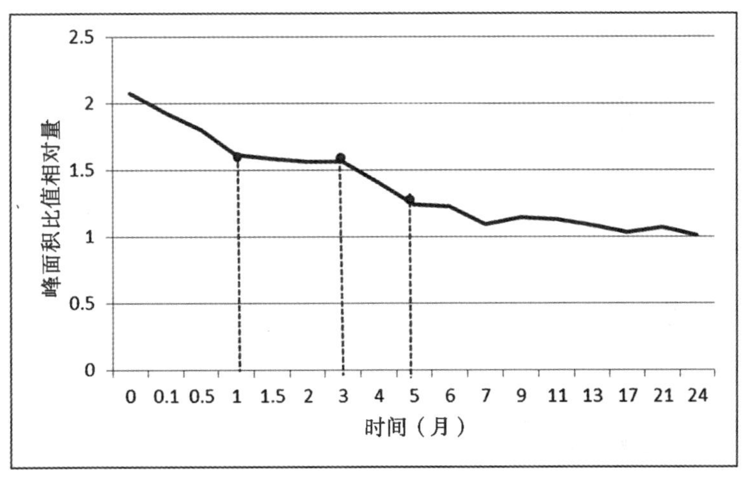

图 5-5-11　2 号印泥样本盖印时间的变化关系曲线

从图 5-5-11 可知，2 号印泥样本中挥发性醇溶剂成分变化主要分为四个阶段：第一阶段变化幅度较大，从盖印初始到 1 个月左右，印泥中的溶剂成分与空气充分接触，易于挥发，含量减少明显；第二阶段变化幅度较小，从 1.5 个月到 3 个月左右，印泥中各组分聚集度增加，印文表面由液态转变成固体薄膜，溶剂挥发速度减少，呈现明显的缓慢变化；第三阶段变化幅度增大，从 4 个月到 5 个月左右，溶剂含量持续减少，并且变化趋势明显；第四阶段，6 个月以后，随着印文形成时间的增长，覆盖在各个部位的树脂膜厚度不同程度逐渐增加，严重阻碍溶剂的挥发，导致挥发速度起伏较大，呈现无规律变化，并逐渐趋于稳定使图谱呈一条直线。因此，利用的时间变化曲线可以确定 5 个月以内的印文盖印时间。

四、结论

由于不同品牌和型号的印泥（油）中所含溶剂的种类和含量不同，而且受保存条件和纸张载体的影响，溶剂挥发的各阶段状态表现不同，达到平衡的时间不同，变化曲线出现拐点的时间也不同。实验结果表明，利用拉曼光谱对成分的变化研究，在近期盖印的变化规律明显，适用于盖印时间的鉴别，如表 5-5-9 所示。

表 5-5-9　10 种印泥（油）的印迹随时间变化规律

样本编号	品牌（型号）	实验结论
1	雪奥牌泡沫印泥	无规律
2	亚信牌印泥（70g）	5 个月以内规律变化
3	泸花牌印泥	7 个月以内规律变化
4	泸花牌泡沫印泥	10 个月以内规律变化
5	意宝牌泡沫印泥	6 个月以内规律变化
6	利百代牌高级印泥	8 个月以内规律变化
7	快干印台印油	无规律
8	雪奥高级易干印油 No. 01158	9 个月以内规律变化
9	意宝牌印油	7 个月以内规律变化
10	Deli 快干印台 No. 9863	无规律

利用建立的拉曼光谱分析方法，可以分析印泥（油）中溶剂成分的变化规律。一是在有效挥发时间内，印泥（油）中溶剂成分逐渐挥发，部分印泥（油）在近期盖印的变化规律明显，适用于盖印时间的鉴别。二是温度为影响印泥（油）中挥发性物质含量的关键因素，在 90℃ 下加热 90min，加热前后挥发性物质含量的差值变化显著，利用这一时间节点的特性，可以作为判断印文相对形成时间的依据。

五、案例应用

（一）案例 1

1. 简要案情

2015 年 1 月，××土地协议纠纷一案中，被告在二审中提供了一份落款时间为“80 年 8 月 26 日”，盖有“××省××县大马公社革命委员会”印文的土地协议（以下简称检材），原告对检材的真实性产生异议并认为检材是近两个月内伪造形成的。同时，在相关的档案材料中提取到 1980 年该印文的同期盖印材料。要求鉴定检材中的“××省××县大马公社革命委员会”印文是否近期盖印形成的，如图 5-5-12 所示。

2. 检验过程

（1）印文同一性检验。检材和样本均是标称时间距今 30 余年的盖印印文，经重合、拼接、画线、测量及细节特征比对检验，发现两者印文在规格特征和细节特征上相符合，特征总和反映了同一枚印章盖印的特点。

（2）印迹成分检验。光学检验中检材和样本印迹在紫外光下的荧光反映一致；薄层色谱检验中两者印迹的展开斑点的位置、数量、荧光反映及 RF 值表现一致；拉曼光谱检验中两者印迹的特征峰位置和数量表现一致。检验结果反映出检材和样本的印迹成分无差别。

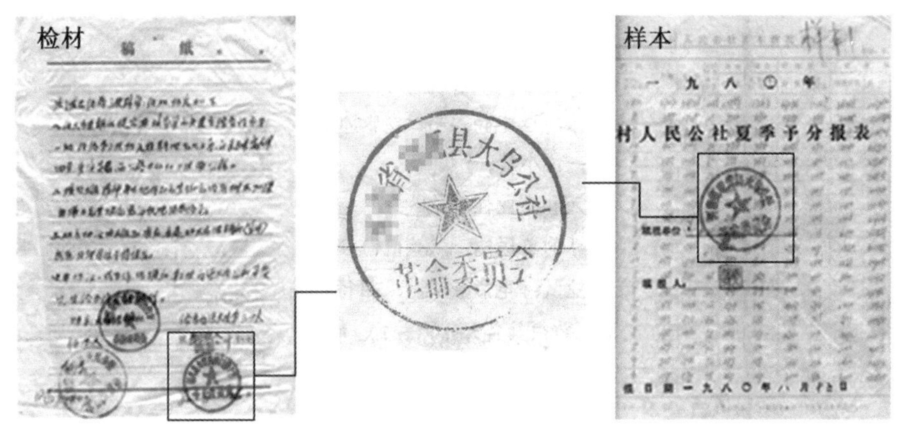

图 5-5-12 检材和样本原貌

（3）印文形成时间检验。薄层色谱—染料比值法检验中，检材与样本印迹的相对峰面积比率差值小于 5%，两者的形成时间未检出差异。拉曼光谱检验中，检材和样本的拉曼谱图中均在 $1235cm^{-1}$ 和 $1089cm^{-1}$ 处存在特征峰，其中 $1089cm^{-1}$ 特征峰面积均较小，反映出挥发性物质的含量较少，选择六个平行样点提取特征峰面积，如图 5-5-13 所示。

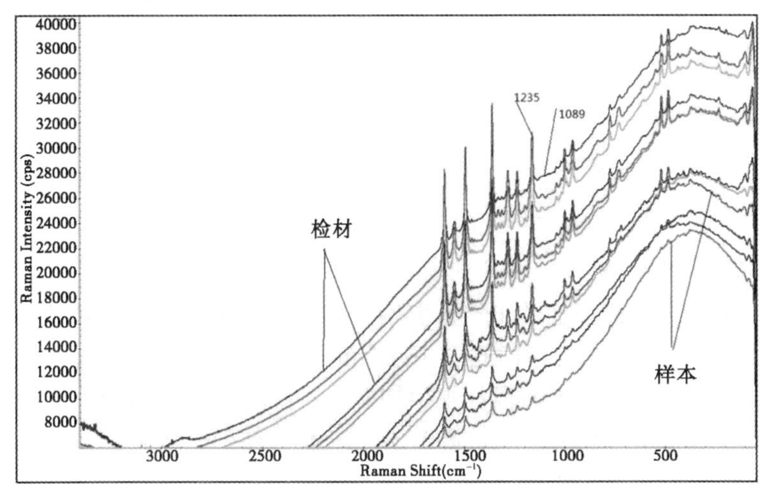

图 5-5-13 检材和样本的拉曼谱图

结果显示，检材和样本印迹的拉曼特征峰的相对峰面积比分别为0.1793和0.1802，两者未检出显著差异。由于历时性样本的缺失，样本印迹的老化平衡点无法获得，但较小的比值数据表现出检材和样本印文均不符合近期形成的特征。

3. 案件总结

本案在确定检材和样本印文是同一印章盖印形成且印迹的成分属性一致的前提下，利用染料比值法和拉曼光谱法均未检出时间差异的现象，结合样本时间的特殊性信息（距检测时间30余年），可以判断检材印迹不是近期形成的。

（二）案例2

1. 简要案情

一起经济案件中，双方当事人对涉案的标称时间为“2011年1月1日”的合同的真实性发生争议，主要焦点集中于文件上印文的盖印时间与标称时间是否相符，并提供2011年至2013年间的17个时间段（如表5-5-10所示）的印文为样本，要求鉴定印文的盖印时间。

表5-5-10 印文样本盖印时间表

样本编号	样本盖印时间	样本编号	样本盖印时间
1号	2013年5月	10号	2012年4月1日
2号	2013年3月	11号	2012年3月
3号	2013年1月	12号	2012年2月
4号	2012年12月	13号	2012年1月
5号	2012年10月	14号	2011年12月
6号	2012年9月	15号	2011年11月
7号	2012年6月	16号	2011年9月
8号	2012年5月	17号	2011年4月
9号	2012年4月23日		

2. 检验过程

（1）利用印文阶段性盖印特征鉴别盖印时间。检材和样本印文均为同一印章盖印形成。将检材与按时间顺序选取的17个时间点印文的细节特征对比，发现印文中的“正”具有阶段性规律特征。检材印文与2011年4月至6月间的样本印文的盖印特征吻合，如图5-5-14、图5-5-16所示。

图 5-5-14　**检材印文特征**

（2）利用拉曼光谱技术鉴别盖印时间

①重复性实验。本实验采用 760nm 波长的激光器，对同一样本分别取三个不同位置进行测试，其拉曼谱线特征峰的重复性非常好，如图 5-5-15 所示。

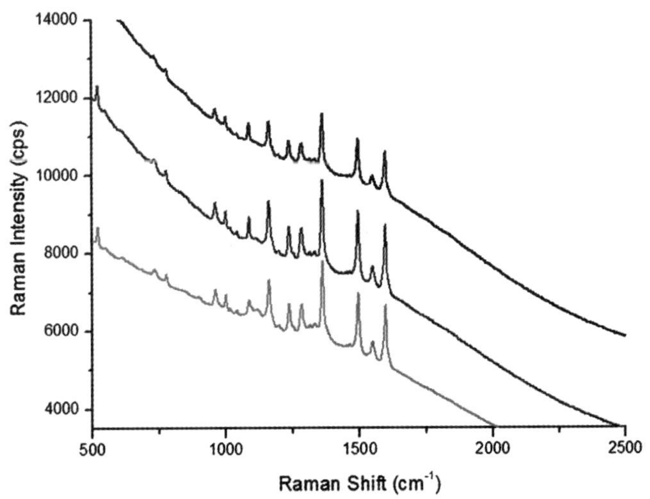

图 5-5-15　**检材上三个不同位置处的拉曼谱图**

②样本拉曼光谱测试。分别对 17 个时间点的印文样本进行拉曼测试，获得拉曼谱图，如图 5-5-17 至图 5-5-19 所示。

2011.04
2011.09
2011.11
2011.12
2012.01
2012.02
2012.03
2012.04
2012.05
2012.06
2012.09
2012.10
2012.12
2013.01
2013.03
2013.05

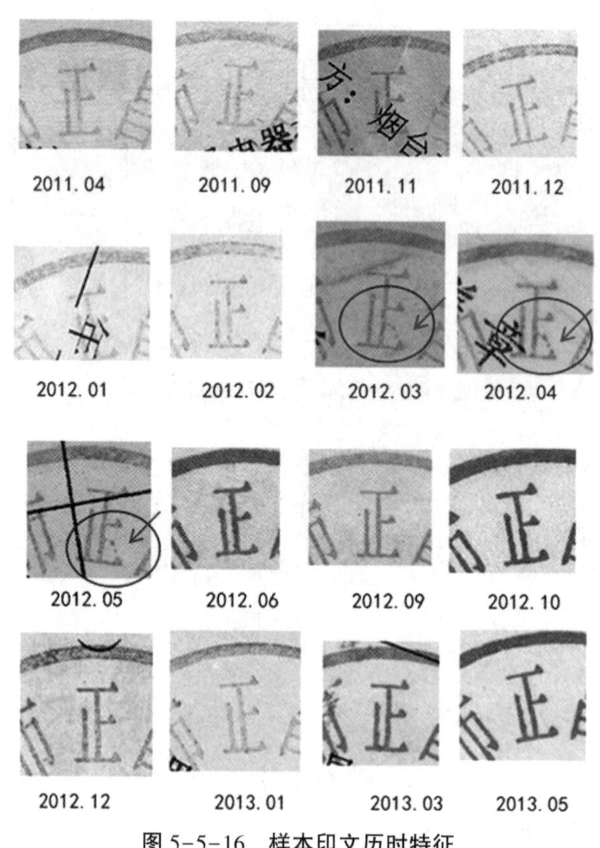

图 5-5-16　样本印文历时特征

Raman Intensity
Raman Shift /cm-1
10000
8000
6000
4000
2000
0
500
1000
1500
2000
2500
3000
3500
1
2
3
4
5

图 5-5-17　1~5 号样本的拉曼谱图

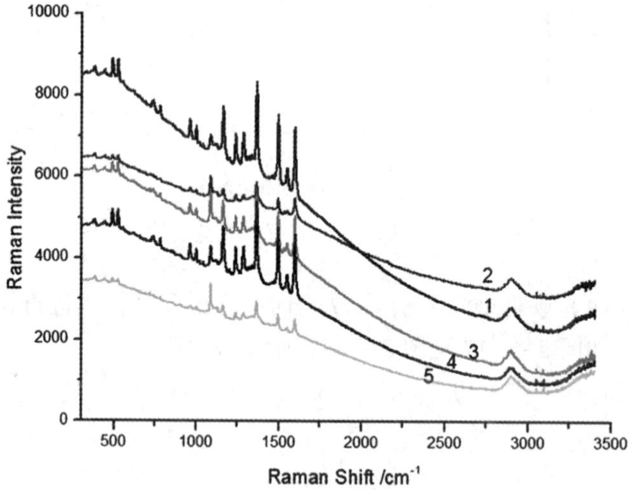

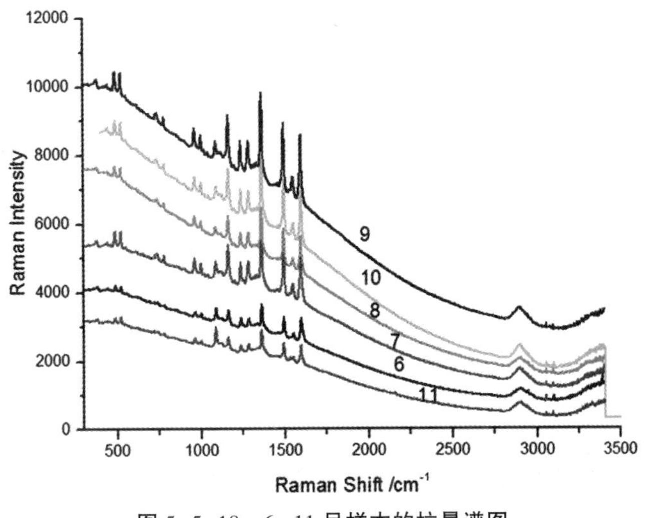

图 5-5-18　6~11 号样本的拉曼谱图

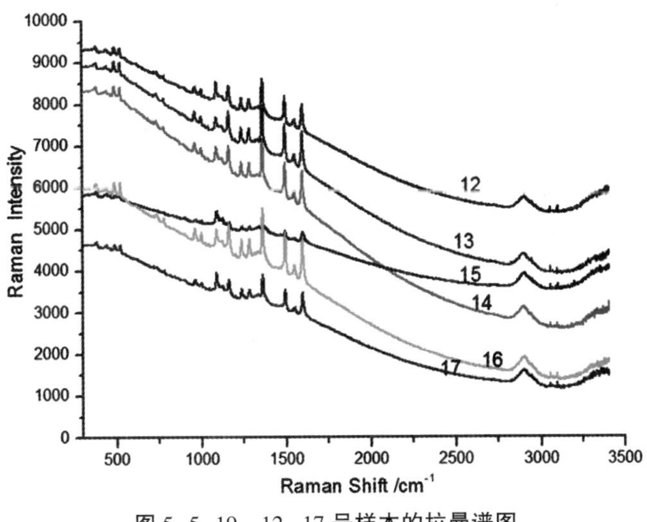

图 5-5-19　12~17 号样本的拉曼谱图

③拉曼谱图分析。测试材料中的 17 个样本的拉曼谱线主峰位置基本一致，说明 17 个印文样本是由同一种印泥（油）盖印形成。但小峰及峰值比并不十分一致，表明色料成分存在差异。这种差异特征的形成原因是印泥（油）与空气接触，随着时间发生挥发、氧化等物理化学反应，同时色料颗粒也程度不同地向纸张纤维渗透、交连聚合，从而使印文中的各物质成分及含量发生变化。因此，可以利用印文色料中物质成分的阶段性变化特征，通过检材和样本的拉曼谱图比对，来鉴别印文形成的相对时间。

将17个样本的拉曼谱线组成一个QC谱库，将检材（JC）谱图与QC库中谱图比较，得出检材印文与2011年至2013年间样本印文的色料拉曼谱图匹配度值曲线，如图5-5-20所示。

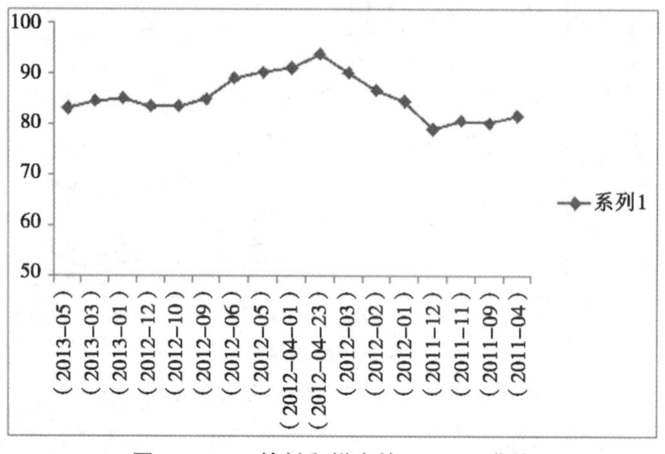

图5-5-20　检材和样本的QC匹配曲线

检材谱图与QC库中谱图比较的结果是物质成分中化合物类型匹配度的谱图列表。QC匹配度值显示，检材与8、9、10、11样本的匹配值较高，其中与样本10的匹配值最高。换言之，检材（2012年4月）与样本（2012年3月、4月、5月）的拉曼谱图匹配值较高，其中与样本（2012年4月1日）的拉曼匹配值最高。说明在2011年至2013年间的17个时间段的样本中，检材与样本（2012年4月）印文的物质成分最接近。

3. 综合评断

本案利用印文的阶段性盖印特征和拉曼光谱特性分别进行印文形成时间鉴别，得出的结论一致，即检材印文是2012年3月至5月盖印形成。两种鉴别方法并用突破了形态学检验的局限性，从定量的角度相互印证，使鉴定意见更为科学、可靠。

本章小结

本章基于显微拉曼光谱技术，利用所确立的实验条件，对印泥（油）的种类分析和印文形成时间鉴别进行研究。

第一，建立了拉曼光谱检验印泥（油）的分析方法。通过对仪器条件的优化和印泥（油）样本影响因素的考察，确立了拉曼光谱检验印泥（油）的条件和方法。

第二，研究了拉曼光谱对印泥（油）的种属鉴别。根据对56种印泥

（油）的分析结果，确定拉曼光谱技术能够达到对印泥（油）种类的区别。包括印泥、印油和光敏印油的区分，同一类型印泥（油）中成分属性的区分和次种类属性的进一步细化区分。

第三，研究了印文形成时间的鉴别。基于印泥（油）中挥发性溶剂成分变化的理论依据，利用拉曼谱图中 $1089cm^{-1}$ 和 $1235cm^{-1}$ 处醇类和酯类特征峰的峰面积相对强度的比值，分析 I 值与印文形成时间之间的关系，确定了 I 值的变化规律：I 值随时间的延长而减弱且至 12 个月趋于平缓，不同阶段的变化速率不同，不同印泥（油）的变化规律差异。I 值变化规律对部分印泥（油）近期盖印形成印文的鉴别具有可行性。同时，针对不同种类印泥（油）成分的差异，探讨了纸张和温度因素的影响，并通过加热途径加速溶剂成分的老化，提出在 90℃下加热 90min，加热前后挥发性物质含量之差值可以作为判断印文相对形成时间的依据。

第六章　印章印文检验的梯度设计

“如果说，对于无穷无尽、暗淡模糊的人类行为组合可以应用几何学的话，那么也很需要有一个相应的，由最强到最弱的刑罚阶梯。”[①] 意大利贝卡利亚的精彩论述成为犯罪梯度设计的经典。印章印文检验逐渐成为困扰我们工作的难题，我们通过大量的案例发现，其检验技术的运用也存在一种阶梯性的步进过程，这种进程是技术检验抽丝剥茧性的认识、发现、解决特征异同，从而获得某种结论性意见的思路。比照犯罪梯度设计，我们可以从构架印文“三元化”信息体系着手，以真伪性（同一认定）为逻辑起点，融合空间性（朱墨时序）和时间性（盖印时间）双重属性，凭借三者的互动关系，探讨印章印文检验中各种思维方式与技术方法的递进化合理配置，突出规范与个案论证，意图在鉴定之平面维度上推进检验的线索和层次。从这个意义上可以将“印章印文检验梯度设计”理解为新形势下文检技术内涵和外延的深入和扩展。应当强调的是，这种检验梯度的排序并不是以方法判断的难易和技术应用的先后为根据，而是理论上所归纳的一种应然状态的探讨。

第一节　印章印文检验梯度设计的提出

一、理论基础

（一）应然性与实然性理论

印章印文应然性与实然性的表现，是印文检验命题所直面的构成本论的基石。应然的意蕴是指在特定条件下印文应该呈现的状态，实然是印文实际达到的效果。在印章印文检验中，我们追求的理想状态是实然和应然的统一，但实然和应然的差距是客观存在的，对这种差距形成原因的厘析即是逻辑思维在检验鉴定中综合评断的体现。一方面，客观因素造成实然和应然表现的差异。印

① 黄伟明．犯罪梯度设计——罪刑相适应的基础方案［J］．政法论坛，2001（3）：17.

章在盖印过程中的压力大小、色料浓淡、衬垫物软硬以及印章的磨损和老化等条件变化，使印文中该出现的特征没出现，而不该出现的特征出现了，给同一认定带来困惑。另一方面，主观因素导致印文实然和应然属性的改变，如利用真实印文伪造文件，其实然性表现为印文的真实，而应然性表现为文件的虚假。因此，印文检验的要旨是基于事实但不囿于事实，在实然的状态下探究应然的本义。“印章印文检验梯度设计”理念正是技术检验的实然状态与“甄别真伪，揭露事实”的案件应然状态的结合。

（二）价值理论

印章印文检验的价值在于对案件事实的澄清，而不是仅就单独印文属性的片面判断。现实的价值虽建立在主客体相互关系之上，但价值存在与否和价值大小的决定因素在于印文特征客观真实的反映，是技术检验的应然层面。对案件来说，印章印文所表现的实然样态，可能与其应然相悖，而作为事物客观存在本质及案件要求的应然，外在形貌的表现已显得不那么重要了。正是由于案件事实应然的存在，才使得印文实然状态的探索成为必要与可能。因此，遵循按属性、空间性与时间性层次剖析的“梯度设计”思维正是现实案件价值的体现。

（三）实证主义理论

自然科学的实证主义是印章检验技术的基础，经验总结的融入是该技术内涵的拓展。由于受经验至上主义的影响，印章检验技术的理论研究曾经出现过而且至今仍可见其端倪的特殊倾向：一是以为只有单纯地以经验观察的手段对印章表象进行客观陈述，才是唯一科学和可取的。流风所及，理论研究放弃了实践的层面，而专注于对个别问题的分析与说明，忽略了整体性的梯次关系。二是以为即使理论提供实用的参考，也是出于一种目的性及技术性的态度，认为研究技术理论仅仅是为对实际检验工作提供指导。但实际上真正的实践问题并不仅仅是技术应用的问题，还包括在案件实践中对技术本身的评估，即对技术手段和方法的接受或拒绝。确定印章阶梯性的实证理论研究，不仅可以给检验工作提供价值论体系，从而确认鉴定工作及其运作的技术基础，调节和扩充理论框架，提供适宜的空间与条件保障，而且可以推动印章检验鉴定工作步入良性轨道。

二、实践意义

（一）印章印文检验内容的拓展和延深需要梯度设计思维的支持

印文是印章以作用力的方式，遗留在承载物上的一种形象痕迹。随着科学技术的发展，印章的制作方法已由手工雕刻、照相腐蚀制版等传统技术发展到热压成型、激光雕刻、光敏渗透、三维雕刻等现代制作技术，而伪制印章的制作方法除采用正常制作方法以外，还存在直接利用复印（打印）法、拼凑法、描摹法等方法直接伪制印文。现阶段，印章案件的检验已突破了传统单纯同一认定的界限，增附了诸如计算机克隆高仿真印文检验、可变性阶段特征判定盖印时间、三维立体判定朱墨时序等繁杂内容。单独一枚印文的检验，已不仅局限于自身的真伪，而是与周围的纸张、色料、墨粉等物质环境构成了整体的检验体系，其鉴定范围涵盖了真伪性鉴别、朱墨时序鉴别和盖印时间鉴别三大内容。根据案情，如何确定检验方向、制定检验步骤及应用检验手段，对于鉴定人员来说是一项分层次、递进式、相关联的思维活动。因此，可以说只有坚持“检验未动，思维先行”才能使各层次的检验达到“殊途同归，万本归宗”。

（二）建立“印章检验梯度设计”是印文检验技术手段贫乏化的需要

当前，印文检验技术所普遍采用的方法仍旧是传统的肉眼观察、显微放大、荧光反应等手段。虽然引入了三维立体显微镜、拉曼光谱、全波段光谱等先进仪器设备，研发了印油扩散法测定盖印时间、薄层扫描法测定盖印时间、电阻法判断朱墨时序等新技术，但都由于其自身存在的局限性而得不到普遍应用。在实际检案中，印文的客观真实性并不意味其所附载文件的法律真实性，如利用真实印文局部变造而形成的文件。同时，如何针对具体印文匹配恰当的检验方法常常处于试验摸索状态，如国内许多印文盖印时间测定方法分别针对不同时间段形成条件。因此，印章的检验就不能仅囿于印文本身的存在而放弃整体表现而工作。笔者认为，印文案件中真实再现的基础工作，就是对印文检验技术进行排序，建立特征认识梯度，使特征与印文形成过程建立对应关系，从而达到并不是单项印文检验的结论，而是甄别案件事实的目的。

（三）印章印文检验理念的丰富充实需要融贯“梯度设计”的思维

基于烦琐的、有争议的案件，对同一枚印文的判断，由于认识角度的不同，多次检验的结论可能截然相反。同时，对多枚伪造的印文进行检验，也会由于伪造方法的不同而呈现多样化特征。因此，我们习惯按照技术应用的思维定势，逐步逐层地将这些不同的特征表现从不同方面提取和挖掘出来，进行思维的判断和叠加后自然地归类于某种结论的表象。这种检验技术的排列梯度，实际上是系统检案思路步骤化的递进过程。要实现疑难印文案件的突破，我们有必要建立这种技术思维梯度，利用梯度设计的步骤逐步逐层揭露案件事实，即使建立这种梯度具有某些缺陷，也比杂乱无章地进行实验的选择更具有指导意义。第一，有利于印章系统整体功能的发挥。印文系统所涉及的单项检验结果的综合，具有结论功能的加和效应①，可以提升鉴定结论的可信度。第二，有利于把握案件的具体情况。通过对特定的案件环境，分析、归纳特征种类和

---

① 李道军．法的应然与实然［M］．山东：山东人民出版社，2001：74-76.

价值，利用综合评断可以使特征价值达到增值效应。第三，有利于确定避实就虚的检验思路。借助迂回效应，可以避开案件涉及的某些难以解决的技术难题，另寻途径。通过对其他要素（部分）的检验，以达到证明案件的效果。第四，有利于揭示问题的实质。运用透视效应，以“窥一斑而见全豹”的思路，认定局部真实而否定文件真实，避免就鉴定而鉴定，忽略文件整体的应然性。

第二节 印章印文检验梯度设计方案

一、印章印文检验的梯度层次

印文是印章的镜像，印文的实质是印章特殊本质的物质表现形式，它的特殊本质的总和是由不同方面、不同层次以及反映不同程度质的习惯系统有机组成，三元性各方面的特殊本质的要求是辩证的。印文的形象是特征表现的核心，它由一系列精细、复杂而又形成锁链的习惯性动作构成，形成了平面结构、立体层次及时间维度（静态看是结构，动态看是构形）。对一案件从整体—宏观—细节—微观，进行多角度连贯的分析，才能贴切地采集、比对、分析每一细节，如图 6-2-1 所示。

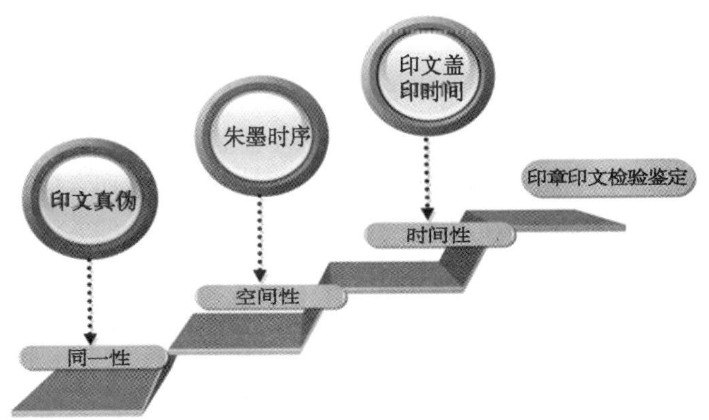

图 6-2-1 印章印文检验梯度层次图示

二、印章印文检验的梯度结构

印章检验的梯度设计强调技术应用的递进化、层次性推进，符合技术检验的逻辑性思维和合法性程序。印章检验梯度结构流程图，如图 6-2-2 所示。

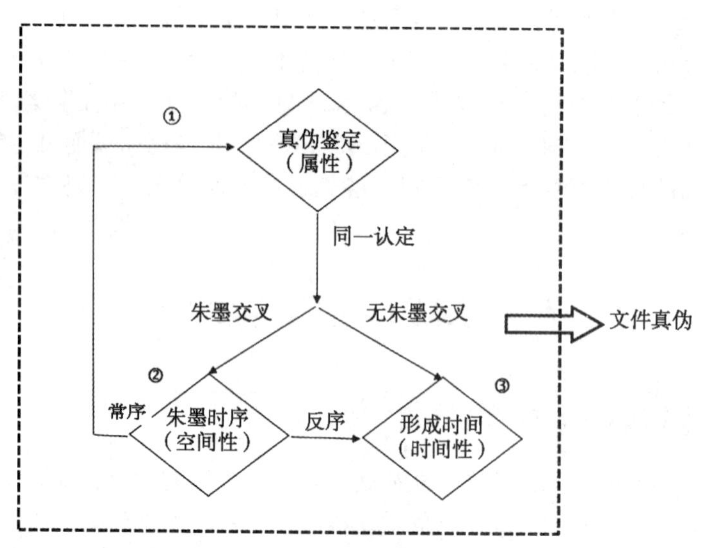

图 6-2-2　印章检验梯度结构流程图

（一）印章印文真伪鉴定（同一认定）

实际案件中，鉴定人员接触印文后的主观第一反应就是进行印文真伪鉴别，此步骤为印文检验的第一梯度。以同一认定理论为基础的印文真伪鉴别是传统印章检验的重点项目。印文真伪性检验满足常规的、大量的、有难点和疑点的鉴定工作。

印章印文的真伪性检验包括两大步骤：一是检材印文形成方式的判断。印章正常、合法的用印方式是直接盖印，特殊需要时可用印模制版印刷。由于印模制版印刷印文用于批量印制文件，基本不涉及文件以及印章印文的检验鉴定问题。所以，当检材印文不是用直接盖印这种正常、合法的方式形成时，通常意味着检材印文是伪造的。要注意检验分析检材印文可能的复制方法，是否符合相应复制方法的特点；分析检材印文色料是混色还是单色形成的，是否反映了扫描复制的特点，是否呈现彩色喷墨、彩色激光打印或彩色静电复印的特点，是否转印形成或采用其他印刷方法复制形成等。如果检材印文声称是盖印形成，而经检验鉴定却是复制（主要是印刷）形成的，可以以其形成方式作为鉴定意见。二是检材和样本印文的比对检验。在确定检材印文为盖印方式形成的基础上，凭借形态学检验的无损检验手段，重点提升特征的发现和提取，利用整体到局部、连贯细致的分析方法，解决特征异同点的本质属性。

现阶段，高科技的发展与印章的渗入融合，无论是制章技术还是伪造印章印文的技术都有了很大的变化。计算机系统“克隆”的印章印文足以乱真，其表现已不具备传统印文的宏观和细节特征，取而代之的是对制版修版、印料材质及使用规律等方面的探讨。因此，应以熟悉各类印章印文基本特点为基础，结合伪造、变造印章印文的主要方法及特点，采取直观分析、显微检验、光学检验加以判断，必要时辅以鉴定实验。

（二）印文与字迹形成次序的鉴定（朱墨时序）

朱墨时序问题一直是文检领域探索的难题，是印文检验的第二梯度，具有承上启下的作用。“承上”指时序的判断必须是以真实印文为基础，否则检验将毫无意义；“启下”指其判定结论对文件形成时间鉴定具有指导意义。朱墨交叉点的存在是朱墨时序检验的前提，但对于打印和复印文件而言，即使墨迹与印迹无交叉部位，只要存在散粉颗粒与印迹重叠，就可能具有鉴定价值。一般来说，如果时序正常（先墨后朱），则说明盖印时间与文件形成时间大致相同。如果时序反常（先朱后墨），则说明文件形成时间可能存在异常。

由于细微的交叉部位往往面积狭小、色料浓淡不均且无统一的观测标准，因此各人的感受和描述不尽相同。目前，DV4 显微镜、三维立体显微镜、拉曼光谱、光谱成像仪、电阻测量仪等仪器和技术的结合运用对该项目的开展注入了活力。但是，应该承认观察时主观感受的差异仍然是困扰结论精确性的关键，如显微观察印迹颜色与墨迹反差较大的检材时，易出现视觉偏差，导致相反的结论。因此，朱墨时序的检验必须提倡综合、系统的检验思维，即利用多种方法的优势，采用多项技术形成的合力作用，达到检验结论间的相互佐证，确保鉴定意见的科学、可靠。

（三）印章盖印时间的鉴定

盖印时间的鉴定是印文检验的第三梯度，主要针对反常朱墨时序形成条件下的真实印文，即解决了印文同一性与空间性所探讨的时间性问题，从而提供了判断文件真伪的可能性。其争议的焦点往往是盖印时间与标称（或叙述）时间的矛盾。在实际案件中，有些文件上的印文是文件落款时盖印的，个别的也有拖后数日的。有些伪造的文件落款日期回溯数月或若干年，印文是伪造文件时盖印的，盖印时间即文件的形成时间。还有些是利用盖了章的空白纸伪造文件，盖印时间与落款时间或相近或相去甚远，但实际书写（打印）时间必是在用印之后。

由于印泥和印油种类繁多，附着在纸张表面的印迹受保存环境的温度、湿度以及光照等条件影响，往往会反映出特定印迹的理化性质的规律性变化，这种规律性的总结依赖大量样本的论证，印文样本数量和质量的制约是解决该问题的关键。同时，无论是阶段性盖印理论、多次测定技术，还是色谱法、光谱法检验手段，都只能解决某类或一些印文形成时间问题，不能涵盖所有印文的解析。因此，印文形成时间鉴别问题是印文平面结构和立体层次在时间序列上的综合体现，是印文检验的终极问题。

第三节 印章印文检验梯度设计的应用

一、印章印文检验梯度设计的应用层面

笔者尝试将印章检验系统分成逐步扩展的三个层面，并且以此来明确各个层面的基本要求和各层面之间的界限，以便指导实际工作。

（一）技术层面

技术层面强调专门技术方法、手段的实施和运用，着重以数据、图谱和表样等形式考量印文信息指标，展现技术检验结果。严格意义上来说，该层面属于技术鉴定层面，其立足点是基于印文同一、朱墨时序、形成时间（相对和绝对时间）各个具体项目的特征表现独立展开的，而展开的思维获得的却是印文链条式三梯次表现的结果。所以，单纯的技术层面是基于对检材和样本特征剖析后经综合评断的一种概括，其归宿是对种类属性和同一认定的认知，而不是案件事实的结论。因此，鉴定意见一般不宜直接表述文件的真伪，而应表述为“检材和样本印文是（或不是）同一印章盖印”等客观性言辞。

（二）案件层面

案件层面是指利用一切手段对涉案所有信息综合分析后得出的结论和意见。信息包括现场信息、调查信息以及扩展信息（后续侦查所得）。该层面分析印章所得的结论才是真正意义上文件真伪性的判别。值得指出的是，案件层面的分析与技术层面的鉴定有时并不一致。例如，某份文件在形成过程中，由于操作者的习惯而先盖印章后书写文字。此时，按照技术层面的文检学角度分析，文件的朱墨时序反常。而综合在场人的证言、印文的规律变化及印章使用状况等信息，从案件层面来看，文件是有效的。这就是通常所说的印文性质和案件性质有时并不一致的表现，而印文阶梯性链条思维是解释这种差异的关键。因此，印章真实一般即可推定合意形成行为真实，但在由证据否定或怀疑合意形成行为真实性的情况下，不能根据印章的真实性直接推定协议的真实性，也就是说，印章在证明协议真实性上尚属初步证据，需综合考虑其他证据和事实。

（三）法律层面

在法律层面，涉印文件及其鉴定意见实质上是物证和物证鉴定意见的关系，是我国诉讼法明文规定的两种证据形式。“证据必须经过查证属实，才能作为定案的根据”①，这说明鉴定意见发挥证据效力必须经过质证和认证程序。

---

① 《中华人民共和国刑事诉讼法》第四十八条第二款。

质证环节，鉴定人在法官主持的庭审中就鉴定意见进行出示、质询、解释和说明，从而确定鉴定意见的证明效力。认证环节，法官凭自己的心智、自己对法律的理解、自己的辨别能力及已有的经验对鉴定意见能否采纳为证据，以及如果采纳为证据则其证明力有多大等问题作出独立判断。其中，鉴定人出庭接受质询成为职业鉴定人员所面临的重大挑战，也是个人鉴定意见能够得以采纳、采信的最为关键的步骤。[①] 在此过程中，鉴定意见的合法性、客观性和关联性的“三性”问题是探讨的重点。合法性主要围绕鉴定意见的产生是否符合法律规范，如鉴定主体的合法性，即鉴定人和鉴定机构是否具有相关执业资格，是否存在法定回避情形等。客观性主要集中在鉴定材料是否充分、客观，检材是否受到污染，数量和质量是否达到鉴定要求，鉴定方法、步骤和程序等是否符合标准等。关联性应当围绕鉴定意见是否有助于查明案件中的相关事实，鉴定意见是否能够解决诉讼中的专门性问题，鉴定意见对于案件中的待证事实是否具有证明效力、证明效力大小等问题进行。

法律应用层面实际上是在综合技术层面和案件层面的基础上，将印文检验上升到法律高度，其最大特点是将案件和社会、人权、法律等因素综合起来。其内涵包括两方面：第一，它是法的应然的、必然的理性结论定型的产物。例如，印文的变造伪造所涉及的法律后果之一就是承担刑法中诈骗罪、伪造变造买卖国家机关印章罪等不同的罪名。第二，非法的应然的结论虽直接定型而来，却是其内容的确定化、明晰化。例如，由印文引起的继承、公证、票据转让、身份提供等，虽然法律没有强制规定其使用的规范性，但其内容的特殊确定性要求印文的合理性。在法的实然状态中，法的伦理性、共识性与案件层面和技术层面并非完全一致的，而是经常处于对待状态之中。印文检验在法律上的效果与检验技术本身并无密切联系，但对鉴定人员心理、检验方法的选择及鉴定结论的综合评判等方面将产生影响。

“印章检验梯度设计”的三个层面，虽然理论上的界限易于区别，但在实际工作中却不易把握，况且也没有具体的限制规定。我们也自觉或不自觉地在三个不同的层面里根据不同的案件来回应付，因随心所欲、没有固定的模式感到自由而又困惑。

二、印章印文检验梯度设计的应用条件

印文特征是动态、立体、系统的。印文的变化主要受两大方面的因素影

① 《中华人民共和国刑事诉讼法》第一百八十七条第三款规定：“公诉人、当事人或者辩护人、诉讼代理人对鉴定意见有异议，人民法院认为鉴定人有必要出庭的，鉴定人应当出庭作证。经人民法院通知，鉴定人拒不出庭作证的，鉴定意见不得作为定案的根据。”

响：一是印章体自身在使用、保存过程中发生变化，包括印章体材质涨缩、磨损老化、清洗清理、人为更改等因素造成的印文变化。二是印章盖印过程中诸多因素造成的印文变化，包括盖印压力、角度的因素，印文色料种类、数量的因素，印文载体和衬垫物的种类因素，章面附着物的变化因素以及印文保管情况等因素导致的印文变化。印文“三元性”各方面的检验鉴定的理想状态都必须以符合平台性、阶段性和概率性的条件为基础。

（一）平台性条件

检材与样本印文的比对检验必须将两者置于同一平台层面上进行。首先，要求检材和样本必须是文件原件。原件是印文特征充分、真实表现的前提，也是鉴定意见客观有效的保障。其次，应要求所提供的样本印文在盖印条件（如压力、印迹色料、纸张、衬垫物、保存条件）方面与样本印文尽可能相近。只有处于相同或相近的平台环境中，印文间的差异和符合特征的数量和质量才能得到充分的认识、解释和评断，检验结论才不易于出现偏差。

（二）阶段性条件

印文特征的变化是具有阶段性的。不论是印文宏观特征的尺寸、图文等变化，还是细节特征的油墨疵点、线条缺损、色料洇散等变化均是随着时间的变化而改变的。这个变化过程可能存在明显的时间临界点（如洗刷前后、人为改变前后），但绝大部分的变化是缓慢的渐变过程，没有明显的时间临界点。因此，阶段性样本的提供是印文检验的保障。为了全面了解和认识印文特征的变化规律，收集自该印章启用到检验时为止的各个时期盖印的平时样本是鉴定人追求的理想状态。对一般案件来说，能够提供与检材盖印时间相近的样本印文无疑是极好的检验条件。但对疑难案件来说，必须通过收集历时样本才能解决具体问题。

（三）概率性条件

印文特征的信息量是由该印文事件发生的概率决定的，概率与信息量呈反比关系。一个概率很小的特征一旦出现，带来的意外程度极大，即信息量极大；相反，一个必然出现的特征不能消除任何不定性，携带的信息量较少。

概率性包括两方面：一是印文事件发生的概率，即案件中造假者接触真实印章的机会。造假者仿制某枚印文的效果与其所拥有的样本印文的条件有关。如果造假者无法获取真实的印文模版，则所仿制的印文与真实印文的差异性较大；如果造假者拥有真实印文的阶段性样本，则所仿制的印文特征也必然具有阶段性。反之，如果检材和样本印文的符合特征极高，而且印章保管绝无外流的机会，则检材印文是伪造的可能性较小，除非存在一版两章的制作情况。二是印文个体特征出现的概率，即该特征具有普遍性还是独特性。例如，印章在使用过程中，如果在某一阶段由于印面异物粘连造成印文个别部分出现细小瑕疵，而且该异物存在时间较短，那么意味着此特征存留的概率小，特征表现的阶段性强，则该特征在同一认定中的价值较大。

三、印章印文检验梯度设计的应用思路

“印章检验梯次设计”强调思维的连贯性和递进性，是印章检验的理想状态。技术检验构成了印章论证中最费笔墨的工作——因为在印章鉴定中真正比较复杂的部分是关于一些关键特征和现象的分析而不是分析性的推理过程（推理过程只不过是顺理成章的事情）。实际案件中，由于受检材和样本条件的限制，各梯次的检验环境不可能完全具备（如缺少样本印文而无法进行同一认定、无朱墨交叉点而无法进行时序判定等），各阶段的检验难易程度也各不相同，三梯次的检验顺序也不是一成不变的。笔者认为，对印章案件，不论鉴定要求是简单的还是复杂的，如果具备条件，我们要尽可能地坚持三梯次的检验，以便于连贯的思维相互衔接、互补的结论相互印证。

（一）从实践功能上看，确定印文真伪是阶梯性思维的基础工作

任何印章案件的首要步骤都应该以印章真伪属性的判别为重点，只有解决了是否同一的问题，才能根据案情和鉴定要求确定是否有必要进行后序检验。因为，唯有在印章真实的前提下，才有意义探讨其存在的空间性（朱墨时序）和时间性（形成时间）问题。这就要求在实际工作中，无论送检人提出何种鉴定要求，鉴定人员都应该立足于将同一属性的鉴别作为首要的鉴定内容，除非无条件进行同一认定。

（二）从连贯思维上看，条件的可行性是开展朱墨时序的必要条件

朱墨时序的判断针对的是朱墨交叉点的真实印文，并且印文与字迹有两次以上清晰的交叉是开展项目的充分条件。一般来讲，依据劳动成本价值和行为习惯便利的原则分析，造假者无论采取伪制印章盖印，还是直接重新伪造印文，其时序通常是正常的（不排除某些变造印文的朱墨是反序的），否则伪造行为将毫无意义。对于无法提供样本印文，而只单纯要求时序判断的案件而言：时序的正常，不能说明印章的真伪，而只能说明印文与文件形成时间大致相当；反之，时序反常，则说明印文可能是真实的（否则无须利用此印文），而文件形成时间是异常的。

（三）从终极目标上看，确定印文盖印时间是阶梯性思维的价值追求

盖印时间鉴定包括相对时间与绝对时间。以真实印文为前提，其表现出两种检验思路：一是朱墨无交叉，在判断印文真实性的基础上直接进行时间鉴定；二是朱墨有交叉，反映出时序反常，佐证了文件形成异常，进而着手时间的判断。时间鉴定的传统方法主要是比较检验法，基于与检材成分一致或相近、保管条件相同的样本，通过仪器分析来比较两者的老化程度，从而判断两

者的形成时间是否一致。随着该技术的探索性深入，其发展趋势正逐步摆脱样本的束缚，而独自利用检材自身的时间特性展开检验（如印油扩散多次测定法），从而形成了跨越“同一属性”和“时序判定”的步骤，直接进行时间鉴定的第三种检验思路。同时，也反映出“印章检验梯次设计”中各梯次相互联系而又分别独立的辩证关系。

本章小结

印章鉴定技术包括印文真伪性鉴别、朱墨时序鉴别和盖印时间鉴别，其运用的是一种抽丝剥茧地认识、发现、解决特征异同，从而获得某种结论性意见的阶梯性的步进过程。

第一，从构架印文“三元化”信息体系着手，在鉴定的平面维度上，研究印章印文梯度设计的理论基础和实践意义。

第二，以真伪性（同一认定）为逻辑起点，融合空间性（朱墨时序）和时间性（盖印时间）双重属性，凭借三者的互动关系，研究印章印文检验的层次和结构，设计梯度方案。

第三，从检验思维方式与技术方法的递进化合理配置，研究印章印文检验梯度设计的应用层面、条件和思路，提出各层次检验技术的梯次化递进思维，增强检验效果的加和效应和增值效应，确保鉴定意见的客观性、证明性和准确性，为印文标准化建设提供思路。

总结和展望

本书围绕印章印文检验，在厘析印章印文发展的相关问题的基础上，主要从印文平面形态、印文立体分布、印文时间序列三个维度特征入手，运用形态学、物理测量学和分析化学的方法，研究印文形成方式、印文与文字交叉时序（朱墨时序）和印文形成时间问题，并对印文检验技术的系统应用进行梯度设计。

一、确定印章印文制作工艺及其发展特征在检验鉴定中的应用依据

首先，运用比较学的研究方法，以印章的起源与发展为逻辑起点，沿着国内外印章发展的脉络，梳理和总结了印章的历史与发展现状，建立印章和印文系统分类的新标准。其次，从印文鉴定的层面，确定印章的形制、材质及盖印方式等特征所对应的制作工艺特点，总结印章制作工艺发展的阶段性时间标志，形成系统的国内外印章制作工艺发展脉络图表，为鉴别印文的制作工艺和印文形成时间检验提供依据。最后，厘析印章印文检验的基本原理，结合国内外检验技术的发展，提出印章检验技术自动化、标准化、定量化和微观性的发展趋势。

二、建立利用网点微观形态特征鉴别印文制作方式的方法

印文的墨迹（点）和网点特征是形态学表观的直观反映，通过运用形态学的方法研究发现：

第一，盖印印文的印台底纹特征能够在印文中得到反映，是印文差异点评断的重要考虑因素；光敏印章中印油混用后形成的印文“露白”特征分布呈规律性变化，为特殊条件下的印文形成时间检验提供依据；彩色激光打印印文的墨点种类、聚集形态、分布形态特征可以区别不同品牌或型号的打印机；利用图像容差值的调整，可以控制喷墨打印彩色墨点的表现，解释彩喷高仿真印文的形成机理；加网密度不同的数码印刷印文的墨点形态特征表现差异，显著区别于打印或复印印文特征。

第二，网点所构成的印品“指纹”特征能够构成印刷品同一认定和种属

认定的基础。网点所呈现的显微特征，不仅能将制版印刷与盖印、非制版印刷（打印、复印、数码印刷）印文相区别，而且能够有效区分四大印刷版型（凸、平、凹、孔版）的种类，并能够进一步细化版型中的具体制版方式，识别个性化制版技术。利用印刷网点特征分析鉴定印刷方法的操作关键在于显微镜的合适选择（400 倍以上）、印品检验区域的恰当选择（色调连续变化的区域或浅色图文部分）和准确挖掘案件信息。利用网点特征的鉴别印文制作方式检验的准确度高，操作便捷，是一种无损、快速的鉴别方法。

三、量化界定电阻法鉴别含碳签字笔朱墨时序的判断依据

运用物理测量学的方法，凭借电阻量的表征，可以解决含碳签字笔朱墨时序难题。

第一，确定了黑色含碳签字笔与印文形成时序中电阻数据的变化规律。对于相同的签字笔和印文色料形成的时序，先朱后墨比先墨后朱时的电阻值大；当签字笔笔画的平均电阻值超过 1500MΩ 时，先朱后墨和先墨后朱时序的电阻值均不易测得，不能依此方法判断形成时序；就测试部位而言，朱墨重叠部位的电阻值普遍大于交叉部位的电阻值，选择交叉部位测量是本方法的首选测量区域。

第二，建立了电阻法鉴别朱墨时序的判断标准。将电阻数据分布划分为六个区间，利用 VB 语言编程统计，通过对签字笔种类、印文色料种类、印文色料浓淡、纸张种类及样本形成时间五方面影响因素的考察发现：在先墨后朱的情况下，64% 以上的电阻数值分布在组 1 区间；在先朱后墨的情况下，55. 53%以上的电阻数值分布在组 6 区间。通过大量实验数据并结合专家意见，以电阻数据区间分布率为检验标准，对 100 份实验样本进行盲测，确定结论率 86%、正确率 96%，能够有效区分朱墨形成时序，并为定性的鉴定意见提供定量化的判断依据。

四、建立利用印泥（油）中挥发性物质相对含量特性鉴别印文形成时间的方法

运用分析化学的方法，对印文中拉曼光谱特性随时间变化的规律研究发现：

第一，拉曼光谱能够达到对印泥（油）进行种属鉴别，即印泥、印油和光敏印油的区分、同一类型印泥（油）中成分属性的区分以及次种类属性的进一步细化区分。

第二，拉曼谱图中 $1089cm^{-1}$ 和 $1235cm^{-1}$ 处特征峰的峰面积相对强度的比值（I）与印文形成时间之间的变化规律。I 值随时间的延长而减弱且至 12 个

月趋于平缓，不同阶段的变化速率不同，不同印泥（油）的变化规律差异。I值变化规律对印泥（油）近期盖印形成印文的鉴别具有可行性。

第三，通过纸张、温度、人为老化等影响因素的考察，温度是影响印泥（油）中挥发性物质含量的关键因素，在90℃下加热90min，加热前后挥发性物质含量的差值变化显著，利用这一时间节点的特性，可以作为判断印文相对形成时间的依据。

五、架构印章印文检验梯度设计

运用系统学的研究方法，从印文“三元化”信息体系着手，在鉴定的平面维度上，以真伪性（同一认定）为逻辑起点，融合空间性（朱墨时序）和时间性（盖印时间）双重属性，凭借三者的互动关系，探讨印章印文检验思维方式与技术方法的合理配置，提出各层次检验技术的梯次化递进思维，推进检验的线索和层次。目的在于增强检验效果的加和效应和增值效应，确保鉴定意见的客观性、证明性和准确性，为印文标准化建设提供思路。

除了上述研究成果之外，还存在以下几方面内容需要进一步深入研究：

第一，网点鉴别印文制作方式中需进一步开展对新型印刷设备的印品显微特征的研究，本书在研究过程中仅选取了部分数码印刷样本，其结果的普适性需要大量不同型号和品牌数码印刷样本的验证和补充。

第二，电阻法鉴别朱墨时序中的阈值的确定还需要深入探讨，通过实验中“数据库”容量进一步扩大是本方法完善的关键。例如，利用贝叶斯理论，定义损失函数，对判断依据给出不同的权重，则阈值的标准更加科学合理。

第三，基于拉曼光谱技术鉴别印文形成时间中，通过加热途径加速溶剂成分的老化，分析加热前后挥发性物质含量的差值，从而判断印文相对形成时间，这一标准只能基于同类样品才具有一定的参考价值，只有通过对大量样品的分析总结才可得出适合各种样品的鉴定数据，才可提高鉴定的可靠性和科学性。

参考文献

一、中文部分

（一）学术著作

［1］刘文，贾玉文，邹明理．中国刑事科学技术大全·文件检验［M］．北京：中国人民公安大学出版社，2003：43-45，84-189，249-256.

［2］黄建同．文件检验学［M］．北京：中国人民公安大学出版社，2013：310.

［3］贾玉文，邹明理．中国刑事科学技术大全·文件检验［M］．北京：中国人民公安大学出版社，2002：1240.

［4］文件检验（内部教材）［M］．沈阳：中国刑事警察学院，1985：35-51.

［5］黄建同．污损文件检验与字迹显现新技术［M］．北京：中国人民公安大学出版社，2008：272.

［6］黄建同．刑事科学技术基础［M］．北京：中国人民公安大学出版社，2016：28.

［7］蒋占卿．添改文件检验理论与新技术［M］．北京：中国人民公安大学出版社，2016：165.

［8］杜志淳．司法鉴定概论［M］．北京：法律出版社，2015：145.

［9］许爱东．印章印文鉴定理论与实务研究［M］．北京：法律出版社，2015：11.

［10］张书杰，王震，刘代富．刑事科学技术发展简史［M］．北京：中国人民公安大学出版社，2013：76-86.

［11］黄建同，于璐，韩星周．测量字迹笔画电阻判断朱墨时序和添改文件的新方法［M］//国际文件检验鉴定技术理论与实践．北京：中国人民公安大学出版社，2013：156-162.

［12］王彦吉，王景翰．字迹色痕分析与书写时间鉴定［M］．北京：中国人民公安大学出版社，2010：1-5，50-81.

［13］李学军．物证论——从物证技术学层面及诉讼法学的角度［M］．北京：中国人民大学出版社，2010.

［14］沈国文，徐同祥．中国指纹史［M］．北京：中国人民公安大学出版社，2015：72.

［15］那志良．玺印通释［M］．台湾：台湾商务印书馆，1970.

［16］王延治．中国印章史［M］．上海：华东师范大学出版社，1996：16.

［17］陈松长．玺印鉴赏［M］．南宁：漓江出版社，1993.

［18］罗福颐，王人聪．印章概述［M］．北京：三联书店，1963.

［19］张亚初，刘雨．西周金文官制研究［M］．北京：中华书局，1986.

［20］韩天衡．历代印学论文选［M］．杭州：西泠印社，1999.

［21］沈国文，徐同祥．中国指纹史［M］．北京：中国人民公安大学出版社，2015：72-92.

［22］崔军民．文件检验研究——文件检验的历时、发展与现状［M］．北京：中央编译出版社，2012：105-112.

［23］王进喜．美国法庭科学的加强之路［M］．北京：中国人民大学出版社，2012：8-9.

［24］刘全香，刘浩学．印刷图文复制原理与工艺［M］．北京：印刷工业出版社，2008：215.

［25］杨中华．印刷工艺［M］．重庆：重庆大学出版社，2009：32.

［26］［日］川合知二．图解纳米技术［M］．陆求实译．上海：文汇出版社，2004：123.

［27］冯计民．红外光谱在微量物证分析中的应用［M］．北京：化学工业出版社，2010：345.

［28］李道军．法的应然与实然［M］．山东：山东人民出版社，2001：74-76

［29］［美］S.J. 普雷斯．贝叶斯统计学［M］．北京：中国统计出版社，1992：3.

［30］［美］C.R. 劳．统计与真理——怎样运用偶然性［M］．北京：科学出版社，2004：34.

［31］朱自莹，顾仁敖，陆天虹．拉曼光谱在化学中的应用［M］．沈阳：东北大学出版社，1998：5 15.

［32］潘家来．激光拉曼光谱在有机化学上的应用［M］．北京：化学工业出版社，1986：12-25.

［33］杨序纲，吴琪琳．拉曼光谱的分析与应用［M］．北京：国防工业出版社，2008：37-38.

［34］柯以侃，董慧茹．分析化学手册（第三分册）：光谱分析［M］．北京：化学工业出版社，1998：1120-1183.

［35］董川，温建辉，双少敏．墨水化学原理及应用［M］．北京：科学出版社，2007：20-52.

（二）学术期刊类论文

［36］北京市公安局．公安部科技成果推广项目［J］．Police&Technology，2008（3）：18.

［37］武峰，孔新华．彩色打印机打印印文的检验［J］．刑事技术，2003（4）：49-54.

［38］罗顿，贾晓光，郭海萍．彩色喷墨打印印文的检验鉴定［J］．政法学刊，2005，22（2）：57-58.

［39］崔岚，林红，张晶．打印伪造印章印文的手段及检验［J］．广东公安科技，2003（3）：37-38.

［40］崔岚．丝网版印章印文辨析［J］．中国司法鉴定，2011（5）：57-61.

[41] 黄建同，韩星周，赵顺义，等．从三轮龙年邮票看票面印刷特点及检验［J］．中国人民公安大学学报（自然科学版），2013（3）：11-15.

[42] 黄建同，韩伟，赵顺义，等．鉴别印刷版型的新视角“网点”——印刷品的“指纹”［J］．中国人民公安大学学报（自然科学版），2014（3）：1-5.

[43] 方健，许耀明．检验印文与签名字迹先后顺序的简易方法［J］．刑事技术，1992（4）：27.

[44] 李彪，谢鹏，吕陆兵．脱色法判定书写色料与印泥印文的朱墨时序［J］．广东公安科技，2003（4）：10-12.

[45] 徐平，李德营．溶解转移法判定朱墨交叉时序的研究［J］．科技资讯，2009（11）：239-240.

[46] 谢朋，李彪．粉末吸附法检验朱墨先后顺序初探［J］．中国人民公安大学学报（自然科学版），2003（2）：36-37.

[47] 胡爽，邹积鑫．文件朱墨时序的检验方法及其比较分析［J］．刑事技术，2007（3）：30-33.

[48] 陶克明，阎育化．光学显微镜检验印章与字迹的先后顺序［J］．刑事技术，1989（4）：13.

[49] 王文新．印章印文与复写字迹先后顺序的检验［J］．刑事技术，1997（1）：37.

[50] 李志红，郭会影，陈相忠．利用体视显微镜检验指纹与签名文字的朱墨时序［J］. 刑警 & 科技，2004（3）：357-358.

[51] 沈策，宋歌丽，张爽．印文与打印、复印文字的时序鉴定［J］．刑警 & 科技，2004（3）：355-357.

[52] 黄远．印文与书写字迹交叉笔画先后顺序的消色差显微检验法［J］．刑事技术，1993（6）：7-9.

[53] 胡向阳，姚慧芳．运用高倍显微镜判断朱墨时序的方法［J］．刑事技术，2008（3）：29-31.

[54] 尹石山．论印章印文与书写文字先后顺序的鉴别［J］．企业家天地，2008（11）：194-195.

[55] 胡祖平，姜裕峰．三维立体显微镜在文件检验中的应用［J］．刑事技术，2002（4）：16-17.

[56] 石沫，于化民．印文与文字交叠时序的无损鉴定［J］．贵州警官职业学院学报，2004（1）：29-30.

[57] 金毅华，陈晓红．打印复印文件朱墨时序表观特征初探［J］．中国司法鉴，2007（5）：40-43.

[58] 崔岚，陈强，秦书泉．利用三维立体显微镜确定印文与打印字迹形成次序［J］．中国人民公安大学学报，2004（4）：20-21.

[59] 张星，陶旭，马子宁，等．计算机打印机字迹与印泥印文交叉先后顺序的鉴别［J］．广东公安科技，1996（1）：22-24.

[60] 楼良其，陈立明，楼立军．应用红外发光拍摄法揭示印文与书写字迹的先后顺序

［J］．刑事技术，1998（3）：37.

［61］林祥．应用荧光显微镜检验印泥印文与常见书写和打印字迹形成先后顺序的研究［J］．中国人民公安大学学报（自然科学版），1998（4）：38-41.

［62］夏玉．运用紫外线摄影技术鉴定字迹与盖章的先后顺序［J］．刑事技术，2001（4）：39-40.

［63］杨胜军，邹多生，石琳，等．利用傅里叶红外显微化学图像系统鉴定书写与盖章的先后顺序［J］．光谱学与光谱分析，2006（8）：1460-1463.

［64］黄红娟，郑一平，楼寿松．傅立叶显微红外化学成像在朱墨时序鉴定中的应用研究［J］．刑事技术，2010（4）：29-32.

［65］暴仁，张淙溪．光谱成像检验法在朱墨时序鉴定中的应用［J］．中国司法鉴定，2008（4）：36.

［66］连园园，李伟，梁鲁宁，等．拉曼光谱面扫描成像判断黑色圆珠笔交叉笔画书写先后顺序［J］．刑事技术，2009（3）：14-17.

［67］李彪．显微分光光度法判定朱墨时序的初步研究［J］．中国公共安全（学术版），2012（1）：103-105.

［68］王晓光，郝红光，王锦生，等．利用定影转印法判定印文与激光打印字迹时序的实验研究［J］．中国人民公安大学学报（自然科学版），2011（2）：5-8.

［69］王连昭．超景深三维显微系统在印章印文检验中的应用［J］．江西警察学院学报，2012（2）：23-25.

［70］武磊，王桂森．DVI-300 微痕迹色差分析系统对激光打印文字与印章印文交叉时序检验的方法研究［J］．刑事技术，2011（3）：34-36.

［71］武磊，张云，余静．利用 IDMH-Z780 系统对碳素钢笔水书写字迹与印章印文交叉时序的无损检验研究［J］．刑事技术，2010（5）：26-28.

［72］黄建同．一种检验印文与签字先后顺序的新方法——色料堆积位置及分布形态观察法［J］．警察技术，2004（6）：32-33.

［73］冯超，刘坤明，李静．测量笔画增宽度判断激光打印文件朱墨时序初探［J］．刑事技术，2012（2）：35-38.

［74］崔连义，张金庄，李国平．谈傅里叶红外图像系统法鉴别红色印油的种类［J］．辽宁警专学报，2010（4）：65-67.

［75］籍康，赵杰，高蓉，等．共焦显微拉曼在司法鉴定中甄别印章的应用［J］．南京师大学报（自然科学版），2009，32（3）：56-60.

［76］姚丽娟，黄树先．红外及红外导数光谱法鉴别原子印章油［J］．广东公安科技，1997（3）：30-35.

［77］宋庆芳，张振宇，刑丽梅，朱昱．同步扫描荧光光谱法鉴别原子印油［J］．刑事技术，1999（2）：34-35.

［78］杨梦兰，姚丽娟，李卓，邹宁．红色原子印章油的薄层色谱法的条件选择［J］．广东公安科技，1997（1）：26-29.

［79］王淳浩，张振宇，朱昱，等．高效液相色谱法鉴别红色原子印油种类实验条件的

选择［J］. 刑事技术，2006（3）：8-10.

［80］王淳浩，王彦吉，张振宇，等. 高效液相色谱法鉴别红色原子印油的种类及主要成分的确认［J］. 中国人民公安大学学报（自然科学版），2006（1）：1-4.

［81］方邡. 多次测定法检验文件的制成时间［J］. 刑警 & 科技，2004（3）：344-345.

［82］梁鲁宁，杨爱东，田丽丽. 多次测定法确定蓝色圆珠笔字迹形成时间［J］. 中国司法鉴定，2009（2）：26-29.

［83］李彪，王相臣，谢朋. 根据转移率判定印泥印文的形成时间［J］. 中国刑警学院学报，2008（3）：46-48.

［84］李彪，谢朋，孙添铖. 薄层扫描法判定印泥印文形成时间实验条件的确定［J］. 中国人民公安大学学报（自然科学版），2008（2）：41-44.

［85］谢朋，冯超，李彪，等. 气相色谱法测定自含墨印章印文的盖印时间［J］. 中国人民公安大学学报（自然科学版），2013（2）：19-23.

［86］李彪，王相臣，谢朋，等. 双溶剂提取法判定印泥印文形成时间的初探［J］. 中国司法鉴定，2010（2）：23-26.

［87］蒋占卿，韩伟. 刑事科学技术基本原理探究［J］. 中国人民公安大学学报（自然科学版），2014（4）：19.

［88］都海英，马晓芳. 从玺到原子印章［J］. 兰台世界，2002（8）：42.

［89］所桂萍. 印泥演变探究［J］. 档案，2001（2）：19-20.

［90］蒋占卿，韩伟. 刑事科学技术基本原理探究［J］. 中国人民公安大学学报（自然科学版），2014（4）：20.

［91］何义成. 古代的印章与印章印文检验［J］. 公安论坛，1987（4）：17-21.

［92］康启来. 网纹版印刷若干概念的理解与认识［J］. 广州印刷，2014（3）：25.

［93］李艳云，钱军浩. 基于墨点保真度的喷墨印刷质量分析与评价［J］. 包装工程，2010，31（19）：25-26.

［94］王琪，周小凡. 基于网点排布状态的色彩再现差异性研究［J］. 包装工程，2011（7）：89-92.

［95］张静. 基于网点结构形态的图像星系印刷复制研究［J］. 现代装饰理论，2009（3）：243.

［96］季永芹. 数码印刷及其发展［J］. 印刷人，2003（9）：36-37.

［97］张战超. 数码印刷机全面接触［J］. 今日印刷，2004（1）：20-23.

［98］董炫. 数字印刷机发展现状［J］. 印刷杂志，2003（7）：24-26.

［99］吕秋丽. 激光雕刻凹版与电子雕刻凹版之比较［J］. 印刷杂志，2003（7）：13-14.

［100］黄建同，腾冲. 万用表测量字迹电阻方法的初步研究［J］. 刑事技术，2007（6）：17-19.

［101］黄建同. 测量字迹电阻法判断添加变造字迹的原理探讨［J］. 中国人民公安大学学报（自然科学版），2010（1）：5-8.

［102］韩伟，黄建同，张玉省. 电阻测量法和光谱成像技术联用鉴别添改变造字迹［J］. 刑事技术，2015（4）：131-134.

[103] 许可，梁鲁宁，连园园．线聚焦显微激光拉曼光谱技术区分激光打印墨粉［J］．中国司法鉴定，2011，55（2）：22-30.

[104] 董轶望，李勇刚．印章印油概论［J］．中国防伪报道，2003（6）：41-42.

[105] 张云，余静，谢孟峡．印章印文的鉴定方法［J］．理化检验——化学分册，2014（50）：1470.

[106] 章晴，邹积鑫，石高军，等．采用 HPLC 区分环保水性印油印迹种类［J］．刑事技术，2010（2）：37.

[107] 韩伟，黄建同，陈维娜．拉曼光谱技术在司法文书鉴定中的应用［J］．理化检验化学分册，2015，51（12）：1753-1759.

[108] 张鹏翔，赵金涛，杨延勇．显微拉曼技术在公安法学中的应用［J］．光散射学报，1998，1（3-4）：200-203.

[109] 徐彻，汤纯，杨延勇．显微激光拉曼光谱法鉴别黑色圆珠笔油墨的初步研究［J］．法医学杂志，2000，16（4）：244-245.

[110] 陈宁，张卫红，张晓霞，等．显微共焦拉曼光谱仪分析黑色圆珠笔油墨［J］．中国人民公安大学学报（自然科学版），2011，69（3）：10-12.

[111] 王志国，孙素琴，周群，等．黑色签字笔墨水的 NIR FT-Raman 光谱法研究［J］．光谱学与光谱分析，2004（2）：45-47.

[112] 史晓凡．傅里叶变换红外光谱法鉴别黑色签字笔油墨种类［J］．理化检验化学分册，2009，45（4）：394-397.

[113] 唐旭，彭迪．激光拉曼光谱鉴别签字笔黑色墨水初探［J］．分析实验室，2009，28（增卷）：101-102.

[114] 徐彻，汤纯．傅立叶变换拉曼光谱法鉴别黑色墨水的研究［J］．法医学杂志，1998，4（3）：146-148.

[115] 谭红琳，张鹏祥，刘勇．显微拉曼光谱在碳素笔笔迹方面的研究［J］．光谱学与光谱分析，1999，19（5）：45-49.

[116] 谭红琳，张鹏祥．显微拉曼光谱在笔迹鉴定中的应用［J］．云南大学学报，1998（20）：15-19.

[117] 王志国．FT-Raman 光谱在法庭科学中的应用［J］．中国人民公安大学学报（自然科学版），2001（2）：5-7.

[118] 王雅晨，徐彻，杨旭，等．激光显微共聚焦拉曼光谱仪对红色墨迹的研究［J］．中国司法鉴定，2014，7（6）：26-30.

[119] 余静，张云．显微激光拉曼光谱技术用于无损检验喷墨打印机打印文件的研究［J］．光谱学与光谱分析，2006，26（7）：211-212.

[120] 梁鲁宁，杨爱东，林雷祥．激光拉曼光谱识别不同厂家激光打印机打印文件［J］．光散射学报，2003，15（2）：92-94.

[121] 余静，王香凤，张爱兰，等．显微激光拉曼光谱技术检验激光打印机打印文件［J］．光谱学与光谱分析，2008，28（10）：257-258.

[122] 王迪，张晓霞，贾晓光．显微共焦激光拉曼光谱仪分析激光打印黑色墨粉字迹

[J]．政法学刊，2010.

[123] 王志国，孙素琴，周群，等．黑色签字笔墨水的 NIRFT-Raman 光谱法研究[J]. 光谱学与光谱分析，2001，21（6）：794-797.

[124] 籍康，赵杰．共焦显微拉曼光谱对签字笔字迹形成时间的研究［J]. 南京师大学报（自然科学版），2010，33（4）：68-71.

[125] 衡航，柯惟中，籍康．共焦显微拉曼光谱技术在墨迹鉴定方面的应用［J］．光学技术，2007（5）：456-458.

[126] 柯惟中，衡航．显微拉曼光谱技术在司法文书鉴定中的一些应用［J］．光散射学报，2008，20（2）：136-141.

[127] 籍康，赵杰．共焦显微拉曼技术在印章形成时间鉴定方面的应用［J］．南京师大学报（自然科学版），2012，35（1）：50-53.

[128] 李宁，蔡昌明，陈坚．美国文件制成时间检验中的纸张检验技术概述［J］．刑事技术（增刊），2011：35-36.

[129] 罗仪文，孙其然，奚建华．显微激光拉曼光谱鉴别直接染料及其染色纤维［J]. 中国司法鉴定，2012，65（2）：28-33.

[130] 王琥，郭洪玲．涉案纸张检验技术的发展初探［J］．刑事技术（增刊），2011：35-36.

[131] 胡林顺，曾庆光，张国雄．不同年代的纸颜料的拉曼光谱和荧光光谱分析［J]. 光散射学报，2010，22（1）：86-89.

[132] 连园园，梁鲁宁，黄建同，李伟，等．拉曼光谱阵列扫描判断蓝色签字笔与印泥的时序研究［J］．光散射学报，2012（3）：75-85.

[133] 林海波，徐晓轩，王斌，等．共焦显微拉曼光谱深度剖析法在笔迹鉴定中的应用［J］．光谱学与光谱分析，2005，25（1）：51-53.

[134] 黄伟明．犯罪梯度设计——罪刑相适应的基础方案［J］．政法论坛，2001（3）：17.

[135] 李学军，陈霞．鉴定结论的证据地位极其质证、认证［J］．中国人民公安大学学报，2002（4）：15.

（三）博士和硕士学位论文

[136] 邓集杰．支票印鉴快速检测方法中的关键技术研究［D]：［博士学位论文］．天津：天津大学，2010.

[137] 高森．防伪印鉴的自动生成与识别系统研究［D]：［硕士学位论文]. 合肥：合肥工业大学，2010.

[138] 董军．利用 IDMH-Z880 荧光检验法对激光打印字迹与印章印文先后顺序的研究［D]：［硕士学位论文］．北京：中国人民公安大学，2011.

[139] 章晴．水性印油印迹的主要成分分析与稳定性研究［D]：［硕士学位论文］．北京：北京化工大学，2011.

[140] 仲星明．中国古代印刷图形探源［D]：［博士学位论文]. 南京：南京艺术学院，2006.

［141］亓浩．汉代印章研究［D］：［硕士学位论文］．济南：山东大学，2009.

［142］仲星明．中国古代印刷图形探源［D］：［博士学位论文］．南京：南京艺术学院，2006.

［143］刘钊．汉字印刷字体发展、设计与应用研究［D］：［博士学位论文］．北京：中央美术学院．2007.

［144］王琪．基于网点结构形态的图像信息印刷复制研究［D］：［博士学位论文］．南京：南京林业大学，2013.

［145］王永刚．彩色印刷图像网点检测与识别算法的研究［D］：［硕士学位论文］．西安：西安理工大学，2002.

［146］谢待棋．基于模拟印刷理念的加网误差分析研究［D］：［硕士学位论文］．西安：西安理工大学，2010.

［147］瞿茹芸．喷墨印刷网点成像模型研究［D］：［硕士学位论文］．无锡：江南大学，2008.

［148］庞小兵．在线颜色识别传感技术的研究［D］：［硕士学位论文］．长沙：长沙理工大学，2008.

［149］胡腾辉．柔性印刷网点扩大规律的研究［D］：［硕士学位论文］．西安：西安理工大学，2009.

［150］曹广涛．黑色签字笔添改字迹无损检验实验研究［D］：［硕士学位论文］．北京：中国人民公安大学，2011.

［151］于璐．电阻测量法在污损文件检验中的应用研究［D］：［硕士学位论文］．中国人民公安大学，2014.

［152］林建成．拉曼光谱和电阻仪检验黑色签字笔添改文件的实验研究［D］：［硕士学位论文］．中国人民公安大学，2015.

［153］赵鹏程．应用现代仪器分析技术鉴定字迹形成时间的研究［D］：［博士学位论文］．长春：东北师范大学，2009.

［154］李坚．不确定性问题初探［D］：［博士学位论文］．北京：中国社会科学院．2006.

（四）其他类

［155］娄凤鸣，苏祥．浅谈采用剥层检验法鉴定朱墨时序［C］．第一届全国法院文件检验学术研讨会论文集．北京：人民法院出版社，2005：366-376.

［156］程光，谢维军，张靖．三维立体显微图像系统及其在文件朱墨时序检验中的应用［C］．第八届全国物证鉴定技术破案研讨会论文选．北京：科学出版社，2006：365-367.

［157］石沫，于化明，王炜．一种判断朱墨时序的新方法［C］．第五届文检学理论与实践研讨会论文集．北京：中国人民公安大学出版社，2006：234-236.

［158］贾玉文，陆卫东．文检一甲子——中国文件检验事业发展回顾及展望［C］．第六届全国文检学理论与实践研讨会论文集．北京：中国人民公安大学出版社，2010.

［159］李红霞．应用拉曼光谱鉴别墨水书写时间［C］．中国刑科协第二届学术研讨会论文集．北京：中国人民公安大学出版社，1998：72-76.

[160] 赵熊．刻刀与印泥［N］．中国艺术报，2005-05-06（T00）．

[161] 周文．古代印刷术的演变和发展［N］．中国审计报，2006-05-24（7）．

[162] 国际专利（WO03036271）．用拉曼光谱鉴别纸浆和纸的组成成分［P］．国际造纸，2003（4）：69.

[163] 公章为什么是圆的?［EB/OL］. http://daxianggonghui. baijia. baidu. com/article, 2013-8-7.

[164] 百度词条．印刷［EB/OL］. http：//baike. baidu. com/view/18955，2013-5-23.

[165] 印刷知识—百度文库．印刷过程中如何直观判断网点大小与加网角度［EB/OL］. http：//www. cmpmn. cn/news/3787，2011-8-27.

[166] 百度文库．平面设计之印前技术全攻略（上）［EB/OL］.http://wenku.baidu.c，2012-11-23.

二、英文部分

[167] Jan Seaman Kelly. Forensic examination of rubber stamps：a practical guide［M］. American:Charles C Thomas Press，2002：60-78，96-112.

[168] Keith Inman，Norah Rudin. Principles and Practice of Criminalistic：the Profession of Forensic Science［M］. Baca Raton：CRC Press，2001：15.

[169] Kan Frad，Toms H. Bliman. The Marking Story［M］. American：Charles C Thomas Press，1998：32-74.

[170] David Ellen. Scientific examination of documents：methods and techniques（thirs edition）［M］. USA：CRC Press，2006：263-268.

[171] Arney J S，Engeldrum P G，Zeng H. An Expanded Murray-Davies Model of tonereproduction in halftone Imaging［J］. Journal of Imaging Science and Technology，1995，36（6）：502-508.

[172] Rogers G L. Neugebauer revisited：random dots in halftone screening［J］. Color Research & Application，1998，23（2）：104-113.

[173] Amidror I，Hersch R D. Neugebauer and Demichel：dependence and independence in n-screen superpositions for colour printing［J］. Color Research & Application，2000，25（4）：267-277.

[174] Linton A. Association of counterfeit documents to a printing plate by means of halftone dots［J］. Journal of The American Society of Questioned Document Examination，2002（2）：11-18.

[175] Vastrick T W. The Examination of Notary Seals［J］. Journal of Forensic Sciences，1982，27（4）：899-911.

[176] Tollkamp Schierjot，Fackler H G. Use of low voltage SEM in the detection of forgeries examination of questioned documents in order to determine which of two in-tersecting impressions was produced first［J］. International Journal of Forensic Document Examiners，1996，2（4）：333-341.

[177] Nolan P J，Davies C. The examination of documents by SEM and X-ray spectrometry

[J] . Scanning Electron Microscopy, 1982, 2: 599-610.

[178] Koons R D. Sequencing of intersecting lines by combined lifting process and scanning electron microscopy [J] . Forensic Science International, 1985, 24 (2): 261-276.

[179] Oehmichen M. SEM demnstration of mixed script [J] . Journal of Legal Medicine, 1989, 102 (4): 219-230.

[180] Tollkamp Schierjot, Fackler H G. Use of low voltage SEM in the detection of forgeries examination of questioned documents in order to determine which of two in-tersecting impressions was produced first [J] . International Journal of Forensic Document Examiners, 1996, 2 (4): 333-341.

[181] Sarah S, Danilo B, Lottici, et al. Examination of line crossings by micro-Raman spectroscopy [J] . PEAFS, 2003, 136 (1): 475-480.

[182] Raza A, Saha B. Application of Raman spectroscopy in forensic investigation of questioned documents involving stamp inks [J] . Science & Justice, 2012, 22: 18-22.

[183] Allen M J. Using ESDA to sequence highlighter ink and impressions a simple method for determining the sequence in which impressions and highlighter ink were placed on a sheet of paper [J] . International Journal of Forensic Document Examiners, 1997, 3 (1): 49-51.

[184] Giles A. Extending ESDA′s Capability: the determination of the order of writing and impressions using the technique of electrostatic detection [J] . Forensic Science International, 1993, 59: 163-168.

[185] Liu K, Cheng K C, Shieh T M, et al. The determination of the order of writing of crossed strokes by chromaticity measurements and clustering techniques [J]. International Journal of Forensic Document Examiners, 1997, 3 (2): 138-145.

[186] Cheng K C, Liu K, Lee S T, et al. Determination of the writing sequence of crossing strokes by cielab color system and sample duplication [J]. International Journal of Forensic Document Examiners, 1998, 4 (1): 12-21.

[187] Cheng K C, Chao C H, Jeng B S, et al. A new method of identifying writing sequence with the laser scanning confocal microscope [J] . Forensic Sci, 1998, 43 (2): 348-352.

[188] Spagnolo G S. Potentiality of 3D laser profilometry to determine the sequence of homogenous crossing lines on questioned documents [J] . Forensic Science International, 2006, 164: 102-109.

[189] Schuetzner E M. Examination of sequence of strokes with an image enhancement system [J] . Journal of Forensic Sciences. 1998, 33 (1): 244-248.

[190] JiliyeLee, ChiwooLee, KangdongLee, et al. TOF-SIMS study of red sealing-nks on paper and its forensic applications [J] . Applied Surfaee Seience, 2008, 255 (4): 1523-1526.

[191] Ya-TongYao, JiaSong, JingYu, Xiang-FengWang, et al. Differeniiation and dating of red ink entries of seals on Documents by HPLC and GC/MS [J] . Journal of separation Science, 2009, 32 (17): 2919-2927.

[192] Kreeger, Cindy. More pre-inked stamp history [J] . Marking Industry Magazine, 95

(4)：18-19，20.

[193] Herkt，A. Rubber. stamps：manufacture and identification [J]. Journal of the 5：Forensic Science Society，1985，25：23-38.

[194] Trubshoe T，McGinn J. Forgery/Counterfeits [J]. Encyclopedia of Forensic Sciences，2013：360-366.

[195] H Naik Dharavath，Ted M Bensen，Bhaskar Gaddam. Analysis of Print Attributes of Amplitude Modulated (AM) vs. Frequency Modulated (FM) Screening of Multicolor Offset Printing [J]. Journal of Industrial echnology，2005，21 (3)：23-26.

[196] Ifa D R，Jackson A U，Cooks R G，et al. Forensic applications of ambient ionization mass spectrometry [J]. Anal. Bio anal. Chem，2009 (394)：1995-2008.

[197] Mclaybourn M. Studies on inkjet ink with confocal Raman microscopy [J]. Science&Justice，2000，40 (4)：261-271.

[198] Jones Allison E W，Rosalind. Non-Destructive spectroscopic analysis of ballpoint and gel pen inks [J]. PEAFS，2003，136 (1)：122-126.

[199] Williams D M，Patrick B. Raman spectroscopy of blue gel pen inks [J]. Forensic Science International，2005 (152)：241-247.

[200] Palus J Z，Rafa? B，Marcin K. Combined μ-Raman and μ-XRF spectrometers in the examination of forensic samples [J]. Forensic Science International，2008，175 (1)：1-10.

[201] Martina S，Andreja G，Igor Z. Identifying a common origin of toner printed counterfeit banknotes by micro-Raman spectroscopy [J]. Forensic Science International，2012，223 (1-3)：314-320.

[202] Heudt L，Delphine D，Tyler A Z，et al. Raman spectroscopy and laser desorption mass spectrometry for minimal destructive forensic analysis of black and color inkjet printed documents [J]. Forensic Science International，2012，219 (1-3)：64-75.

[203] Thomas J J，Marco L，Wang P. Raman spectroscopy of documents [J]. Defense and Homeland Security，2010 (9)：20-25.

[204] Marina B，Michela M，Giovanna P，et al. Non-destructive spectroscopic characterization of parchment documents [J]. Vibrational Spectroscopy，2011，55 (2)：267-272.

[205] Berx V，Kinder D，Line J. Crossings and laser profilometry：There's more than on way to skin a cat [J]. PEAFS，2003，136 (1)：1224-1226.

[206] Wang X F，Yu J，Zhang A L，et al. Nondestructive identification for red ink entries of seals by Raman and Fourier transform infrared spectrometry [J]. Spectrochimica Acta Part A：Molecular and Biomolecular Spectroscopy，2012，97 (1)：14-19.

[207] Schuetzner E M. Examination of sequence of strokes with an image enhancement system [J]. Journal of Forensic Sciences，1998，33 (1)：244-248.

[208] Brault J J，Plamondon. Segmentation handweitten signature at their percetually important point [J]. IEEE Trans. Pattern. Anal. Mach. Intel，1993，15 (9)：953-957.

[209] Rina G，John R L，Marco L，et al. Application of Raman spectroscopy to the analysis

of questioned documents [J] . American Academy of Forensic Sciences, 2008, 14: 10-11.

[210] Albert H K. The analysis of blue、black and red gel pen inks by RAMAN spectroscopy-Preliminary findings [J] . Journal of Forensic Sciences, 1994, 39 (2): 112-115.

[211] Reza M A. In-situ analysis of writing inks by surface enhanced resonance Raman (SERRS) spectroscopy [J] . Analyst, 2001, 126 (8): 1418-1422.

[212] Claybourn M, Ansell M. Application of the micro-FTIR spectroscopy, Raman spectroscopy and XRF method examination of inks [J] . Forensic Science International, 2006, 158: 164-172.

[213] Ezam S. Application of micro-Raman to the identification of ink mark [J] . PEAFS, 2013, 13 (6): 12-16.

[214] White P C. Non-destructive and non-invasive analyses shed light on the realization technique of ancient polychrome prints [J] . Science&Justice, 2000, 40: 113-119.

[215] Lee A S, Peter J, Malon , et al. Vibrational Spectrodcopy [J] . 2006, 141 (2): 70-175.

[216] Sarah S, Danilo B, Lottici, et al. Examination of line crossings by micro-Raman spectroscopy [J] . PEAFS, 2003, 136 (1): 475-480.

[217] Giles B A, Giles, Audrey. The use of Raman spectroscopy in sequencing of crossed lines [J] . PEAFS, 2003, 136 (1): 1214-1216.

[218] Raza A, Saha B. Application of Raman spectroscopy in forensic investigation of questioned documents involving stamp inks [J] . Science & Justice, 2012, 22: 18-22.

[219] Ueda K, Mutoh T, Matsuo K. Automatic verification system for seal imprints on Japanese bank checks [C] . In: Proc ICPR 14th Int Conf on Pattern Recognition, vol. 1, 1998: 629-632.

[220] Hessler R W. Identification of rubber stamp impressions [C]. R. C. M. P. Gazette, 1984, 46 (1): 11-16.

[221] Berx V. The application of 3D-profilometry in the analysis of the "Crossing Lines" problem within document examination [C] . In: PA60 (Proceedings of American Society of Questioned Documents Examiners 60th Annual conference) . ATLANTA: Charle. C. Thomas Press, 2013: 717-719.

[222] Lindblom, Brian, Handout. Examination Techniques in Rubber Stamp Cases [C]. IIn: ABFDE Workshop. American: University of Strathclyde Press, 1998: 115-117.

[223] Ueda K, Matsuo K. Automatic seal imprint verification system for bankcheck processing [C] . In: 3rd International Conference on Information Technoligy Applications, sydney, Australia, IEEE Computer Soc, 2005.

[224] Martin P, Lyter. Examination of gel pen inks by microspectrometry [C] . PA61 (Proceedings of American Society of Questioned Documents Examiners 61thAnnual Conference) 787-791.

[225] Berx V. The application of 3D-profilometry in the analysis of the "Crossing Lines"

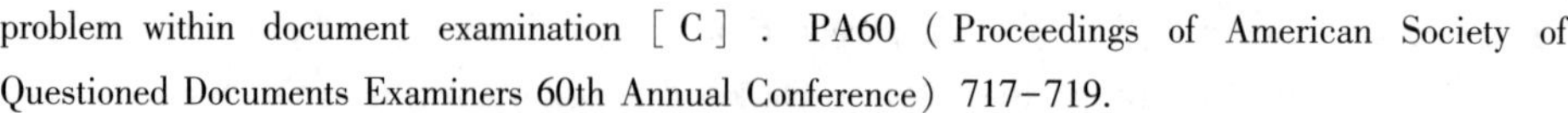

problem within document examination [C]. PA60 (Proceedings of American Society of Questioned Documents Examiners 60th Annual Conference) 717-719.

[226] Gary H N, Elizabeth P, Logan B. Studies in ink analysis and line crossing [C]. AAFS ATLANTA, 2012: 1021-1023.

后　记

本书围绕法庭科学领域印章印文鉴定理论和新技术问题展开研究。该论题的选择缘于本人从警二十年在基层文检办案和公安部历次盲测过程中一直对印文疑难问题的纠结和思考。虽然涉足的只是印章印文这一狭小对象，但其中技术难点涵盖的广度和深度足以穷尽心智去研究。当与导师黄建同教授探讨这一选题时，黄老师明确肯定了该选题的理论意义和实践价值，并从拟定大纲、筛选范例、实验论证、写作构思到文章的专业表达，付出了足以令我感动一生的细心、耐心和爱心。本人拙于表达，未曾表露过点滴感恩之情，但内心却始终铭记。黄老师以其深厚的专业功底著书写作、更新教案、研发新仪器、荣获公安部级奖项，同时，严格指导每一位博士、硕士研究生的论文写作，使我每次在深夜接到老师的短信后都鞭策自己必须排除浮躁干扰，不能懒惰和敷衍。正是在与黄老师共同的教学、科研和办案过程中，自我感觉无论从专业前沿问题的了解、专项科研思路的循迹深入，还是具体疑难案件的破解，本人受益颇丰。虽然成文的书稿与预期的设想还有一定差距，但是印章印文检验技术的研究任重道远，仅以目前的阶段性成果作为对今后深入研究的导引和铺垫。

作为一名在职民警，非常感谢本人所在单位山东省烟台市公安局领导给予的大力支持，同事们提供的无私帮助。市局聂作坤局长十分重视科技创新和人才培养，专门成立“韩伟博士文检实验室”，并在百忙之中为本书作序，对本人及刑事技术人员是莫大的鼓舞！

在本书的写作过程中，囿于论题的困扰，身经五味杂陈，时而为实验数据的杂乱郁闷心烦，时而为突发的灵感暗自欣喜，时而为论证的疏浅辗转反侧。静思反顾，这些鹰爪鸿泥般点滴亲历都已成为经验积累后沉淀的美好回忆。在此感谢中国人民公安大学的孟品佳教授、蒋占卿教授、杨瑞琴教授、杨玉柱教授、郭威教授、高树辉教授在多次研讨中给予的宝贵建议。同时，感谢中国人民大学李学军教授、公安部物证鉴定中心的梁鲁宁研究员、韩星周博士、中国印章协会李潇君研究员、北京市公安局的张云高级工程师、公安大学的陈维娜老师、路春清老师的悉心指导和帮助。

在研究过程中与工信部的刘翔博士、中国刑警学院的夏鑫鑫博士、北京市公安局的姚雪博士、韩俊萍博士、天津市公安局的郭震博士进行的不计其数跨专业的交流和探讨，为写作平添了许多灵感和信心，内心充满感激之情。感谢与我相互协作，一同进行实验、办案和科研的本专业的王晓兵博士、牛凡博士，以及研究生张玉省、林建成、王琳、柳彬、胡萍。正是得益于师长、同学、朋友的支持和帮助，才使得冗长的研究和写作任务顺利完成。

感谢北京京安拓普文书司法鉴定中心的赵顺义老师、赛默飞世尔科技公司的苏乐博士在实验样本收集和仪器操作方面给予的指导和帮助。

感谢中国人民公安大学出版社在编辑、出版过程中付出的艰辛劳动，没有他们倾注的大量心血，拙著也是不可能顺利出版的。

最后，我要特别感谢亲人的关心和支持。感谢父母、岳父母对我一刻不停的嘘寒问暖和遥远祝福，本该尽孝的年龄却让他们承担了对我小家庭的牵挂和照顾，内心甚为愧疚。感谢我的妻子，她也是一位警察，在承受繁重工作的同时默默独撑家庭负担，给予我精神和经济上的帮助。感谢我的女儿甜甜，聪慧懂事的小姑娘理解父亲的辛劳，不时浇灌甜润的问候。

无论付出多少辛劳，本书都是一种尝试和探索，难免会有各种问题和纰漏，希望与专家和同行商榷。当然，我更希望本书是一个有益的开端，对印章印文鉴定技术发展主题的理论和实践持续地探讨起到应有的作用。本人自本科就读文件检验专业，入行坚守已二十余载，曾经常自嘲一辈子就读了文件检验一本书，希望自己能在这片奉为事业的领域永葆激情。

韩　伟

2017 年 12 月 27 日于烟台南山丽景